Frauke Geyken

Gerhard und Sabine Leibholz

Frauke Geyken

Gerhard und Sabine Leibholz

Auch eine Geschichte der Familie Bonhoeffer

WALLSTEIN VERLAG

Ein großer Dank geht an den Dorothee-Fliess-Fonds
und an das Programm des Bundes Neustart Kultur,
ohne deren Unterstützung dieses Buch
nicht möglich gewesen wäre.

Die Beauftragte der Bundesregierung
für Kultur und Medien

NEU
START
KULTUR

Inhalt

Prolog
Geschichte einer Ausgrenzung (1931–1951)

»Drinnen« 11 • »Draußen« 12 • »Drinnen«? 13

»Drinnen«
Berlin, Greifswald, Göttingen (1901–1938)

»Sabine war anders als wir alle.« 15 • Die Eltern Bonhoeffer 19 • Kindheit im Hause Bonhoeffer 22 • »... lebendige Offenheit für das Neue, ein ausgeprägter Sinn für das Gewordene.« 27 • »Ein ungewöhnlich kluger Kopf, dabei rührend kindlichen Gemüts.« 28 • Die Eltern Leibholz 29 • Ein Jude also? 32 • Der Individualistenclub 34 • Rüdiger Schleicher 38 • Klaus Bonhoeffer 39 • Hans von Dohnanyi 40 • Gerhard Leibholz 40 • Greifswald: »... es war eine behagliche Zeit« 45 • Göttingen: »Es lohnt sich nicht mehr.« 48 • »Der Nationalsozialismus etablierte sich mit Windeseile.« 49 • Die deutsche Volksgemeinschaft: eine »radikal exklusive, biopolitische Ordnung tödlicher Ungleichheit« 52 • »Aber einen Juden kennt jeder.« 53 • »Die Mediokrität der Professoren« 56 • »Der Dekan gehörte zu den Unzähligen, die der Ehrgeiz dem Nationalsozialismus in die Arme trieb« 57 • »Es war, als ob sich ein leerer Raum um einen bildete.« 62 • 1935: »Ungerecht beleidigt« 68 • Frau Geheimrat Leibholz und die Nürnberger Gesetze 73 • Alltag im Nationalsozialismus 76 • »Ist Scheu die erste Stufe der Ausgrenzung?« 77 • Der Blockwart 79 • Das nationalsozialistische

Frauenbild **81** • Nationalsozialistinnen in Göttingen **82** • Indoktrination in der Schule **85** • »am Verstand vorbei« **89** • Die Pogromnacht in Göttingen am 9. November 1938 **92**

»Draußen«
Flucht und Exil – England (1938-1947)

Was tun? Wohin? Locarno, Genf, Zürich, Wassenaar **97** • Die Illusion der Rückkehr **102** • »Da lege ich noch wollene Strümpfe und warme Überschuh von mir bei.« **104** • »… wenn Ihr auch nicht dabei wart, so wart Ihr doch dabei« **107** • Ankunft in England: »alles war sehr fremd« **110** • »Wer Jude ist …« Das Haus in der Herzberger Landstraße 55 **112** • Auseinandersetzungen mit der Universität Göttingen **118** • Hede und Paul Peltason: »Wir sind und bleiben leider anscheinend the hopeless case.« **120** • »… unsere noch so ganz aussichtlose Lage.« **122** • »He is quite curiously difficult about his American business.« **125** • … nach Oxford **131** • Hans und Totta Leibholz **135** • … in Huyton, Lancashire, im Internierungslager: Der »enemy alien« **138** • »My dearest Sabine, … . Always thinking of you.« **140** • »The long vac«? **142** • Das britische Deutschlandbild und der deutsche Widerstand gegen den Nationalsozialismus **149** • »Das Exzentrische hat für den Engländer eine Faszination.« **151** • The »two Germanies« **154** • Beschwichtigen, bewundern oder bekämpfen? **157** • Gerhard Leibholz in den Auseinandersetzungen um den deutschen Widerstand **162** • Ernst Neustadt: »… jetzt, wo ich allein – und wie allein! – bin.« **170**

»Drinnen«?
Rückkehr? – England (1947-1951) und Göttingen

»Vom Nullpunkt aus lebt es sich wieder leichter.« **177** • Wir »haben immer von der Karte in den Mund gelebt.« Hunger, Kälte, Mangel in Berlin **178** • »Andreas ist Euch ja ganz fremd« Entfremdung zwischen Oxford und Berlin **181** • »Wenn man doch bald sprechen könnte. Wieviel wäre zu erzählen.« **183** • Oxford 1945: »Wir sind sehr menschenhungrig.« **185** • »Nachdem wir hier sechsmal umgezogen sind« **186** • »Es ist im Augenblick unsere wesentlichste Einnahmequelle.« Vorlesungen in Kriegsgefangenenlagern **190** • »Man ist aber nie hungrig!« Leben im Nachkriegsengland **192** • »... leider habt Ihr dieses Jahr wieder diesen Tag vergessen«. Peter und Tilly Leibholz in Australien **194** • »Aber Ihr habt ja auch einiges durchgemacht.« Unterschiedliche Wahrnehmungen der Emigration **200** • »Göttingen selbst ist mir nicht dringlich.« **202** • »... ein gewisses moralisches Anrecht zu besitzen.« **204** • Umgang mit der NS-Vergangenheit an der Universität **210** • Die »amtsverdrängten Hochschullehrer« oder »Beamte zur Wiederverwendung« **214** • primo et unico loco **215** • »Dabei fuhren wir durch das tatsächlich ganz unversehrte Göttingen.« **217** • »Es war zuviel, für jeden.« **220** • »all those who belong to us« **224** • »Was eine schandbare Regierung verbrochen hat, darf nicht auf das arme deutsche Volk zurückfallen.« **226** • »I feel more and more that Dietrich had something of a saint.« **230** • Die Frauen der Familie nach 1945 **237** • Dietrich ging als Rittersporn, Sabine als Biene und »ich als Schneeglöckchen« **243**

Epilog
Gerhard Leibholz als Bundesverfassungsrichter (1951-1971)

»Feeling out« **251**

Anhang

Anmerkungen **263** • Literatur **296** • Stammbaum der Familie Bonhoeffer **320** Personenregister **322** • Bildnachweis **327**

Für
Alexandra und Christian Retkowski

Verlobungsbild von Sabine Bonhoeffer und Gerhard Leibholz, 1924

Prolog
Geschichte einer Ausgrenzung (1931–1951)

»Drinnen«

»Ich frage mich heute wieder, was ich mich, was ich die verschiedensten anderen schon Hunderte von Malen gefragt habe: welches war der schwerste Tag der Juden in den zwölf Höllenjahren? Nie habe ich von mir, nie von anderen eine andere Antwort erhalten als diese: der 19. September 1941. Von da an war der Judenstern zu tragen.«[1], so Victor Klemperer, der wohl bekannteste Chronist des *Dritten Reichs*. Der *Judenstern*[2], das sichtbarste Zeichen von Demütigung und Ausgrenzung, wog für ihn schwerer als die Angst vor Vernichtung und Tod. Klemperer war, wie Gerhard Leibholz, ein Sohn aus jüdischem Haus, als Kind getauft und ein engagierter Christ. Leibholz ging ins Exil, überlebte im Ausland, er musste nie den *Judenstern* tragen, aber er blieb zeitlebens ein Gezeichneter.

Dieses Buch erzählt die Geschichte der Familie Leibholz zwischen 1931 und 1951. Gerhard Leibholz kennen einige als den Schwager von Dietrich Bonhoeffer, seine Frau Sabine war die Zwillingsschwester von Dietrich. Anderen ist Gerhard Leibholz als einflussreicher Jurist und Bundesverfassungsrichter ein Begriff. Die meisten kennen ihn heute jedoch gar nicht mehr. Er war angesehener Professor an der Universität Göttingen, der nach dem 30. Januar 1933 zu einem Ausgestoßenen wurde; so wie alle, die nach der nationalsozialistischen Definition nicht zur sogenannten *Volksgemeinschaft* dazugehörten – und das waren viele. Sie wurden zu den sprichwörtlichen »Anderen«. »Nachbarn wurden Juden«, aus »Juden wurden Fremde«.[3] Durch diese gedankliche Ausgrenzung weiteten sich die Grenzen des Sagbaren aus. So verschoben sich kontinuierlich auch die Grenzen des Machbaren, was den *Volksgenossen* und *Volksgenossinnen* ermöglichte, ungerührt mitanzusehen, wie Menschen gedemütigt, entrechtet und schließlich ermordet wurden. Aber vor dem Mord kam der Alltag. »Das Gift« der Propaganda, so Klemperer, wirkte nachhaltig und schnell. Wieder und wieder stoßen wir in Erinnerungen an die 12 Jahre des *Tausendjährigen Reiches* auf Berichte, die von diesem grausamen Mangel an Anstand und Mitgefühl zeugen. In Situationen, in denen die Einen den Anderen gefahrlos als Mensch hätten begegnen können, weil niemand da war, der das hätte bezeugen und damit sanktionieren können, traten die *Volksgenossen* als Nazis auf. An Leib und Leben bedroht – und zwar von den eigenen Landsleuten, wie seine Tochter Marianne Leibholz später nie müde wurde zu betonen –, entschloss sich Leibholz 1938 zur Auswanderung.

»Draußen«

Im Exil in England war Leibholz nicht mehr vor allem »der Jude«, sondern »der Deutsche«[4] und damit zunächst ein potenzieller Nazi. Viele Briten folgten nur zu gern der Devise des Politikers Robert Vansittart, der die Ansicht vertrat, man müsse keinen Unterschied machen zwischen Deutschen und Nazis, nicht weil »die Deutschen« alle Nazis seien, sondern weil Nazis Deutsche seien. Die britische Regierung unterschied nicht zwischen Deutschen und Nazis. Sie war fest entschlossen, dieses Mal, das zweite Mal innerhalb weniger Jahrzehnte, in denen Deutschland einen Krieg anzettelte, den Aggressor vollständig zu besiegen, weshalb auch der deutsche Widerstand gegen den Nationalsozialismus in London nie wirklich durchdringen konnte. Vor diesem Hintergrund gab es nur ganz wenige Unterstützer des deutschen Widerstands in England, einer von ihnen war George Bell, Bischof von Chichester. Gerhard Leibholz wurde sein – unbezahlter – politischer Berater, allerdings auch deshalb, weil er in England beruflich nicht Fuß fassen konnte. Denn das englische Rechtssystem war ein völlig anderes, in dem der deutsche Jurist keinen Platz fand. Er blieb all die Jahre lang ein Bittsteller, der während der neun Jahre des Exils auf die Almosen und Stipendien von Hilfsorganisationen angewiesen war.

»Drinnen«?

Anders als die Mehrheit der Exilierten kehrte die Familie 1947 deshalb zunächst für kürzere Aufenthalte, ab 1951 endgültig nach Deutschland zurück, denn jeder einzelne Tag im Exil, den Leibholz nicht an einer Universität zubrachte, war ein verlorener Tag für seine berufliche Zukunft. Zwar erhielt er Angebote von sechs deutschen Universitäten und konnte die Karriere machen, die ihm 1933 verwehrt worden war, aber hier war er jetzt der Remigrant, der nicht dabei gewesen war, der nicht wissen konnten, ›wie es wirklich gewesen war‹.

Ein weiterer wichtiger Grund für die Rückkehr der Familie nach Deutschland war der Wunsch, endlich die Bonhoeffer-Familie wiederzusehen – nach allem, was geschehen war, eine schwer versehrte Familie. Fünf Angehörige waren als Widerstandskämpfer hingerichtet worden, bis auf einen alle in den letzten Wochen des Krieges. Die gesamte Familie war in den furchtbaren letzten Monaten nach dem 20. Juli 1944 gemeinsam im kriegszerstörten Berlin, um die alten Eltern zu stützen und sich um die Brüder und Schwäger im Gefängnis zu kümmern. Diese schwierige Zeit, an deren Ende die Hinrichtung der vier jungen Männer stand und die zudem durch Hunger und Mangel gekennzeichnet war, schweißte die Berliner Bonhoeffer-Familie zu einer Schicksalsgemeinschaft zusammen, zu der die Leibholzens nicht dazugehörten – denn auch hier waren sie nicht dabei gewesen.

Es dauerte fast ein Jahr, um nach dem Tod der ältesten Tochter Marianne, der letzten Überlebenden der Familie, den großen Professorenhaushalt geordnet aufzulösen. Im ehemaligen Arbeitszimmer ihres Vaters hatte man seinen schriftlichen Nachlass deponiert: Es war ein großer Raum voller Kisten, Kasten und bezeichnenderweise Koffer. Leibholz hatte ganz offenbar, nachdem 1938 endlich die Entscheidung für die Emigration gefällt worden war, buchstäblich jeden Zettel, der damit zusammenhing, aufgehoben. Bevor der Nachlass des späteren Bundesverfassungsrichters an das Bundesarchiv in Koblenz ging, konnte ich ihn durchsehen. Er bildet mit fast 2.500 Digitalisaten die Grundlage dieses Buches, ergänzt durch die ausgesprochen umfangreiche Korrespondenz von Sabine Leibholz in der Staatsbibliothek zu Berlin.

Gerhard Leibholz lehrte ab 1947 wieder an der Universität Göttingen. Von 1951 bis 1971 war er Bundesverfassungsrichter in Karlsruhe. Danach kehrte das Ehepaar Leibholz nach Göttingen zurück. Leibholz starb hier 1982, seine Frau 1999. Er hat jahrzehntelang in der Öffentlichkeit nicht über die Jahre nach 1933 gesprochen, obwohl sie schwere Verletzungen in seiner gesamten Familie hinterlassen hatten. Sabine Leibholz wählte einen anderen Weg. Sie veröffentlichte Erinnerungen an jene schmerzhaften 1930er und 40er Jahre. Damit errang sie die Deutungshoheit über die Geschichte der Familie Leibholz. Immer, wenn es um biographische Auskünfte vor allem zu Gerhard Leibholz ging, war Sabine die Kronzeugin. Ihr Mann sprach erst zehn Tage vor seinem Tod in einem Radiointerview zum ersten Mal öffentlich über sein persönliches Erleben. Wie schwer ihm das fiel, wird offenkundig, wenn es zwar bei Fragen zu juristischen Sachverhalten aus ihm heraussprudelt, als stünde er auf dem Katheder; aber nach seinen persönlichen Erfahrungen gefragt, wird es greif- bzw. hörbar, wie er ganz langsam antwortet, wie er jedes einzelne Wort sehr vorsichtig wählt und schließlich das Fazit zieht: der Nationalsozialismus sei für ihn »in gewissem Sinne« eine Offenbarung gewesen: »Eine Offenbarung in dem Sinne, dass er mir zeigte, was an den einzelnen Menschen im Grunde genommen dran ist.«[5]

»Drinnen«

Berlin, Greifswald, Göttingen (1901–1938)

»Sabine war anders als wir alle.«

Mit diesem Satz erinnerte sich Susanne Bonhoeffer an ihre nächstältere Schwester. Die zwei waren die jüngsten der ursprünglich acht Bonhoeffer-Geschwister. Der Älteste war Karl Friedrich (1899-1957), der bei seinen Geschwistern ein gewisses Aufsehen erregte, weil er nicht wie sie nach dem Ersten Weltkrieg die SPD, sondern

Die Bonhoeffer-Kinder um 1907/08/09. Von links nach rechts: Sabine, Dietrich, Christine, Ursula, Klaus, Karl Friedrich, Walter († 1918)

die weiter linksstehende USPD wählte. Karl Friedrich konnte, so berichtet es uns Susanne, »wirklich eine ganze Schüssel Grießbrei aufessen, wenn er aus dem Institut heimkam [er war Chemiker und

Die Familie Bonhoeffer 1924 anlässlich der Verlobung von Gerhard Leibholz und Sabine Bonhoeffer, die im Zentrum des Bildes stehen. Hinten stehend von links nach rechts: Christine und Hans von Dohnanyi, die Verlobten, Karl Friedrich, Susanne, Klaus und Dietrich Bonhoeffer. Vorn sitzend von links nach rechts: Julie Bonhoeffer, ihr Sohn Karl, seine Frau Paula mit ihrem ersten Enkel Walter Schleicher auf dem Schoß, daneben dessen Eltern Ursula und Rüdiger Schleicher.

später Gründer des Max-Planck-Instituts für Physikalische Chemie] und dann fragen: ›Hab ich schon was gegessen?‹«[6] Der zweite Sohn hieß Walter, der nur elf Monate nach seinem Bruder ebenfalls im Jahr 1899 zur Welt kam. Er meldete sich 1918 noch in den letzten Monaten des Krieges freiwillig und fiel nach wenigen Wochen. Mit Klaus (1901-1945), dem dritten Bonhoeffer – »vielleicht der klügste von uns allen« – konnte man »Pferde stehlen«[7], so seine Schwester Susanne. Der kunstsinnige und humorvolle Jurist war Syndikus, also Rechtsbeistand, der Lufthansa, und wurde wie sein Bruder Dietrich und zwei seiner Schwäger von den Nationalsozialisten als Widerstandskämpfer hingerichtet. »Von Ursel ging eine große Harmonie aus«,[8] so charakterisierte Sabine die älteste Bonhoeffer-

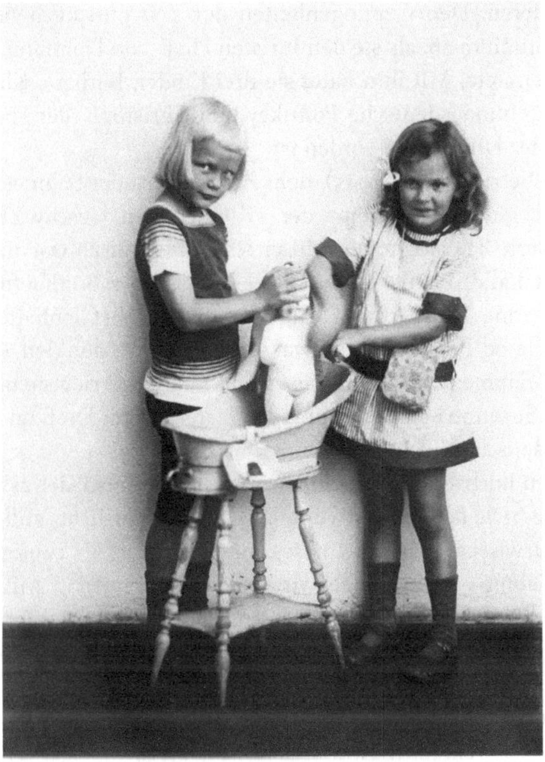

Die Zwillingsgeschwister Dietrich und Sabine Bonhoeffer um 1910

Tochter Ursula (1902-1983). Anderen Menschen »beizustehen und ihnen zu helfen« sei ihr ein Bedürfnis gewesen, ergänzt Susanne,[9] deshalb sei sie Fürsorgerin geworden. Sie hat aber nie als eine solche gearbeitet, sondern heiratete den Juristen Rüdiger Schleicher (1895-1945) und hatte mit ihm vier Kinder. Einen anderen Weg schlug zunächst Christine Bonhoeffer ein (1903-1965), denn sie war die einzige der Schwestern, die Abitur machte. Das war damals noch ungewöhnlich, 1896 hatten erstmals Schülerinnen an einer Mädchenschule in Karlsruhe Abitur machen dürfen, vorher bestand für sie kein Zugang zu höherer Bildung. Das Frauenstudium wurde in Preußen sogar erst 1908 zugelassen, also gut eine Dekade, bevor die von allen Christel genannte begann, Zoologie zu studieren. Den Gepflogenheiten der Zeit entsprechend brach sie ihr Studium ab, als sie den Juristen Hans von Dohnanyi (1902-1945) heiratete. Mit ihm hatte sie drei Kinder, Barbara, Klaus, der bekannte bundesdeutsche Politiker und Christoph, der später ein berühmter Dirigent geworden ist.

Mit Dietrich (1906-1945), dem Zwillingsbruder Sabines (1906-1999), beginnt die Gruppe der »Kleinen« im Geschwisterkreis. Er studierte Theologie, obwohl er sehr musikalisch war und auch überlegt hatte, Pianist zu werden. Das jüngste Bonhoeffer-Kind war Susanne (1909-1991). »Sie war eine höchst lebhafte, energische kleine Person mit schwarzem Haar und dunklen Augen«, schreibt Sabine über sie,[10] »Feige war ich nie«, schrieb sie über sich selbst.[11] Susanne heiratete früh den Pfarrer Walter Dreß und wurde eine leidenschaftliche, tatkräftige Pfarrfrau.

Sieben höchst unterschiedliche Geschwister also, der asketische Karl Friedrich, der genussfreudige Klaus, die häusliche, stille Ursel, die naturwissenschaftlich interessierte Christel, die mutige Suse. Aber »Sabine war anders als wir alle. Sie war ›zart‹. … Mit sanfter Gewalt wusste sie sich durchzusetzen, und wenn sich auch sonst Katzbalgereien und Prügelszenen selbst unter den großen Schwestern abspielten – Sabine schlug man nicht.

Sabine war schüchtern. In Läden nach etwas suchen, da musste ich für sie gehen; nach dem Weg sollte ich fragen; sogar telefoniert habe ich für sie. … Sabine war ängstlich. Vier Jahre sind wir gemeinsam zur Schule gefahren. Wir mussten an einer Jungenschule vorbeigehen. Hatte sie früher aus als ich, dann wartete sie eine Stunde auf mich, während sie Schularbeiten machte, weil sie sich ohne mich nicht vorbeitraute. …

Sabine war eher eine Ästhetin als eitel. Ihr Geschmack war sicher; sie wurde allgemein konsultiert, wenn es Bilder aufzuhängen, Möbel zu stellen, Geschenke zu machen oder Kleider zu schneidern gab. Sie malte sehr hübsch, ging nach zehn Jahren Unterricht auf die Kunstschule und erlernte die Goldschmiedekunst. Ihre Schulzeit hat sie selbstverständlich und unauffällig abgemacht; allerdings benutzte sie dessen unbeschadet jede Gelegenheit zum Schwänzen. …

Sabine spielte Geige und Laute. Turnen konnte sie nicht, aber sehr hübsch tanzen. Noch in ihrer Schulzeit fing sie an, für sich selbst zu schneidern: hohe Taille, weite Röcke, freie Schultern. Ganz und gar nicht nach der Mode, aber zu ihrem Stil passend. Schneidern und Plätzchen backen konnte sie; … Wenn sie als junges Mädchen mit ihren Freundinnen Grete und Emmi (unseren späteren Schwägerinnen) beisammensaß, konnte Sabine pausenlos albern und lachen. Es gab überhaupt wenig, was sie nicht erheiterte. Ihr entging keine komische Situation, und sie wusste sie auch durch kleine, gut sitzende Bemerkungen zu schaffen. Wer sich scheute, lächerlich zu wirken, vermied besser ihren Umgang. Sie mokierte sich von Herzen gern und galt darum als spitzzüngig; sie selbst konnte es aber auch ohne jeden Ärger ertragen, dass sie ausgelacht wurde, und das machte ihren Sinn für Komik liebenswürdig. Ihre Freude an Schönheit und ihr Humor ließen sie leichtlebig erscheinen. Wer ihre Ängste nicht kannte, ihre Furcht vor dem verantwortlichen Leben, hielt sie vielleicht für oberflächlich. … Es ließ sich herrlich mit ihr lachen.«[12]

Die Eltern Bonhoeffer

Die Eltern, das waren Karl und Paula Bonhoeffer. Er stammte aus Schwaben, sie aus Preußen, wohin es den Psychiater beruflich verschlagen hatte. In Breslau lernte er 1896 seine spätere Frau kennen, die er zwei Jahre darauf heiratete und von der er in den nächsten 52 Ehejahren insgesamt nur wenige Wochen getrennt war. 1904 war Bonhoeffer Direktor der Universitätsklinik Breslau geworden, wo Sabine und Dietrich geboren wurden. 1912 erhielt er einen Ruf nach Berlin an die Charité. Dort war er 26 Jahre lang Ordinarius für Neurologie und Psychiatrie. Sein Schwiegervater sei »ein vortrefflicher Mann« gewesen, der »das eigentlich liberale Element in die Familie brachte«, erinnerte sich Gerhard Leibholz.[13] Er muss, so berichten es Zeitzeugen übereinstimmend, eine beeindruckende Erscheinung gewesen sein. Einer seiner Schüler und späteren Mitarbeiter nennt ihn gar »eine goethische Natur«, was wohl Geistesgröße implizieren soll, aber bei Bonhoeffer, so legen es zeitgenössische Schilderungen nahe, gepaart war mit Nahbarkeit. Der Schüler fährt fort: »Er näherte sich Menschen und Dingen mit großer Behutsamkeit und umso größerer Intensität.«[14] Klar

Karl Bonhoeffer und seine vier Söhne, Weihnachten 1910

benennen lässt sich eine seiner hervorstechendsten Eigenschaften, strenge Disziplin, die ihm half, den Alltag vormittags als Chefarzt und Universitätsprofessor, nachmittags als Psychiater in der eigenen Praxis und Wissenschaftler sowie abends als Vater einer anspruchsvollen Kinderschar zu bewältigen. Als Leiter der Psychiatrie war der renommierte Wissenschaftler Bonhoeffer in der Zeit des Nationalsozialismus gezwungen, Stellung zu beziehen zu den tödlichen Auswüchsen der NS-»Rassentheorie«, weshalb er später nicht ganz unumstritten war.[15] Möglicherweise fühlte Sabine sich aus diesem Grund berufen, den Vater in ihren Erinnerungen zu Wort kommen zu lassen. Inmitten des Göttingen-Kapitels findet sich völlig unvermittelt ein vier Seiten langes Zitat von Karl Bonhoeffer, das seine Sicht auf den Nationalsozialismus wiedergeben soll, sich aber de facto ganz konkret mit seiner medizinischen Arbeit unter NS-Bedingungen befasst.[16]

Paula Bonhoeffer an ihrem Schreibtisch

Paula Bonhoeffer war eine geborene von Hase. Ihr Vetter war Paul von Hase (1885-1944), der am Umsturzversuch des 20. Juli 1944 beteiligt gewesen war und hingerichtet wurde, das fünfte Opfer der NS Diktatur im engsten Familienkreis. Über die Familie von Hase war man verwandt mit der adligen Künstlerfamilie von Kalckreuth, was in den Büchern über die Bonhoeffers – und derer gibt es viele – nie unerwähnt bleibt, jedoch stets von dem Hinweis auf die jahrhundertealte Familiengeschichte der Bonhoeffers begleitet wird, »seit 1513 in Schwäbisch Hall ansässig«.[17] Man war »bürgerstolz« – »Und Adel ist überhaupt Quatsch, sagt Karl Friedrich, mein ältester Bruder, der den Stammbaum gemalt hat«, postulierte Susanne.[18] »In unserer Erziehung standen die Eltern wie eine Mauer zusammen«,[19] erinnerte sich Sabine. Sie praktizierten Arbeitsteilung entsprechend der zeitgenössischen Rollenverteilung, aber auf Augenhöhe. Ihr Sohn Klaus verfasste um 1925 eine »Verfassung des Hauses Bonhoeffer«, in der er die Familie als eine »Gesellschaft mit beschränkter Haftung« beschrieb, deren »Inhaber« zwar sein Vater sein sollte, als deren »alleinige Geschäftsführerin« er aber seine Mutter einsetzte.[20] Paula, von ihrer Umgebung als warmherzig, »lebendig und temperamentvoll« wahrgenommen, als eine Frau »mit großem Lebensmut«,[21] war die Matriarchin und der Mittelpunkt der Familie. Sie war die Tochter des Theologen Karl Alfred von Hase, der zeitweilig Hofprediger in Potsdam war. Ihr Handeln war christlich grundiert ohne enge Anbindung an die Institution Kirche. Ihr Mann Karl »war wohl die letzte Autorität« im Hause Bonhoeffer.[22] Er erzog seine Kinder, so die Schwiegertochter Emmi, durch »Glaubwürdigkeit und Vertrauenswürdigkeit, Einfachheit, Integrität, Aufrichtigkeit«.[23] Die Tochter erinnerte sich: »Er erzog uns durch sein Beispiel, durch die Art und Weise, wie er sein tägliches Leben führte.«[24]

Mehr über den hier nur grob skizzierten Bonhoeffer-Kosmos ist nachzulesen in den Schilderungen der beiden jüngsten Schwestern, aus denen hier zitiert wurde. Beide unterscheiden sich erheblich voneinander, haben jedoch auch unterschiedliche Ziele. Sabines Lebenserinnerungen aus dem Jahr 1968 sind ein Bericht vor allem über die Jahre des Nationalsozialismus und des Exils. Ihr Buch nennt sie eine »Totenklage«.[25] Die Darstellung endet im Frühjahr 1947 mit ihrem ersten Besuch in Deutschland nach achteinhalb Jahren Emigration. Sabine schrieb als öffentliche Person, als die Frau des von den Nazis drangsalierten und gedemütigten Bundesverfassungsrichters Gerhard Leibholz und als die Schwester der ermordeten Widerstandskämpfer Klaus und Dietrich Bonhoeffer. Susanne Dreß schrieb ihre Erinnerungen zunächst nur für den privaten Gebrauch, die Veröffentlichung erfolgte erst posthum im Jahr 2018.[26]

Kindheit im Hause Bonhoeffer

Beiden gemeinsam ist jedoch die Schilderung einer fröhlichen, lebendigen Kindheit, von »Jahre[n] der Geborgenheit«,[27] schreibt Sabine, die im Rückblick eher den getragenen Stil einer höheren Tochter kultiviert, während Susanne ungezwungener, quicklebendig und unterhaltsam schreibt. Sie vertieft sich auf insgesamt 450 Seiten in ihre Kindheit und lässt sich mitreißen von der Erinnerung an diese »große und sehr vergnügte Kindheit«,[28] so auch die ältere Schwester Christel. Da war zunächst die große materielle Sicherheit, die nicht nur Freiheit von Hunger und Armut bedeutete, sondern auch Möglichkeiten eröffnete, wie uns der Brief zeigt, den der Schüler Dietrich im Mai 1922 an seine Zwillingsschwester wegen der Gestaltung der Sommerferien schrieb: »Mit meinen Sommerferien hatten wir schon große Pläne; denn wir konnten Susi gar nicht unterbringen. Wir überlegten schon, ob ich mit Hans-Chr. nach Siebenbürgen gehe oder mit Gilberts nach Salzburg. Aber es hat sich anders gelöst. Susi geht vielleicht mit Fick's nach Innsbruck, Ursel nach Elmau, und das andere bleibt. K. Fr. hat Pläne nach Kärnten, Steiermark und vielleicht (!!!) ein bißchen Italien. Klaus will wohl in die Alpen.«[29] Doch den Reiz dieser Kindheit machte weniger der großzügige finanzielle Spielraum aus, der es den Eltern, die meist alleine Urlaub machten, erlaubte, vier Jahre nach dem Krieg, mitten in der Inflation, ihre Kinderschar quer durch Europa zu schicken. Die Befreiung von der Sorge um das Überleben erlaubte ihnen die Konzentration auf eine Erziehung der Kinder, die Bildung mit Persönlichkeitsbildung verband. Paula Bonhoeffer hatte das Lehrerinnenexamen abgelegt, daher unterrichtete sie ihre Kinder jeweils die ersten drei Jahre selbst, weil sie sie nicht dem Drill der wilhelminischen Schulen aussetzen wollte. Ihre Tochter Sabine hat sie »als vorzügliche Pädagogin« in Erinnerung. Die »kluge«[30] Paula verstand es, Richtlinien vorzugeben, innerhalb derer sie ihre Kinder loslassen konnte und wollte: »Verbot blieb Verbot, aber viel lieber erlaubte sie, was irgend zu verantworten war.«[31] Die Gruppe der acht bzw. sieben war eine Gemeinschaft, in der sich jedes einzelne Kind behaupten musste und zu der Person, die es war, heranreifen konnte. Eine Köchin und bis zu vier Hausmädchen hielten Paula den Rücken frei: »Anna, Emma, Lotte – das waren die Säulen, auf denen unser Haushalt jahrelang ruhte.«[32] Fräulein Horn, das Kindermädchen, von ihren Schützlingen heiß geliebt, kümmerte sich um den Alltag der Kinder und blieb fast 20 Jahre bei der Familie.

Beim Lesen von Susanne Bonhoeffers detaillierten Erinnerungen entsteht das Bild einer Kindheit in behüteter Freiheit, in der die Natur von großer Bedeutung war. Die beginnt zunächst mit der Erkundung des eigenen Gartens, in dem Hühner oder auch Ziegen gehalten wurden; Susanne selbst hatte zwei weiße Mäuse: »Sie gingen mit mir in die Schule, auf Reisen, zu Besuch und in den Garten.«[33] Mit Dietrich ging es im Frühjahr raus in die Umgebung, den Grunewald erforschen. Mit Sabine, der Künstlerin in der Familie, wurde gebastelt: Es lebte »in einer dreiwandigen Margarinekiste die ›Familie Nudlmaier‹«[34], von Sabine aus Lumpen und Draht gebastelt, ihre Angehörigen waren jahrelange Begleiter der Schwestern. Im Sommer verbrachte man oft den Tag mit der ganzen Familie zum Baden am See, auch der Herr Professor konnte sich von der Arbeit frei machen und schwamm mit der kleinen Susanne auf seinem Rücken weit hinaus, die sich dann auf den langen, kühleren Abend freute: »Keiner schickt mich ins Bett, es ist noch zu heiß oben im Zimmer. Bei kaltem Getränk und viel Rauch gegen die Mücken sitzt die Familie im Garten beisammen. Ich genieße und schweige, um nicht bemerkt zu werden; oft bis Mitternacht.«[35]

Die Nachbarskinder waren wichtige Spielkameraden, die große Horde tobte durch die umliegenden Gärten, man radelte im Sommer, rodelte im Winter, ging Schlittschuhlaufen, später bei »Musik und bunte[n] Lampions und in einer Bude heiße Kartoffelpuffer mit Glühwein!«[36] Mit dem großen Bruder Walter erkundete Suse den Harz, wo die Familie in Friedrichsbrunn ein Sommerhäuschen hatte, Ausflug zur Gabrielswand, »von der man den schönsten Blick auf den Brocken hat und wo man ganze Tage verbringen kann: lesen, Wild beobachten, Pflanzen für den Steingarten suchen und halsbrecherisch herumklettern.«[37] Auch mit der späteren Biologin Christel war sie unterwegs: »Nach Christels Vorbild verblüffe ich gern Erstlinge unserer Friedrichsbrunn-Besucher durch meine persönliche Kenntnis dieser Lurche [am Salamanderweg]: Ich rufe sie beim Namen, greife dabei in eine Höhlung und behaupte, sie hörten auf mich, wenn ich sie vorzeige.«[38] Dietrich war der »Oberpilzwart« im Harz.[39]

Friedrichsbrunn war ein Höhepunkt im Leben der Kinder, »Friedrichsbrunn war Freiheit.«[40] Jedes Jahr im Hochsommer reiste die gesamte Familie an, schon die Reise ist ritualisierte Vorfreude: Hörnchen und die Kinder fuhren mit der Bahn voraus. »Dazu kam dann auch noch unsere Ziege. Sie fuhr in einem Lattenkäfig im Gepäckwagen, wurde von Hörnchen bei jedem Aufenthalt besucht und musste in Halberstadt mit uns umsteigen«.[41] »Ich fuhr schrecklich gerne Eisenbahn. Wir sangen, spielten Ratespiele und bildeten Wortketten. Und es gab so herrliche Sachen zu essen! Kalte Eierkuchen, Fleischklöpschen und Semmeln, in denen Schokoladenstückchen steckten, auch Grießbrei in Marmeladeneimerchen, Saft in Bierflaschen und heißen Kakao in Thermosflaschen«[42], so Suse. Der Höhepunkt in Friedrichsbrunn war ihr siebter Geburtstag, zu dem ihr erlaubt wurde, einzuladen, wen sie wolle: 56 Gäste waren das Ergebnis: Im lampiongeschmückten Garten begann das Fest »mit einer Kuchenschlacht im Freien bei herrlichem Wetter an langen Holztischen. Dann wurde mithilfe der großen Geschwister gespielt und gewonnen; meine Mutter macht Kasperle-Theater; der geheimnisvolle Zwerg kam« und am Abend gab es »Schokoladensuppe mit weißen Mäuschen aus Eischnee.«[43]

Weihnachten in der Familie Bonhoeffer, Sabine hat ein ganzes Buch darüber geschrieben – für ihren Großneffen später: »Die Bonhoeffer-Story auf Groschenroman-Niveau. … ausgerechnet« von der »klugen Sabine«.[44] Gerhard Leibholz macht sich im Dezember 1931 an die Arbeit, einen langen Brief zu verfassen, in dem er ausführlich darlegte, begründen (musste) und zu rechtfertigen versuchte, warum die Kleinfamilie nicht zu Weihnachten nach Berlin kommt, sondern zum ersten Mal allein in Göttingen feiern will. Wie soll das gehen, fragte Dietrich in seinem Antwortbrief: »Ich wünsche Euch nun ein besonders schönes Fest im kleinsten Kreis. Wie geht das eigentlich bei Euch vor sich – oder müßt Ihr Eure Weihnachtssitte erst dies Jahr kreieren?«[45] Auch Susanne widmete diesem Traditionsmarathon ein paar Dutzend Seiten. Musizieren, singen und spielen, backen und basteln, selbstverständlich waren alle Weihnachtsgeschenke der Kinder selbstgemacht: »An den Adventssonntagen herrschte bei uns eine feste Tradition, der sich alle willig beugten: Man blieb beisammen; keiner ging weg, auch die großen Brüder nicht. Man traf sich nach der Vesper um fünf Uhr, ausgerüstet mit einer Weihnachtsarbeit. … Der Tisch im Esszimmer ist so groß wie möglich ausgezogen. Es wird gemalt, genäht, gepappt und sogar gesägt – eventuell unter Abschirmung, um die Geheimnisse zu wahren.«[46] Dazu gibt es bunte Teller mit Apfel, Nuss und Mandelkern, der Vater liest Weihnachtsgeschichten und Märchen vor. Eine Szene, wie sie auch aus der biedermeierlichen »Gartenlaube« hätte stammen können, und für Susanne »die schönsten Stunden meiner Kindheit.«[47]

Es gab nicht nur das weihnachtliche Krippenspiel, Phantasie und Kreativität waren das ganze Jahr über gefragt; gefördert z.B.

von der großen Verkleidungskiste, die auf dem Dachboden bereit stand und einen riesigen Fundus für Kinder und Freunde bereit hielt und sogar den »Vater als Balleteuse« hervorbringen konnte. Insbesondere später bei den sämtlichen Verlobungen und Hochzeiten waren die Geschwister gefordert, die jeweils zu Feiernden mit kleinen Szenen aufs Korn zu nehmen. Vater Bonhoeffer las nicht nur zu Weihnachten vor, sondern auch ohne Anlass, gerne z.B. Biographien. Oder man las gemeinsam Stücke mit verteilten Rollen. Es wurden Spiele gespielt, Brettspiele, Schreibspiele oder selbsterdachtete Sachen. Natürlich gab es Hauskonzerte, in denen jedes Familienmitglied ein Instrument spielte oder sang, und selbstverständlich ging man ins Konzert, ins Kino, ins Theater und ins Museum, nicht nur einmal findet sich in Susannes Beschreibungen die Formel: »Jubel,Trubel und Heiterkeit.«[48]

»Wir alle wurzeln stark in unserer Familie, sehr viel mehr, als das wohl üblicher Weise der Fall ist«, schrieb Christine Bonhoeffer nach dem Krieg an die Dichterin Ricarda Huch.[49] Noch in den Erinnerungen ihrer Enkelin, der Tochter von Dohnanyis Tochter Barbara, wird dieser Satz sinngemäß wieder auftauchen. Das Buch ist eine Auseinandersetzung der Enkelin Dorothee mit der Mutter Barbara, die unter den schwierigen Bedingungen einer Widerstandsfamilie aufwuchs. Neben den daraus entstehenden Konflikten finden sich jedoch zahlreiche Beschreibungen von Familientraditionen, die sich in den folgenden Generationen fortsetzen. Die Großfamilie Bonhoeffer ist auch nach dem Krieg in den Rumpffamilien sehr präsent; so präsent, dass der Ehemann Barbaras davon träumt, die gesammelten Angehörigen seiner Frau würden sein Arbeitszimmer stürmen, »die angenehme Stille« ist vorbei. »Er weiß nicht wohin mit sich, fühlt sich gefangen, bekommt kaum Luft« und erwacht.[50]

Eberhard Bethge wird später seinen Freund Dietrich zitieren mit dem Satz: »Ich möchte einmal ungeborgen sein. Wir können die anderen nicht verstehen. Bei uns sind immer die Eltern da, die alle Schwierigkeiten erleichtern. Und ob wir auch noch so weit weg sind, gibt uns das eine so unverschämte Sicherheit.«[51] Ließe sich zugespitzt formulieren: wer so eine Kindheit hatte, der kann auch Widerstand leisten?

Der Bonhoeffersche Salon ganz im Stil des 19. Jahrhunderts

»… lebendige Offenheit für das Neue, ein ausgeprägter Sinn für das Gewordene.«

Diese Kindheit war Programm für die Eltern Karl und Paula Bonhoeffer. Man war konservativ und zugleich liberal im Hause Bonhoeffer. Während nur wenige Kilometer entfernt im Zentrum die Stadt Berlin sich zur berühmt-berüchtigten Metropole der Moderne entwickelte, praktizierte man im Grunewald den Anstand des 19. Jahrhunderts, doch ohne die dazugehörige Enge. »Nicht, dass wir restlos konservativ erzogen wurden – aber wenn jemand sagte, etwas sei modern (als ob es nun so sein müsse), erregte das unsere Opposition.«[52] Karl und Paula Bonhoeffer gelang es offenbar, einen sicheren Weg zu finden zwischen Tradition und Moderne. Sabine beschreibt es mit dem Satz: »… in unserer Familie erhält sich bei lebendiger Offenheit für das Neue ein ausgeprägter Sinn für das Gewordene.«[53] Das Gerüst der Tradition empfanden sie und ihre Kinder als sicheren Grund, von dem aus sie sich dem Neuen öffnen konnten, ohne davon verunsichert zu werden. Dieses Spannungsverhältnis – und natürlich auch die materielle Sicherheit – schaffte Freiräume, in denen sich jedes einzelne Fami-

Gerhard Leibholz 1922

lienmitglied entwickeln und bewegen konnte, allen voran Paula, die von ihrer Schwiegertochter Emmi Delbrück als »sehr solide preußisch« empfunden wurde,[54] während ihr an und für sich nüchterner Ehemann sich an ein junges Mädchen erinnerte, »das mich schon beim ersten Eintreten ins Zimmer durch seine freie natürliche Haltung, seinen offenen, unbefangenen Blick in einer Weise gefangennahm, daß mir dieser Augenblick des ersten Sehens meiner späteren Ehefrau als ein fast mystischer, lebensentscheidender Eindruck in der Erinnerung steht.«[55] Paula war nicht im eigentlichen Sinne unkonventionell, sie achtete und beachtete die Konvention für sich und ihre Familie, aber es »war ihr gleichgültig, was andere von ihr dachten. Sie tat, was sie für richtig hielt.«[56] Sabine war hierin ihrer Mutter nicht unähnlich: »Sabine war in ihrer sanften Gewalt unwiderstehlich. Es wurde ihr abgeraten – wie uns allen immer abgeraten worden ist, nicht direkt, sondern im Allgemeinen und Speziellen, sich so früh zu binden. … Sabine fasste es gar nicht, wie man etwas dagegen haben könne, einen Juden zu heiraten.«[57]

Einen Juden?

»Ein ungewöhnlich kluger Kopf, dabei rührend kindlichen Gemüts.«[58]

Liebenswürdig soll er gewesen sein, das ist das Erste, was allen, die Gerhard Leibholz persönlich gekannt haben, einfällt.[59] Als klug und kindlich zugleich empfand ihn nicht nur seine Schwägerin

Susanne, sondern auch der Rest der großen Bonhoeffer-Familie. Seine spätere Frau attestierte ihm ein »offenes Wesen« und charakterisiert ihn als klug und von einer geistigen »Interessiertheit, die mit einer gewissen Naivität gepaart war.«[60] Susanne fährt fort: »Das Auffallendste an Gert war für mich sein Interesse am Mitmenschen. Er konnte einen über das eigene und das Befinden ihm unbekannter (aber mir befreundeter Menschen) ausfragen, und es schien so, als ob es ihn wirklich interessierte. Als ich ihn später einmal darauf ansprach, ob er damit eigentlich bloß Konversation machte, verstand er das gar nicht. Er wollte wirklich wissen, was andere Leute trieben und wie sie lebten. Er bildete sich wohl so sein Weltbild. Dass er aus einem sehr wohlhabenden Haus kam, merkte man ihm nie an, denn er war ungeheuer bescheiden, schnell zufrieden und entgegenkommend zu allen, die ihm begegneten.«[61]

Die Eltern Leibholz

»Eine Villa im Grünen mit großer Terrasse
vorne die Ostsee, hinten die Friedrichstrasse«

Ungefähr so stellte sich Kurt Tucholsky den idealen Wohnort vor, und etwa da waren Gerhards, Gerts oder manchmal auch Gerds Eltern zuhause, in der Villenkolonie Grunewald. Gert, wie Sabine ihn stets nannte, stammte aus einer Industriellenfamilie. Sein Vater war William Leibholz (1868-1933) aus Bärwalde im Kreis Neustettin in Pommern. In seiner Heiratsurkunde von 1897 ist er als Fabrikbesitzer verzeichnet, der in Fürstenwalde an der Spree auf halber Strecke zwischen Berlin und Frankfurt/Oder wohnte.[62] Der Sohn des Kaufmanns Adolf Leibholz (1841-1896) und dessen Frau Cäcilie, geb. Camina (um 1840-1876) besuchte das Gymnasium in Neustettin (heute Szczecineck), machte eine Banklehre und war in der Getreidewirtschaft tätig. Mit nur 22 Jahren war William Leibholz bereits an einer Bank beteiligt, war Mitinhaber einer Getreidegesellschaft und drei Jahre später auch einer Ofen- und Schamottfabrik in Fürstenwalde.[63]

Zum 1. Januar 1919, nur wenige Monate nach dem Ende des Ersten Weltkriegs, trat »Herr William Leibholz in den Vorstand der

Der Vater William Leibholz (1868-1933)

Die Mutter Nannette Regina Leibholz, geb. Netter (1874-1922)

Aktiengesellschaft Lichtenberger Wollfabrik, Berlin-Lichtenberg« ein »mit der Berechtigung, die Aktiengesellschaft Lichtenberger Wollfabrik und derselben angegliederten Betriebe selbstständig und allein rechtlich vertreten zu können.« Die genannten Betriebe lagen in der Stadt Forst (Lausitz), einer traditionellen Textilregion, die durch die Industrialisierung einen enormen Aufschwung erfahren hatte. Am gleichen Tag schloss William Leibholz einen zweiten Vertrag mit dem Besitzer der Lichtenberger Fabriken, der offenbar im 30 km östlich von Forst gelegenen Sommerfeld (heute Lubsko) weitere Textilfabriken erworben hatte,[64] deren Leitung Leibholz nun übernahm. Anfang 1920 firmierte er bereits als »Generaldirektor … der Aktiengesellschaft Lichtenberger Wollfabrik und der Sommerfelder Textilwerke Aktiengesellschaft«.[65] Der berufliche Erfolg fand seinen Niederschlag auch im Privatleben: 1921 bezog Familie Leibholz eine stattliche Villa im Grunewaldviertel in der Königsallee 29, direkt am Königssee gelegen mit eigenem Tennisplatz.[66] Die Villenkolonie Grunewald war in der zweiten Hälfte des 19. Jahrhunderts als Prestigeprojekt gezielt angelegt worden, damit der Prachtboulevard des jungen deutschen Kaiserreichs, der

Kurfürstendamm, nicht im Wald versandete, sondern hier einen repräsentativen Kontrapunkt erhielt. Eine Reitbahn führte aus der Stadtmitte in die Villenvorstadt, in der zwar nicht die von Tucholsky imaginierte Ostsee lag, aber mehrere große Seen. Spätestens seit 1923 war Leibholz dort in dem zu Wilmersdorf gehörigen Stadtteil als unbesoldeter Stadtrat tätig und machte sich zugleich als Philanthrop und Mäzen einen Namen.[67] So spendete er 1923 für den Johannaplatz in seiner unmittelbaren Nachbarschaft zwei Bronzestatuen. Er gehörte der jüdischen Kaufmannschaft von 1794 an und war dort im Vorstand. Außerdem engagierte sich der umtriebige Leibholz in der liberalen Deutschen Demokratischen Partei (DDP), so wie z.B. auch einer seiner Nachbarn, Walther Rathenau, der als Außenminister 1922 auf der Fahrt von seinem Haus in sein Büro hier im Grunewald ermordet wurde.

Gerhard Leibholz mit einem seiner Brüder , wahrscheinlich der 1903 geborene Peter

William Leibholz war verheiratet mit der ebenfalls aus einer jüdischen Familie stammenden Nannette Regina Netter (1874-1922) aus dem badischen Bühl. Von ihr wissen wir nur, dass sie mit 47 Jahren an der Spanischen Grippe starb. Die Netters waren eine traditionsreiche Kaufmanns- und Industriellenfamilie, deren Geschäfte im Laufe des 19. Jahrhunderts enorm expandierten. Verschiedene Familienmitglieder leiteten Walzwerke vornehmlich in Baden und im Elsass, aber auch in Fintrop im Sauerland und in Hannover. 1905 waren die Werke der größte Hersteller von Feinblech auf dem europäischen Kontinent. So wie der Fabrikant Leibholz war auch die Unternehmerfamilie Netter philanthropisch eingestellt und förderte Bildungs- und Sozialeinrichtungen, die den Mitarbeitern und Mitarbeiterinnen zugutekamen.[68] So wurden für die insgesamt 3.000 Beschäftigten Betriebskrankenkassen eingerichtet. Ganz offensichtlich haben wir es bei den Leibholzens mit einer großbürgerlichen Familie assimilierter Juden aus der Mitte der wilhelminischen Gesellschaft zu tun, vergleichbar etwa den »Geschwister[n] Oppermann«, die Lion Feuchtwanger in seinem gleichnamigen Roman beschreibt.

Ein Jude also?

Wie weit sich William Leibholz tatsächlich integriert fühlte, das wissen wir nicht, jedoch schien er sich dessen bewusst gewesen zu sein, dass eine Gesellschaft, die sich ein jüdisches Adressbuch leistet, die Juden in ihrer Mitte als eine gesonderte, abgesonderte, möglicherweise nicht dazugehörige Gemeinschaft begriff. Der Antisemitismus im Kaiserreich war real und kaum zu übersehen. Juden und Jüdinnen standen immer wieder vor der Frage, wie konform sie sich verhalten mussten, um in der christlichen Mehrheitsgesellschaft weiterzukommen. Wohl aus diesem Grund ließen William und Nannette Leibholz ihre drei Söhne taufen: den ältesten Hans (1899-1940), den jüngsten Peter (1903-1971) und auch den mittleren Sohn Gerhard.

Während sein jüngerer Bruder Gerhard (1901-1982) ebenfalls in der Textilbranche tätig war und später die väterlichen Fabriken übernahm, wurde Hans wie Gert Jurist, der ältere Landgerichtsrat, der mittlere entschied sich für die Universitätslaufbahn. Spätestens hier wäre für einen ehrgeizigen jungen Mann, als den wir Gerhard Leibholz zweifelsohne betrachten dürfen, der Moment gekommen, das Judentum hinter sich zu lassen, denn sonst wäre ihm der Weg zur Professur so gut wie versperrt gewesen.[69]

Die Bonhoeffers teilten diese Bedenken, nicht aufgrund von antisemitischen Vorurteilen, sondern vor allem, weil sie sich der gesellschaftlichen Realitäten bewußt waren. »Ach, Kind, du hättest es soviel leichter haben können, du wirst eine schwere Zeit haben«, so gibt Sabine in ihren Erinnerungen die Worte ihrer Mutter wieder. »Gert wird vielleicht beruflich nicht so weiterkommen, wie er es verdient, das ist dann sehr schwer für eine Frau mitanzusehen. Sieh, Papa möchte seit langem für Herrn X. – er ist auch jüdischer

Abstammung wie Gert – einen Lehrstuhl. Es ist einfach nicht möglich gewesen, das durchzusetzen in allen diesen Jahren. Dabei ist er hervorragend tüchtig.«[70] In einem Interview,[71] das Gerhard Leibholz zehn Tage vor seinem Tod dem NDR-Radio gab, erinnerte er sich ebenfalls an die Äußerung seiner Schwiegermutter: »Schon damals meinte sie, das war in den 20er Jahren, dass jemand, der unter den Begriff des Nicht-Arischen fiel, Schwierigkeiten in seinem Fortkommen haben wird.« Leibholz spricht hier von sich in der dritten Person und meidet stets das Wort Jude, der er nicht ist. »Sie hatten also nichts gegen meine Person«, berichtete er dem NDR weiter. Aber, so fasste er die Diskussion um seine Eheschließung zusammen: »... wird das gehen mit den Familien? Sind die Familien nicht zu verschieden, als dass sich das reibungslos verwirklichen ließe?« Die Schwierigkeit lag in seinen Augen weniger in den unterschiedlichen Religionen der Herkunftsfamilien, sie lag »eben in den unterschiedlichen Atmosphären der Häuser, die ich durchaus verstand. Das eine war eben christlich, wie Sie sagen«, an den Interviewer gerichtet, »traditionalistisch geprägt, sehr konservativ, aber auch liberal und auf der anderen Seite war das andere, das meinige, doch durch den Vater wirtschaftlich ausgerichtet.« Leibholz macht hier den Gegensatz auf zwischen christlich und wirtschaftlich, negiert erneut jede Beziehung zum Judentum. In einem Lebenslauf von 1938, der, so lässt sich vermuten, für die Bewerbung um ein Stipendium vom Weltrat der Kirchen für seinen Lebensunterhalt in England geschrieben wurde, schreibt er sogar, er sei 1901 »evangelisch geboren«.[72]

Eine Haltung, die seine Frau zu teilen scheint, wenn sie sagt: »Mein Schwiegervater, William Leibholz, war groß, etwas behäbig, doch dabei sehr aufrecht in seiner Haltung und stets sehr gepflegt. Er hatte viel common sense und kaufmännische Begabung, war dagegen in anderen Dingen wieder etwas primitiv. Er war ein warmherziger, fürsorgender Vater, Schwiegervater und Großvater und weise genug, jeden der Söhne beruflich den Weg gehen zu lassen, den er für sich selbst als richtig erkannte.«[73] Abgesehen von der anmaßend wirkenden Arroganz der in der Wolle gefärbten Bildungsbürgerin dem »wirtschaftlich ausgerichteten« Schwiegervater gegenüber – ein Gegensatz, um den es hier sicher auch geht – auch von ihr kein Wort zum Judentum.

Der Schwiegervater selbst formulierte zurückhaltend und wurde nicht explizit, aber man hört doch die Sorge aus seinen Zeilen sprechen, als er im Februar 1932 Sabine zum 26sten Geburtstag gratulierte. Er könne leider nicht nach Göttingen kommen, daher »muss [ich] Dir also alles, was ich auf dem Herzen habe, so übermitteln. … erhalte Dir Deine jugendliche Freude und Deine Lebensfreude. In diesem Fall wird Dir das Leben leicht sein. … Mögest Du weiterhin an der Seite des guten Gerd Dein Lebensglück erkennen.«[74] War der jüdische Kontext in der Familie Leibholz ein Tabu? Hatte sich das Paar entschlossen, das, was Verwandte und Freunde als Problem erkannten, nämlich den real existierenden Antisemitismus in der deutschen Gesellschaft, der dem getauften Juden Gerhard Leibholz und seiner Familie Schwierigkeiten machen, ja bedrohlich werden würde, einfach nicht zur Kenntnis zu nehmen? Unmöglich anzunehmen, dass sie nicht wussten, was sie erwartete, wie die Anekdote belegt, die die Schwägerin Emmi Bonhoeffer überliefert: Im Freundeskreis der Bildungsbürger wurde nicht nur Goethe und Shakespeare gelesen, es gab auch »Tanzerei«[75] oder man spielte und erfand Spiele, etwa das Folgende: Die Teilnehmenden waren aufgefordert, auf einem Zettel eine Frage zu formulieren. Die Papiere wurden in einer Vase gemischt, eine Frage gezogen, die wieder auf einem Zettel zu beantworten war. Einmal sei die beste Frage gewesen: »Wie lerne ich einen Menschen am schnellsten kennen?« Es kamen viele gute Antworten, so Emmi, doch für die beste hielt man übereinstimmend diese: »Indem ich ihn ungerecht beleidige.« Sie kam von Gert.

Der Individualistenclub

Wo haben Gerhard Leibholz und Sabine Bonhoeffer sich kennengelernt? »Es war so: Ich wurde eingesegnet im Grunewald bei dem Pfarrer, der mich einmal getauft hat«, so berichtete es Leibholz im erwähnten Radiointerview, »und innerhalb der Konfirmationsklasse saß Hans von Dohnanyi.« Hans seinerseits war befreundet mit Delbrücks, die wohnten neben den Bonhoeffers, »und so kam es eben zustande: eine Freundesclique«, zu der auch noch die Familie Harnack gehörte so wie einige andere Familien aus der Villenkolonie am Grunewald. Hans Delbrück war ein bekannter Historiker, der mit seiner Frau Lina, geborene Thiersch, sieben Kinder hatte, ebenso wie sein Schwager, der berühmte Theologe Adolf von Harnack, der mit Amalie Thiersch verheiratet war. Familien also wie die Bonhoeffers, groß- und dezidiert bildungsbürgerlich, die Schar der Nachbarskinder war ein erweiterter Geschwisterkreis, der sich gern im Hause Bonhoeffer traf, denn »es hatte eigentlich einen ganz besonderen Charme«, so Leibholz im Interview von 1982, wobei er im Gespräch nicht ausführt, worin dieser für ihn genau

Der Individualistenclub, von links nach rechts: Gerhard Leibholz, Karl Friedrich Bonhoeffer, Rüdiger Schleicher, Dietrich Bonhoeffer, Hans von Dohnanyi, Klaus Bonhoeffer, Ursula, Sabine, Christine und Susanne Bonhoeffer

bestand. In einem Brief von 1948, kurz nach dem Tod Karl Bonhoeffers, jedoch charakterisierte er ihn folgendermaßen: »In der Tat war der Vater meiner Frau einer der edelsten Männer, denen ich in meinem Leben begegnet bin. … ein wirklich weise[r] Mann, dem die Güte zum Lebenselixier geworden ist, und der seine intellektuellen Fähigkeiten mit dem allgemein menschlichen Wert zu verbinden vermag.«[76] Im Radiointerview fuhr er fort: »Ich muss gestehen,

Als die Leibholzens 1938 emigireren mussten, bekamen sie von den Geschwistern als Abschiedsgeschenk einen selbstgefertigten Leporello zur Erinnerung an die Familie, die sie zurücklassen mussten. Insgesamt sind 28 Porträts von den Eltern, Geschwistern und deren Kindern in liebevoller Kleinarbeit auf blauem Stoff befestigt und mit einem gelbem Band zusammengenäht worden. Alle Fotos sind gleichförmig, d.h. für dieses Unterfangen muss es einen extra Fototermin gegeben haben. Hier zu sehen sind Karl Friedrich und seine Frau Grete, die Schwester von Hans von Dohnanyi.

dass mich die Atmosphäre des Bonhoefferschen Hauses, wie viele andere auch, sehr beeindruckte«. Der Intellektuelle, der offenbar in seinem »etwas primitiven« Elternhaus nicht dieselben Anregungen erfuhr wie bei Bonhoeffers, fühlte sich dort sehr wohl. Sabine Leibholz berichtet, dass ihr Mann eine enge Bindung an seine früh verstorbene Mutter gehabt habe. In seinem Nachlass finden sich Briefe der Mutter an ihren schon fast erwachsenen Sohn, liebevoll, zärtlich und voller Sehnsucht nach ihm, der in Heidelberg studiert. Mit dem Vater verband ihn eine gute Beziehung, doch kein gemeinsamer »spirit«, wie er es im Interview nennt. Schon bevor William Leibholz im Frühjahr 1933 starb, hatte Gert begonnen, die Bonhoeffers als seine eigentliche Familie anzusehen – worüber sich sein jüngerer Bruder Peter später des Öfteren beschweren wird. Seine Schwiegereltern betrachtete er als Vater und Mutter, nannte sie in den Briefen »Liebe Eltern«; desgleichen die »lieben Geschwister«, die er seit seiner Konfirmationszeit 1916/17 kennt, darunter eben Hans von Dohnanyi und dessen Schwester Grete. Hans wird Christine Bonhoeffer und Grete deren Bruder Karl

Walter und Susanne Dreß

Friedrich heiraten, dabei auch Emmi und Justus Delbrück, sie wird Klaus Bonhoeffer heiraten. Ursula Bonhoeffers Verlobter Rüdiger Schleicher gehörte ebenso zum »Kerntrupp«[77] wie Susanne, die jüngste Bonhoeffer-Tochter es nennt, wie Gert, der »keinen munteren Sonntag zu Hause«[78] hatte.

Der »Individualistenclub« war im Sommer viel zusammen draußen, machte Ausflüge in die Berliner Umgebung mit dem Rad, mit dem Zug, mit dem Zelt, und im Winter traf man sich bei den Bonhoeffers: »Langsam wurde es ein fester Sonntagskreis, jedenfalls im Winter.«[79] »All diese verschiedenen Freunde (und noch mehr) vereinten sich mit uns auch zu Streit- und Lehrgesprächen, nicht nur zu Spiel und Spaß. Es wurde im Geschwister- und Freundeskreis begeistert diskutiert. Rund um den Esstisch im Eilschritt, die rechte Hand um das Handgelenk der Linken auf dem Rücken gehalten, so führten wir geistige Kämpfe. Nach den Mahlzeiten – und die Eltern haben sich zurückgezogen – geht es los. Irgendeine Frage war bei Tisch aufgetaucht und blieb ungelöst. Je lebhafter die Meinungen aufeinandertreffen, umso schneller werden die Schritte! … Da geht es um Literatur, und ich erfahre, was Stephan [sic] George will und was er für Fehler hat, längst ehe ich ein Gedicht von ihm gelesen habe; es geht um Heideggers Sprache und um Plancks Vorlesungen. Es geht auch um Religionsfragen, und die interessieren mich am meisten, weil ich glaube, davon etwas zu verstehen: Um den Ursprung des Bösen und um den freien Willen geht es immer wieder, um christliche Freiheit, es geht um die Möglichkeit, überhaupt etwas zu erfahren, um Können, um Erkenntnistheorie. Christel streitet heftig mit, und ich hocke am Fenster und höre zu. Hans Dohnanyi ist beim Rundlauf eifrig dabei, Rüdiger mit seiner schweren Beinverletzung und seinem langsameren Schwäbisch bleibt mehr am Rande – begibt sich aber der zwei Meter lange Gert mit in den Kreislauf, kommt alles bald aus dem Gleis, um seiner langen Beine willen.«[80] Die Debattierenden sind wohl vor allem die Juristen im Kreis – bis auf die einzige mitdiskutierende Frau, Christine, die zukünftige Biologin. Männer also, die von Berufs wegen diskutieren und argumentieren müssen. Karl Friedrich, der Älteste der Geschwister und der Naturwissenschaftler, scheint nie zum engsten Kreis derer, die dann später Widerstand leisten werden, dazuzugehören, ebenso wenig wie der Jüngste im Kreis, der Theologe Walter Dreß.

Rüdiger Schleicher

1895 in Stuttgart geboren, war Schleicher der älteste der Schwäger. Er hatte im Ersten Weltkrieg gekämpft und sich dort eine Beinverletzung zugezogen, die ihm zeitlebens Schwierigkeiten und Schmerzen bereitete. Sein Jurastudium absolvierte er in Tübingen. Von Anfang an war sein Schwerpunkt das Luftrecht, so dass er nach einer kurzen Mitarbeit im Reichsverkehrsministerium ins Reichsluftfahrtministerium wechselte. Dort war er bis 1939 Leiter der Rechtsabteilung, dann versetzte man ihn auf eine Referentenstelle im Allgemeinen Luftamt, während er im selben Jahr zum Honorarprofessor des Instituts für Luftrecht der Berliner Friedrich-Wilhelms-Universität ernannt wurde. Das Institut war ein gut geeigneter Ort für konspirative Treffen, denn auch Schleicher war im Widerstand. Er hielt enge Verbindungen zum Kreis der Gegner des NS-Regimes im Amt Ausland/Abwehr, wo Hans von Dohnanyi und auch Dietrich Bonhoeffer für den Umsturz arbeiteten. Im Fall eines gelungenen Attentats hätte Rüdiger Schleicher die deutsche Luftfahrt neu organisieren sollen. Doch auch ihn ermordeten die Nazis noch im April 1945.[81]

Rüdiger und Ursula Schleicher

Klaus Bonhoeffer

Klaus Bonhoeffer war der Dritte der vier Bonhoeffer-Brüder und genauso alt wie Gerhard Leibholz. Er wurde 1935 Chefsyndikus der Deutschen Lufthansa, was ihm die Möglichkeit bot, zu reisen. Daher konnte er vielfältige Kontakte zu diplomatischen und kirchlichen Widerstandskreisen im In- und Ausland pflegen. Sein engster Freund aus Jugendtagen war Justus Delbrück, Nachbarskind und ebenfalls Jurist im Widerstand und seit 1930 auch sein Schwager, denn er heiratete Emilie Delbrück, mit der er drei Kinder hatte. Klaus Bonhoeffer hatte Verbindungen zu der konspirativen Gruppe um Ludwig Beck und Carl Goerdeler und arbeitete eng zusammen

Klaus und Emmi Bonhoeffer

mit Dohnanyi im Amt Abwehr. Nach dem Attentat vom 20. Juli wurde er am 1. Oktober 1944 verhaftet und schwer gefoltert. Am 2. Februar 1945 verurteilt ihn der Volksgerichtshof zum Tode. Klaus war nicht wie Dietrich in Tegel infaftiert, sondern im Gefängnis in der Lehrter Straße. Wie Rüdiger Schleicher erschoss ihn ein Sonderkommando der Gestapo nur wenige Tage vor Kriegsende, in der Nacht vom 22. auf den 23. April 1945.[82]

Hans von Dohnanyi

Hans von Dohnanyi wurde am 1. Januar 1902 als Sohn des ungarischen Pianisten und Dirigenten Ernö von Dohnányi und der Pianistin Elisabeth von Dohnányi, geborene Kunwald, in Wien geboren. Die Eltern trennten sich, als er elf Jahre alt war, und die Geschwister Hans und Grete wuchsen bei der Mutter in Berlin auf. Hans besuchte das liberale Grunewald-Gymnasium, das auch die Schule der Bonhoefferjungs war. Die Mädchen besuchten die »Familienschule« von *Fräulein* Adelheid Mommsen. Koedukation war noch sehr selten und das Zölibat für Lehrerinnen (bis 1955) gesetzlich vorgeschrieben. Dohnanyi wird ab 1929 im Reichsjustizministerium arbeiten, ab 1939 im Amt Ausland/Abwehr, einem Zentrum des Widerstands gegen den NS. Er arbeitete mit an konkreten Plänen für den Staatsstreich, und er sammelte Informationen über die nationalsozialistischen Verbrechen, einmal, um diese dem Ausland zukommen zu lassen, etwa dem Vatikan, zum anderen, um sie nach dem Ende des Regimes unabhängigen Gerichten als Beweise vorlegen zu können. Außerdem gelang es ihm, als Agenten getarnten Juden zur Flucht zu verhelfen. Er wurde entdeckt, inhaftiert, schwer gefoltert und schließlich wenige Wochen vor Kriegsende ermordet.[83]

Gerhard Leibholz

Gerhard Leibholz besuchte eine andere Schule als seine Freunde, er machte im Februar 1919 am humanistischen Mommsen-Gymnasium Abitur. Mit einem seiner Lehrer, Ernst Neustadt (1883-1942),

Hans und Christine von Dohnanyi

blieb er bis zu dessen Tod in Verbindung. Nach einem kurzen militärischen Zwischenspiel, über das noch zu sprechen sein wird, begann er Philosophie, Rechtswissenschaften und Nationalökonomie in Heidelberg zu studieren. Nach nur zwei Jahren wurde er 19-jährig mit einer Arbeit über »Fichte und der demokratische Gedanke« zum Dr. phil. promoviert. Er kam dort zu dem Schluss, man könne »Fichte als den Staatsphilosophen des deutschen Demokratismus« bezeichnen;[84] eine These, die ihn später, wie er im Interview zugab, selbst nicht mehr recht überzeugen konnte, ebenso wenig einige der zeitgenössischen Rezensenten, die monierten, Fichte sei zwar von demokratischen Prinzipien ausgegangen, habe aber nie zur demokratischen Praxis aufgerufen. Die Anregung zu dieser Arbeit stammte von Leibholz' Heidelberger Lehrer, dem Staatsrechtler Richard Thoma (1874-1957). Zusammen mit dem Staats- und Verfassungsrechtler Gerhard Anschütz (1867-1948) gab der das Standardhandbuch zum deutschen Staatsrecht heraus. Beide Männer waren prägende Vorbilder für den jungen Studenten, auch mit diesen Lehrern hielt er zeitlebens Kontakt. Thoma war 1926 Mitbegründer der »Vereinigung verfassungstreuer Hochschullehrer«, keine Selbstverständlichkeit in der Weimarer Republik, und er war, wie Anschütz und auch William Leibholz, Mitglied der Deutschen Demokratischen Partei (DDP), die im Parteienspektrum als liberal zu verorten war.

Noch in Heidelberg hatte Leibholz ein Jurastudium begonnen, das er im Sommer 1922 in Berlin mit dem Ersten Staatsexamen

Berlin-Grunewald
Königsallee 29

William Leibholz
würde sich freuen
Dr. Gerhard Leibholz
u. Frau Gemahlin
am Dienstag, den 7. Februar er
zum Diner um 7 Uhr pünktl.
bei sich zu sehen.

U.A.w.g.

Der Schwiegervater lädt höchst förmlich auf einer gedruckten Einladungskarte seinen Sohn und dessen Frau Gemahlin zu einem offiziellen Abendessen.

abschloss. Während des folgenden Referendariats am Kammergericht in Berlin arbeitete er seine juristische Promotion aus, die kurz vor Weihnachten 1924 zum Abschluss kam. Die Anregung zu dieser einflussreichen Arbeit »Die Gleichheit vor dem Gesetz« stammte von seinem Berliner Lehrer und Mentor Heinrich Triepel (1868-1946), der als einer der bedeutendsten Staats- und Völkerrechtler des 20. Jahrhunderts und Leibholz als sein wichtigster Schüler gilt.[85] Leibholz entwickelte die Lehre von der Bindung des Gesetzgebers an den Gleichheitssatz und bezog damit Position in der Auseinandersetzung der Weimarer Staatsrechtslehre um die Zulässigkeit eines Gesetzesprüfungsrechts durch die Richter.

Im selben Jahr 1924 verlobte sich der Dr. phil. Dr. jur. Gerhard Leibholz mit dem Fräulein Sabine Bonhoeffer, die gerade mal 18 Jahre alt war. Geheiratet wurde aber erst zwei Jahre später, nachdem Leibholz im April 1926 sein Assessorexamen gemacht hatte und daraufhin zum Gerichtsassessor ernannt worden war. »1926, als wir heirateten, hatte ich keine abgeschlossene Berufsausbildung«[86], erinnert sich Sabine. Ihren künstlerischen Neigungen folgend hatte sie kurzzeitig eine Kunstgewerbeschule besucht, diese aber ohne Abschluss verlassen. Gerhard Leibholz hingegen

Gerhard und Sabine Leibholz

verfolgte zielstrebig seine akademische Karriere. Nach einer kurzen Zeit als Hilfsrichter beim Amtsgericht Berlin-Mitte in Zivil-, Straf- und Vollstreckungssachen (April bis Oktober 1926) wurde er vom Justizdienst beurlaubt. Durch die Vermittlung des Zweitgutachters seiner Dissertation konnte er Wissenschaftlicher Referent am Kaiser-Wilhelm-Institut für Ausländisches Öffentliches Recht und Völkerrecht werden. Dergestalt finanziell abgesichert bot sich ihm hier die Gelegenheit, an seiner ebenfalls von Triepel betreuten Habilitation zu arbeiten, die er im Sommer 1928 einreichte. Es entstand die einflussreiche Arbeit »Zum Wesen der Repräsentation. Eine staatstheoretische Untersuchung«, die noch Jahrzehnte später anlässlich seines 80sten Geburtstages im Fach diskutiert wurde.[87]

Um das Habilitationsverfahren formell endgültig abzuschließen, hielt er am 30. Juni des Jahres seine Antrittsvorlesung an der Berliner Universität. Da er am Kaiser-Wilhelm-Institut in Berlin-Dahlem das Italien-Referat übernommen hatte, war er mit dem Faschismus in Italien in Berührung gekommen und sprach »Zu den Problemen des faschistischen Verfassungsrechts«. Diese Studie, so fasste es ein Jurist in seiner »Erinnerung an Gerhard Leibholz« 2001 zusammen, »löste zeitweise Irritationen aus«[88], denn Leibholz vertrat hier die These, dass der italienische Faschismus

Gerhard Leibholz mit einer seiner Töchter

sich zumindest formal im Rahmen der Rechtmäßigkeit bewegt habe. Der Autor erkannte eine gewisse »Volksgebundenheit des Fascismus [sic]«, die ihm einen »demokratischen Einschlag« gebe.[89] Legitimität gewinne der italienische Faschismus, so Leibholz, durch das »ins Heroische gesteigerte Charisma des Führers«. Sein Biograph, der Jurist Manfred H. Wiegandt ebenso wie einige zeitgenössische Rezensenten bescheinigen Leibholz, dass er sich um eine »objektiv[e] und wertungsfrei[e]« Herangehensweise bemüht habe. Er habe den Diktaturcharakter des italienischen Faschismus deutlich herausgearbeitet. Doch Aussagen wie der Faschismus stehee »in bewußtem Widerspruch zur bisherigen Gerontokratie«, er zeichne sich durch einen Glauben an die Jugend aus und wolle »das erstarrte Allgemeine wieder mit einer lebensvollen Individualität« verbinden, können allzu leicht als zustimmend gewertet werden, und es fehlt an einer klar erkennbaren Abgrenzung zu diesem Phänomen.[90] Sätze wie »Der Fascismus [sic] will Leben sein, will Leben spenden« lassen sogar eine gewisse Faszination für den Faschismus erkennen, wie sie von der konservativen Schule deutscher Staatsrechtslehrer, unter ihnen Rudolf Smend, Leibholz' akademischer Lehrer in Berlin und später Rektor der Universität Göttingen, geteilt wurde.

Auch wenn in den zeitgenössischen Rezensionen diese Problematik teilweise diskutiert wurde, mehr als eine »Irritation« entstand nicht. Der vielversprechende junge Mann avancierte neben seiner wissenschaftlichen Tätigkeit am Kaiser-Wilhelm-Institut zum Co-Leiter der Attachékurse des Auswärtigen Amtes. Er erhielt zudem ein Angebot vom Reichsjustizminister Erich Koch-Weser, der ihn als seinen persönlichen Referenten gewinnen wollte, aber das lockte ihn nicht. Gerhard Leibholz war entschlossen, die wissenschaftliche Laufbahn anzutreten. Er überließ die Stelle seinem Schwager Hans von Dohnanyi. Obwohl er noch Ende 1928 zum Amts- und Landrichter ernannt worden war, bat er ein Jahr später um die freiwillige Entlassung aus dem Justizdienst, denn er hatte zum 1. November 1929 einen Ruf an die Universität Greifswald erhalten. Das schien der Beginn einer vielversprechenden Karriere zu sein.

Greifswald: »… es war eine behagliche Zeit«

Die Trauung hatte am 6. April 1926 in Berlin im Hause Bonhoeffer stattgefunden, die »Hochzeitsfeierlichkeiten«, wie Sabine sie nennt, so als ob es sich um eine Fürstenhochzeit handelte, dauerten drei Tage.[91] Sabine schildert in ihren Erinnerungen ausführlich den Polterabend, an dem die Geschwister ein Singspiel aufführten, minutiös den Hochzeitstag, der gemäß den Familientraditionen gestaltet wurde, beschreibt die Rituale in allen Einzelheiten. Die Hochzeitsreise ging nach Lugano, danach bezog das Paar eine Viereinhalbzimmerwohnung in der Ravensbergerstraße in Berlin nicht weit vom Kurfürstendamm, wo Leibholz sich ein Arbeitszimmer einrichtete, weil er überwiegend von zuhause aus arbeitete, gerne auch am Wochenende. In einem Brief vom September 1928 schilderte Sabine ihrer Mutter, Gert sei »gleich am Sonnabend wieder ins Institut und hat Korrekturen mitgebracht, die wir zusammen lasen. Die Setzer werden nicht sehr glücklich sein, denn er ändert wieder jeden Satz ab.«[92] Es etablierte sich offenbar von Anfang an ein Ritual, zumindest eine Routine, die sich auch in Greifswald fortsetzte: Professor Leibholz kaufte seiner Gattin einen »sehr schönen bequemen Stuhl, den er neben seinen Schreibtisch stellte; hier sollte ich mit einem Buch oder einer Näherei bei ihm sitzen, das mochte er, und auch ich fand das gemütlich«.[93]

Sabine hatte niemals einen Beruf erlernt und würde nie einen Beruf erlernen, auch nicht den der Hausfrau. Susanne erinnerte sich an einen Anruf ihrer frisch verheirateten Schwester, die sich am Mittagessen versuchte: »Ein gleichermaßen ahnungsloses Mädchen stand ihr zu Diensten. Sie kochten zusammen vier Stunden Spinat, ohne dass er wurde ›wie zu Haus‹. Dann rief sie mich telefonisch um einen guten Rat an. Der war aber nur fürs nächste Mal brauchbar.«[94] Die Eltern Bonhoeffer hatten zwar ihren Töchtern nahegelegt, sich nicht vor dem 20. Lebensjahr zu verheiraten, ansonsten aber ließen sie ihnen in ihrer Lebensgestaltung freie Hand. Schöngeistige Bildung hatten sie zuhause erhalten, eine Ausbildung wurde ihnen nicht verwehrt – Christine, wir erinnern uns, durfte Biologie studieren –, aber man hielt sie keineswegs für notwendig. Gefährtin des Mannes und Mutter zu sein, das war das klassische konservative Rollenbild für die Frau, dem ganz offensichtlich auch Sabine anhing: Am 30. Juni 1927 war in Berlin ihre erste Tochter Marianne zur Welt gekommen, am 10. Dezember 1930 wurde Christiane geboren.

Sie kümmerte sich mit großer Freude um die beiden Kinder, doch auch hier hatte sie natürlich Unterstützung, nicht zuletzt weil die Eltern es nicht gerne sahen, dass die Kinder ohne Personal waren. Das gehörte sich schließlich nicht, und daher gewährten sie der jungen Familie eine entsprechende finanzielle Unterstützung, die von Vater Leibholz ergänzt wurde.[95] Nicht ganz ausgeschlossen, dass Sabine zeitweilig darüber nachdachte, etwas zu lernen, denn ihre Schwester Suse erinnerte sie Ende 1938 daran, dass sie einmal erwogen hatte, die Neumann-Neurode-Gymnastik zu erlernen.[96] Diese Säuglingsgymnastik war eine der vielfältigen Formen der ausdifferenzierten Gymnastikbewegung um die Jahrhundertwende, die speziell Frauen endlich mehr Bewegungsfreiheit ermöglichte, konkret und im übertragenen Sinne, nachdem das 19. Jahrhundert sie noch in Korsetts geklemmt hatte. 1938, also in den ersten Monaten des Exils, wird jedoch weniger der emanzipatorische Impetus, der der Gymnastik innewohnte, als die Überlegung, damit Geld zu verdienen, eine Rolle gespielt haben. Es ist jedoch nie dazu gekommen. Das junge Paar genoss sein Familienglück. Der Abschied von Berlin fiel schwer, weg vom kulturellen Angebot der Großstadt hinein in die pommersche Provinz, vor allem weg von der Familie.

Aber sie lernten die Vorzüge der Region schätzen, gingen gerne baden am Bodden, empfanden überhaupt die Nähe der Natur als »das Schönste«, denn sie wohnten am Stadtrand und waren »nach Tisch« gleich draußen in den Feldern.[97] Sabine, die schon in Berlin gerne einen Garten in der Laubenkolonie gehabt hätte, machte sich an die Gartenarbeit, und so wie auch später in Göttingen fand sie ihren Garten »reizend«.[98] Die Blumen, die Gert zum Geburtstag im Februar herbeizauberte, müssen allerdings gekauft gewesen sein: »Gert hatte mir einen reizenden Geburtstagstisch gemacht – voller Blumen, Tulpen, Osterglocken, Hyazinthen, Maiglöckchen.«[99]

»Beruflich war Gert nicht überlastet«, gibt Sabine ungeniert zu, die Lehre und der Umgang mit Studenten machten ihm Spaß, sie ließen ihm aber vor allem ausreichend Zeit für seine wissenschaftliche Arbeit. Sabine entwickelte sich im Laufe der Zeit zu einer Art Sekretärin, lernte Schreibmaschine schreiben und war ansonsten mit der Organisation des Haushalts befasst: »Du fragst, wie es mit den Mädchen gehe. … Frl. Emilie ist mit dem Kind sehr ordentlich auch in der Küche sehr sparsam und sauber. Die andere Kleine ist eine Beamtentochter vom Lande, die … aber noch nie in Stellung war. Sie gibt sich aber grosse Mühe, ist eine Perle an Sauberkeit … Jedenfalls zwei solche anständige Menschen im Haus zu haben, ist schon sehr schön. Beide fühlen sich sehr wohl hier, ich bin aber auch sehr nett mit ihnen, finde ich. … Gert hat eine neue Arbeit begonnen neben seinem Kolleg, was er mir jetzt immer diktiert, da mein Maschineschreiben jetzt schneller geht als die Hand.«[100] Sie nahmen teil am gesellschaftlichen Leben in den akademischen Zirkeln der Stadt, die Atmosphäre an der Uni sei nett und harmonisch gewesen, erinnerte sich Sabine im Rückblick.[101] Sie wurden oft eingeladen oder waren Gastgeber: »Diese Woche haben wir gottlob keine Einladungen; nächste Woche dafür wieder zwei.«[102] Oder sie hörten Vorträge: »Gestern waren wir in einem sehr interessanten Vortrag des Prof. Guardini aus Berlin.« Nebenbei verbesserten beide ihr Französisch und bald auch ihr Italienisch.[103] Es war »eine behagliche Zeit«.[104]

Göttingen: »Es lohnt sich nicht mehr.«

Im November 1931 schrieb Peter Leibholz seinem älteren Bruder zum Geburtstag: »Du wirst 30 Jahre alt, … und ich glaube, wenn Du zurückblickst, kannst Du mit der zurückliegenden Zeit sehr zufrieden sein, Du hast sicherlich viel gearbeitet, aber Du hast auch dafür Erfolge zu verzeichnen gehabt, wie kaum ein anderer. Du hast auf der anderen Seite auch wirklich ein angenehmes, schönes Leben gehabt, vor allem in den letzten Jahren im Kreise Deiner Familie, sodass ich Dir für die nächsten dreissig Jahre nichts besseres wünschen kann …«[105] Hinzu kam die an und für sich erfreuliche Tatsache, dass Leibholz 1931 einen Ruf an die Universität Göttingen erhalten hatte. Doch der Adressat dieser Zeilen zweifelte, ob sich die Mühe eines Umzugs nach Göttingen überhaupt noch lohnen würde.[106] Man musste gar nicht einmal ein so aufmerksamer Beobachter seiner Zeit sein, wie Gerhard Leibholz es war, um die wachsende Zustimmung für den Nationalsozialismus zu bemerken. Dessen Wahlerfolge waren begleitet von einer ständig steigenden Präsenz brauner Uniformträger im öffentlichen Raum, auf den Straßen, aber auch an den Universitäten. Die Familie Leibholz hatte bereits selbst Erfahrungen mit einem aggressiven, gegen sie persönlich gerichteten Antisemitismus gemacht. Bei einem der Besuche von William Leibholz in Greifswald machte die Familie einen Ausflug. Der Generaldirektor der vereinigten Tuchfabriken war entsprechend repräsentativ angereist mit einem großen Horch, der von einem Chauffeur gelenkt wurde. Damit ging es nach Stralsund, wo die Limousine auf dem Markt plötzlich von einer Truppe von SA-Leuten umringt wurde, die das Auto anrempelten, gegen die Scheiben klopften, dem Schwiegervater drohten, so schildert es Sabine, die die Situation dadurch entschärfen konnte, dass sie ihm die kleine Marianne wie ein Schutzschild auf den Schoß setzte. Wieso? Wie konnte es dazu kommen? Ein großer Wagen mit Chauffeur, offensichtlich gut situierten Insassen und einem Berliner Kennzeichen: War das für die lokalen Nazis bereits genug, um das Stereotyp vom »reichen Juden« zu erfüllen, damit die braunen Jungs auf der Suche nach Krawall ihn mehr oder weniger wahllos zum Ziel ihrer Aggression machten? Oder, schlimmer noch, war dies eine geplante Attacke, um dem zumindest an der Universität

Greifswald als *Nichtarier* bekannten Gerhard Leibholz einen Wink zu geben: Wir kennen dich! Wir haben dich im Blick! Das eine ist so gut möglich wie das andere, denn ›man‹ wusste eben, wer *Jude* war (oder dazu gemacht wurde wie Gerhard Leibholz), so beschrieb Jahrzehnte später der Göttinger Jurist Friedrich Schaffenstein als Zeitzeuge in einem Gespräch über die Universität im *Dritten Reich* den auch schon vor 1933 dort greifbaren Antisemitismus.[107]

»Der Nationalsozialismus etablierte sich mit Windeseile.«[108]

Der 30. Januar 1933 stellt für uns heute eine ungeheure Zäsur dar, für viele Zeitgenossen war er das nicht: Adolf Hitler war lediglich der nächste Kanzler in einer endlos langen Reihe von Kabinetten, die es seit 1919 gegeben hatte, einer, der, wie die anderen auch, bald abgewirtschaftet haben würde. Doch Hitler war entschlossen, die Macht nicht wieder abzugeben. Er hatte weitreichende Pläne, wollte alles Bisherige hinter sich lassen und Deutschland vollständig verändern. Für die Nationalsozialisten war der *Tag der Machtergreifung* der Aufbruch in eine neue, nationalsozialistische Zeit.

Einmal an der Regierung, entfalteten die neuen Machthaber eine ungeheure Dynamik, um den von ihnen angestrebten Transformationsprozess auf den Weg zu bringen. Das machte anfänglich einen Gutteil ihrer Attraktivität aus, da sie sich in der Wahrnehmung so von den etablierten Parteien absetzten, denen der Nimbus des Verbrauchten anhaftete. »So sehr ist Bewegung das Wesen des Nazismus, daß er sich selber geradezu als ›die Bewegung‹ bezeichnet«, beobachtete Victor Klemperer. »Sein ganzer Sprachschatz ist von dem Willen zur Bewegung, zum Handeln beherrscht. Sturm ist sozusagen sein erstes und sein letztes Wort: … Das Blatt der Judenhetze betitelt sich ›Der Stürmer‹.[109]

Ein wesentlicher Bestandteil dieser Dynamik war die völlig entgrenzte und enthemmte Gewalt, die sich in den ersten Monaten des Regimes Bahn brach. Gewalt, die aus vielerlei Gründen sowohl gefordert als auch gefördert wurde.[110] Die NS-Propagandisten vergemeinschafteten Gewalt, weil sie so für jeden Einzelnen ungefährlicher, einfacher zu handhaben und für die Opfer umso massiver war. Gewalt stiftet Gemeinschaft und verschafft den Tätern das Gefühl machtvoller Selbsterfahrung. Das war attraktiv für die Schläger, insbesondere dadurch, dass die Gewaltanwendung folgenlos blieb, weil der Rechtsbruch im NS-Staat nicht geahndet wurde und auf diesem Wege »die Normen der Zivilgesellschaft sowie des Rechtsstaates« zerstört wurden. Nur zwei Monate nach der *Machtergreifung* waren bereits 20.000 Kommunisten ohne jede richterliche Anordnung und ohne juristische Nachprüfung ins Gefängnis geworfen worden,[111] wenn ihnen nicht Schlimmeres widerfuhr und sie, die Feinde des NS, im Furor des Aufbruchs in wilden KZs gefoltert oder gar ermordet wurden. Gewalt, die man später zunächst wieder einzufangen suchte, die aber immer ein sehr gegenwärtiger Bestandteil der NS-Machtausübung blieb, nicht nur in den Konzentrations- und in den weit entfernten Vernichtungslagern, sondern im nationalsozialistischen Alltag überall im Reich. Zwar wurden die offen brutalen Angriffe auf *Jüdinnen* und *Juden,* wie sie beim Boykott jüdischer Geschäfte am 1. April 1933 oder viel schlimmer noch in der Pogromnacht am 9. November 1938 stattfanden, von vielen *Volksgenossen* und *-genossinnen* nicht gutgeheißen. Das bedeutete aber keineswegs eine generelle Ablehnung antijüdischer Maßnahmen.[112] Als Zuschauer und Zuschauerinnen waren die *Volksgenossen* mitverantwortlicher Teil dieser brutalen Inszenierungen, denn ohne sie wäre die Gewalt nahezu wirkungslos gewesen.[113]

Flankiert wurde die Gewalt von einer Scheinlegalität, die von den neuen Machthabern wie eine Kulisse aufgebaut wurde, indem sie Gesetze erließen, die dem Sinn der Weimarer Verfassung diametral entgegenstanden und mit denen sich der Weimarer Staat de facto selbst abschaffte. Das landläufig als *Reichstagsbrandverordnung* vom 28. Februar 1933 bezeichnete *Gesetz zum Schutz von Volk und Staat* setzte alle Grundrechte außer Kraft. Das *Ermächtigungsgesetz,* das sogenannte *Gesetz zur Behebung der Not von Volk und Reich* vom 24. März 1933, beseitigte die Gewaltenteilung und führte zu einer Selbstentmachtung des Parlamentes. Die meist irreführend als *Gesetz zur Wiederherstellung des Berufsbeamtentums* bezeichnete Verordnung vom 7. April 1933 diente der Entlassung von *Nichtariern* auf Grundlage des Paragraphen 3 des Gesetzes, des sogenannten *Arierparagraphen,* so dass es de facto zu einer Entfernung der Juden aus Wirtschaft und Gesellschaft kam. Zahllose

Arier profitierten und sollten von dieser Maßnahme profitieren, ein Muster, das sich über die zwölf Jahre des *Tausendjährigen Reichs* noch oft wiederholte: Sehr viele Menschen haben von den destruktiven, schließlich tödlichen Maßnahmen des Nationalsozialismus materiell profitiert. Nahezu sämtliche Organisationen, Verbände und berufsständischen Vereinigungen übernahmen innerhalb kürzester Zeit nicht nur den *Arierparagraphen*, sondern auch die Organisationsstruktur der NSDAP, die überdies ab Juli 1933 die einzig noch zugelassene Partei im NS-Staat war. Alle anderen Parteien lösten sich selbst auf oder wurden zwangsweise eliminiert, ebenso wie die Gewerkschaften, die in der neu gegründeten, propagandistisch sehr wirksam einsetzbaren *Deutschen Arbeitsfront* (DAF) aufgingen. Die Länder wurden gleichgeschaltet, indem dort kurzerhand NS-Regierungen installiert wurden. Gleichgeschaltete Medien, die Presse, der Rundfunk und der Film, wurden zur wirksamen Waffe in der Hand des Propagandaministers Joseph Goebbels. Die Nationalsozialisten bildeten nicht einfach eine neue Regierung, der Nationalsozialismus war ein Transformationsprojekt,[114] das die ganze Gesellschaft erfasste und sich auf allen Ebenen bemerkbar machte.

Es ist ein Charakteristikum nationalsozialistischer Herrschaft, dass banalstes Bürokratiegeschehen und alltägliche, omnipräsente Gewalt als zentrale Stützpfeiler der Macht gleichwertig nebeneinander standen.[115] Die Einbindung der staatlichen, aber auch der Parteibürokratie in den Prozess der nationalsozialistischen Transformation trug erheblich zur Durchsetzung der Machteroberung bei. Die Fiktion von Legalität ließ sich hier mit vorhandenen, bekannten, geordneten Strukturen verbinden und erhöhte ihre gesellschaftliche Akzeptanz.[116] Gewaltanwendung und bürokratisches Handeln: Beiden ist gemein, dass sie im nationalsozialistischen Staat nach Gutdünken ausgeübt wurden, womit ein drittes Element der NS-Herrschaftssicherung bezeichnet ist: die Willkür, die der gesamten NS-Gesellschaft einen steten Unterton von Unsicherheit und Misstrauen gab. Der gesamten Gesellschaft? Nein, der deutschen *Volksgemeinschaft*.

Die deutsche Volksgemeinschaft: eine »radikal exklusive, biopolitische Ordnung tödlicher Ungleichheit«[117]

Nur die *Volksgemeinschaft* war maßgeblich. Die Nazis bedienten sich hier, wie so häufig, eines Konzepts, das es längst gab, vergleichbar der vielbeschworenen Autobahn, die sie zu einem riesigen NS-Propagandaprojekt machten; oder der Lagerfeuerromantik der Wandervögel, die, mit NS-Ideologie aufgeplustert, zur *Hitlerjugend* wurde; oder auch der Idee vom freiwilligen Arbeitsdienst, in den 1920er Jahren viel diskutiert, damals noch ein unschuldiges Wort, bis daraus von den Nazis der verpflichtende *Reichsarbeitsdienst* gemacht und später Arbeitspflicht zur Zwangsarbeit pervertiert wurde. Die *Volksgemeinschaft* hatte schon im Weltkrieg Konjunktur gehabt und wurde in den Weimarer Jahren von allen Parteien propagandistisch genutzt, wenn auch mit jeweils konträren Inhalten. Im linken politischen Spektrum schwang die Idee von der Versöhnung aller Klassen und Gruppen mit, ein inklusiver Ansatz, der zwar auch in der Sichtweise von rechts eine Rolle spielte, doch war hier der Gedanke der Exklusion bestimmend. Es war klar definiert, wer nicht zur Volksgemeinschaft gehören sollte, und das waren zuvorderst »die Juden«. Das griffen die Nazis auf, und sie waren damit höchst erfolgreich, weil sie einerseits an Bekanntes anknüpfen konnten, andererseits diesen letztlich doch eher vagen Begriff mit eigenen rassistisch konnotierten Inhalten füllen konnten. Damit wurde »der Jude« ex negativo ein unverzichtbarer Bestandteil des NS-Staates. »Er« ist derjenige, der die *Volksgemeinschaft* ganz wesentlich konstituiert, weil sie sich in seiner Ablehnung vereint.

Doch auch die Angehörigen der *Volksgemeinschaft* konnten sich nicht in Sicherheit wiegen, sondern mussten ihre Zugehörigkeit zur exklusiven Ausschlussgesellschaft immer wieder neu beweisen. Ein wichtiges Instrument dafür waren die politischen Gutachten, die seit Juni 1935 bei der jeweiligen Kreisleitung der Partei beantragt werden mussten, welche sich so im Übrigen den Anschein einer staatlichen Behörde geben konnten, die sie nicht war. Diese sogenannte *politische Beurteilung* sollte die Loyalität eines jeden *Volksgenossen* erzwingen und stellte zugleich eine Warnung vor nonkonformem Verhalten dar. Sie war nötig für die unterschiedlichsten privaten und geschäftlichen Anlässe, von der Goldenen

Hochzeit bis hin zur Beantragung eines Obststandes auf dem Göttinger Wochenmarkt. In der Zeitschrift »Der Hoheitsträger« findet sich folgende, bewusst sehr offen formulierte Definition der *politischen Beurteilung*: »Sie bewertet außerdem die Haltung in charakterlicher, weltanschaulicher und sozialer Beziehung; sie bestimmt den Wert eines Volksgenossen für die Gemeinschaft im nationalsozialistischen Sinne unter Berücksichtigung aller hierbei in Betracht kommenden Gesichtspunkte.«[118] Damit war der Willkür Tür und Tor geöffnet. Die *Volksgemeinschaft* war also keineswegs statisch, sondern Inklusion und Exklusion mussten im Wechselverhältnis zwischen Partei und Gesellschaft immer wieder neu ausgehandelt werden.[119] Die Herstellung der *Volksgemeinschaft* blieb für die Partei eine Daueraufgabe,[120] weil sie sich selbst nicht sicher war über den tatsächlichen Grad der ideologischen Durchdringung der Gesellschaft. Das versetzte die *Volksgemeinschaft* »in einen Zustand permanenter Bewährung«.[121]

»Aber einen Juden kennt jeder.«

Zwar waren es nicht nur »die Juden«, sondern zahlreiche weitere Gruppen, die erst definitorisch, dann physisch ausgegrenzt wurden, aber der Antisemitismus sei der Treibstoff dieses Staates gewesen, meint der Romanist Victor Klemperer, wie Gerhard Leibholz ein Protestant aus jüdischem Hause. Er beschreibt in seiner Studie zur Sprache des *Dritten Reichs* eindrucksvoll, weil aus bitterem eigenen Erleben gespeist, was es bedeutete, aus der Gemeinschaft ausgeschlossen zu sein. Der »Einwand, den ich mir jahrelang immer aufs neue gemacht habe: überschätzte ich nicht, weil mich das selber so furchtbar traf, die Rolle des Antisemitismus innerhalb des nazistischen Systems?

Nein, ich habe sie nicht überschätzt, es liegt jetzt ganz klar am Tage, daß er das Zentrum und in jeder Hinsicht das entscheidende Moment des gesamten Nazismus gebildet hat. … Antisemitismus ist vom Anfang bis zum Ende das wirksamste Propagandamittel der Partei, ist die wirksamste und populärste Konkretisierung der Rassendoktrin, ja ist für die deutsche Masse mit der Rassenlehre identisch. Denn … einen Juden kennt jeder« – einen *Juden*, auf den er herabblicken kann. »Antisemitismus und Rassenlehre sind für die deutsche Masse Synonyma. Und durch die wissenschaftliche, vielmehr pseudowissenschaftliche Rassenlehre begründet und rechtfertigt man alle Ausschweifungen und Ansprüche der nationalistischen Überheblichkeit, jede Eroberung, jede Tyrannei, jede Grausamkeit und jeden Massenmord.«[122] Und, so ließen sich Klemperers Ausführungen ergänzen, entzieht sich jeder Verantwortung. Denn die Notwendigkeit von Ausgrenzung bis zur Auslöschung »der Juden« war ja »wissenschaftlich« belegt«.[123]

Scharfsichtig analysiert er die Methode der Propaganda, welche Inhalte über Emotionen transportiert, die vermittelt werden über die Sprache: »Nein, die stärkste Wirkung wurde nicht durch Einzelreden ausgeübt, auch nicht durch Artikel oder Flugblätter, durch Plakate oder Fahnen, sie wurde durch nichts erzielt, was man mit bewußtem Denken oder bewußtem Fühlen in sich aufnehmen mußte. Sondern der Nazismus glitt in Fleisch und Blut der Menge über durch die Einzelworte, die Redewendungen, die Satzformen, die er ihr in millionenfachen Wiederholungen aufzwang und die mechanisch und unbewußt übernommen wurden. … Sprache dichtet und denkt nicht nur für mich, sie lenkt auch mein Gefühl, sie steuert mein ganzes seelisches Wesen, je selbstverständlicher, je unbewußter ich mich ihr überlasse.« Er resümiert: »Worte können sein wie winzige Arsendosen: sie werden unbemerkt verschluckt, sie scheinen keine Wirkung zu tun, und nach einiger Zeit ist die Giftwirkung doch da.« Und er analysiert: »Die Konstruktion des arischen Menschen wurzelt in der Philologie und nicht in der Naturwissenschaft.«[124]

Schließlich veranschaulicht er diesen Mechanismus an einer Szene aus der Zeit seiner Zwangsarbeit, die er als *Jude* in den 1940er Jahren in einer Fabrik leisten musste: »Die freundlichste von allen [*arischen* Mitarbeiter:innen] war die bucklige Frieda.« Sie gibt ihm einen Apfel. »›Für die Mutti mit schönem Gruß von mir.‹ Und dann, neugierig verwundert: ›Der Albert sagt, Ihre Frau ist eine Deutsche. Ist sie wirklich eine Deutsche?‹ … Die Freude am Apfel war hin. Dieser Sancta-Simplicitas-Seele, die ganz unnazistisch und ganz menschlich empfand, war das Grundelement des nazistischen Giftes eingeflossen; sie identifizierte das Deutsche mit dem magischen Begriff des Arischen; es erschien ihr kaum faßlich,

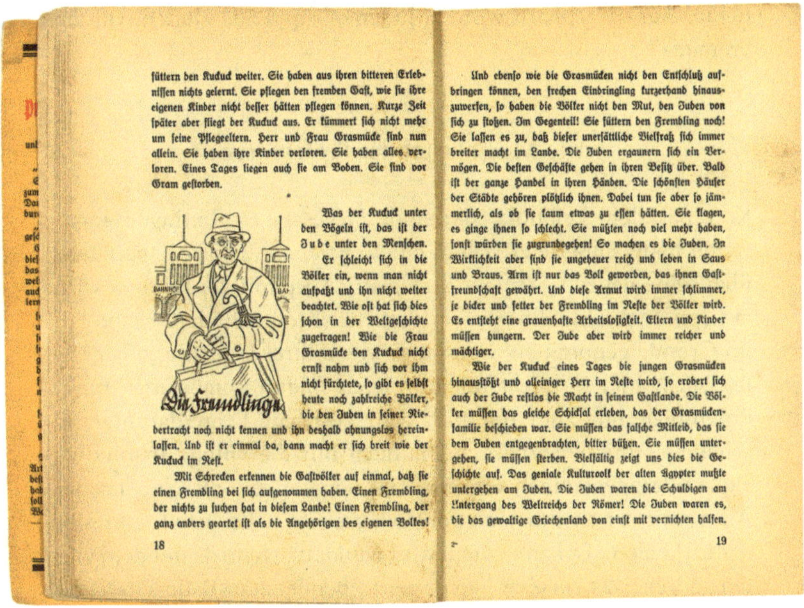

füttern den Kuckuck weiter. Sie haben aus ihren bitteren Erlebnissen nichts gelernt. Sie pflegen den fremden Gast, wie sie ihre eigenen Kinder nicht besser hätten pflegen können. Kurze Zeit später aber fliegt der Kuckuck aus. Er kümmert sich nicht mehr um seine Pflegeeltern. Herr und Frau Grasmücke sind nun allein. Sie haben ihre Kinder verloren. Sie haben alles verloren. Eines Tages liegen auch sie am Boden. Sie sind vor Gram gestorben.

*

Die Fremdlinge

Was der Kuckuck unter den Vögeln ist, das ist der Jude unter den Menschen.

Er schleicht sich in die Völker ein, wenn man nicht aufpaßt und ihn nicht weiter beachtet. Wie oft hat sich dies schon in der Weltgeschichte zugetragen! Wie die Frau Grasmücke den Kuckuck nicht ernst nahm und sich vor ihm nicht fürchtete, so gibt es selbst heute noch zahlreiche Völker, die den Juden in seiner Niedertracht noch nicht kennen und ihn deshalb ahnungslos hereinlassen. Und ist er einmal da, dann macht er sich breit wie der Kuckuck im Nest.

Mit Schrecken erkennen die Gastvölker auf einmal, daß sie einen Fremdling bei sich aufgenommen haben. Einen Fremdling, der nichts zu suchen hat in diesem Lande! Einen Fremdling, der ganz anders geartet ist als die Angehörigen des eigenen Volkes!

18

Und ebenso wie die Grasmücken nicht den Entschluß aufbringen können, den frechen Eindringling kurzerhand hinauszuwerfen, so haben die Völker nicht den Mut, den Juden von sich zu stoßen. Im Gegenteil! Sie füttern den Fremdling noch! Sie lassen es zu, daß dieser unersättliche Vielfraß sich immer breiter macht im Lande. Die Juden ergaunern sich ein Vermögen. Die besten Geschäfte gehen in ihren Besitz über. Bald ist der ganze Handel in ihren Händen. Die schönsten Häuser der Städte gehören plötzlich ihnen. Dabei tun sie aber so jämmerlich, als ob sie kaum etwas zu essen hätten. Sie klagen, es ginge ihnen so schlecht. Sie müßten noch viel mehr haben, sonst würden sie zugrundegehen! So machen es die Juden. In Wirklichkeit aber sind sie ungeheuer reich und leben in Saus und Braus. Arm ist nur das Volk geworden, das ihnen Gastfreundschaft gewährt. Und diese Armut wird immer schlimmer, je dicker und fetter der Fremdling im Neste der Völker wird. Es entsteht eine grauenhafte Arbeitslosigkeit. Eltern und Kinder müssen hungern. Der Jude aber wird immer reicher und mächtiger.

Wie der Kuckuck eines Tages die jungen Grasmücken hinausstößt und alleiniger Herr im Neste wird, so erobert sich auch der Jude restlos die Macht in seinem Gastlande. Die Völker müssen das gleiche Schicksal erleben, das der Grasmückenfamilie beschieden war. Sie müssen das falsche Mitleid, das sie dem Juden entgegenbrachten, bitter büßen. Sie müssen untergehen, sie müssen sterben. Vielfältig zeigt uns dies die Geschichte auf. Das geniale Kulturvolk der alten Ägypter mußte untergehen am Juden. Die Juden waren die Schuldigen am Untergang des Weltreichs der Römer! Die Juden waren es, die das gewaltige Griechenland von einst mit vernichten halfen.

2* 19

Das Kinderbuch: Der Pudelmopsdackelpinscher und andere besinnliche Erzählungen von Ernst Hiemer. Verlag Der Stürmer, Nürnberg 1940. Hier das Kapitel »Die Fremdlinge«

daß mit mir, dem Fremden, der Kreatur aus einer anderen Sparte des Tierreiches, eine Deutsche verheiratet sei, sie hatte ›artfremd‹ und ›deutschblütig‹ und ›niederrassig‹ und ›nordisch‹ und ›Rassenschande‹ allzuoft gehört und nachgesprochen: sie verband sicherlich mit alledem keinen klaren Begriff – aber ihr Gefühl konnte es nicht fassen, daß meine Frau eine Deutsche sein sollte.«

Man möchte mit Klemperer ausrufen: »Es gibt keine deutsche oder westeuropäische Judenfrage. Wer sie anerkennt, übernimmt oder bestätigt nur die falsche These der NSDAP und stellt sich in ihren Dienst. … Denn die Fremdheit zwischen Juden und ›Ariern‹, die Reibung zwischen ihnen war nicht halb so groß wie etwa zwischen Protestanten und Katholiken, oder zwischen Arbeitgebern und -nehmern, oder zwischen Ostpreußen etwa und Südbayern, oder Rheinländern und Berlinern.«[125] Aber das Gift der Propaganda wirkt, der simple, zynisch formuliert, genial einfache Mechanismus des Wir-gegen-die-anderen funktioniert verlässlich, damals wie heute. Aus »Nachbarn wurden Juden«,[126] und aus »Juden wurden Fremde«[127].

»Die Mediokrität der Professoren«

Kurz nachdem Leibholz 1931 seine Professur in Göttingen angetreten hatte, äußerte er sich in einem Brief an die Schwiegereltern über seine neuen Göttinger Kollegen: »Auch mit der Fakultät wird sich, so denke ich, ein ganz erträglicher Modus finden. Es sind ja im Grunde genommen, wenn man sie in ihrer Eigenart zu begreifen sucht und sie nicht mit normalen Bildungsmaßstäben mißt, ordentliche und zum Teil auch ganz gescheite Leute darunter, so scheint es mir jedenfalls. Erstaunlich nur die völlige Instinktlosigkeit demgegenüber, was zur Zeit vorgeht und die Naivität der Alten, mit der sie ihre Zeit politisch für zu [... Briefstelle ist unleserlich] halten. Es kann einen nicht wundern, wenn da mit dem vielen andren, was zur Zeit kaputt geht, eben jetzt auch die klassische Zeit der Universität zu Grabe getragen wird. Die Mediokrität der Professoren, die heute ebenso vielfach zu [... Briefstelle ist unleserlich] wie das Bürgertum überhaupt trägt ihr gerütteltes Maß Schuld daran.«[128] Zumindest in einem Aspekt hatte er sich getäuscht. Von einem »gewissen persönlichen Anstand« war nach dem 30. Januar 1933 sehr bald so gut wie gar nichts mehr zu spüren. Die Göttinger Professoren, und nicht nur die, beeilten sich, ihre Position zum Nationalsozialismus zu bestimmen, und viele dienten sich ihm eilig an, sei es aus Überzeugung, sei es aus Kalkül.

Nur ein einziger Professor der Georgia Augusta hat sich anfangs öffentlichkeitswirksam dem Nationalsozialismus entgegengestellt, der jüdische Kollege und Nobelpreisträger James Franck. Aus Empörung über den *Arierparagraphen* bat der Physiker den zuständigen Minister nach dessen Einführung um seine Entlassung, aus einem Gefühle »innerer Notwendigkeit« heraus, wie er schrieb, denn Deutsche jüdischer Abstammung würde »als Fremde« behandelt. Seinen Entschluss erläuterte er, der als Frontkämpfer des Ersten Weltkrieges von dem Gesetz gar nicht betroffen war, auch in der Göttinger Zeitung. Die Meldung ging um die Welt und sorgte international für Aufsehen, so dass Franck nicht nur aus

Deutschland Dankesschreiben erhielt – aber aus Göttingen kein Wort! –, obwohl er noch kurz zuvor von seinen Kollegen schriftlich aufgefordert worden war, einen Ruf nach Berlin abzulehnen und in Göttingen zu bleiben. Eine Woche später erschien in der anderen, seit den 1920er Jahren den Nationalsozialismus fördernden Göttinger Zeitung, dem Göttinger Tageblatt, eine Erklärung von 42 Dozenten der Universität, die Francks Rücktritt als »Sabotageakt« klassifizierten, der die Arbeit »unserer [!] Regierung der nationalen Erhebung« erheblich erschwere, und sie gaben ihrer Hoffnung Ausdruck, dass diese nun »die notwendigen Reinigungsmaßnahmen« beschleunigt durchführen werde.[129]

Andere Angehörige der Universität wagten nicht, sich öffentlich zu exponieren und hielten sich mit Solidaritätsbekundungen zurück, weil sie selbst nach der *Machtergreifung* von einem Tag auf den anderen in Gefahr waren: zum Beispiel als Juden und Jüdinnen. Als eines der bekanntesten Beispiele mag hier die Mathematikerin Emmy Noether genannt sein, die per Postkarte von heute auf morgen entlassen wurde,[130] erschütternd auch der Fall des Mykologen Richard Falk[131] ebenso wie der des Historikers Alfred Hessel.[132] Lina Lüert, die Haushilfe der Leibholzens, wird 1939 im Namen der Familie, die sich schon im Exil befand, Blumen auf Hessels Grab niederlegen.[133] Die Reihe tragischer Schicksale, auch unter den Angestellten und Studenten, ließe sich lange fortsetzen.[134] Wieder andere waren von Verfolgung und Gewalt bedroht, weil sie als Nazigegner bekannt waren, weil sie politisch andersdenkend, nonkonform oder aus anderen Gründen längst im Visier der neuen, brutalen Staatsmacht waren.

»Der Dekan gehörte zu den Unzähligen, die der Ehrgeiz dem Nationalsozialismus in die Arme trieb«[135]

Noch im Dezember 1932, wenige Wochen vor der nationalsozialistischen *Machtergreifung*, hatte die deutsche Rektorenkonferenz einstimmig und grundsätzlich abgelehnt, dass Parteipolitik in die Hochschule hineingetragen wurde. Nur wenige Professoren waren vor 1933 der NSDAP beigetreten. Gegen Ende des *Dritten Reichs* waren schätzungsweise zwei Drittel aller Hochschullehrer in der

NSDAP.[136] Das akademische Milieu war tendenziell eher konservativ und stand der Weimarer Republik gleichgültig bis unverhohlen ablehnend gegenüber. Die politische Heimat vieler Professoren war im rechten Spektrum zu finden, das sich in der Deutschen Volkspartei (DVP) und der erklärtermaßen verfassungsfeindlichen Deutschnationalen Volkspartei (DNVP) abbildete.[137] Nur wenige Professoren waren der Demokratie gegenüber aufgeschlossen, auch in Göttingen. Sie alle wurden mit unterschiedlichen Begründungen und Methoden aus dem Amt gedrängt. Einer von ihnen war der Völkerrechtler Herbert Kraus. Er sei, so hieß es in der internen Korrespondenz über seine geplante Entpflichtung, »vor der Machtübernahme ausgesprochener Demokrat und Vorkämpfer des Völkerbundgedankens gewesen. Seine ganze Einstellung lag in demokratisch-individualistischer Linie. So hat er in einer Rede zur Verfassungsfeier der Göttinger Universität im Jahre 1930 den Individualismus verherrlicht und als letztes Ziel die Humanität herausgestellt. … Im Rahmen des Neuaufbaus der deutschen Hochschulen und insbesondere der Universität Göttingen ist Professor Kraus nicht als förderndes Glied, sondern als Hemmnis zu betrachten.«[138] Demokraten, Humanisten, Internationalisten: solche Leute wollte man ab 1933 in Göttingen nicht mehr. Die Universität Göttingen sollte eine braune Vorzeigeuniversität werden.

Nach der Gleichschaltung der Länder unterstanden die Universitäten direkt dem Reichserziehungsministerium, das sofort an allen Hochschulen das *Führerprinzip* einführte, analog zur Organisationsstruktur der NSDAP. *Führer* der Georgia Augusta wurde der Germanist Friedrich Neumann, seit dem 1. Mai 1933 Parteimitglied, der über eine weit größere Machtfülle verfügte als bisherige Rektoren. Er konnte qua Amt allein willkürliche Entscheidungen treffen und machte sich mit Feuereifer daran, die traditionelle Hochschule in eine NS-Hochschule umzuwandeln. Dabei erhielt er nicht nur eilfertige Unterstützung aus dem Kollegenkreis, sondern auch und vor allem von den Studenten. Die hatten sich in Göttingen in großer Zahl schon sehr früh für die NS-Bewegung engagiert.

Allen voran der Chemiestudent und Professorensohn Achim Gercke, der 1924/25 als Göttinger Student nichts weniger begann als ein »Register sämtlicher Juden in Deutschland«,[139] um »den letzten faßbaren Hebräer und sämtliche Mischlinge aus dem deutschen Volkskörper auszuscheiden und des Landes zu verweisen.«[140] Gercke und seine Helfershelfer, die selbsternannten Rasse-Spürhunde, bald schon Bluthunde, veröffentlichten in rechten Zirkeln aus ihrem semioffiziell so genannten »Archiv für berufsständische Rassenstatistik« z.B. Namenslisten von jüdischen oder von ihnen zu *jüdisch* gemachten Richtern und Staatsanwälten oder Hochschullehrern. Wir erinnern uns an den antisemitischen Vorfall auf dem Marktplatz in Stralsund, ›man‹ wusste eben, wer *Jude* war, ganz offenbar auch deshalb, weil die aktiven Antisemiten dafür sorgten, dass ›man‹ es erfuhr.

Mit dieser Arbeit legte Gercke den Grundstock für die antisemitische Gesetzgebung der Nazis und wurde dafür belohnt: 1933 ernannte man ihn zum *Sachverständigen für Rassenstatistik im Reichsministerium des Innern*. Nach seiner Entlassung 1935 entwickelte sich aus seiner Stelle das *Reichssippenamt*.[141]

Unter Studenten und insbesondere unter Göttinger Studenten gab es bereits sehr früh in den 1920er Jahren viele Anhänger des Nationalsozialismus. Der Nationalsozialistische Deutsche Studentenbund (NSDStB) erreichte schon 1931 die absolute Mehrheit im Studentenparlament nicht zuletzt durch massive Propaganda und spektakuläre Boykottaktionen. Strategien und Modelle also, die hier für die Zeit nach 1933 erfolgreich erprobt wurden. Es gab viele, vielschichtige Gründe für die Popularität der NS-Ideologie unter den Studenten,[142] die u.a. auch mit der Ablehnung der Weimarer Republik zusammenhing. Junge Männer, die selbst nicht am Weltkrieg teilgenommen hatten, weil sie dafür zu jung gewesen waren, huldigten einem »Frontsoldatenmythos«, der die soldatische Gemeinsamkeit und Solidarität im Schützengraben verklärte. Dieser imaginierte Zusammenhalt fand seinen Widerhall im weit verbreiteten Schlagwort von der *Volksgemeinschaft*, die auch schon vor 1933 antisemitisch unterlegt war. Zu dem Gefühl der Fremdheit in der vorherrschenden Staatsform kam eine für die Studenten schwierige materielle Situation, denn es herrschte eine große Akademikerarbeitslosigkeit im Deutschland der 1920er Jahre, was für die Universitäten bedeutete, dass nicht einmal die Hälfte der an den Hochschulen Lehrenden einen Lehrstuhl innehatte, auf zwei Ordinarien kamen drei Habilitierte. 1931 gab es 1.721 Lehrstuhlinhaber, denen 1.364 Privatdozenten (PD) und 1.301 nichtbeamtete außerordentliche Professoren gegenüberstanden.[143] Das traditionelle Elend der Privatdozenten hatte sich hier enorm verschärft. Dazu kam die spezifische Göttinger Situation, die der Jurist Hans Otto de Boor, der selbst PD in Göttingen gewesen war, bevor er Professor in Frankfurt wurde, mit folgenden Worten beschrieb: »In Frankfurt ist ein Privatdozent ein junger Kollege, in Göttingen ist er ein Nichts.«[144] Der Weg der Studenten und Absolventen in den NS ist nicht monokausal zu beschreiben, aber natürlich spielt es eine Rolle, wenn ein »Nichts« plötzlich Chancen auf eine Position und ein Auskommen hat, und zwar deshalb, weil der NS-Staat per Gesetz eine große Zahl von Hochschulangehörigen zu unerwünschten Personen erklärte und sie entließ. Am 7. April 1933 wurde das *Gesetz zur Wiederherstellung des Berufsbeamtentums* verkündet, dessen irreführender Titel verschleiern sollte, dass Juden und Jüdinnen sowie politisch unliebsame Mitarbeiter und Mitarbeiterinnen von heute auf morgen die Universität zu verlassen hatten. In Göttingen waren das im Laufe der kommenden Jahre insgesamt um die 95 Menschen, unter ihnen Gerhard Leibholz.[145]

Der Umbau der Universität in eine vom Nationalsozialismus durchdrungene Institution machte nach dem 30. Januar 1933 rasche Fortschritte. Die scheinbar gesetzlich legitimierte große Entlassungsaktion schuf Platz. Bei der Wiederbesetzung und auch der Besetzung neuer Stellen wurde sowohl vom Rektor als auch vom Ministerium gefordert, NS-Parteigänger und -Anhänger zu bevorzugen. Über den NSDStB und den neu eingerichteten Nationalsozialistischen Deutschen Dozentenbund (NSD) erhielt der Parteiapparat ein maßgebliches Mitspracherecht bei allen Stellenbesetzungen von der Hilfskraft bis zum Ordinarius. Zur Situation am Juristischen Seminar äußerte sich *Führer* Neumann folgendermaßen: »Ich erinnere zugleich daran, daß uns ein führender Vertreter des Staatsrechts fehlt, da Professor Leibholz wegen seiner nichtarischen Abkunft in seiner Lehrtätigkeit entscheidend gehemmt ist. Ich bitte daher die Stelle Professor Rühls [Professor für Bürgerliches Recht, starb am 5. April 1932] solange frei zu halten, bis ein solcher Staatsrechtler zur Verfügung steht. … Unter allen Umständen möchte ich diese freie Stelle dafür verwandt sehen eine neue Ausrichtung der Fakultät zu beschleunigen.«[146] Während hier die Neubesetzung noch auf dem herkömmlichen Wege einer

Berufung durchgeführt wurde, gab es jetzt auch Lehrstuhlinhaber, die sich ausschließlich durch Ideologie für einen Lehrstuhl qualifizierten und nicht durch ihre wissenschaftliche Arbeit. Der aufsehenerregendste Fall war sicherlich der des Eugen Mattiat, Pastor in einem kleinen Dorf bei Göttingen, der zum Ordinarius für Volkskunde ernannt wurde, obwohl er im Fach weder promoviert noch habilitiert war, ja, das er noch nicht einmal studiert hatte.[147] Ur- und Frühgeschichte war ein weiteres Fach, das eine enorme weltanschaulich begründete Aufwertung erfuhr ebenso wie die *Wehrkunde*, andere, zum Teil pseudowissenschaftliche Fächer wurden überhaupt erst eingerichtet, wie z.B. die *Rassenkunde*.

Studenten wie Professoren konnten sich nicht länger allein auf ihre wissenschaftliche Expertise verlassen, wer vorankommen wollte, musste sich nun auch öffentlich und aktiv zum NS bekennen. Studenten waren verpflichtet, Arbeits-, Wehr- und Wissensdienst abzuleisten, die Universität richtete in der Umgebung Wehrsport- und Schulungslager ein, die der NSD auch für Dozenten organisierte. Das Tragen einer Uniform an der Hochschule war gängige Praxis, bisweilen sogar Pflicht, wenn etwa der NSD einlud: »Am 18. November abends 20 Uhr pünktlichst findet in der Aula, Wilhelmsplatz unser Semesterantrittsappell statt, zu dem das Erscheinen Pflicht ist. … Für die neuen Kameraden unserer Hochschulgruppe gebe ich bekannt, dass Uniformträger in der betreffenden Uniform ihrer Parteigliederung zum Appell erscheinen, zivile Parteigenossen erscheinen in Braunhemd und dunklem Anzug.«[148]

Äußerlich wie innerlich war die Universität gleichgeschaltet und das nicht nur durch den Druck von außen. Gewollte und gezielte Selbstmobilisierung ermöglichte die rasche Transformation der demokratischen Gesellschaft der Weimarer Zeit, von den Nazis als die verhasste *Systemzeit* bezeichnet, in eine NS-*Volksgemeinschaft*. »Gerade in der ersten Phase nationalsozialistischer Herrschaft tritt das Ausmaß der *aktiven Beteiligung* und *Unterstützung* weiter Teile der deutschen Gesellschaft besonders deutlich hervor«, resümiert die Historikerin Cornelia Wegeler. Sie sieht »die Einschätzung Raul Hilbergs« bestätigt, des Nestors der Holocaustforschung, der schon 1982 formuliert hatte, dass »allein die Machtergreifung Hitlers hinreichend war, um eine Lawine von Eigeninitiativen örtlicher Bürgermeister, Schuldirektoren, Krankenkassenleiter, Stadtverwaltungen, Polizeidirektoren, SA- und SS-Leuten, die antijüdische Maßnahmen beinhalteten, auszulösen.«[149] »Dem Führer entgegenarbeiten«, so fasst der englische Historiker Ian Kershaw diesen Sachverhalt prägnant zusammen.[150]

Nur wenige Kollegen versuchten zumindest gewisse zivilisatorische Standards zu wahren, wie der Theologe Walter Bauer, den Sabine Leibholz in ihren Memoiren lobend hervorhebt: Er habe nie, wie viele Kollegen, die Straßenseite gewechselt, wenn er den inkriminierten Leibholz kommen sah. Oder der Jurist Paul Oertmann, der es sogar wagte, die Familie zu besuchen. Der Zeitzeuge Victor Klemperer notierte 1935 in sein Tagebuch: »Die Judenhetze ist so maßlos geworden, weit schlimmer als beim ersten Boykott, Pogromanfänge gibt es da und dort, und wir rechnen damit, hier nächstens totgeschlagen zu werden.«[151]

»Es war, als ob sich ein leerer Raum um einen bildete.«

Der Ordinarius Wolfgang Kunkel, ein Kollege von Gerhard Leibholz in Göttingen, erinnerte sich an »jenen stillen Antisemitismus, den man mehr fühlen als deutlich wahrnehmen konnte.«[152] Dieser Antisemitismus hatte Tradition an deutschen Universitäten.[153] Im Mai 1931 hatte Peter Leibholz bei seinem Bruder angefragt: »Ich habe heute eine Bitte.«[154] Einer seiner Mitarbeiter habe gehört, dass »in Greifswald«, gemeint ist in diesem Fall vorrangig an der Universität Greifswald, »ein sehr grosser Antisemitismus herrschen soll …, dass z.B. im Jahre 1929 sämtliche jüdischen Studenten durchgefallen sein sollen«. Peter Leibholz hielt »dieses Gerücht für eine starke Uebertreibung«, doch er bat seinen Bruder um eine Stellungnahme, da der Neffe des jüdischen Angestellten in Greifswald nun promovieren wolle.

In Göttingen gab es den ersten jüdischen Ordinarius erst 1859, etwas über 120 Jahre nach Gründung der Universität. Die allgemeine Emanzipationsgesetzgebung führte jedoch im Laufe der nächsten Jahrzehnte dazu, dass die bis dahin gängigen Beschränkungen des Zugangs von jüdischen Gelehrten zu akademischen Lehrämtern fielen. Dennoch war und blieb im Kaiserreich der Antisemitismus in weiten Teilen der Gesellschaft salonfähig. So wurde 1880 im Reichstag eine Petition eingebracht, die 225.000 Unterschriften zählte, um Juden von allen Staatsämtern, insbesondere auch von allen Lehrämtern, wieder auszuschließen. Zwar setzte sich dieser Vorschlag nicht durch, aber die Anregung, eine konfessionelle Berufsstatistik (wie Gercke sie schließlich in die Tat umsetzte) einzurichten, wurde in Preußen aufgegriffen. Die Universitäten führten fortan ein Konfessionsregister.[155]

Auch die Berufung von Gerhard Leibholz nach Göttingen hatte einen bitteren antisemitischen Beigeschmack. Leibholz war hier zunächst gar nicht vorgesehen gewesen, es waren vier Kollegen, die in einem Sondervotum – »gez. Kraus, Passow, Kunkel. Zustimmend von Gierke« – auf ihn als einen möglichen Kandidaten verwiesen.[156] Sie argumentierten, dass dieser dritte Lehrstuhl für Öffentliches Recht im Sinne der Studienreform »mit einer frischen Persönlichkeit« besetzt werden sollte und dass im Hinblick auf Leibholz sowohl menschlich als auch fachlich nur sehr günstige Urteile vorlägen, wie sie sich ausdrückten. Mit seinen Arbeiten habe er sich »schnell einen wissenschaftlichen Namen von besonderem Klang gemacht«. Öffentliches Recht umfasst auch das Kirchenrecht, und damit konterten seine Gegner. Es gebe Bedenken, ob Leibholz »die konfessionellen Voraussetzungen erfüllt, welche herkömmlich und auch im Hinblick auf die Verbindung mit der Hannoverschen Landeskirche an den Dozenten für Kirchenrecht zu stellen sind.«[157] Es war schließlich der preußische Wissenschaftsminister und spätere Widerstandskämpfer Adolf Grimme, der Leibholz zum 1. Oktober 1931 zum planmäßigen Professor für Öffentliches Recht berief. 1946 sollten beide sich wieder begegnen.

Schon allein die Tatsache, dass Leibholz im kommenden Sommersemester 1932 wöchentlich eine dreistündige Vorlesung zum Kirchenrecht hielt, zeigt, auf welch tönernen Füßen das Argument stand, das gegen ihn vorgebracht worden war. Daher ist es zulässig, die Vorbehalte als Ausdruck von Antisemitismus in Teilen der Fakultät zu werten, vor allem, wenn man in Rechnung stellt, wie prompt und unverhohlen dieser dort nach dem 30. Januar 1933 zutage trat. Gerhard Leibholz scheint entschlossen gewesen zu sein, den Umstand zu ignorieren, dass ein Teil der Fakultät dem Ruf ablehnend gegenüberstand.[158] Er wusste, dass er seine Berufung einem Sondervotum zu verdanken hatte, der Dekan hatte es ihm mitgeteilt. Aber der Ruf, der für ihn »völlig überraschend« kam,[159] war schmeichelhaft. Auf dem neu eingerichteten dritten Lehrstuhl für Öffentliches Recht wurde der 29-jährige der jüngste Ordinarius, den es an der »berühmten« Fakultät, wie Leibholz selbst sie nennt, je gegeben hatte.[160] Überdies waren, das versicherte ihm der Dekan, weder gegen ihn noch gegen seine Leistungen Bedenken geäußert worden. »Erst hierdurch wird mir – jetzt nach Kenntnisnahme dieser Vorgänge – eine Annahme des … Rufes möglich«, ließ er den Dekan wissen,[161] dem er zuvor mitgeteilt hatte, wie wichtig es ihm sei, mit den Kollegen in einem »persönlich kollegialen Verhältnis« zusammenzuarbeiten.[162]

Wer waren die Kollegen, mit denen Gerhard Leibholz es in Göttingen zu tun hatte? Am 30. Januar 1933 lehrten elf Ordinarien an der Rechts- und Staatswissenschaftlichen Fakultät,[163] keiner von ihnen war 1938 noch im Amt. Vier Lehrstuhlinhaber schieden regulär aus, da sie die Altersgrenze erreicht hatten, darunter der Strafrechtler Robert von Hippel, der sein Amt 1899 angetreten hatte, der Professor für Bürgerliches Recht Paul Schoen, seit 1900 in Göttingen, und Paul Oertmann, Vertreter des Bürgerlichen Rechts seit 1918. Der Erste, der dem Gesetz zur Wiederherstellung des Berufsbeamtentums zum Opfer fiel, war der Strafrechtler Richard Martin Honig, wie Leibholz ein Christ aus jüdischem Hause, der sich 1914 mit 24 Jahren hatte taufen lassen und der überdies ein offener Gegner des Nationalsozialismus war. Er fand wie andere ins Exil gedrängte deutsche Wissenschaftler eine Stelle an der neu gegründeten Universität von Istanbul. 1939 ging er in die USA, im selben Jahr wie der jüdische Staatswissenschaftler Franz Gutmann, der als hochdekorierter Weltkriegsteilnehmer noch bis 1935 geschützt gewesen war und in Göttingen lehren konnte, aber dann in den vorläufigen Ruhestand versetzt und 1936 entlassen worden war.[164] Wolfgang Kunkel, der Ordinarius für Römisches Recht, hatte sich in seinen Vorlesungen gegen die Nazis gestellt. Dennoch gelang es ihm 1936, auf einen Lehrstuhl an die Universität Bonn berufen zu werden, bevor seine Widersacher in Göttingen ihn entlassen konnten, denn ihrer Auffassung nach war er ein Mann »einer vergehenden Zeit«.[165] Ähnlich vernichtend fiel das Urteil der Nazis über den bereits erwähnten Völkerrechtler Herbert Kraus aus: »unbrauchbar«.[166] Er war schon allein qua Amt ein »Internationalist«, zugleich der Sympathie für die Demokratie verdächtig,[167] daher ließen die Nazis nichts unversucht, ihn loszuwerden. Schließlich wählte man im September 1937 den Weg über § 6 des Berufsbeamtengesetzes, das die lauwarme Begründung »zur Vereinfachung der Verwaltung« für seine Entlassung bereithielt; entlassen also und nicht emeritiert, was Kraus auch finanziell in eine schwierige Situation brachte. Im August 1938 kam es zur förmlichen Amtsenthebung des Nationalökonomen und Juristen Richard Passow. Vorausgegangen war eine Kontroverse über die Vorlesungstermine, denn alle stramm nationalsozialistischen Professoren am Seminar hatten mittlerweile ihre Vorlesungen so gelegt, dass sie zeitgleich mit den Veranstaltungen Passows stattfanden, der eben kein NS-Anhänger war. Ein banaler Scherz des Betroffenen bot den Linientreuen einen willkommenen Anlass, um eine schäbige Intrige gegen Passow anzustrengen, gegen die er sich zu wehren versuchte, die ihn aber letztlich doch das Amt kostete.

Kunkel, Kraus und Passow gehörten zu der Gruppe von Professoren, die sich mit einem Sondervotum für die Berufung von Leibholz eingesetzt hatten. Sie waren der Weimarer Demokratie in unterschiedlicher Intensität zugetan, sie waren alle drei grundsätzlich konservativ, wenn auch keine Nationalsozialisten, und damit aus »unserem Lehrkörper zu entfernen«[168], so der spätere Dekan der Fakultät, Karl Siegert. Er war ein überzeugter Nazi, der 1933 sofort den Lehrstuhl des verjagten Kollegen Richard M. Honig übernommen hatte. Siegert war im Mai 1933 der NSDAP beigetreten und bekleidete im Laufe der kommenden Jahre zahlreiche NS-Ämter, war u. a. Vertrauensmann des NS-Dozentenbundes an der Fakultät. 1935 hatte er ein Grundsatzpapier verfasst, in dem er darlegte, was zu tun sei, um die nationalsozialistische Stoßkraft der Juristischen Fakultät der Georgia Augusta zu erhöhen und ihre »Gesamtlinie« zu verbessern, nämlich sich von den »nichtarischen« und »liberalistischen« Professoren zu trennen.[169] Diese Männer waren in der nationalsozialistischen Terminologie *Reaktionäre,* die einer als unzeitgemäß betrachteten bürgerlichen Lebensweise anhingen[170] – so wie Gerhard Leibholz es tat. Er war wie sie, war ein tendenziell konservativer deutscher Professor mit ausgeprägtem Standesbewusstsein am Beginn einer vielversprechenden Karriere. Doch damit war es nach dem 30. Januar 1933 schlagartig vorbei. Aus dem angesehenen Kollegen wurde ein *Jude*, als Einzelner an sich »nicht oder kaum schädlich«, wie Siegert ihm bescheinigte, aber doch ein Ausgestoßener.[171]

Dies berechtigte ganz offenbar den *Nationalsozialistischen Deutschen Studentenbund*, im Sommersemester 1933 Leibholz' Vorlesungen zu stören; sogar mit Ansage zu stören. Man informierte den Dekan über einen bevorstehenden Boykott, der dieses Wissen an Leibholz weitergab – mehr nicht. So kam es, dass de facto zwei Monate nach der sogenannten *Machtergreifung* Studenten in SA-Uniform (»Breitbeinig, wie nur diese SA-Männer stehen konnten«, erinnerte sich Sabine Leibholz[172]) interessierte Kommilitonen am Besuch der Leibholz'schen Vorlesung hinderten, und dies nicht nur einmal, sondern mehrere Wochen lang. Weder der Dekan, noch der Rektor fühlten sich aufgerufen, hier einzuschreiten, aber die Studenten selbst wurden aktiv. Es ist anzunehmen, dass sie ihre eigenen Interessen bedroht sahen, weil ihr *nichtarischer* Dozent durch den *Arierparagraphen* von Entlassung bedroht zu sein schien. Daher sandten die Studenten ein Telegramm an den Wissenschaftsminister Rust, um sich für Leibholz zu verwenden. Tatsächlich setzten sich noch weitere Menschen für Leibholz ein, einmal sein Doktorvater Triepel, der ebenfalls an Rust schrieb; zum anderen sein ehemaliger Chef in Berlin, der Leiter des Instituts für Ausländisches Recht, Viktor Bruns[173], der den Außenminister um Hilfe bat, sowie die Pianistin Margarete Klinkerfuß, eine Freundin der Familie Bonhoeffer, die sich gleich an Adolf Hitler wandte. Ihnen alle stand dasselbe Argument zur Verfügung, Leibholz' Schrift über den italienischen Faschismus. Sein Biograph Wiegandt entdeckte in der Akte des Wissenschaftsministeriums einen Vermerk, der alle diese Schreiben zusammenfasste: Es sei bisher, so lesen wir dort, das einzige Buch in deutscher Sprache zu diesem Thema, das »im profaszistischen [sic] Sinne geschrieben worden ist«. Übersetzt ins Italienische und weitere Sprachen sei es in Italien, u.a. auch von Mussolini, mit großem Interesse gelesen worden. Wenn nun sein Autor entlassen werden würde aufgrund eines Gesetzes, »dessen e l a s t i s c h e Anwendung ausdrücklich vorgesehen« sei, dann würden wertvolle deutsch-italienische wissenschaftliche Beziehungen gestört. Als weiteren gewichtigen Grund für Leibholz wurde angemerkt, dass er sich durch eben dieses Werk 1929 in

Greifswald die Feindschaft der dortigen Sozialdemokratie zugezogen habe, eine Auszeichnung in den Augen der Nazis. »Im übrigen hat Prof. Leibholz bisher mit der Studentenschaft in harmonischer Weise zusammengearbeitet, zumal bei seinem germanischen Aussehen und seiner 2 m Körperlänge er überall als Exponent arischer Abstammung betrachtet wird«.[174] Es war also nicht die fachliche Qualifikation des Betroffenen, sondern Reputation, Aussehen und Körpergröße, die im neuen, vermeintlich *tausendjährigen deutschen Reich* seinen Professorenstatus retteten. Gerhard Leibholz konnte bis 1935 seine Vorlesungen ungestört halten. Auch deshalb, weil er, was seine Verteidiger:innen offenbar nicht wussten, unter die »Frontkämpferregelung« des Berufsbeamtengesetzes fiel und daher eine Entlassung nicht akut bevorstand. Er hatte nämlich im Frühjahr 1919 drei Monate lang als Freiwilliger in einer Freikorpseinheit (in der sogenannten »Deutschen Schutzdivision«) an der Niederschlagung der Spartakistenaufstände in Berlin teilgenommen. Diesen Umstand konnte er nun geltend machen, und der wurde als Leistung im Sinne der Ausnahmeregelung gewertet.

Was hatte ihn bewogen, in ein Freikorps einzutreten, das erklärtermaßen die Republik bekämpfen wollte? Wohl derselbe Grund, der ihn damals ganz offenbar eine gewisse Sympathie für den italienischen Faschismus[175] empfinden ließ: ein massiver Antikommunismus. Er sei, so vermutet der Jurist Frank Halfmann, Befürworter eines starken Staates gewesen, ohne dass er jedoch die Abschaffung der Republik gefordert hätte.[176] Susanne Dreß erinnerte sich noch Jahrzehnte später mit einer gewissen Verwunderung an einen Ausspruch ihres Schwagers, den dieser ihr gegenüber im Jahr 1937 tat; nach vier Jahren Nationalsozialismus und bereits aus dem Amt gejagt, sagte er: »Die Nazis sind noch nicht die Schlimmsten – sie bringen uns bloß um. Aber nach ihnen sind wir reif für den Kommunismus, und die ruinieren das Abendland und versklaven die Menschheit.«[177] Der Kommunismus war das radikal Andere,[178] war der Gegenentwurf zum christlichen Abendland, zur bürgerlichen Welt schlechthin, aus der Leibholz stammte, in der er lebte, als deren würdiger, geachteter Repräsentant er sich sah und bis zum 30. Januar 1933 gesehen wurde. Danach war er einer, der, wie Klemperer, schließlich Zwangsarbeit hätte leisten müssen, wenn er in Deutschland geblieben wäre. Hannah Arendt, als jüdische Hochschullehrerin selbst betroffen, fasste das Geschehen im Frühjahr und Sommer 1933, die »Welle von Gleichschaltung, die ja ziemlich freiwillig war, jedenfalls noch nicht unter dem Druck des Terrors«, in dem Satz zusammen: »Es war, als ob sich ein leerer Raum um einen bildete.«[179]

1935: »Ungerecht beleidigt«

Während der kommenden zwei Jahre versuchte Gerhard Leibholz um sein Amt zu kämpfen, obwohl ihm gleichzeitig die Aussichtslosigkeit dieses Unterfangens klar gewesen sein muss. Der unbedingte Wille, nicht in die Emigration gehen zu müssen, mag hier ein wichtiger Antrieb gewesen sein. Zwar saßen Nazi-Studenten demonstrativ in seinen Vorlesungen, aber er wurde nicht weiter am Vortrag gehindert. Zu den Fakultätsessen wurde er längst nicht mehr eingeladen, was ihn, wie sich seine Tochter erinnerte, sehr kränkte, aber im Winter 1933/34 konnte er, der *Nichtarier*, sogar ein Semester lang zum Thema »Der Faschismus« sprechen. Er konnte im Ausland weiterhin ungehindert publizieren und daher dem Kurator im Dezember 1933 mitteilen, dass er in zwei wichtige juristische ausländische Institute aufgenommen worden sei.[180] 1934, als Hitler sich nach dem Tod des Reichspräsidenten Hindenburg zum *Führer* des Deutschen Reiches erklärte, schwor er sogar den Eid auf Adolf Hitler.[181] Aber 1935 kam dann das endgültige Aus.

Auch für den Winter 1934/35 hatte er wieder eine Vorlesung angekündigt, die im Verein mit anderen Veranstaltungen in den *Göttinger Nachrichten* vorgestellt wurde, dem örtlichen NSDAP-Parteiorgan.[182] Nur drei Tage später erschien daraufhin in derselben Zeitung eine kurze »Erklärung des NS-Studentenbundes zu den Vorlesungen von Prof. Leibholz«. Dort war zu lesen: »Der Nationalsozialistische Deutsche Studentenbund stellt dazu fest, daß Prof. Leibholz J u d e ist. Aus diesem Grund muß er [der NS-Studentenbund] die oben genannten Vorlesungen a b l e h n e n .«[183] Die Lektüre dieses Zeitungsartikels muss für Gerhard Leibholz einer dieser Momente gewesen sein, in denen er sich »ungerecht beleidigt« fühlte, so wie er es Jahre zuvor beim Spiel im vertrauten Familienkreis im Bonhoeffer'schen Haus beschrieben hatte. Er hatte das Kolleg zwei Semester zuvor schon einmal gehalten, und es war, obwohl keine Pflichtveranstaltung, von 100 Studenten besucht worden. Auch aus dem Kollegenkreis hatte niemand Bedenken angemeldet. Er schrieb an den Rektor, um das klarzustellen, und schloss mit der Bemerkung: »Auf Grund dieses Sachverhaltes ist mir das in der Form ungewöhnliche Verfahren, die Erklärung statt den akademischen Behörden den *Göttinger Nachrichten* zuzuleiten, nicht verständlich.«[184]

Der Leibholz-Forscher Manfred H. Wiegandt vermutet hinter den Ereignissen den Strafrechtler Karl Siegert in seinem Bemühen, den Lehrkörper der Juristischen Fakultät nationalsozialistisch einwandfrei aufzustellen. Siegerts Überzeugung nach war »das Blut als unzerstörbare Einheit von Körper und Geist, von Leib und Seele zugleich Ausgangspunkt und Ziel des Rechts.« Er tat alles dafür, dass »auch die Wissenschaft vom Recht, von der Lebensordnung des Volkes mit der großen, durch die nationalsozialistische Revolution eingeleiteten Zeitenwende, eine grundlegende Wende« erfahren möge.[185] Der Dekan brachte in der Fakultät einen Umlauf auf den Weg, um die Ereignisse rund um den Zeitungsartikel im Kollegenkreis zu diskutieren. Auffällig ist hier, dass der Name Leibholz in diesem Zusammenhang gar nicht fiel, denn der war für die Kollegen völlig bedeutungslos. Ihnen ging es nur um die Rolle, die die Fakultät in diesem Skandal einnehmen sollte. Diskutiert wurden die zwei widerstrebenden Ansichten, einerseits, dass man die Studenten in die Schranken weisen müsse angesichts ihrer unerlaubten Einmischung in Fakultätsangelegenheiten; andererseits tendierten manche dazu, sich nicht mit dem Studentenbund anzulegen, weil das zu Komplikationen führen könne.

Auch die Studenten fühlten sich aufgerufen, Position zu beziehen. Während jedoch 1933 einige noch bereit gewesen waren, sich für Leibholz einzusetzen, erfolgte nun von studentischer Seite eine Eingabe an den Rektor und *Führer* der Universität, man möge Leibholz das Lehramt für Staatsrecht entziehen. *Führer* Neumann wandte sich an seine vorgesetzte Behörde und fragte vorsichtshalber im Ministerium nach, das beschied, Leibholz dürfe seine Vorlesung nicht halten. Wenig später, am 4. März 1935, folgte ein Schreiben, mit dem er zum 1. April 1935 von seinem Lehramt beurlaubt wurde. Das Ministerium forderte, der Direktor der Göttinger Universitätsbibliothek solle ihm einen »Beschäftigungsauftrag«

zuweisen, der seinem Arbeitsgebiet entspreche, er möge jedoch dafür Sorge tragen, dass der Betreffende nicht mit dem Publikum in Berührung komme. Am 18. April 1935 erreichte Leibholz ein Schreiben, das nun an seine private Adresse in der Herzberger Landstraße 55 ging, da er ja im Institut nichts mehr zu tun hatte. Darin wurde klargestellt, dass seine Tätigkeit in der Bibliothek sich auf die »Erforschung ausländischen, besonders faschistischen Staatsrechts im Rahmen der bei der dortigen Universitätsbibliothek gegebenen Möglichkeiten zu erstrecken hat. Des ferneren haben Sie sich auf Anfordern des Bibliotheksdirektors jederzeit für die Bearbeitung anderer wissenschaftlicher Fragen zur Verfügung zu halten.«[186] Der Bibliotheksdirektor gewährte dem »Herrn Prof. Leipholz« schriftlich »freien Zutritt zu den Bücherräumen«[187] – und das in dieser Form, obwohl der Betreffende bereits 1932 den Dekan darum gebeten hatte, »dass in den Vordrucken mein Name (wie obenstehend) richtig und nicht dauernd bis zum heutigen Tage mit p geschrieben wird.«[188] Allerdings legte der Bibliothekar ihm auch nahe, es würde allen Beteiligten Ärger ersparen, wenn er zuhause bliebe, was er dann auch tat. Ein halbes Jahr später wurde dieser Forschungsauftrag ohnehin wieder zurückgezogen.[189]

Am 15. September 1935 wurden das *Reichsbürgergesetz* und das *Gesetz zum Schutze des deutschen Blutes und der deutschen Ehre* erlassen, und für beide sogenannte *Nürnberger Gesetze* bestand zunächst keine Ausnahmeregelung, wie es sie noch 1933 beim *Arierparagraphen* gegeben hatte. Gerhard Leibholz war von jetzt an nur noch ein *Staatsangehöriger*, ein Bürger zweiter Klasse, der gesetzlich verbrieft weniger Rechte besaß als ein *Reichsbürger*, denn ein *Reichsbürger* konnte nur sein, wer *deutschen oder artverwandten Blutes* war. Leibholz aber galt als *Volljude*, weil er von mindestens drei jüdischen Großeltern abstammte, und er war wie alle Juden oder alle, die die Nazis dazu gemacht hatten, von nun an mit Brief und Siegel aus der deutschen *Volksgemeinschaft* ausgeschlossen. Damit das auch jeder auf den ersten Blick sehen und begreifen konnte, war es »den Juden« verboten, die Hakenkreuzfahne zu hissen, was für »den Reichsbürger« Pflicht, vielleicht sogar willkommenes, weithin sichtbares Bekenntnis zum Nationalsozialismus war. Das *Reichsbürgergesetz* ließ keine Klarheit vermissen. »Deutschland muß ihnen [›den Juden‹] ein Land ohne Zukunft sein«, so formulierte das sogenannte *SD-Judenreferat* schon im Mai 1934 das Ziel der NS-»Judenpoltik«.[190]

Gerhard Leibholz bat in der Folge um seine »Emeritierung auf eigenen Antrag«, die ihm am 6. Dezember 1935 gewährt wurde. Als Begründung für seinen Antrag gab er an, dass nun mit dem *Reichsbürgergesetz* für ihn als *Nichtarier* keine Möglichkeit zur Weiterbeschäftigung mehr bestehe. Aber es steckte mehr dahinter, denn am 14. November 1935 war die *Erste Verordnung zum Reichsbürgergesetz* veröffentlicht worden, in der die praktische Umsetzung der gesetzlichen Diskriminierung und Entrechtung geregelt wurde. Dort hieß es in § 4, dass *nichtarische* Beamte in den Ruhestand zu versetzen seien. Eine Versetzung in den Ruhestand ist jedoch etwas anderes als eine Emeritierung. Erstere bedeutet ganz grundsätzlich die beamtenrechtliche Außerdienststellung, während Letztere lediglich die Entbindung von den Alltagspflichten als Hochschullehrer umfasst. Dabei behält der Hochschullehrer jedoch seinen akademischen Status. Und das war der springende Punkt. Auch wenn Leibholz in den Augen seiner Umwelt mittlerweile nur noch ein *Jude* war und kein Kollege mehr, so muss es doch ein ungeheurer Trost gewesen sein, zumindest de jure ein Emeritus zu sein, ein traditionell und ordnungsgemäß pensionierter Professor, und kein entlassener, nutzloser *Nichtarier*. Sein literaturwissenschaftlicher Kollege Klemperer, in den 1940er Jahren längst ein Zwangsarbeiter, schrieb über seine Zeit in der Fabrik: »Ich weiß wahrhaftig nicht, was mich entschiedener oder dauernder tröstete: wenn es ein Endchen Pferdewurst gab, oder wenn ich einmal ›Herr Klemperer‹ oder gar ›Herr Professor‹ tituliert wurde.«[191]

Aber es ging auch ums Geld. Ein Emeritus bekam reguläre Versorgungsbezüge. Wovon sollte die Familie leben, wenn Gerhard Leibholz nicht mehr arbeiten konnte? So ist es denkbar, dass Hans von Dohnanyi Leibholz über einen weiteren entscheidenden Erlass informierte, der am 21. Dezember 1935 rechtswirksam werden sollte und der besagte, dass emeritierte Professoren nicht von dem § 4 des *Reichsbürgergesetzes* betroffen seien. Mit seiner Emeritierung auf eigenen Antrag schuf Leibholz am 6. Dezember 1935 die Voraussetzung dafür, von diesem Vorzug Gebrauch machen zu können. Und dies, obwohl er doch seit 1933 sozial geächtet, im Februar 1935 öffentlich als *Jude* denunziert und an den Pranger gestellt worden war und seit dem 15. September 1935 nur noch als *Staatsangehöriger* galt. Doch die Bürokratie funktionierte unabhängig von den sozialen Realitäten – in die eine und in die andere Richtung. Am 16. Dezember 1935, zehn Tage nach seiner Emeritierung, wurde Gerhard Leibholz mit einem Schreiben des Ministers offiziell aufgrund des § 4 des *Reichsbürgergesetzes* in den Ruhestand versetzt. Sicherlich verblüfft bis entsetzt, aber doch ordnungsgemäß bestätigte der Betroffene zwei Tage später den Erhalt der Entpflichtung, die zum 31. Dezember 1935 in Kraft treten sollte. Nach dem Erscheinen der genannten Ausnahmeregelung vom 21. Dezember 1935, über die Dohnanyi ihn informierte hatte, wurde dieser Vorgang der Entpflichtung allerdings rückgängig gemacht.

Gerhard Leibholz hatte vorausgeahnt, dass es sich nicht lohnen könnte, noch nach Göttingen zu gehen, und er sollte Recht behalten. »Noch hatten wir zwei Jahre in Göttingen, bis der Höllenspuk begann«, schrieb Sabine Leibholz später, aber dann erlebte die Familie in Göttingen, was ihr auch in Greifswald oder an jedem anderen Ort in Deutschland widerfahren wäre: große menschliche Enttäuschungen, gefolgt von Demütigung, Ausgrenzung und Entrechtung. Den ersten großen Schlag versetzte Leibholz ausgerechnet sein Schwager Dietrich Bonhoeffer, was jedoch nicht zu einem langfristigen Zerwürfnis der beiden führte: Im April 1933 war William Leibholz gestorben. Sein Sohn hatte sich gewünscht, dass der Vater, obwohl jüdisch, von Dietrich Bonhoeffer beerdigt werden sollte. Der lehnte ab, schrieb aber schon wenige Monate später, dass er selbst nicht wisse, warum er so »grauenhaft ängstlich gewesen« sei.[192] In dem Moment, als die Familie von der Beerdigung in Berlin nach Göttingen zurückkam, klingelte das Telefon. Gerhard Leibholz, noch im Mantel, wurde vom Dekan von der bevorstehenden Maifeier ausgeladen, bei der ein großer Propaganda-Umzug stattfinden würde, an dem auch die Universität teilnahm. Leibholz' Anwesenheit könne Unruhen auslösen, so hieß es.

Es folgte Demütigung auf Demütigung. Er durfte nicht mehr dabei sein – beim Festumzug. Er wurde nicht mehr eingeladen – zu den Fakultätsessen. Er konnte nicht mehr einladen, weil sowieso niemand gekommen wäre. Er wurde nicht mehr gesehen – auf der Straße – in der Bibliothek – im Vorlesungsverzeichnis, in dem »Juden … nicht mehr zu führen sind.«[193] Er durfte nicht mehr arbeiten.

Der Kurator machte sich die Mühe, die im Vordruck des Entpflichtungsschreibens vorgesehene Zeile »Ich spreche Ihnen für Ihre akademische Wirksamkeit und die dem Reich geleisteten Dienst[e] meinen Dank aus« feinsäuberlich durchzustreichen.[194] Er verlor seine akademischen Rechte[195] noch bevor ihm staatsbürgerliche Grundrechte aberkannt wurden. In einem Lebenslauf, den Gerhard Leibholz 1938 für die englischen Behörden schrieb, fasste er die verbleibenden Jahre in Deutschland folgendermaßen zusammen: »Zum 31. Dezember 1935 bin ich sodann als Nichtarier im Sinne der jüngsten deutschen Gesetzgebung auf meinen Antrag von meinem Lehramt und meinen amtlichen Verpflichtungen entbunden worden. Seitdem ~~bin~~ *habe ich nur* [eingefügt] der wissenschaftlich*en* tätig gewesen Arbeit gelebt.«[196] Er wurde nicht mehr gebraucht. »Ich bin ganz hilflos dieser gewollten Bösartigkeit gegenüber«, formulierte Victor Klemperer im Juni 1937.[197]

Frau Geheimrat Leibholz und die Nürnberger Gesetze

»Aber ich weiß von einem noch viel trostloseren, noch viel stilleren Heldentum von einem Heroismus, dem jede Stütze der Gemeinsamkeit mit einem Heer, einer politischen Gruppe, dem jede Hoffnung auf künftigen Glanz durchaus abging, der ganz und gar auf sich allein gestellt war. Das waren die paar arischen Ehefrauen (allzu viele sind es nicht gewesen), die jedem Druck, sich von ihren jüdischen Ehemännern zu trennen, standgehalten hatten.«[198] Victor Klemperer selbst hatte seiner Frau das Leben zu verdanken, und wenn er im Folgenden ihre Erfahrungen nach 1939 schildert, so wissen wir, genau dies hätte auch Sabine Leibholz passieren können: »Wieviele Beschimpfungen, Drohungen, Schläge, Bespuckungen haben sie erlitten, welche Entbehrungen, wenn sie die normale Knappheit ihrer Lebensmittelkarten mit ihren Männern teilten, die auf unternormale Judenkarte gestellt waren, wo ihre arischen Fabrikkameraden die Zulagen der Schwerarbeiter erhielten. Welchen Lebenswillen mußten sie aufbringen, wenn sie krank lagen von all der Schmach und qualvollen Jämmerlichkeit, wenn die vielen Selbstmorde in ihrer Umgebung verlockend auf die ewige Ruhe vor der Gestapo hinwiesen! Sie wußten, ihr Tod werde den Mann

Sabine Leibholz

unweigerlich hinter sich herzerren, denn der jüdische Ehegatte wurde von der noch warmen Leiche der arischen Frau weg ins mörderische Exil transportiert.«[199]

Aus Frau Geheimrat Leibholz wurde ein Paria – in Göttingen trugen die Professoren noch im 20. Jahrhundert die Titel, die bei der Gründung der Universität 1737 vergeben worden waren, und ihre Frauen waren jahrhundertelang eine Frau Geheimrat ohne eigenen Namen und eigene Identität – bis 1968. Spätestens seit dem Erlass des *Reichsbürgergesetzes* vom 15. September 1935 galt Sabine Leibholz als *jüdisch versippt*, denn sie war mit einem *Juden* verheiratet: »Als *Jude* galt fortan, wer von drei der Religion nach jüdischen Großelternteilen abstammte. Mit zwei jüdischen Großelternteilen war man *Mischling 1. Grades*, mit nur einem *Mischling 2. Grades*.«[200] Damit lebte Sabine jetzt in einer *Mischehe*.[201] So war es in der antisemitschen Zielrichtung dieser *Nürnberger Gesetze* festgelegt, und so wurde es wohl von der NS-Mehrheitsgesellschaft wahrgenommen, denn sie nahm in diesem Zusammenhang keine religiöse Trennung wahr, sondern die gesellschaftliche Trennung zwischen *Juden* und Christen.[202] Ursprünglich bezeichnete der Begriff Ehen zwischen Katholiken und Protestanten und so wurde er in der frühen Bundesrepublik auch wieder verwendet, als ob nichts gewesen wäre. Die nationalsozialistische Bedeutung wurde später einfach unterschlagen, die besagte, dass eine *Mischehe* eine Verbindung zwischen zwei Menschen *unterschiedlicher Rassen* sei. In dem 1934 erschienenen »Taschenbuch des neuen Staates« hieß es: »Mischehen sind Ehen zwischen Angehörigen verschiedener Rassen. Das Rassenprinzip des Nationalsozialismus fordert von jedem Staatsbürger die Pflege der Rasse und die Reinerhaltung des Blutes. Demzufolge sind Ehen zwischen Verschiedenrassigen nicht nationalsozialistisch.«[203] Ab

1935 bedeutete *Mischehe* offiziell nur noch *rasseverschieden*, konfessionell gemischte Ehe sollten als *glaubensverschieden* bezeichnet werden. Bereits zuvor hatte es verschiedene Bestrebungen gegeben, um den rassistischen Umbau von Familie und Gesellschaft zu forcieren. So sah das Gesetz zur Neuregelung des Beamtenrechts vom 30. Juni 1933 vor, dass Personen, die mit *Juden* oder *Jüdinnen* verheiratet waren, nicht mehr verbeamtet werden durften; wer sich *nicht-arisch* verheiratete, wurden entlassen. Rückwirkend galt das Gesetz jedoch nicht, und Leibholz' Beamtenstatus blieb unangetastet. Jeder Beamte hatte von nun an bei seiner Heirat nachzuweisen, dass auch die Partnerin *arischer Abstammung* war. Andere Einschränkungen folgten, die alle sehr schnell etwa auch von der evangelischen Kirche, der Wehrmacht, der Reichsbahn und verschiedenen Berufsverbänden übernommen wurden. Begleitmusik der legalistischen Ausgrenzung war aggressive, rassistische Propaganda, die von praktischen Maßnahmen flankiert wurde. So erhielten *jüdisch versippte* Paare keine Ehestandsdarlehen, die der NS-Staat so gern an *rassisch unbedenkliche* Paar vergab; natürlich auch, um Frauen aus dem Arbeitsleben zu entfernen und ihnen ihren vermeintlich angestammten Platz zuzuweisen, den in der Küche, denn der Kredit war an die Bedingung gebunden, dass die Ehefrauen ihren Beruf aufgaben.

Gerhard Leibholz konnte seine Position, wie wir gesehen haben, aus unterschiedlichen Gründen zunächst halten, aber durch die *Nürnberger Gesetze* änderte sich im Herbst 1935 die Situation grundlegend. Das *Gesetz zum Schutze des deutschen Blutes und der deutschen Ehre* verbot Eheschließungen zwischen Christen und *Juden* und denunzierte Geschlechtsverkehr zwischen ihnen als *Rassenschande*,[204] auch das nicht rückwirkend, so dass Gerhard und Sabine Leibholz in dieser Hinsicht unbehelligt blieben. Aber von jetzt ab war es im *jüdischen* Haushalt Leibholz – »als *jüdisch* galt der Haushalt, wenn ein jüdischer Mann Haushaltsvorstand war oder dem Haushalt angehörte«[205] – verboten, *arische* Dienstmädchen unter 45 Jahren zu beschäftigen. Diese Maßnahme war keineswegs nur Schikane, sondern wurde ebenfalls *rassisch* begründet. Die antisemitische Propaganda der Nazis war von Anfang an stark sexuell aufgeladen, und dieser Aspekt wurde vom NS-Hetzblatt *Der Stürmer* kontinuierlich bedient. Durch diese konsequente »Einübung«[206] antisemitischer Vorurteile war es für die *Volkgenossen* und *Volksgenossinnen* im Jahr 1935 längst nachvollziehbar, warum diese Bestimmung erlassen werden ›musste‹, weil das Trommelfeuer der Propaganda den gesellschaftlichen Rahmen der *rassisch* bestimmten *Volksgemeinschaft* inzwischen fest etabliert hatte. So konnte der Staat im Rahmen normativer Standards argumentieren,[207] wenn das Gesetz *jüdischen* Männern stereotyp unterstellte, dass sie sich an *arischen* Frauen vergehen würden und damit der *jüdische* Mann eine »Gefahr für die *Reinheit der arischen Rasse* und für den Fortbestand des deutschen Volkes«[208] zu sein schien. *Rasse* setzte man mit *Volk* gleich, das *genetisch rein erhalten* und nicht durch die nach nationalsozialistischer Vorstellung angenommene *Minderwertigkeit der jüdischen Rasse* gewissermaßen genetisch bedroht werden sollte. Doch auch diese Gesetze zielten nicht nur auf die *rassische,* sondern auch auf die wirtschaftliche Ausgrenzung vor allem von *jüdischen* Männern, die in den allermeisten Fällen die Ernährer der Familien waren. Mit Lina Lüert fanden die Leibholzens dennoch eine zuverlässige Hilfe, die noch nach der Flucht der Familie so lange im Haus wohnte, bis es verkauft wurde.

Alltag im Nationalsozialismus

Die graduell, aber kontinuierlich sich verschärfenden antisemitischen Maßnahmen begleiteten den NS-Alltag von Anfang an. Die *Nürnberger Gesetze* waren ein verschärfendes Element unter vielen, mit denen die Nationalsozialisten den Handlungsspielraum von *Jüdinnen* und *Juden* mehr und mehr einengten und ihre Ausgrenzung und öffentliche Demütigung vorantrieben. Im April 1935 hatte Rudolf Heß in seiner Eigenschaft als *Stellvertreter des Führers* angeordnet, dass NSDAP-Mitglieder keinen privaten Kontakt zu *Juden* haben durften. Die NS-Führung gab den Ton an, der von der *Volksgemeinschaft* vernommen wurde. Er setzte in der Bevölkerung eine ungeheure Dynamik frei: Niedertracht und Schäbigkeit traten in einen nach oben offenen Überbietungswettbewerb, weil jeder Mann, jede Frau und auch jedes Kind durch Ausgrenzung und Demütigung der *Gemeinschaftsfremden,* durch Denunziation, durch Wegschauen, Unterlassung und Geschehenlassen seine unverbrüchliche Loyalität zum NS-Regime unter Beweis stellen konnte: Der Göttinger Rolf Pieper, dessen Vater ein bekannter Universtätsprofessor war, konnte als Schüler beobachten, wie schnell der Kontakt seiner Eltern zu alten jüdischen Freunden abbrach. Die Mutter der Göttingerin Waltraud Neubert wurde denunziert, weil sie zusammen mit einem jüdischen Bekannten in der Stadt ein Würstchen gegessen hatte. Andernorts wurden solche ›Vergehen‹ in der Zeitung angeprangert oder im lokalen *Stürmer*-Kasten ausgehängt. Der Göttinger Peter Köhler erinnert sich an den Morgen des 10. November 1938, als er nach der Pogromnacht in der Schule von Mitschülern erfuhr: »die raunten in der Pause einem zu: ›Mensch, in der Stadt da haben se die Schaufenster eingeschlagen bei den Juden und das mussten wa also natürlich nach Schulschluss sehen. Da sind wir also heimlich – ich hab auch zu Hause dann nachher nichts davon gesagt – mit in die Stadt gegangen. Ich weiß nur noch, dass ich mich also wunderte, dass so viel normale [Hervorhebung Geyken] Geschäfte auf der Groner Straße, dass die Juden gehört hatten, nech?‹« Und die Göttingerin Elke Engelmann sieht in der Erinnerung an ihre Schulzeit den Vater einer jüdischen Mitschülerin traurig auf einer Bank sitzen. Sie hatte Scheu, ihn anzusprechen.[209]

»Ist Scheu die erste Stufe der Ausgrenzung?«

Die Frage, die die Europäische Ethnologin Heidi Rosenbaum in diesem Zusammenhang stellt,[210] hätte Sabine Leibholz vielleicht mit ja beantwortet. Eberhard Bethge, der Freund Dietrich Bonhoeffers und später auch Familienmitglied, weil er eine der Nichten heiratete, berichtet in seiner monumentalen Bonhoeffer-Biographie, dass die berufliche und familiäre Situation der Leibholzens in der Großfamilie zu einem empfindlichen Gradmesser für die fortschreitende Existenzbedrohung und Entrechtung der Juden wurde. Seine Frau Renate (die Tochter von Ursula und Rüdiger Schleicher) erinnerte sich, dass die »Juden-Politik … das eigentlich beherrschende Thema im Familienkreis« gewesen sei.[211] »Täglich wurde es unerfreulicher«, schrieb Sabine Leibholz in ihren Erinnerungen.[212]

Bis auf zwei Ausnahmen (Walter Bauer und Paul Oertmann) hatten sich die Kollegen von Gerhard Leibholz rasch abgewandt, ganz offenbar weniger aus Scheu denn aus Opportunismus. »Ein uns befreundeter Kollege« machte daraus kein Hehl. Er »war eine große Enttäuschung für uns, denn er ging eines Tages in die SS … und erklärte uns ganz offen: ›Ja, ich kann von jetzt an aber nur noch zu Ihnen kommen, wenn's dunkel ist.‹«[213] Das Ehepaar kam »unter dem gemeinsamen Druck der Verhältnisse«, wie Sabine schreibt, »auch mehr mit den rassisch verfolgten Naturwissenschaftlern zusammen«, mit denen der Jurist Leibholz ansonsten wenig Kontakt gehabt hätte. »Wir sprachen über den Terror, die Zukunft und die Auswanderungsmöglichkeiten.«[214] Die Großfamilie versuchte, die Isolation zu kompensieren: Bruder Dietrich kam oft vorbei, bisweilen mit seinem Freund Bethge, man spielte zusammen Tennis. Dietrich arbeitete in Göttingen, gern auch auf der großen Terrasse. Er genoss den Garten. Schwester und Schwager von Dohnanyi verbrachten den Sommerurlaub 1935 zusammen mit der Leibholz-Familie in Friedrichsbrunn. Im Jahr darauf verlebte man einige gemeinsame Wochen in Gerhards Elternhaus im Grunewald. Christine von Dohnanyi war oft bei ihrer Schwester in Göttingen. Im Sommer 1937 kam die jüngste Schwester Susanne Dreß mit ihrer Familie nach Göttingen. Überhaupt bemühte sich die Familie Leibholz, so oft wie möglich die Stadt zu verlassen, verbrachte viel Zeit bei den Eltern in Berlin. Doch egal, wo sie sich aufhielt, überall begegnete ihr der verordnete und der gelebte Antisemitismus. Im Frühjahr 1935 tauchten in der Öffentlichkeit vermehrt Schilder auf mit der Aufschrift: *Juden raus*. An Ortseingängen, in Schwimmbädern, Parks, Hotels und Restaurants beschied man dem *Staatsangehörigen* Leibholz, dass er hier nicht erwünscht sei.[215] 1938 erfolgte ein weiterer Radikalisierungsschub: Konzerte, Theater, Kinos, Bibliotheken waren *Für Juden verboten*. Sie durften keine öffentlichen Plätze mehr aufsuchen, keine Parkanlagen, das Sitzen auf Parkbänken wurde ihnen ebenso untersagt wie das Wandern in bestimmten Waldgebieten.[216] Allein in den ersten fünf Monaten nach ihrer Machteroberung hatten die Nationalsozialisten schon über 170 antisemitische gesetzliche Bestimmungen erlassen, die alle Ebenen der Verwaltung betrafen, aber auch private Institutionen.[217] Am Ende der zwölf Jahre waren es insgesamt um die 2.000

Verbote[218] geworden, und sie nahmen immer absurdere Züge an. Victor Klemperer erinnert an »eine der Grausamkeiten, von denen kein Nürnberger Prozeß berichtet. … Ich durfte dem Tierschutzverein für Katzen keinen Beitrag mehr zahlen, weil im ›Deutschen Katzenwesen‹ – wahrhaftig, so hieß jetzt das zum Parteiorgan gewordene Mitteilungsblatt des Vereins – kein Platz mehr war für artvergessene Kreaturen, die sich bei Juden aufhielten. Man hat uns denn auch später unsere Haustiere: Katzen, Hunde und sogar Kanarienvögel, weggenommen und getötet, nicht in Einzelfällen und aus vereinzelter Niedertracht, sondern amtlich und systematisch.«[219]

Der Blockwart

Das Private war politisch geworden, der Nationalsozialismus drang in jeden Lebensbereich der Deutschen ein und rechtfertigte dies mit der beabsichtigten Transformation der Gesellschaft in eine, in *die Volksgemeinschaft*: »Jedem Volksgenossen müßte es klar sein, daß die Gebundenheit allen lebendigen Schaffens und Wirkens an die Gemeinschaft, die Volksgemeinschaft als die fundamentalste Forderung der Partei, nicht erlaubt, daß Bezirke des gesellschaftlichen Lebens für die notwendige revolutionäre Neuordnung unantastbar sind.«[220] Die Partei war überall: »Ob er [der *Volksgenosse*] eine Zeitung liest, eine Versammlung besucht, seinen Rundfunkempfänger einschaltet, ob er die in den großen Ausstellungen zusammengeballten Leistungen betrachtet oder ob er im Banne des einheitlichen Marschschrittes der politischen, wehrpolitischen und militärischen Erziehungsgemeinschaften des Dritten Reichs steht – immer wieder tritt ihm die Idee entgegen.«[221] Wie konnte das gelingen? Wer kümmerte sich um die alltägliche Umsetzung dieser *Idee*? Dafür zuständig war der *Blockwart*.[222] Die vermeintlich allgegenwärtige, allwissende *Gestapo* war mehr Mythos als Realität. Noch 1944 beschäftigte sie lediglich ca. 32.000 Personen,[223] um im gesamten Deutschen Reich 80 Millionen Einwohnerinnen und Einwohner zu überwachen. Die viel größere Gefahr für alle Feinde und Verfolgten des NS-Regimes war der oder die böswillige Nachbar:in, der oder die oft auf den eigenen Vorteil bedachte Denunziant:in[224] oder

»der verbissene kleine NS-Funktionär, der durch seine Meldung den Mechanismus eines hocheffizienten Verfolgungsapparates in Gang setzen konnte«.[225] In der Partei übte 1935 jeder fünfte Parteigenosse ein Amt aus,[226] eines davon war der *Blockwart.*[227] In der Stadt Göttingen, die 1933 ca. 50.000 Einwohnerinnen und Einwohner hatte, amtierten ca. 300 *Blockleiter,*[228] unter denen einzelne *Blockhelfer* jeweils 8-15 Haushalte beobachteten, das ergab eine Überwachungsdichte von etwa 160 Bewohnerinen und Bewohnern pro *Blockleiter.*[229]

Sie kontrollierten die einen wie die buchstäblich »anderen«. Der *Blockwart* (ich kehre der Einfachheit halber zu diesem Begriff zurück) übermittelte den einen, den *Volksgenossen,* parteiamtliche Mitteilungen oder sammelte Spenden für das *Winterhilfswerk* oder den *Eintopfsonntag.* Damit kam er regelmäßig an jede Haustür und ins Gespräch mit den Bewohnern und Bewohnerinnen seines Kontrollbezirks. Die Informationen, die er hier en passant einholte, wurden in Stimmungsberichten nach oben weitergegeben. Gleichzeitig diente z.B. die Spendenbereitschaft als effektives Mittel der Sozialkontrolle, denn einen Spendenbeleg bekam man nur in Form eines Aufklebers an der Wohnungstür.

Wer also nicht spendete, machte sich vor aller Augen verdächtig, war entweder kein überzeugter *Volksgenosse,* ein Feind des Regimes oder gar ein *Jude.* Der *Blockwart* hatte sie alle im Blick: Er war verpflichtet, jeden und jede Bewohner:in in seinem Quartier in sogenannten *Hauskarteien* zu erfassen. Auf Anfrage erteilte er Auskünfte über die *jüdischen* Einwohner und Einwohnerinnen und meldete sogenannte *Judenfreunde,* also Nichtjuden, die weiterhin offen Kontakte zu Jüdinnen und Juden aufrechterhielten, weshalb z.B. Leibholz' Kollege angekündigt hatte, er könne nur noch kommen, »wenn's dunkel ist«. Der Professor fürchtete, aktenkundig zu werden, wodurch ihm persönliche Nachteile hätten entstehen können. Mit diesen Tätigkeiten machte sich der *Blockwart* zum Handlanger der nationalsozialistischen Vernichtungspolitik, denn diese Informationen, insbesondere die *Hauskarteien,* wurden zu einer der Grundlagen der Deportationslisten.[230]

Der *Blockwart* und die *Gestapo* bedingten sich gegenseitig. Der schnüffelnde Denunziant hätte keine Macht ausüben können ohne den diktatorischen Machtapparat im Hintergrund, so wie die nationalsozialistische Diktatur machtlos gewesen wäre ohne die Zuarbeit aus der eigenen *Volksgemeinschaft*. Dieses Wechselspiel setzte enorme Kräfte frei, der Selbstmobilisierung[231] – und der Verrohung. Um den Preis der Aufgabe bisher geltender moralischer Standards erlagen ungezählte *Volkgenossen* und *-genossinnen* aller Milieus[232] der Verlockung, ein »kleiner Hitler« zu werden,[233] indem sie eine der vielen Positionen bekleideten, die Partei und Staat ihnen anboten, um damit Status und Ansehen zu gewinnen, ab 1933 eine Bedeutung erlangen zu können, die ihr eigenes graues Dasein ihnen bisher nicht ermöglicht hatte, kurz, um Macht über andere Menschen auszuüben.

Das nationalsozialistische Frauenbild

Auch für Frauen[234] war der Nationalsozialismus anschlussfähig, obwohl Frauen in der NSDAP selbst kaum Handlungsmöglichkeiten hatten. Die Partei hatte schon 1921 festgelegt, dass Frauen keine Parteiämter bekleiden durften. Dennoch konnten sich viele Frauen im ideologischen Umfeld des Nationalsozialismus wiederfinden.

Seit 1919 durften Frauen in Deutschland wählen und sich wählen lassen,[235] was von konservativer Seite bis dahin grundsätzlich abgelehnt worden war. Eine missliche Situation, nun plötzlich besaßen alle Bürgerinnen der Weimarer Republik das aktive und das passive Wahlrecht und mussten sich dazu verhalten. Andere Frauen nutzten die neu gewonnenen Freiheiten. Sie gingen in die Politik, nahmen eine Arbeit auf, ließen sich die Röcke kürzen und die Haare schneiden.[236] Konservative Frauen fühlten sich dadurch angegriffen,[237] weil die bis dahin gültige Frauenrolle jetzt in Frage gestellt wurde. Ihre Arbeit für Ehe und Familie, traditionell im privaten Bereich verortet, sahen sie abgewertet. Nicht alle Frauen empfanden eine eigenständige Berufstätigkeit als Bereicherung, sondern vielmehr als Bedrohung. Wenn sie nicht arbeiten wollten oder konnten, verspürten sie oft und nicht ohne Grund Existenzangst. Überdies war Frauenarbeit sehr viel weniger angesehen und deutlich schlechter bezahlt. Die Position als Ehefrau und Mutter bot Frauen Versorgung und Ansehen. Im konservativen Weltbild waren Männer und Frauen »gleichwertig«, aber nicht »gleichartig«.[238] Jedes Geschlecht hatte den ihm zugewiesenen Lebensbereich. Hier knüpfte das nationalsozialistische Frauenbild an, in dem Frauen zwar von der politischen Partizipation ausgeschlossen waren, dafür aber in »ihrem« Bereich eine enorme Aufwertung erfuhren, z.B. durch das *Mutterkreuz,* das jährlich im Dezember am Geburtstag der Mutter Adolf Hitlers verliehen wurde.[239]

Die *Volksgemeinschaft* konnte für Frauen die »Brücke in den Nationalsozialismus« bilden,[240] denn sie war eine Mitwirkungsgemeinschaft im geschützten Raum. Die Grenze zwischen privat und öffentlich wurde verwischt. Diejenigen Frauen, die sich der privaten Sphäre zuordneten, konnten sich innerhalb der *Volksgemeinschaft* im eigentlich männlichen Wirkungskreis, im öffentlichen, politischen Leben engagieren. Über das große außerparlamentarische Aktionsnetzwerk der ungezählten Unterorganisationen der NS-Partei arbeiteten sie im Dienst der *Volksgemeinschaft.* Das alltägliche, scheinbar unpolitische Handeln im geschützten Rahmen der NS-Bewegung erlangte Bedeutung, ohne dass Frauen die traditionell weibliche Sphäre verlassen mussten. Männer und Frauen arbeiteten auf diese Weise gemeinsam an der Vollendung eines gelebten National-Sozialismus. Bemerkenswerterweise exisitierten ausnahmslos alle NS-Organisationen für Frauen und Mädchen nur als einer männlichen Organisation untergeordnet oder sie wurden von einem Mann geleitet. Die nationalsozialistische Ideologie bediente den Wunsch nach Kontinuität und Veränderung zugleich: einmal durch die Errichtung der imaginiert national und *rassisch* homogenen *Volksgemeinschaft,* aus der alle (vermeintlichen) Feinde entfernt worden waren, in der folglich wieder Ruhe und Ordnung herrschte; zum anderen durch die Ablehnung alles dessen, was die als unzumutbar empfundene Moderne ausmachte. Durch diese unbedingte »Emanzipation von der Frauenemanzipation« erschien der Nationalsozialismus konservativen Frauen durchaus als eine »Frauen-Freiheitsbewegung«.[241]

Nationalsozialistinnen in Göttingen

Wie viel Spielraum sich ehrgeizige junge Frauen erarbeiten konnten, zeigt das Beispiel von Helene Passow (1893-1936),[242] die das

Sabine Leibholz mit ihren Töchtern im Garten des Hauses in der Herzberger Landstraße 55

erste weibliche Mitglied der NSDAP in Göttingen war. Dort gründete sie im März 1922 die erste Frauenarbeitsgruppe der NSDAP überhaupt, ihre Ausgangsbasis für eine steile Karriere im NS-Apparat. Sie wurde 1932/33 *Propagandaleiterin in der Abteilung für Frauenarbeit der Reichsleitung der NSDAP und Schriftleiterin der Zeitschrift Nachrichtendienst der NS-Frauenschaft*. 1933 stieg sie zur Redakteurin der Frauenbeilage des zentralen Publikationsorgans der NSDAP, des Völkischen Beobachters, auf. In Göttingen wollte Passow zunächst mit ihrer Frauengruppe für die Partei werben und verfuhr dabei so wie die Männer in der NSDAP mit flächendeckender, individueller Betreuung, die Zuwendung signalisieren und vor allen Dingen ideologische Indoktrination ermöglichen sollte. Eine Methode, die sowohl vor als auch nach der *Machtergreifung* zur Anwendung kam, wobei sich der Schwerpunkt nach 1933 mehr und mehr auf die Kontrolle verschob. Passow wollte für jeden Wahlbezirk der Stadt »eine Frau mit der Betreuung der Angehörigen der neugewonnenen Parteigenossen« bestimmen,[243] weil die Frauen dieser NSDAP-Mitglieder in der Frühzeit der neuen Partei oft noch ablehnend gegenüberstanden. Die Frauengruppe schulte ihre Mitglieder wöchentlich, damit diese das Parteiprogramm kennenlernten und es später mit gezielten Methoden politischer Agitation verbreiten halfen. Göttinger Nationalsozialistinnen gingen dafür an die Haustüren, sie verteilten Flugblätter. Sie suchten persönlich Göttinger Geschäftsleute auf, um finanzielle Unterstützung für ihre Göttinger NS-Partei zu erbitten. Sie sammelten aber auch Geld für Parteigenossen in Not, für Kranke und Wöchnerinnen, und sie organisierten Weihnachtsfeiern für die Familien von Parteigenossen. Ihr Kampf in der *Systemzeit,* also in den Weimarer Jahren, ging aber bis in die Illegalität, als sie während der Zeit, in der die NSDAP im Deutschen Reich verboten war, Parteigenossen bei sich versteckten, die polizeilich gesucht wurden. Mehr noch, sie richteten Sanitätskurse ein, um die im Straßenkampf verletzten SA-Männer versorgen zu können. Das war der konkrete, der ersehnte Kampf, Frauen und Männer gemeinsam, in den jeweils ihnen zugeordneten Sphären, vereint im Kampf für die *Volksgemeinschaft* und gegen den äußeren Feind. Nach dem 30. Januar 1933 wandelten sich die Aufgaben der Göttinger NS-Frauen dahingehend, dass sie für die *Arierin* vor Ort Mütterschulungen anboten, Lehrkurse für Säuglings- und Krankenpflege sowie Hauswirtschaft. Ein weiteres wichtiges Betätigungsfeld war es, die jungen *arischen* Mädchen, die im *Bund deutscher Mädel* (*BDM*) zusammengefasst wurden (ab 1939 verpflichtend), die Grundlagen für ihre Existenz in der NS-Gesellschaft zu lehren, sie also zur Hausfrau und Mutter auszubilden.

So wie Ilse Neumann, Ehefrau des Göttinger Germanisten Friedrich Neumann, der in seiner Zeit als Rektor der Universität von 1933 bis 1938 die Georgia Augusta zu einer braunen Vorzeigeuniversität machen wollte. Ilse Neumann suchte und fand im Engagement für den Nationalsozialismus den Bedeutungszuwachs, um sich die Anerkennung zu verschaffen, die ihr in ihrer Ehe offenbar gefehlt hatte.[244] Die Tochter des Direktors des Leipziger Grassi-Museums hatte ursprünglich künstlerische Ambitionen gehabt, aber dann doch geheiratet und zeitgemäß alle eigenen Berufswünsche aufgegeben. Insofern ist sie vergleichbar mit Sabine Leibholz, die allerdings wohl eine Berufsausbildung oder eine eigene künstlerische Karriere nie ernsthaft in Betracht gezogen hat, sondern immer Ehe und Familie als Lebensziel favorisierte.

Hätte die *Volksgemeinschaft* Anziehungskraft auf Sabine Leibholz ausgeübt, wäre sie nicht mit einem *Juden* verheiratet gewesen? Vermutlich nicht. Wir erinnern uns an das Urteil ihrer Schwester Susanne: »Sabine war anders als wir alle«,[245] aber niemand hatte je versucht, sie in Richtung auf ein vorgegebenes normatives Ideal zu verändern. Sie hatte das Privileg, in »unverschämter Sicherheit«, wie Dietrich es formuliert hatte,[246] aufzuwachsen, und konnte sich in behüteter Freiheit zu einer eigenständigen Persönlichkeit entwickeln. Das ersparte ihr die Versuchung, moralisch unsicheren Grund zu betreten, um als Mensch gesehen zu werden.[247] Sie fand Gemeinschaft und, nicht minder wichtig, Anerkennung in der Großfamilie Bonhoeffer und in ihrer familiären Gemeinschaft mit ihrem Ehemann und ihren zwei Töchtern.

Indoktrination in der Schule[248]

Auch die Welt der Töchter des Ehepaars Leibholz veränderte sich schlagartig mit dem 30. Januar 1933. Sie waren jetzt *halbjüdisch* und wurden offiziell als *Mischlinge* bezeichnet.[249] Marianne war 1933 sechs Jahre alt und kam in die Schule, eines der Haupteinfallstore nationalsozialistischer Indoktrination in den Alltag der Kinder. Lehrer:innen und Lehrplan wandelten sich, der Schulalltag wurde nationalsozialistisch ausgerichtet, schon allein äußerlich: Auf Göttinger Schulen wehte jetzt eine Hakenkreuzflagge. Am Anfang und am Ende eines jeden Schuljahres fand ein Fahnenappell statt. Dabei mussten die Schüler das *Horst-Wessel-Lied* singen, das einen NS-»Märtyrer« heroisierte und sich zu einer Art zweiten Nationalhymne des NS-Staates entwickelte. Währenddessen war der Arm zum *Hitlergruß* zu recken, was von strammen NS-Pädagogen kontrolliert wurde. Das bisher übliche Guten Morgen wurde durch *Heil Hitler* ersetzt. Sabine Leibholz erinnert sich, dass die siebenjährige Marianne vom Schuldiener so lange nach Hause geschickt wurde, bis sie sich zum Nazi-Gruß durchringen konnte, mit dem dann auch jede Stunde begann. Das Bild des *Führers* ›schmückte‹ das Klassenzimmer. Hitler-Reden konnten Gegenstand eines Deutschaufsatzes werden, denn auch inhaltlich wurden die Schulen nach und nach der NS-Ideologie unterworfen. Die

Gedichte des *Juden* Heinrich Heine wurden als *undeutsch* aus dem deutschen Kulturkanon ausgeschlossen, ebenso wie die Musik des *Juden* Mendelssohn-Bartholdy nicht mehr gespielt werden durfte. Stattdessen lasen die Schüler:innen nun nationalistische Texte des Heimatdichters Hermann Löns, rassistische Texte des NS-Chefideologen Alfred Rosenberg oder des Schriftstellers Hans Grimm aus dem nicht weit entfernten Lippoldsberg, dessen Romantitel »Volk ohne Raum« zur wirkmächtigen NS-Propagandaformel umgemünzt wurde. Den bis dahin beträchtlichen Einfluss der Kirchen auf die Schulen drängten die Nazis zurück. Das Fach Religion erklärten sie erst zum Wahlfach, bevor sie es ganz abschafften. Das Fach Biologie erfuhr eine enorme Aufwertung durch die für den Nationalsozialismus zentrale *Vererbungs- und Rassenlehre.* Auch der Geschichtsunterricht gewann neue, zentrale Bedeutung. Einen noch größeren Bedeutungszuwachs erlangte der Sportunterrricht, der ab 1938 täglich stattfand und versetzungsrelevant wurde. Für Jungs entwickelte er sich mehr und mehr zum Wehrsport. Er nahm paramilitärische Züge an, was außerschulisch in der *Hitlerjugend* seine Fortsetzung fand und sich in der propagandistischen Formel: ›Hitlerjungen sind zäh wie Leder, flink wie die Windhunde und hart wie Kruppstahl!‹ niederschlug. Die Göttinger BDM-Mädchen mussten auf den Schillerwiesen antreten, um dort das Exerzieren zu lernen. Ansonsten hatte das *deutsche Mädel* vor allem seinen Körper *rein und gesund* zu erhalten, um eines Tages eine *würdige Hüterin und Erhalterin der Rasse* werden zu können. Das vermeintlich *lebensunwerte Leben* von z.B. körperlich oder geistig behinderten Menschen hingegen durfte sich im NS-Staat nicht fortpflanzen. Sie wurden zwangessterilisiert[250] oder ihr Leben wurde *ausgemerzt,* d.h. sie wurden in *Tötungsanstalten* wie Hadamar oder Grafeneck, um nur zwei von vielen zu nennen, ermordet.[251] Die Schulbücher aus der Weimarer Zeit wurden allmählich durch NS-Schulbücher ersetzt, die ein entsprechendes Menschenbild vermittelten. Der Göttinger Schüler Rolf Pieper vertrat im Rückblick[252] die Ansicht, die vom NS-Lehrerbund herausgegebene Schülerzeitschrift habe noch mehr Gift versprüht als die Schulbücher. »Worte wie winzige Arsendosen«, von denen Klemperer spricht.[253]

Zum Wort kam das Bild, nicht nur im Buch, sondern auch im Film. Propagandafilme wurden in der Schule gezeigt, waren teil-

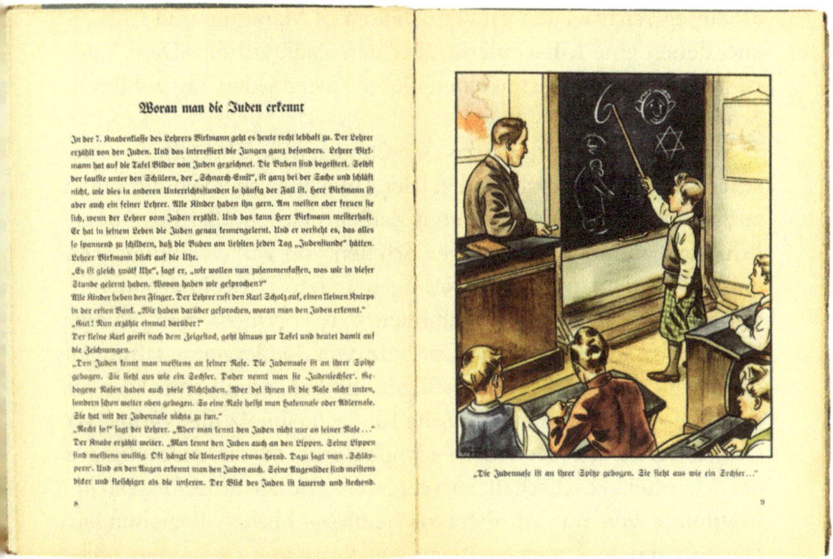

Woran man die Juden erkennt

In der 7. Knabenklasse des Lehrers Birkmann geht es heute recht lebhaft zu. Der Lehrer erzählt von den Juden. Und das interessiert die Jungen ganz besonders. Lehrer Birkmann hat auf die Tafel Bilder von Juden gezeichnet. Die Buben sind begeistert. Selbst der faulste unter den Schülern, der „Schnarch-Emil“, ist ganz bei der Sache und schläft nicht, wie dies in anderen Unterrichtsstunden so häufig der Fall ist. Herr Birkmann ist aber auch ein feiner Lehrer. Alle Kinder haben ihn gern. Am meisten aber freuen sie sich, wenn der Lehrer vom Juden erzählt. Und das kann Herr Birkmann meisterhaft. Er hat in seinem Leben die Juden genau kennengelernt. Und er versteht es, das alles so spannend zu schildern, daß die Buben am liebsten jeden Tag „Judenstunde“ hätten. Lehrer Birkmann blickt auf die Uhr.

„Es ist gleich zwölf Uhr“, sagt er, „wir wollen nun zusammenfassen, was wir in dieser Stunde gelernt haben. Wovon haben wir gesprochen?“

Alle Kinder heben den Finger. Der Lehrer ruft den Karl Scholz auf, einen kleinen Knirps in der ersten Bank. „Wir haben darüber gesprochen, woran man den Juden erkennt.“

„Gut! Nun erzähle einmal darüber!“

Der kleine Karl greift nach dem Zeigestock, geht hinaus zur Tafel und deutet damit auf die Zeichnungen.

„Den Juden kennt man meistens an seiner Nase. Die Judennase ist an ihrer Spitze gebogen. Sie sieht aus wie ein Sechser. Daher nennt man sie ‚Judensechser‘. Gebogene Nasen haben auch viele Nichtjuden. Aber bei ihnen ist die Nase nicht unten, sondern schon weiter oben gebogen. So eine Nase heißt man Hakennase oder Adlernase. Sie hat mit der Judennase nichts zu tun.“

„Recht so!“ sagt der Lehrer. „Aber man kennt den Juden nicht nur an seiner Nase …“

Der Knabe erzählt weiter. „Man kennt den Juden auch an den Lippen. Seine Lippen sind meistens wulstig. Oft hängt die Unterlippe etwas herab. Dazu sagt man ‚Schläppern‘. Und an den Augen erkennt man den Juden auch. Seine Augenlider sind meistens dicker und fleischiger als die unseren. Der Blick des Juden ist lauernd und stechend.

8

„Die Judennase ist an ihrer Spitze gebogen. Sie sieht aus wie ein Sechser …“

9

Das Kinderbuch »Der Giftpilz. Ein Stürmerbuch für Jung und Alt«. Erzählungen von Ernst Hiemer. Bilder von Fips. Verlag Der Stürmer, Nürnberg 1938. Hier das Kapitel »Woran man die Juden erkennt«.

weise sogar Pflichtprogramm. Darüber hinaus war der öffentliche Raum mit Wort und Bild übersät, die *Idee* war überall sichtbar. Sabine Leibholz berichtet, dass an einem Baum gegenüber der Schule ihrer Töchter ein Schild mit der Aufschrift »Der Vater des Juden ist der Teufel« angebracht wurde. Mitte der 1930er Jahre folgten die *Stürmerkästen*, in denen das rohe, massiv antisemitische Hetzblatt *Der Stürmer* präsentiert wurde. In diesen weit verbreiteten Fenstern der NS-Propaganda arbeitete man mit hetzerischen Karikaturen »des Juden an sich«, mit negativ stereotypen textlichen und bildlichen Darstellungen, welche oft auf altbekannten Vorurteilen basierten, die hier noch einmal böswillig überzeichnet wurden. Während nach dem Krieg die meisten Deutschen angaben, die widerliche Hetze des Blattes immer schon abgelehnt zu haben, lässt sich heute nachweisen, dass das Gegenteil der Fall war: Das Blatt füllte sich auch durch die rege Beteiligung aus der Bevölkerung, die mit Einsendungen alles *Jüdische* ihrer Umgebung bereitwillig an diesen reichsweiten Pranger stellten.[254] Marianne und Christiane, denen eine Mitschülerin über den Zaun zurief: »Dein Vater ist ja ein Jude!«, mussten einen dieser Kästen jeden Tag auf ihrem Schulweg passieren.[255]

Schon 1933 wurde durch das »Gesetz gegen die Überfüllung deutscher Schulen und Hochschulen« der Anteil jüdischer Schüler:innen auf 5 % begrenzt. Die konkreten Zahlen machen allerdings deutlich, dass zumindest Göttinger Schulen von »Überfüllung« weit entfernt waren: 1933 hatte Göttingen 47.026 Einwohner:innen,[256] unter ihnen 475 Juden und Jüdinnen.[257] 1934 schloss man *jüdische* Kinder, also auch Marianne Leibholz, von Sonderveranstaltungen der Schule aus, z.B. Schulausflügen ins Landschulheim. Wie für ihre Eltern, so waren auch für die Kinder Leibholz die *Nürnberger Gesetze* schließlich die entscheidende Zäsur, die sie endgültig aus der Mehrheitsgesellschaft ausschlossen. Die absurde *Rassenlehre* bestimmte von nun an die zwischenmenschlichen Beziehungen. Der behauptete Zusammenhang von *Rasse* und Charakter führte dazu, dass noch mehr als schon zuvor stereotype Eigenschaften auf die einzelnen lebenden Menschen, eben auch auf Marianne, übertragen wurden. In ihren Erinnerungen schildert Sabine Leibholz, dass eine der Lehrerinnen in Mariannes Klasse eine Mitschülerin zurechtwies: »Sprich nicht so mit den Händen. Das darf nur Marianne Leibholz tun«[258] – mitgedacht: die *Jüdin* Marianne Leibholz entsprechend dem tradierten Vorurteil, »Juden an sich« sprächen mit Händen und Füßen – will wohl sagen unkultiviert, ohne die notwendige vornehme Zurückhaltung oder mit Gesten, die einen fehlenden Wortschatz ersetzen sollten?

Lehrer und Lehrerinnen verhielten sich ab 1933 unterschiedlich, manche waren überzeugte Nationalsozialist:innen der ersten Stunde. 1935 gab ein Drittel der Göttinger Volksschullehrer immer an, Mitglied der NSDAP zu sein.[259] Der Göttinger Schüler Rudolf Linke erinnerte sich später, dass er und ein weiterer jüdischer Mitschüler immer dann in der Pause Prügel bekamen, wenn ein Lehrer in der Stunde zuvor entsprechende NS-Hetz- und Hassparolen ausgestoßen hatte.[260] Der Lehrer kam übrigens in SA-Uniform, so wie auch Kinder bisweilen in ihrer HJ- oder BDM-Uniform zur Schule gingen. ›Kleider machen Leute‹, das galt auch für Nazis – und für *Juden*, denen die Zugehörigkeit zu den NS-Organisationen verwehrt war und die daher mangels Uniform sofort und für jedermann sichtbar als Ausgestoßene zu erkennen waren. Die Göttinger Schülerin Ursula Zimmermann berichtete, dass an sogenannten *nationalen Feiertagen* allen Angehörigen der HJ das Tragen der Uniform vorgeschrieben war, und beschreibt, dass die wenigen, die nicht organisiert waren, in der großen einheitlichen Menge »wie Aussätzige« wirkten.[261] »Wir waren froh, dass wir unsere Töchter nicht in die Hitlerjugend geben mussten«,[262] formulierte Sabine Leibholz im Nachhinein, denn für die Zugehörigkeit zur HJ war der *Ariernachweis* erforderlich. Die Problematik des Ausgestoßen-Seins wird in ihrem Buch nie explizit thematisiert, sie ist nur unterschwellig in der Beschreibung des Familienalltags greifbar. Marianne habe jedoch, so Sabine Leibholz später, die ganze Schulzeit über Freundinnen gehabt, die zu ihr hielten. Eine von ihnen war das Nachbarskind »Bille«: Sybil Gräfin Schönfeldt, die nach dem Krieg als Journalistin, Kochbuch- und Kinderbuchautorin Karriere machte, sprach noch 80 Jahre später mit Wärme und Hochachtung von ihrer Freundin »Janne«.[263] Die Haushälterin der Leibholzens schrieb im Sommer 1939 der Familie in die Emigration, dass Bille immer noch im Garten des Hauses in der Herzberger Landstraße 55 auftauche, so als ob sie dort hingehöre. Im Juli 1939 pflückte sie sich unerlaubterweise Stachelbeeren, die sie mit in die Ferien nehmen wollte, was Lina Lüert ein bisschen ärgerte, aber sie resümierte: »Ich glaube doch, dass sie noch sehr an Marianne hängt, denn sie spricht immer, wenn doch Marianne wiederkäme.«[264]

»am Verstand vorbei«

1936 wurde die *Hitlerjugend* per Gesetz zur Staatsjugend erhoben und so der Druck auf weite Teile der *arischen* Kinder und Jugendlichen erhöht, endgültig verpflichtend war die Mitgliedschaft dann ab 1939. Seit 1933 hatte sich die Zahl ihrer Mitglieder von 100.000 auf neun Millionen im Jahr 1939 erhöht.[265] Im Laufe der Jahre gewann die *HJ* Vorrang vor der Schule. Der Unterricht konnte ausfallen wegen Verpflichtungen bei der *HJ*, z.B. Sondereinsätzen bei Kundgebungen, Aufmärschen und Feiern, Spendensammlungen durch die *HJ* oder gemeinschaftlichen Altstoffsammlungen; es gab

Sybil Gräfin Schönfeldt und Marianne Leibholz 1970er Jahre

keine Hausaufgaben an den *HJ*-Diensttagen, die besucht werden mussten, und schließlich fand das Engagement der Kinder und Jugendlichen in der *HJ* Eingang in die Schulnoten.

Auch in Göttingen hatte die Organisation großen Zulauf.[266] Die Göttinger Schülerin Gisela Apel sah es rückblickend so: »Da kann ich nur sagen, es war in Göttingen richtiggehend Zwang. Und man fügte sich dann eben, nich. Es waren alle drin. Und so anfechtbar das klingt, man hat sich eigentlich gar nicht überlegt, dass man's auch anders machen kann. Also das war schon die Gleichmacherei. Die griff ja ziemlich weit, und opponieren hatten wir in dem Sinn nicht gelernt.« Waltraud Neubert meinte: »Wissen Sie, eigentlich, wenn ich so überlege, war das so genauso: Man ging in den *BDM*, wie man zum Konfirmandenunterricht ging, es gehörte einfach dazu.« Aber es waren nicht allein Zwang und Gewohnheit, es war auch Begeisterung dabei. Die Kinder wurden, ebenso wie die Erwachsenen in den jeweils für sie vorgesehenen NS-Organisationen, emotional angesprochen, der Nationalsozialismus erreichte sie »am Verstand vorbei«.[267] Gisela Apel, die angab, »von den Eltern her gegen das Regime« gewesen zu sein, musste zugeben, dass die NS-Inszenierungen sie beeindruckt hatten: »Das Wunderbare einer solchen Massendarstellung, das hab ich auch erlebt als Rausch. Nich, das dem [sic] kann man sich kaum entziehen.« Die ehemalige Schülerin Ursula Zimmermann resümierte: »Und das ist etwas [Anmerkung der Herausgeberin: Pause], das, wenn man das nicht erlebt hat, das kann man erstens Mal kaum schildern, wie das war, wie man von so einer Welle mitgenommen wurde emotional.« Ein ganz wichtiger, emotionaler Zugang zu den Menschen war das Singen. Die spätere Publizistin Carola Stern ging sogar so weit, von einer »Singediktatur« zu sprechen.[268] Singen stiftet (Volks-)Gemeinschaft. Auch hier griffen die Nazis auf Altbekanntes zurück, Volkslieder, Lieder aus der Jugendbewegung und Arbeiterlieder wurden umgewidmet. Das *Horst-Wessel-Lied* und weiteres NS-Liedgut waren immer mit dabei, um die Ideologie »am Verstand vorbei« in die Köpfe zu transportieren. Nicht wenige Zeitzeugen und Zeitzeuginnen können noch heute die Lieder, die sie in der Schule und im *Dienst* so oft gesungen haben, auswendig.

Viele erinnern sich gerne an ihre Kindheit im Nationalsozialismus, denn gerade der *Dienst* in der *HJ* fand jenseits der elterlichen Kontrolle statt und bot den Kindern und Jugendlichen Chancen und Freiräume. Wer in die *HJ* aufgenommen wurde, bekam die Uniform, dazu das *HJ*-Fahrtenmesser, das Halstuch mit Lederknoten und Schulterriemen, die man wieder verlieren konnte, wenn man in der Gemeinschaft versagt hatte. Dann mussten sich die Jungs erneut beweisen, d.h. schon im Kindesalter galt das Prinzip von permanenter Bewährung, das konstant Druck und Unsicherheit erzeugte. Der Krieg, das eigentliche Ziel nationalsozialistischer Erziehung, kam zu den Jungen als Spiel und Abenteuer in Geländespielen, Fahrten und Lagern. Noch deutlicher wird der Freiraum bei den Mädchen, die bisher aufgrund der traditionellen Frauenrolle noch viel stärker an das Haus und die elterliche Aufsicht gebunden gewesen waren. Der Dienst an der *Volksgemeinschaft* eröffnete ihnen Möglichkeiten außerhalb der häuslichen Sphäre bis hin zu Auslandsaufenthalten. Unter dem Schlagwort »Der Osten braucht Dich!«[269] folgten nach Kriegsausbruch junge Frauen, z.B. *BDM-Führerinnen*, der Aufforderung, als sogenannte *Grenzlandaktivistinnen* in die besetzten Gebiete zu gehen. Sie sollten dort die *rassepolitischen* Ziele des Regimes unterstützen, indem sie die *volksdeutschen* Siedler[270] betreuten, die dort auf den Höfen der gewaltsam vertriebenen, zum Teil ermordeten Polen angesiedelt wurden.

Am 15. November 1938, eine Woche nach der Pogromnacht, die von den Nazis zynisch als *Kristallnacht* bezeichnet wurde, ordnete ein Gesetz die zwangsweise Überführung aller *jüdischen* Kinder auf gesonderte *jüdische* Schulen an. Wie schon mit dem Gesetz gegen die »Überfüllung« der Schulen von 1933 wurde hier noch entschlossener die *Volksgemeinschaft* hergestellt, die so von den Kindern und Jugendlichen gelebt und als Normalität erlebt wurde. Dieser Aussonderung entging Marianne, denn die Familie befand sich zu diesem Zeitpunkt schon auf dem Weg in die Emigration.

Die Pogromnacht in Göttingen am 9. November 1938

Eine *Demonstrationen des Volkszorns* soll sie gewesen sein, die Nacht, in der in Deutschland die Synagogen brannten, jüdische Geschäfte geplündert, jüdische Wohnungen verwüstet, jüdische Menschen misshandelt und jüdische Männer in Konzentrationslager verschleppt wurden.[271] Doch jeder, der sich aufmerksam umsah, konnte erkennen, dass es sich um eine geplante Aktion handelte. Die Nazis hatten nur auf einen geeigneten Anlass gewartet, um sie durchzuführen. Den bot ihnen der aus Hannover stammende junge Jude Herschel Grynszpan, der seit 1936 bei Verwandten in Paris lebte. Von seiner Schwester hatte er erfahren, dass seine Eltern im Zuge der sogenannten *Polenaktion* so wie ca. 17.000 andere deutsche Jüdinnen und Juden mit einem polnischen Pass Ende Oktober 1938 von der Gestapo abgeholt, an die polnische Grenze verfrachtet und, zum Teil unter Gewaltanwendung, nach Polen getrieben worden waren. Dort lebten sie in provisorischen Flüchtlingslagern. Manchen gelang noch die Ausreise, die meisten wurden nach dem deutschen Überfall auf Polen vom 1. September 1939 ermordet. Herschel Grynszpan wollte diese Verschleppung seiner Eltern nicht hinnehmen. Am 7. November 1938 besorgte er sich eine Waffe, ging auf die deutsche Botschaft und verlangte den Botschafter zu sprechen. Er kam nur bis zum Legationissekretär Ernst vom Rath, auf den er schoss. Der starb zwei Tage später am 9. November 1938.

Die Tat eines verzweifelten Sohnes war für Goebbels ein willkommener Vorwand, um wenige Stunden nach dem Attentat, gegen 22.00 Uhr, mit einer Rede in München die reichsweite Gewalt auszulösen. In Göttingen erhielt der *SS-Standartenführer* Friedrich Steinbrink von übergeordneten *SS*-Stellen den Befehl, die Synagogen in Göttingen und im benachbarten Adelebsen anzuzünden.[272] Steinbrink informierte den Oberbürgermeister Albert Gnade, der ebenfalls in der *SS* war. Der Leiter der Feuerwehr, Wilhelm Rodenwaldt, wurde hinzugezogen. Er ebenso wie Gnade hoben nach dem Krieg hervor, auf die Gefahr hingewiesen zu haben, die von der brennenden Synagoge für die umliegenden Wohnhäuser ausging. Wie intensiv und nachdrücklich sie sich Steinbrink wirklich widersetzten, ist heute nicht mehr zu klären. Der ließ sich nicht beirren und forderte seine Gesprächspartner auf, Ideen beizubringen, wie die Synagoge am besten in Brand zu setzen sei. Der Feuerwehrmann beschaffte dann das dazu notwendige Benzin. Außerdem sollten ein Kriminalbeamter sich darum kümmern, dass im jüdischen Gemeindehaus alle Papiere der Gemeinde verbrannt würden. Die Feuerwehr wurde angewiesen, auf Notrufe nicht zu reagieren, uniformierte Polizei, sich von der Straße zurückzuziehen und sich in das Geschehen nicht einzumischen. Schließlich wurde angeordnet, »die Juden« in sogenannte *Schutzhaft* zu nehmen. Damit waren alle Vorbereitungen getroffen, als gegen 1.00 Uhr nachts die Synagoge brannte. Die Feuerwehr kümmerte sich lediglich darum, die angrenzenden Wohnhäuser vor den Flammen zu schützen. Viele Menschen standen dabei und sahen zu. Wohl die meisten missbilligten die rohe Gewalt, die sich vor ihren Augen abspielte, aber wenige reagierten. Der Prozess der Exklusion war nach fünf Jahren der vehementen antisemitischen Propaganda schon so weit fortgeschritten, dass Mitgefühl für »die anderen«, »die Fremden«, als die man Jüdinnen und Juden zu betrachten gelernt hatte, nicht mehr vorhanden war.

Gleichzeitig begannen die Plünderungen und Verhaftungen durch die *SS*. Dieser, »noch mehr als die SA eine männerbündische Gewaltgemeinschaft, bot die Pogromnacht die Gelegenheit, dieses ihr Spezifikum in vollem Umfang auszuleben.«[273] Unvorstellbare Gewalt gegen völlig unschuldige Menschen brach sich Bahn, zunächst in der nahegelegenen Goetheallee.

Doch die Gewaltexzesse beschränkten sich nicht auf die Innenstadt. Auch im Ostviertel, wo die Professoren wohnten, kam es zu ähnlichen Szenen. In der Merkelstraße 3, nur wenige hundert Meter vom Haus der Leibholzens entfernt, wohnten Max Raphael und Gertrud Hahn.[274] Hahn, sein Bruder Nathanael und Richard Gräfenberg waren die bedeutendsten und damit auch sichtbarsten jüdischen Bürger in der Stadt. Mit entsetzlicher Gewalt, geradezu gründlich zerstörten die *SS*-Männer alles, was sie im Haus der Hahns vorfanden. Die Frau des Hausmeisters der Merkelstraße 3, Elsbeth Grote, erinnerte sich 1978 in einem Zeitzeugeninterview: »Nie werde ich das Bild der Frau Hahn vergessen; plötzlich stand sie mit einer Kaffeekanne in der Hand hilflos in unserer Wohnungstür – wortlos, das einzige, was ihr, der aus der nächtlichen Haft Entlassenen, geblieben war, fest umklammernd. Ein Symbol menschlichen Ausgesetztseins angesichts der entfesselten Orgie des Hasses. Wir waren wie versteinert, fanden keine Worte und haben dann zusammen geweint, nur noch geweint.«[275] Tatsächlich wurden im Verlauf der Nacht von der *SS*, der *SA* und der *Gestapo* Männer, Frauen und Kinder verhaftet. Während Gertrud Hahn anderntags wieder freikam, verbrachte man ihren Mann, auch ihren Schwager und weitere prominente Göttinger Juden ins Gefängnis.[276] Manche entließ man im Dezember, Hahn kam erst im Juli 1939 frei. Ihren Kinder gelang die Flucht, Max und Gertrud Hahn wurden 1942 ermordet.

Es sind nur wenige Fälle von Hilfe für die Verfolgten bezeugt. Die meisten Göttinger Bürgerinnen und Bürger hielten sich zurück, wollten nicht in das Geschehen verwickelt werden. Es bleibt überwiegend unklar, ob sie aus berechtigter Angst oder aus Überzeugung handelten. Überliefert sind aber auch die Unterstützung von Käthe Suhr oder Thekla Meininger für ihre jeweiligen jüdischen Nachbarn. Sie traten den Tätern entgegen und konnten sie vertreiben.[277] Einige Zeugenaussagen belegen wiederum später, dass sich mancher Göttinger die Gelegenheit nicht entgehen ließ, den Geschädigten noch wüste Beschimpfungen und Beleidigungen mit auf den Weg ins Gefängnis zu geben.[278]

Darüber hinaus war der 9. November 1938 ein geplanter und großangelegter Raubzug. Wenn auch die privaten Unterkünfte der Göttinger jüdischen Kaufleute verwüstet wurden, so verschonte man deren Waren. Die wurden am nächsten Tag im großen Stil abgeholt und der *Nationalsozialistischen Volkswohlfahrt* zur Verfügung gestellt, damit sie den *Volksgenossen* zugutekommen konnten. Doch es waren nicht nur die staatlichen Stellen und Parteiorgane, die sich hier bereicherten, sondern es wurden auch Plünderer beobachtet, wie sie mit Schmuck oder Wertsachen die verwüsteten Wohnungen verließen. Zwei SS-Männer kamen am 10. November in die Wohnung der Familie Löwenberg und räumten sie komplett leer. Aus dem Keller der abgebrannten Synagoge holten sich zwei Männer einen Handwagen voller Kohle, damit die dem *Volksvermögen* nicht verloren ging, wie sie später angaben.

Dieses staatlich orchestrierte Pogrom verlieh der Judenverfolgung im Deutschen Reich eine neue Qualität. Den noch im Land verbliebenen Jüdinnen und Juden wurde endgültig deutlich, dass man es ernst meinte mit dem, was seit 1933 propagiert worden war. Ihnen ebenso wie den *Volksgenossen* wurde unmissverständlich klargemacht, dass die Menschen, die außerhalb der NS-Rasse-Gemeinschaft standen, auch außerhalb des Gesetzes lebten, recht- und wehrlos waren und ungestraft ausgeraubt werden konnten. »Die nationalsozialistische Ideologie und dabei die Idee der NS-Volksgemeinschaft gab ihnen [den Volksgenoss:innen] ... ein moralisches Argument an die Hand, die Exklusion von ›Gemeinschaftsfremden‹ nicht als unmenschlich und barbarisch anzusehen, sondern als nachvollziehbar und notwendig.«[279] Im Ausland war das Entsetzen groß. Die Zeitungen berichteten über die Geschehnisse. Was mag die Familie Leibholz über die Ereignisse erfahren haben? Ihre Flucht lag nur wenige Wochen zurück.

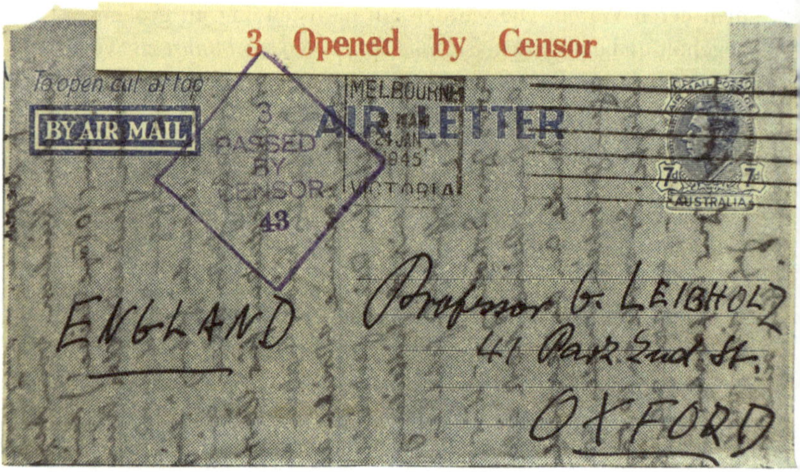

Peter Leibholz aus Australien an seinen Bruder Gerhard in England am 24.1.1945

»Draußen«

Flucht und Exil – England (1938-1947)

F. S., Kollege aus Berlin, am 28. September 1938 an Gerhard Leibholz: »Lieber Herr College!
Über den Stand meiner Sache wusste ich noch gar nichts. Möchte doch Ihre Information richtig sein! Möchten aber auch Sie mit Ihren Bemühungen Erfolg haben! Denn raus müssen wir jetzt, daran ist kein Zweifel. Mir ist die Wohnung gekündigt, ich suche keine andre, würde auch keine finden, mag aber überhaupt nicht noch einmal anfangen.«

Was tun? Wohin? Locarno, Genf, Zürich, Wassenaar

»Donnerstag 10. November Frau Straube, Frau Doering zum Kaffee. Frau Straube kurz vor ihrem Umzug nach München«[280] notierte Ilse Neumann, die Frau des Rektors der Universität, an diesem Tag, einen Tag nach der Pogromnacht in Göttingen, in ihrem Tagebuch. Mehr hielt sie offenbar nicht für erwähnenswert.

Peter Leibholz hatte allerdings seinem Bruder Gert Erschreckendes zu berichten: »Heute vor 2 Wochen reiste die Schwiegermutter von Hans nach Holland und ich bat sie, mir von dort sofort eine Einladung zu senden, denn ich wollte den darauffolgenden Dienstag abreisen, alles war schon gepackt. Aber überhaupt keine Nachricht kam, erst am Freitag eine ungenügende Einladung von Totta u. gleichzeitig eine geschäftliche Aufforderung von Theo. Beides war zu spät, keiner mit J im Pass wurde in diesen Tagen herausgelassen, sondern in der Bahn, wo Kontrollen waren, oder an der Grenze verhaftet und ins Konzertlager [sic] gebracht. Donnerstag, den 10.11. fing es an, erst mit Vernichtungen und Plünderungen von Läden, Etagengeschäften und Büros, Anzünden aller Synagogen usw. gleichzeitig begannen die Verhaftungen in ziemlich wahlloser Form, und alle Verh[a]fteten sitzen noch. ... Ich sollte in Sfld [Sommerfeld] verhaftet werden, war aber nicht anwesend. Auch Wohnungen sollen zerstört sein, in Berlin weniger als in der Provinz. Bei mir in Sfld [Sommerfeld] haben sie anlässlich einer Haussuchung wegen Waffen die Wohnung auf den Kopf gestellt. Ich habe meinen Wohnsitz zu Hause aufgegeben und irrte Tage und Nächte herum, viel bei Bekannten und ähnlich Besuche machend, auch im Büro war [i]ch nur sporadisch. Wohnung und Büro sind aber in Berlin ungeschoren geblieben.«[281]

Die Familie Leibholz befand sich am 9. November 1938 bereits in der Schweiz. »Längst hätten wir Deutschland verlassen müssen«, konstatierte Sabine Leibholz 1976 rückblickend in ihren Erinnerungen.[282] Die Situation an sich war klar. Es war Gefahr in Verzug, und im Grunde hatte Gerhard Leibholz dies lange vor 1933 erkannt: Es lohne sich nicht mehr, die Stelle in Göttingen anzutreten. Statt von Greifswald nach Göttingen zu gehen, hätte er versuchen können, sich woanders eine Existenz aufzubauen. Aber die endgültige Entscheidung zur Auswanderung zu treffen, fiel dem Ehepaar, wie so vielen anderen, sehr schwer.[283] Dennoch konnten sich Gerhard und Sabine Leibholz der Realität nicht ganz verschließen, es wurden erste, vorsichtige Vorbereitungen getroffen, Deutschland zu verlassen. Anfang 1938 hatte die Familie Leibholz bereits zwei Wochen in der Schweiz verbracht, um sich über Emigrationsmöglichkeiten zu informieren und möglicherweise auch, um dort Geld zu deponieren. Im August hielten sich die vier bei den Eltern Bonhoeffer in Berlin auf. Nachdem sie am 18. August nach Göttingen zurückgekehrt waren, habe bis zu dem Moment der Ausreise im September 1938 permanente Unruhe und Anspannung in der Herzberger Landstraße geherrscht, so hatte es Marianne in ihrem Tagebuch notiert.

Bereits 1934 hatte sich das Ehepaar ein Auto gekauft – damals noch eine Seltenheit auch in Professorenhaushalten –, um im Notfall mobil zu sein. Es diente all die Jahre über aber auch dazu, der bedrückenden Isolation in Göttingen zu entkommen. Die Familie fuhr am Wochenende ins Umland, oft und lange zu den Eltern nach Berlin oder auch ins Ausland, »immer schon im Hinblick auf die Auswanderung«, wie Sabine schreibt.[284] Das war möglich, weil zwei Bankangestellte der Commerzbank den Leibholzens Devisen zuteilten, so als ob sie unbedenkliche *Volksgenossen* wären und keine *Juden*, denen lange schon keinerlei Devisen mehr zustanden. Sabine Leibholz erwähnt die zwei Anständigen namentlich in ihren Erinnerungen: Willi Drescher, »ein frommer Baptist und ein ausgesprochener Feind der Nazis aus christlichen Grundsätzen« und »ein jüdischer Mann namens Hammerschlag, der wohl wegen seiner großen Tüchtigkeit nicht so schnell zu ersetzen war. Sie öffneten uns die Tore in die Freiheit.«[285] Drescher wird Gerhard Leibholz nach 1945 bei seiner Rückkehr ein weiteres Mal behilflich sein. Reinhart Hammerschlag gelang die Emigration in die USA, von wo aus er weiterhin mit Leibholz in Kontakt blieb.

Am 23. August 1938 waren Gert und Sabine Leibholz erneut für zwei Wochen nach Berlin gefahren, um sich noch einmal mit der Familie zu besprechen. Die hatte Gert wieder und wieder zur Auswanderung gedrängt. Hans von Dohnanyi, der im Justizministerium arbeitete, hatte den Familienkreis immer schon vorab informiert, welche gesetzlichen Einschränkungen *den Juden* und somit auch Leibholz als Nächstes bevorstanden. Alle verfolgten gemeinsam und mit großer Sorge, wie seine Demütigung, Ausgrenzung und Entrechtung staatlicherseits unablässig vorangetrieben wurden. Die Schwäger hatten seit 1933 versucht, Leibholz zu einem Entschluss zu bewegen. Der aber wollte sich nicht drücken, wollte weiterhin zum vertrauten Kreis der Freunde dazugehören, sich bewähren wie sie, denen immer klarer wurde, dass sie sich dem Unrecht, das geschah, widersetzen wollten. Aber als *Jude* war er eben in einer ganz anderen Position als sie und zusehends gefährdet. Und nun im Sommer 1938 verdichtete sich die Situation. Zum einen war Europa durch die Sudetenkrise unmittelbar von einem Krieg bedroht, der zunächst durch die britische Appeasement-Politik Ende September 1938 noch abgewendet wurde. Zum anderen wußte Hans von Dohnanyi, dass eine neue Verordnung in Vorbereitung war, mit der die Pässe aller *Juden*, die sich im Reichsgebiet aufhielten, für ungültig erklärt werden sollten.[286] Daraufhin hätte Gerhard Leibholz Deutschland nicht mehr verlassen können.

Am 31. August 1938 fuhr Gerhard Leibholz nach Hamburg auf das amerikanische Konsulat, um sich und seine Familie dort auf die Einwanderungslisten für die USA setzen zu lassen. Die Ausreise nach Amerika war nach einem Quotensystem geregelt, der Zeitpunkt einer Flucht in die USA lag somit in weiter Ferne.[287] Leibholz, der am Anfang seiner Karriere stand, hätte dank seiner Arbeit zum italienischen Faschismus auch versuchen können, in Italien Fuß zu fassen, was er 1938 tatsächlich erwog.[288] In England hingegen war es für den Juristen schwieriger unterzukommen, weil dort ein ganz anderes Rechtssystem galt.[289] Naturwissenschaftlern stand die Welt eher offen, aber für viele Disziplinen und insbesondere für Juristen war ein Neubeginn unter ganz anderen strukturellen Bedingungen oft sehr schwer. Überhaupt stellte sich den Bedrohten die Frage: Was würde uns im Ausland erwarten? Eine Ausreise stellte einen enormen bürokratischen Aufwand dar: Was musste man vorlegen? Was durfte man mitnehmen? Was musste man zurücklassen? Und vor allem: Wen musste man zurücklassen? Mehr noch als die äußerlichen Unwägbarkeiten war die enge Bindung an die Familie Bonhoeffer für Gerhard und Sabine Leibholz ein entscheidender Grund dafür, die Emigration zu verzögern, aber sie war stets präsent.[290]

Am 4. September 1938 fuhr das Ehepaar erneut nach Berlin und kehrte am 8. September mit Dietrich Bonhoeffer und Eberhard Bethge nach Göttingen zurück, wo Tante Elisabeth von Hase aus Breslau, die Schwester von Paula Bonhoeffer, sich um die Kinder gekümmert hatte. Gleich am folgenden Tag, am 9. September 1938, verließ die Familie Göttingen, angeblich um nach Wiesbaden zu fahren, wie Sabine Leibholz dem Kindermädchen mitteilte. »Meine Eltern fuhren nie nach Wiesbaden«, erinnert sich Marianne Leibholz in ihrem Bericht über die Flucht. Die damals Elfjährige wusste sofort Bescheid: »Wir gehen fort.«[291] Die Situation war da, es musste gehandelt werden. Marianne schreibt: »Ich wußte, dass wir uns im Kriegsfall nicht in Deutschland einschliessen lassen durften, da wir uns dann hilflos jeder beliebigen Verfolgungsmaßnahme unserer nationalsozialistischen Landsleute ausgesetzt hätten.« Ihr Vater wäre bedroht gewesen genauso wie Victor Klemperer, von dessen Zwangsarbeiterdasein wir bereits gehört haben. Die NS-Regierung verschärfte zudem kontinuierlich ihre antisemitische Politik der Ausgrenzung, die die *Juden* im Reich immer weiter in die Isolation trieb: Für den Wissenschaftler Leibholz hätte es schwerwiegende Folgen gehabt, wenn er von nun an keine Bibliotheken mehr hätte betreten dürfen. Außerdem bestand ein Kraftfahrzeugverbot für

Juden ab 1938.[292] Ihre für ungültig erklärten Pässe erlangten nur neue Gültigkeit, wenn sie diese mit einem großen roten J stempeln ließen. Dies erschwerte die Ausreise von *Juden* erheblich, da sie so an jeder Grenze sofort als solche zu identifizieren waren. Und genau das war das Ziel, denn mit dieser Bestimmung reagierten die deutschen Behörden auf eine Intervention der Schweiz. Die Zahl derjenigen, die Deutschland 1938/39 doch noch verlassen wollten und mussten, war enorm gestiegen, während die Aufnahmebereitschaft der Nachbarländer merklich schwand.

Das Auto wurde wie für einen Urlaub gepackt, die Mädchen mussten zwei Wollhemden anziehen, denn, das war die Begründung für das Kindermädchen, man fuhr offen im eigenen Cabriolet. Marianne aber wusste, die Familie hatte kaum Geld im Ausland, alles, was mitgenommen werden konnte, war von Bedeutung. Sie sagte ihrem Kinderzimmer Auf Wiedersehen. Dann suchte sie ihre zwei großen Puppen, die sie auf der Reise begleiten sollten und für die sie Pässe, Geburtsurkunden und Taufzeugnisse angefertigt hatte; ganz offensichtlich Vorgänge, welche sie aus ihrem Alltag kannte. Denn alle *Volksgenossen* waren gesetzlich verpflichtet, den *Ariernachweis* zu erbringen, mit dem sie ihre *arische* Abstammung und damit ihre Zugehörigkeit zur *Volksgemeinschaft* nachzuweisen hatten. Sie verabschiedete sich gedanklich für immer von ihrer Freundin Sybil und versuchte, sich einzuprägen, wie sie aussah, um sie nie zu vergessen. Dietrich und Eberhard begleiteten die Familie in Dietrichs Wagen. Alle Erwachsenen tauschten zwischendurch die Plätze, so dass die Kinder hinten auf der Rückbank immer andere Gesellschaft hatten, mit der sie singen konnten, so wie immer beim Autofahren. Bei Gießen gab es ein Picknick, an das sich Marianne als gar nicht traurig und trübsinnig erinnerte. Dann trennte man sich, die vier Leibholzens fuhren durch die Nacht in Richtung Schweizer Grenze. Die zweite Hälfte der Reise verlief dann doch in angespannter Atmosphäre, die einer ungeheuren Erleichterung wich, als die Grenzbeamten die vier vermeintlichen Urlauber passieren ließen. Ein Gefühl der Befreiung setzte ein, so beschreibt es Sabine Leibholz, nachdem sie deutschen Boden verlassen hatten und sich in einem freien Land befanden.

Die Illusion der Rückkehr

Die Familie verbrachte September und Oktober 1938 in der Schweiz. Nach drei Tagen in ihrem Ankunftsort Basel wohnte sie zunächst in Zürich, im Hotel Zürichberg oberhalb der Stadt mit schönem Blick auf den See. »Es waren zauberhafte Herbsttage, aber man genoß sie nur von ferne – ähnlich wie ein Kranker das Wetter von seinem Krankenbett aus erlebte.«[293] So erinnert sich Sabine Leibholz an diese Zeit, die von großer Unsicherheit geprägt war. Alles war unklar, alles war offen, alles war möglich – oder eben unmöglich? Wie würde sich die hochexplosive politische Großwetterlage entwickeln? Gerhard und Sabine Leibholz hatten ihr gesamtes bürgerliches Leben hinter sich gelassen bzw. das, was davon noch übrig war. Sie waren zu Emigranten, zu Flüchtlingen geworden, die niemand gerne aufnahm, das hatte die Internationale Flüchtlingskonferenz von Evian gerade erst überdeutlich gemacht.[294] Auf Einladung des amerikanischen Präsidenten Roosevelt waren im Juli 1938 Delegierte aus 32 Staaten in dem französischen Kurort zusammengekommen, um über Hilfe für die steigende Zahl von jüdischen Flüchtlingen aus dem Deutschen Reich zu beraten. Die Zusammenkunft blieb allerdings ohne jedes Ergebnis, weil sich kein Land bereit erklären wollte, eine gesicherte Zahl von Flüchtlingen aufzunehmen.

Nach dem 30. Januar 1933 hatten sofort rund 37.000 Jüdinnen und Juden Deutschland verlassen.[295] Bis Ende des Jahres 1937 waren es zwischen 126.000 und 129.000 und 1938 flohen noch einmal 33.000 bis 40.000. Schließlich entkamen die letzten Juden, um die 75.000 bis 80.000 Menschen, noch 1939 aus Deutschland, bevor eine Flucht endgültig so gut wie unmöglich wurde.[296]

Durch das Münchener Abkommen vom 29. September 1938 war der Ausbruch des Krieges erst einmal abgewendet worden, so dass die Familie Leibholz sich so sicher fühlte, um am 2. Oktober für ein paar Tage nach Italien zu fahren. Es sollte ein kleiner Urlaub werden, der jedoch schon drei Tage später abgebrochen werden musste. Es war mit der Familie zuhause abgemacht worden, dass die Familie Leibholz »draußen« abwarten sollte, bis klar war, ob die gefährliche »Verordnung über die Reisepässe von Juden«, die Gerhards Reisefreiheit beschränkt hätte, verwirklicht werden würde. Ein Telegramm mit dem Codewort »Pass« sollte sie über den Stand der Dinge informieren. Am 5. Oktober telegrafierten die Eltern: »Euer Kommen passt jetzt nicht.« Das bedeutete, es gab kein Zurück. Die Familie eilte zurück in die Schweiz. In Locarno, das man von früheren Reisen kannte, diskutierte das Ehepaar Leibholz Zukunftspläne. Marianne verzeichnete Teile der Gespräche in ihrem Tagebuch, wo vermerkt ist, dass es sogar Überlegungen gab, Anteile an einem französischen Weingut zu erwerben. Eine Idee, die von der großen Hilf- und Orientierungslosigkeit der beiden in dieser Situation zeugt. Ende Oktober ging es wieder nach Zürich und schließlich via Genf nach Frankreich, von wo aus die Eheleute nach England übersetzten.

Gerhard und Sabine Leibholz wollten keine Flüchtlinge sein. Bis zum Ausbruch des Krieges, noch im Brief von Paula Bonhoeffer vom 30. August 1939, zwei Tage vor Kriegsausbruch, wird die Illusion aufrechterhalten, dass sie wiederkommen würden. Überall und allen hatte man verkündet, dass dies ein Ferienaufenthalt sein werde, daher finden sich in der gesamten ausgedehnten Korrespondenz dieses einen Jahres von September 1938 bis zum unheilvollen 1. September 1939 ungezählte Äußerungen wie die von Karl Friedrich Bonhoeffer in einem Brief vom 13. Oktober 1938: »Ich hörte dort, dass Ihr vorhabt, vielleicht vor Eurer Rückkehr noch nach England zu fahren. Ich finde das sehr vernünftig.« Peter Leibholz riet am 19. Oktober 1938 in Bezug auf den Wagen: »[Du kannst] ihn dann abholen, wenn Du zurück bist.« Das Auto, wie gesagt eine Seltenheit selbst in Professorenkreisen, musste dringend auf irgendwelchen Wegen wieder nach Deutschland zurückgebracht werden, weil sonst in Göttingen viel deutlicher aufgefallen wäre, dass die Familie Leibholz nicht mehr da war. Denn diese gesamte Inszenierung war auch eine Täuschung für die deutschen Behörden, für die Stadt und für die Universität, was zeitweise auch gelang. Als kurz vor ihrer Flucht in Göttingen am 1. September 1938 ein großes Schulfest stattfand, nahmen Vater und Mutter Leibholz daran teil, um Präsenz zu zeigen und öffentlich klarzumachen: Wir sind noch da! Noch im Frühjahr 1939 tauchte der Name Sabine Leibholz in der offiziellen Planung für eine Luftschutzübung der Professorenfrauen auf.[297] Die Briefe wurden natürlich von den Deutschen kontrolliert, die Zensur las mit. Sie fand immer wieder Formulierungen wie »bis zu Eurer Rückkehr«, die unterstreichen sollten, dass es sich hier um einen vorübergehenden Auslandsaufenthalt handelte, denn es ging auch ums Geld. Hätte die Familie das Land ganz offiziell verlassen wollen, hätte sie *Reichsfluchtsteuer* zahlen müssen. Außerdem ging es um das Emeritusgehalt, das die Universität ihrem Professor im erzwungenen Ruhestand bis zum Juni 1940 zahlte.[298] Äußerungen wie die des Nachbarn und Professorenkollegen Paul Schoen waren also buchstäblich überlebenswichtig: »Es wird nun wohl noch ein paar Wochen dauern, bevor Sie heimkehren.«[299]

»Da lege ich noch wollene Strümpfe und warme Überschuh von mir bei.«

Fast die gesamte Familie Bonhoeffer wurde in die Organisation des erzwungenen Aufbruchs einbezogen. Am 29. Oktober 1938 brachen Ursula und Rüdiger Schleicher in Richtung Bodensee auf, nichts Ungewöhnliches, denn Rüdiger kam aus Schwaben, und Ursel, so Paula Bonhoeffer, »musste ... wenigstens einen Tag mit ihm in seinem geliebten Stuttgart bleiben.«[300] Diesmal aber war der eigentliche Zweck der Reise, Marianne und Christiane an der Schweizer Grenze abzuholen, damit ihre Eltern sich in England umsehen und die Weichen für das neue Leben stellen konnten. Ursel brachte allerlei Sachen mit, die Sabine unterdessen brieflich in Berlin bestellt hatte, neben Blusen, Nachthemden und Schuhen auch einen Pelzmantel, denn der diente dem Prestige ebenso wie der Gesundheit: Ein schmerzhafter Aspekt jeder Flucht war und ist der nahezu vollständige Statusverlust. Bis auf wenige berühmte Ausnahmen (wie z.B. Albert Einstein) waren und sind alle Ankömmlinge zunächst einmal Flüchtlinge und nicht Professoren, sondern gewesene Professoren. Ein Pelzmantel kann beim Entstehen eines neuen Sozialprestiges sehr hilfreich sein. Aber er wärmt natürlich auch, denn in England ist es, wie man weiß, kalt. Stereotypen, Vorurteile und Nichtwissen bestimmen zu einem gehörigen Teil das Bild vom anderen Land. Sabine Leibholz widmet dem Thema »Rangeinbuße« in ihren Memoiren einige Überlegungen. Sie nennt es »eine besondere Teufelei« Hitlers, dass die meisten Flüchtlinge ihr Vermögen nicht ins Ausland tranferieren konnten, damit »finanziell ruiniert« und so deklassiert waren.[301]

Christiane und Marianne Leibholz
Fotostudio Jutta Selle, Berlin

Die Schleichers nahmen Marianne und Christiane aus Schwaben mit zurück nach Berlin, wo die Mädchen bis Weihnachten bei den Großeltern lebten. An deren Eltern in England übermittelte Karl Bonhoeffer die Adresse eines ihm bekannten Arztes,[302] so wie Dietrich und Karl Friedrich Bonhoeffer 1939 ihre Netzwerke zur Verfügung stellten und dem Ehepaar Leibholz schon während dieser ersten zwei Monate Kontakte in England vermitteln wollten: »Wenn Du Anschluss suchst … Frau Zander, eine gebürtige Holländerin, Tochter des verstorbenen Utrechter Physiologen. Es ist eine nette, natürliche Person. … Ich glaube bestimmt, es würde sich lohnen hinauszufahren. Sie kennt übrigens eine Unmenge von Leuten und hat die kleine Schwäche gern Bekanntschaften zu vermitteln.«[303] Die Geschwister kümmerten sich abwechselnd um das Haus in Göttingen. Suse, die jüngste Bonhoeffer-Schwester, und ihr Mann Walter Dreß wollten eine kleine Reise unternehmen, »sie dachten an ein Mittelgebirge, da schlug ich ihnen vor, doch ein paar Tage nach Göttingen zu gehen. Was meint Ihr dazu?«, fragte Paula Bonhoeffer. »Ich dachte, … Ihr hättet nichts dagegen«, schrieb sie deshalb nach England.[304] Dietrich Bonhoeffer verbrachte den September 1938 im Haus seiner Schwester zu einem Arbeitsaufenthalt, um hier sein »Gemeinsames Leben« zu verfassen. Als sich am 9. November 1938 in der Pogromnacht die Gewalt Bahn brach, schickte er seinen Freund Eberhard Bethge dorthin, um nach dem Rechten zu sehen. Er fand alles in Ordnung vor, denn in Göttingen residierte Tante Elisabeth von Hase aus Breslau zusammen mit der Haushaltshilfe Lina Lüert. Die beiden Frauen lebten im Haus in der Herzberger Landstraße 55 während des »Ferienaufenthaltes« der eigentlichen Bewohner, um den Anschein von Normalität aufrechtzuerhalten. Elisabeth von Hase scheint oft in Göttingen gewesen zu sein, sie kannte die Nachbarn gut, hatte Bekannte in der Stadt: »Ich erfahre hier viel Freundlichkeit, die Euch gilt«, schrieb sie am 27. November nach England. Sie berichtete vom Fortgang des vorsichtig vorangetriebenen Umzugs. Der Buchhändler Robert Schmidt von der Buchhandlung Peppmüller, selbst im Göttinger Widerstand aktiv,[305] verschickte nach und nach Teile der Leibholz'schen Bibliothek nach England. Alle Bücherlisten und Rechnungen sind im Nachlass erhalten und geben einen Eindruck von Leibholz' Arbeitsfeldern im Exil. »Frau Ruprecht läßt auch grüßen«, meldete Lina Lüert, die sich mit regelmäßigen Postkarten bei ihrer Arbeitgeberin meldete, »Frau Geheimrat Leibholz«, wie es in der Adresse heißt[306] – und: »Herr Ruprecht schießt auf die Vögel in den Kirschbäumen.«[307]

Jede ihrer Postkarten beginnt mit: »alles erledigt«, denn die Göttinger Frauen waren im Verein mit Paula Bonhoeffer in Berlin die Organisatorinnen dieser Emigration. Paula Bonhoeffer bildete das Zentrum aller Aktivitäten, sie behielt den Überblick, stand in engem Kontakt mit Tochter und Schwiegersohn, und sie verteilte die Aufgaben, gab Anregungen, machte Vorschläge, plante vorausschauend, wer anzusprechen und was zu tun war. Man verständigte sich per Brief oder Postkarte, da das Telefonieren noch umständlich und teuer war. Gespräche mussten angemeldet werden, die Anrufenden warteten oft stundenlang, bis eine Verbindung geschaltet wurde. Eine Postkarte hingegen war schnell geschrieben und wurde mit erstaunlicher Geschwindigkeit befördert. Sie brauchte meist nur einen Tag und war damit so etwas wie die SMS des frühen 20. Jahrhunderts. Paula kümmerte sich ebenfalls um die Fahrkarten für die Englandreise und machte sich Sorgen, ob französische Züge geheizt würden. Möglicherweise könnte es Sabine auf der Fahrt nach England zu kalt werden? »Da lege ich noch wollene Strümpfe und warme Überschuh von mir bei.«[308] Mutter Bonhoeffer entwarf Haushaltslisten für den Umzug, überlegte, wer den Wagen in der Schweiz abholen könnte; sie machte Vorschläge zur Erziehung der Kinder: »Im Schulzimmer soll Mariannchen selber täglich etwas Staub wischen. Da soll sie allein die Verantwortung haben, wenn Dir's recht ist«[309], und fragte nach dem Mittagsschlaf der Mädchen oder bat um eine Antwort auf die Frage: »Sollen die Bettschuhe feste Sohlen haben?«[310] Natürlich berichtete sie ausführlich über die Ereignisse in der Familie, Onkel und Tanten, Vettern und Kusinen eingeschlossen. So gut wie jeder Brief endete mit der Beteuerung: »Wir denken sehr viel zu Euch hin.«[311]

Weihnachten 1938 trafen sich die Eltern Bonhoeffer mit dem Ehepaar Leibholz bei Verwandten in den Niederlanden. Marianne und Christiane waren auch dabei, um Anfang 1939 mit ihren Eltern nach England zu reisen. Ungefähr zwei Wochen verbrachten alle zusammen bei der Kusine von Paula Bonhoeffer, Anna von Kalckreuth in Haarlem, die mit dem niederländischen Bankier Franz Koenigs verheiratet war. In ihrem Haus verlebte die auseinandergerissene Familie die Feiertage und Silvester. Sie trafen sich auch mit dem ältesten Leibholz-Bruder Hans, der schon seit 1935 in Den Haag lebte. Dann machten die vier Leibholzens im Sommer 1939 noch einmal zusammen mit den Eltern Bonhoeffer Ferien in Zandvoort und Wassenaar in den Niederlanden. Das war die letzte Begegnung beider Familien für viele Jahre. Gerhard und Sabine Leibholz konnten erst 1947 wieder nach Deutschland reisen, um die alten Eltern noch einmal wiederzusehen, die inzwischen zwei Söhne, zwei Schwiegersöhne, Paula ihre Schwester Elisabeth durch einen Bombenangriff und ihren Vetter Paul durch Hinrichtung verloren hatten.[312]

»… wenn Ihr auch nicht dabei wart, so wart Ihr doch dabei«

Paula, Elisabeth und die anderen bemühten sich, den Exilanten zu helfen so gut es ging. Immer wieder beteuerte Mutter Bonhoeffer, sie versuche alles, »um Eure Anordnungen zu erfüllen«.[313] Auch wenn sich die politische Situation in Europa zuspitzte und auf den

Krieg zulief, was alle belastete, so verlief doch das Leben der Berliner schließlich noch in geordneten Bahnen: Sie lebten im eigenen Land, im eigenen Haus und nicht in der unerträglichen Unsicherheit, die die vier Leibholzens bedrückte. Es scheint sich daher bei diesen schnell das Gefühl eingestellt zu haben, die Familie bringe ihnen nicht die nötige Aufmerksamkeit entgegen, habe sie gar vergessen: »Wenn Ihr denkt, wir denken nicht sehr viel an Euch so seid Ihr doch nicht im Bilde. Es ist das, was uns absolut beherrscht. Es tut mir leid, daß Ihr das nicht so merken könnt. Ich schreibe aber doch eigentlich fast jeden Tag und stelle alles andere zurück«[314], so Paula Bonhoeffer. Es scheint auch eine gewisse Anspruchshaltung durch, die das Ehepaar Leibholz in seiner schwierigen Situation entwickelte, die aber in Berlin als Überforderung empfunden wurde, vor allem der Eltern. Zwar ließen die Zusicherungen nicht nach, z.B. von Karl Friedrich, der schrieb: »Hier ist alles gesund. Uns allen fehlt nichts als Ihr.« Aber er fügte an, die Eltern seien »sehr müde und kaputt: Gerds Brief verriet mir doch eine grosse Ahnungslosigkeit. Ein 70jähriger [Karl Bonhoeffer] kann eben schliesslich keine halsbrecherischen Hochtouren mehr machen.«[315] Zwei Monate später schrieb Ursula Schleicher mit einem deutlich gereizten Unterton an ihre jüngere Schwester: »Von Euch hört man ja überhaupt nichts mehr. Liegt es an Dir oder an der schwierigen Verbindung? Du hast ja auch eine Menge um die Ohren gehabt.« Und sie fuhr fort: »Die Eltern sind sehr erholungsbedürftig.«[316] Karl Friedrich, der bereits gemutmaßt hatte, dass seine Hilfsangebote nicht unbedingt auf fruchtbaren Boden fallen würden, äußerte die Ansicht: »Sonst kenne ich in London, wie natürlich auch in Cambridge, Oxford und Manchester meine speziellen Fachkollegen mit ihren Familien und könnte natürlich auch an die schreiben; aber ich nehme an, so wie ich Dich kenne, dass Du doch zu niemand gehst, und möchte das erst tun, wenn Du wirklich Lust haben solltest und Du mich darum bittest.«[317] In seinem Silvesterbrief 1938 forderte er: »Es wäre nett, wenn Ihr mir mal schriebt, ob meine englischen Bekannten Euch nützlich waren, damit ich ihnen danken kann.«

Es geht jedoch nicht nur um kleinere zwischenmenschliche Misstöne, es geht auch hier ums Geld. Paula Bonhoeffer erhielt Geld für die zwei Monate Ende 1938, in denen die Kinder in Berlin waren. Ursel Schleicher machte offenbar Ansprüche geltend für ihre Reise, auf der sie die Kinder an der Schweizer Grenze abgeholt hatte. Gerhard Leibholz führte genau Buch, versuchte nachzuhalten, wo sein Geld geblieben war, und aus verschiedensten Gründen bzw. wohl vor allem aufgrund von Missverständnissen kam es dabei zu Verstimmungen. Einen offenen Streit gab es mit Christine von Dohnanyi, der immer wieder Thema in den Briefen ist, ohne dass dessen Ursache klar wird. Paula Bonhoeffer schrieb verzweifelt an ihre Tochter: »Liebe Sabine! Die Sache mit den Geschwistern läßt mich nicht zur Ruhe kommen. So etwas darf es doch in unserer Familie gar nicht geben, daß nicht jeder dem andern das Beste zutraut und wenn eines auch die Gründe des Andern oder die Eigenart der andern nicht immer versteht oder verstehen kann, solches Mißtrauen sollte doch nicht vorkommen u. ist bestimmt auch nicht berechtigt.«[318] Sie machte einen Vorschlag zur Versöhnung und bot sich als Vermittlerin an. Die Situation blieb jedoch schwierig und angespannt: »Ich hab so das Gefühl, daß Du mich manchmal nicht so recht verstehst und eine Aussprache würde das alles sofort in Ordnung bringen.«[319] Und eine Aussprache konnte es ja nicht geben. Die jeweiligen Ausgangssituationen waren höchst unterschiedlich, was Dietrich Bonhoeffer Anfang 1941, nachdem der Kontakt aufgrund des Krieges schon so gut wie abgebrochen war, in folgenden Worten zusammenfasste: »It is so difficult for us to put ourselves in your position.«[320] Anderthalb Jahre später schrieb Hans von Dohnanyi an die Geschwister im Ausland: »Ich bemerke mit Erstaunen, dass ich Euch eigentlich so schreibe, wie wenn wir uns vor kurzer Zeit erst getrennt hätten. Das mag sicherlich zu einem grossen Teil daran liegen, dass wir alle Euch in unser Leben mit einbeziehen, wie wenn Zeit und Raum nicht zwischen uns lägen«, und er – mitten im Widerstandskampf gegen das NS-Regime – beschreibt den »Zusammenhalt zwischen uns Geschwistern und mit den Eltern«, der sei »so gross wie je; wir stehen füreinander ein, und so werden wir der vielen Schwierigkeiten, die diese turbulente Zeit mit sich bringt, schon Herr werden.«[321] Er beschwört die Gemeinschaft der Familie in Berlin. Wie mögen diese Sätze in den Ohren der fernen Familie Leibholz geklungen haben? Paula Bonhoeffer wollte ihnen immer wieder vermitteln: »… wenn Ihr auch nicht dabei wart, so wart Ihr doch dabei«.[322] Aber sie waren eben nicht dabei.

Der Kollege, der stets mit »Der Ihrige« unterzeichnet, am 1. Februar 1939 an Gerhard Leibholz: »Ich sehne mich so heraus!«

Ankunft in England: »alles war sehr fremd«

Am 8. Januar 1939 kamen Gerhard und Sabine, Marianne und Christiane Leibholz endgültig in England an, und ihr erster Eindruck war von dem Gefühl großer Fremdheit bestimmt. Sie kannten die Großstadt Berlin, hatten aber die letzten Jahre im beschaulichen Göttingen gelebt; London hatte 1939 mehr als doppelt so viele Einwohner:innen wie Berlin. Sabine beschreibt den völlig ungewohnten »Menschenandrang« schon auf dem Bahnhof, das Tempo, das die Stadt bestimmte, die vielen fremden Sprachen in der Hauptstadt des Empires, dessen Vielfalt sich auch in unterschiedlichen Gerüchen niederschlug: »Alles war sehr fremd.«[323] Glücklicherweise hatte Dietrich Bonhoeffer, der von 1933 bis 1935 Pfarrer in London gewesen war, seine alte Gemeinde im Stadtteil Sydenham im Süden der Stadt über die Ankunft seiner Schwester und ihrer Familie informiert, so dass sein Nachfolger Martin Boeckheler die vier am Bahnhof abholen konnte. Er brachte sie in einer Pension unweit seines Pfarrhauses in Forest Hill unter, die von der Methodistin Miss Sharp geleitet wurde. Sie konnte in ihrem großen, alten, unpraktischen und wie Sabine meinte, blitzblank geputzten viktorianischen Haus 15 Pensionsgäste unterbringen, die sie liebenswürdig umsorgte. Das Haus hatte einen großen Garten, den die Gäste zum Sitzen, die Kinder zum Spielen nutzen durften. Das Zimmer war hell und freundlich, und es war tatsächlich: kalt! Es gab keine Heizung, sondern nur einen Gasofen, den man mit Münzen füttern musste. Wärmer als 12°C sei das Zimmer nie gewesen, erinnert sich Sabine Leibholz.

Das Ehepaar machte sich auf, die von Dietrich vermittelten Kontakte aufzusuchen – über die zahlreichen Adressen, die Karl Friedrich Bonhoeffer angeboten hatte, berichtet Sabine Leibholz in ihrem Buch allerdings nichts. Als Dietrich Bonhoeffer im März 1939 seine Schwester auf der Reise in die USA besuchte, zeigte er ihnen begeistert die Sehenswürdigkeiten Londons. Sie waren gemeinsam

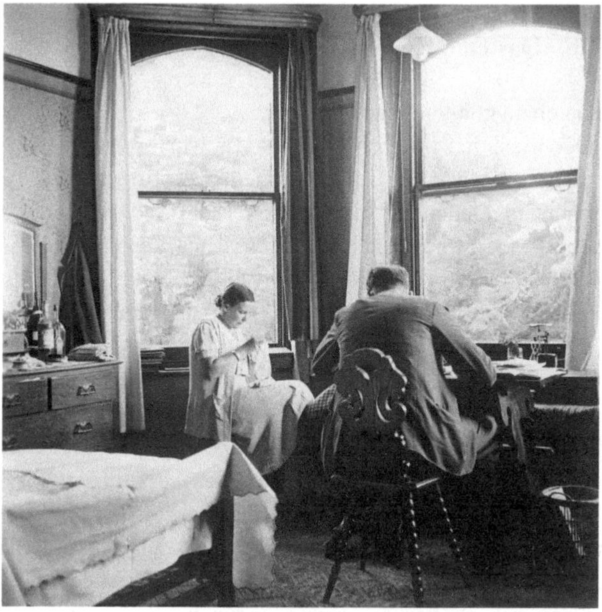

Zimmer in der Pension in Forest Hill, London

bei dem Pfarrer Boeckheler eingeladen, dessen Schwester ihm den Haushalt führte, so dass man dort deftige schwäbische Hausmannskost genießen konnte. Über das englische Essen übrigens schweigt Sabine in ihrem Buch. Dietrich Bonhoeffer machte auf der Rückreise aus Amerika noch einmal in London Station. Es sollte die letzte Begegnung der Zwillingsgeschwister sein. Sabine wird erst nach dem Krieg von der Hinrichtung ihres Bruders erfahren.

So ungewiss die Situation für die Familie Leibholz auch war, so lebten sie doch jetzt in einem freien Land, in dem sie endlich wieder ungefährdet waren, was sie als eine enorme Erleichterung erfuhren. Beide Eheleute kamen etwas zur Ruhe und konnten sich allmählich ein bisschen erholen: »England erleichterte die Seele.«[324]

»Wer Jude ist …«
Das Haus in der Herzberger Landstraße 55

»Sehr geehrte gnädige Frau!

Leider muss ich Ihnen mitteilen, dass ich fürchte, dass ich Sie nach meiner Ansicht auf Grund der neuen Bestimmungen in Ihrer Vermögensangelegenheit nicht vertreten darf, da es sich im Sinne der neuen Bestimmungen um nichtarisches Vermögen handelt.« Dies schrieb der Göttinger Rechtsanwalt und Notar Hermann Föge an Sabine Leibholz, die seine Ansprechpartnerin war, weil Gerhard Leibholz sein Vermögen im Oktober 1935 auf seine Frau überschrieben hatte, nachdem im Monat zuvor die *Nürnberger Gesetze* erlassen worden waren. Zwar sollte Föge sich irren, er konnte sich weiterhin im Auftrag der Eigentümerin um den Hausverkauf in Göttingen kümmern, doch der Verkauf eines Hauses war im NS-Staat nicht einfach ein juristischer Akt, so wie man ihn vor 1933 gekannt hatte. Der Nationalsozialismus durchdrang alle Lebensbereiche, auch und gerade die Rechtssprechung, denn die erwies sich als hervorragendes Instrument zur Durchsetzung der Nazi-Ideologie. Das tragende Element dieser Weltanschauung war der Antisemitismus, der aber nicht nur Theorie, sondern auch handfeste Praxis war: Er legitimierte den Raub und die massive Bereicherung der deutschen *Herrenmenschen* am jüdischen Besitz. Wohnungen, Wertsachen, Kleidung, Hausrat und Geld wurden denjenigen, die flohen, die verhaftet und später deportiert wurden, absichtlich und vorsätzlich genommen und an die *Volksgemeinschaft* verteilt, die auf diesem Wege von der Entrechtung ihrer Mitmenschen sehr profitierte Die Verordnung über den Einsatz des jüdischen Vermögens vom 3. Dezember 1938 besagte u.a., dass *Juden* nur mit Genehmigung der höheren Behörde über Grundstücke verfügen durften, ja, sie bot den deutschen Behörden die gesetzliche Grundlage, *Juden* zum Verkauf von Grundbesitz sogar zu zwingen. Gerhard Leibholz, *Jude* im Sinne des *Reichsbürgergesetzes* von 1935, hätte also sein Haus nicht ohne weiteres verkaufen können. Nun gehörte das Haus mittlerweile seiner Frau, die aber musste als Voraussetzung für den Verkauf klarstellen, dass sie als *Arierin* von diesen Regelungen nicht betroffen war und ihr Vermögen »nach den letzten gesetzlichen Bestimmungen«, wie sie Föge schon am

16. November 1938 geschrieben hatte, »nicht als nichtarisches Vermögen behandelt« werde. Zu diesem Zeitpunkt war für die Familie Leibholz vieles offen, eines aber war sicher: dass sie in absehbarer Zeit nicht nach Göttingen würde zurückkehren können. Es musste also eine Entscheidung über das dortige Haus gefällt werden. Das fiel dem Ehepaar Leibholz schwer. Es erwog, das Haus an einen der Brüder oder Schwäger zu verschenken oder es doch zu behalten, um es zu vermieten.[325] Ein Verkauf war ein endgültiger Schritt, der die Verbindungen nach Hause noch weiter lockerte. Doch diente die Idee einer Vermietung den beiden nicht allein als emotionale Stütze – sie ließen übrigens im Sommer 1939 vom Göttinger Atelier Blankenhorn noch Fotos von Haus und Garten anfertigen –, sondern war zugleich als Irreführung der Behörden inszeniert. Wenn Sabine Leibholz am 21. November 1938 an Föge in Göttingen, der auf Verkauf drängte, schreibt: »Ich habe mich bisher noch nicht dazu entschließen können, da ich an dem Haus sehr hänge. Immerhin nach der ganzen Sachlage befürchte ich, dass wir das Haus auf die Dauer nicht werden halten können, da es doch verhältnismäßig groß ist und einen ziemlichen Aufwand erfordert«, dann entspricht das sicherlich der Wahrheit, aber der folgende Satz: »Vielleicht gibt es Leute die mieten wollen. Wir selbst würden dann entweder nur eine kleinere Wohnung in Göttingen nehmen oder nach Berlin zu unseren Angehörigen verziehen«, richtete sich direkt an die Zensur und war ein weiterer Baustein, um nach außen hin die Illusion der Rückkehr aufrechtzuerhalten.

Wie notwendig das war, hatte sich nämlich im November 1938 gerade erst wieder erwiesen. Elisabeth von Hase hatte in eines der Buchpakete, die Buchhändler Schmidt nach und nach für Gerhard Leibholz packte, die Geige ihrer Nichte hineinlegen lassen. Die Zollfahndungsstelle wurde darauf aufmerksam und die *Gestapo* kam in die Herzberger Landstraße, wo die blonde, also ausreichend *arisch* aussehende alte Dame sich nicht einschüchtern ließ und die »Herren auf ihren Platz verweist«, wie Sabine schreibt.[326] Die durchsuchten das Haus, entdeckten unter dem Kopfkissen der Tante ein Buch mit Briefen von Rosa Luxemburg, die diese gerade las, und stellten viele Fragen. Der Stein kam ins Rollen. Elisabeth von Hase erhielt zehn Tage Hausarrest, weshalb Karl Bonhoeffer Hermann Föge um Hilfe bat. Das Geschehen erregte die Aufmerksamkeit der Devisenüberwachungsabteilung, und das Finanzamt stellte schließlich fest, die Familie habe ihren inländischen Wohnsitz aufgegeben. Das Vermögen von Sabine Leibholz wurde daraufhin gesperrt und eine erhebliche Summe als *Reichsfluchtsteuer* erhoben. Genau dieser Situation, die die Exilanten in völlige Mittellosigkeit stürzte, hatte Gerhard Leibholz vorzubeugen versucht, indem er sich noch von Göttingen aus am 31. August 1938 an den Oberfinanzamtspräsidenten persönlich gewandt hatte, und zwar mit der Bitte um eine Befreiung von der Zahlung einer Sicherheitsgarantie für die *Reichsfluchtsteuer*. In einem langen Brief legte er dem Adressaten dar, welche Gründe für eine solche Befreiung sprächen. Er begann mit einem Paukenschlag und nahm die Unterstützung des *Führers* höchstselbst in Anspruch, er sei zum Ende des Jahres 1935 »auf meinen Antrag vom Führer und Reichskanzler und dem Herrn preußischen Ministerpräsidenten persönlich von meinen amtlichen Verpflichtungen entbunden worden. Die Urkunde lege ich photokopiert bei.«[327]

Mit der Unterstützung mehrerer Anwälte aus Berlin konnte das Problem schließlich gelöst werden. Die Kanzlei Kurt Wergin korrespondierte mit der Zollfahndungsstelle in Hannover und berichtete regelmäßig nach London. Die Fäden liefen bei dem Berliner Juristen Wolfgang Grote zusammen, dem Sabine Leibholz im Dezember 1938 eine Vollmacht für alle rechtlichen Angelegenheiten erteilt hatte, mit der er sie den Behörden gegenüber rechtsverbindlich vertreten durfte. Im März 1939 konnte Grote von der Aufhebung des *Reichsfluchtsteuerbescheids* berichten, der durch einen wesentlich geringer bezifferten *Sicherheitsbescheid* für etwa fällig werdende andere Steuern ersetzt worden war. Die Familie Leibholz musste 1939 Einkommens- und Vermögenssteuer zahlen. Außerdem war eine Unbedenklichkeitsbescheinigung im Rahmen des *Gesetzes über das jüdische Vermögen* erteilt worden, und damit war die Rechts- und Vermögenslage geklärt. Grote veranlasste, dass vom Vermögenskonto an jedem Ersten des Monats Geld auf Leibholz' Gehaltskonto eingezahlt wurde, so dass Sabine in der Lage war, z.B. die Haushaltshilfe Lina Lüert zu bezahlen und die laufenden Kosten für das Haus in Göttingen zu begleichen.

Unterdessen war die Entscheidung zum Verkauf des Hauses gefallen. Ein Krieg in Europa wurde immer wahrscheinlicher, ein

Sturz des NS-Regimes war nicht absehbar, es war völlig unklar, wie lange der Auslandsaufenthalt dauern würde. Die letztlich kostspielige Inszenierung einer möglichen Rückkehr war nicht unbegrenzt aufrechtzuerhalten. Die Familie brauchte das Geld außerdem in England. Zwei Göttinger Immobilienmakler, Otto Eikemeier und das Büro Evers, übernahmen es, das Haus zum Verkauf anzubieten, und beide konnten rasch eine Reihe von Interessenten benennen, obwohl das Angebot an Immobilien groß war. Die hohe Zahl der von der Universität verjagten Professoren hinterließ ja nicht nur freie Stellen, sondern auch freie Häuser. Die formale Abwicklung lag bei Föge, der mit Sabine Leibholz korrespondierte, sich aber auch mit Paula Bonhoeffer absprach. Am 8. Februar 1939 erteilte er dem Mediziner Dr. August Just aus Uslar im Solling den Zuschlag. Ein übereilter Verkauf? Sabine Leibholz war irritiert, denn Bonhoeffers in Berlin, bei denen Föge nachgefragt hatte, hatten ein Telegramm nach Göttingen gesandt mit der Bitte, die endgültige Entscheidung aus London abzuwarten. Föge hatte dennoch verkauft, mit der Begründung, seine reichhaltige Erfahrung sage ihm, dass es zwar Interessenten genug gäbe, die aber alle noch Bedingungen stellten, also wahrscheinlich doch nicht kaufen würden, während Just zahlungswillig gewesen sei. Grote meldete in einem langen Brief an Sabine Leibholz Zweifel an, deutete an, er hätte einen besseren Abschluss erzielen können, was wiederum Föge verärgerte, dem die Vollmacht für Grote ohnehin ein Dorn im Auge war. Nichtsdestotrotz, es änderte nichts, August Just erhielt das Haus und erklärte sich sogar bereit, es im Sommer 1939 an die Familie Leibholz zu vermieten, denn Sabine Leibholz hielt die Vermietungskulisse für die deutsche Zensur weiterhin aufrecht. Am 12. Juni 1939 schrieb sie an Föge: »Außerdem habe ich vorläufig unser jetziges Haus weiter gemietet, da wir wahrscheinlich doch die Absicht haben, vorläufig in Göttingen selbst wohnen zu bleiben.« Kaum einen Monat später allerdings erklärte der neue Besitzer, er habe das Haus zum 1. Januar 1940 an den derzeitigen Pächter des Ratskellers in Göttingen dauerhaft vermieten können. Daher müsse die Familie das Haus bis zum kommenden Oktober räumen. Diese endgültige Auflösung des Haushalts in Göttingen organisierte der Berliner Bevollmächtigte Wolfgang Grote wieder in enger Abstimmung mit Paula Bonhoeffer. Die meisten Möbel wurden in Göttingen eingelagert. »Das gute Porzellan, Betten, Wäsche etc.« landeten bei den Eltern auf dem Dachboden, und einige Sachen übernahmen die Geschwister.[328] Der Gärtner Ludolph bat, das »kleine Sofa, was im Fremdenzimmer steht, falls Sie es entbehren können, uns zu überlassen«[329], und Lina Lüert ging zum ehemaligen Kollegen Schoen in Stellung. Grote erhielt den Flügel für seine Berliner Wohnung, wo er allerdings im Krieg zerstört wurde. Er kümmerte sich auch um das Auto, das nun ebenfalls verkauft werden sollte, wie aus einem Brief Grotes vom Sommer 1939 zu erfahren ist: »Sonst im Augenblick nichts Neues. Ihr Wagen fährt fabelhaft, bedaure riesig, dass er verkauft werden soll. Der Erlös müsste dann wohl auf Sonderkonto B eingezahlt werden. Was soll mit Laute und Grammophonplattenalbum geschehen, die hier sind? Und Schubertlieder?«

Wie schwer erträglich die Situation insbesondere für Gerhard Leibholz gewesen sein muss, zeigt sein Brief an den Oberfinanzamtspräsidenten.[330] Das Schreiben geriet außergewöhnlich lang, und es liest sich eher wie eine Selbstvergewisserung denn wie ein Behördenschreiben. Er führte alles auf, was in der Sichtweise der nationalsozialistischen Verwaltung für ihn sprechen könnte, er sei ein Emeritus mit großer Expertise zum Staatsrecht im Faschismus, sein Buch zum Thema, der Forschungsauftrag, der ihm 1935 erteilt worden sei, habe ihn »mit führenden Spitzen des Faschismus in persönliche Berührung« gebracht und er stehe mit diesen »auch heute noch in Kontakt. Ein zufällig in meinem Besitz befindliches Empfehlungsschreiben des italienischen Botschafters in Berlin aus dem Jahre 1934 an den damaligen Propagandaminister und heutigen Außenminister Graf Ciano, den Schwiegersohn Mussolinis, füge ich zur Einsichtnahme bei«. Er fährt fort: »Endlich möchte ich zur Kennzeichnung unseres Milieus noch folgendes bemerken: ein direkter Onkel meiner Frau ist der General von der Goltz, der Finnland 1919 von den Kommunisten befreit hat und bis vor kurzem der Vorsitzende des Verbandes nationalsozialistischer Offiziere war. Sein Sohn, ein direkter Blutsvetter meiner Frau, Rüdiger v. d. Goltz, ist aktiver preussischer Staatsrat und war in den ersten Jahren nach der Umwälzung Treuhä[n]der der Arbeit und Führer der deutschen Wirtschaft. Der Grossvater meiner Frau war der Oberhofprediger und Universitätsprofessor C. v. Hase, ein anderer Onkel war der bekannte Maler Grag [sic] Leo Kalckreuth, der in den letzten Jahren besonders gefeiert worden ist. Mein Schwiegervater ist der Geheimrat Carl Bonhoeffer, der Direktor der Charité in Berlin und ord. Professor für Psychiatrie an der dortigen Universität, der um seiner besonderen Verdienste vom Herrn Reichserziehungsminister um fünf Jahre über seine normale Dienstzeit verlängert worden ist. Weiter ist ein Schwager von uns als Oberregierungsrat der persönliche Referent des Herrn Reichsjustizministers Gürtner, ein anderer Schwager ist als Ministerialrat der juristische Chefsyndikus im Luftfahrtministerium, ein Bruder meiner Frau ist der Syndikus der Deutschen Lufthansa, ein anderer Bruder Professor für Physikalische Chemie in Leipzig und so fort.« Leibholz schrieb aus der Defensive. Der Bezug auf seine Leistungen und Erfolge, die ihm zweifelsohne internationales Ansehen verschafft hatten, war klar erkennbar taktisch motiviert, ebenso wie die lange Aufzählung bedeutender Familienmitglieder. Dies stärkte seine Position, Schwiegervater, Onkel, Vettern und Schwäger stehen ihm hier schützend zur Seite und sollten ihn vor weiterer Diskriminierung bewahren. Doch zugleich verortete er sich mit dem Schreiben in seinem Milieu, wie er es nennt. Der Brief ist Ausdruck seines Selbstverständnisses, er zeigt klar, wo er sich selbst sieht, an der Spitze der Gesellschaft – und man spürt vielleicht auch ein kleines bisschen Staunen darüber, dass einer wie er so behandelt wird? Schwingt hier, vielleicht unbewusst, der Wunsch nach Zugehörigkeit zu diesen bürgerlichen Spitzen der Gesellschaft mit? In der Aufzählung können die folgenden Sätze mitgedacht werden: Auch ich bin ein deutscher Professor, Ordinarius bzw. Emeritus an einer renommierten Universität und ein Gelehrter mit internationalem Ruf. Ich befinde mich auf Augenhöhe sowohl mit dem Oberfinanzamtspräsidenten als auch mit den anderen Professoren in meiner Familie, dem Oberregierungsrat, dem Ministerialrat, dem Syndikus: Ich bin einer wie sie, ich gehöre dazu – und ich bin ein Christ wie sie. Es bleibt fraglich, ob dieses Bemühen um ›Normalität‹ von seinen deutschen Zeitgenossen wahrgenommen wurde. Für sie war er ein *Jude,* wie aus einer Äußerung seiner Frau hervorgeht, die 1938 an Hermann Föge schrieb: »Schliesslich hätte ich es persönlich vorgezogen, wenn Sie nicht überhaupt glaubten darauf verzichten zu können, meinen Mann als Juden im Sinne der Nürnberger Gesetze zu bezeichnen, da er ja ausserhalb des Geltungsbereichs dieser Gesetze als christlicher Nichtarier nicht als Jude betrachtet wird.«[331]

Auseinandersetzungen mit der Universität Göttingen

Im Sommer 1938 hatten sich die Überlegungen für die Ausreise konkretisiert. Noch vor seinem Schreiben an den Präsidenten des Finanzamtes im August 1938 hatte Leibholz bereits im Juli den Kurator, den Stellvertreter des Ministers an der Universität, aufgesucht, um mit ihm über die Fortsetzung seines Forschungsauftrages über den Faschismus zu sprechen. Der taktische Rückgriff auf dieses alte Thema, von dem er sich längst abgewandt hatte, hätte es ihm ermöglicht, seinen Wohnsitz mit amtlicher Genehmigung vorübergehend nach Italien zu verlegen und so sein Ruhegeld zu sichern.[332] Der Kurator wies freundlich und erstaunlich höflich auf die seiner Meinung nach sehr geringen Chancen eines solchen Antrages hin, gab aber an, er wolle sich im Ministerium erkundigen. Es scheint jedoch keine Antwort auf diese Anfrage gegeben zu haben. In der Korrespondenz zwischen London und Berlin diskutierten die Familienmitglieder dieses Problem. Im Herbst 1938 versuchte Paula Bonhoeffer ihren Schwiegersohn zu beruhigen, für den Fall, dass »die Behörden sich aufregen« sollten, könne man doch darauf verweisen, »dass eine Urlaubsgenehmigung fürs Ausland ja noch liefe«[333]. Die Anfrage war offensichtlich ins Leere gelaufen, so dass Leibholz im April 1939 von England aus einen erneuten Versuch unternahm, diesmal mit der Bitte um Erlaubnis für einen mehrmonatigen Aufenthalt in England zur Durchführung einer wissenschaftlichen Arbeit über die faschistischen Strömungen in den Demokratien der Gegenwart.[334] Er schrieb auf Göttinger Briefpapier, um den Eindruck zu erwecken, er sei noch im Land, und tatsächlich scheint es weder an der Universität noch in der Stadt aufgefallen zu sein, dass das nicht der Fall war.

Die Anfrage zum Forschungsaufenthalt lehnte die Universität umgehend ab. Sein alter Widersacher am Institut, der fanatische Antisemit Karl Siegert, war mittlerweile Dekan geworden, daher landete dieses Ersuchen auf seinem Schreibtisch. Leibholz habe

Einer der Kerzenständer, die Marianne Leibholz in Oxford bemalte, um mit deren Verkauf zum Familienunterhalt beizutragen

einen Beschäftigungsauftrag an der Göttinger Universitätsbibliothek gehabt? Hätte er davon gewusst, so hätte Siegert diesen bei Übernahme des Dekanats umgehend beendet. Desungeachtet sei es doch klar, dass es »n i c h t im Interesse der Fakultät und Universität« liege, dass ein »Volljude wie Leibholz« zum Faschismus forsche. Mehr noch, die »Wendigkeit von Professor Leibholz« lasse doch befürchten, dass er die erbetene Genehmigung in einen »gewissermaßen staatlichen Auftrag« ummünzen werde. Dabei sei er »in besonderem Maße ungeeignet … als ›deutscher‹ Wissenschaftler« auf diesem Gebiet aufzutreten. Er, Siegert, spreche sich entschieden gegen eine Genehmigung aus. Der Rektor der Universität schloss sich diesem Votum umstandslos an.[335] Im Juni folgte dann auch das Nein aus dem Ministerium, welches seine Ablehnung mit generellen Bedenken des *Reichsführers SS* Heinrich Himmler untermauerte. Aus dessen Behörde, dem *Reichssicherheitshauptamt*, war zu vernehmen, Auslandsaufenthalte von *jüdischen* Wissenschaftlern seien nur zu gestatten, wenn »großes wissenschaftliches Interesse« daran bestehe, und das sei wohl bei Leibholz ganz »offensichtlich« nicht der Fall.[336] Er könne sich ja stattdessen um eine Genehmigung zur Wohnsitzverlegung bemühen; auch das regelte ein Erlass.[337] Nach diesem Strohhalm griff Gerhard Leibholz drei Wochen später in einem Schreiben direkt an den Minister. Die Argumente von Leibholz waren die gleichen, die er in der Korrespondenz mit der Universität seit 1933 aufgezählt und die er auch dem Finanzamt gegenüber geltend gemacht hatte: dass er 1919 im Grenzschutz Ost gegen bolschewistische Unruhestifter gekämpft habe; dass seine Arbeiten zum italienischen Faschismus ihm in der Weimarer Zeit erhebliche politische Schwierigkeiten von Seiten der damaligen Regierung eingebracht hätten; dass er noch heute, 1938, gute Kontakte zu einer Anzahl führender italienischer Gelehrter habe – und fast etwas hilflos fügte er an, dass seine »sämtlichen Verwandten heute in Deutschland höhere Beamtenstellen im Reich bekleiden« würden.[338] Unterzeichnet ist der Brief mit G. U. Leibholz, U für Uri, da *Juden* seit der sogenannten Vornamen-Verordnung vom 17. August 1938 verpflichtet waren, mindestens einen *jüdischen* Vornamen zu tragen.[339] Eine Antwort bekam er nie. Dennoch wurde das Ruhegeld nicht eingestellt, erst der Ausbruch des Krieges brachte für Leibholz die endgültige Verschlechterung der Situation, nicht nur im finanziellen Bereich. Nachdem die Mitglieder der Familie im Sommer 1941 als Ausländer im Sinne des Devisengesetzes eingestuft worden waren, hörten die Gehaltszahlungen auf und ihr Göttinger Vermögen wurde gesperrt. Ein Jahr später, im Sommer 1941, entzog der NS-Staat allen deutschen *Juden* im Ausland die deutsche Staatsbürgerschaft und machte sie damit staatenlos. Jetzt trug Marianne Leibholz nennenswert zum Lebensunterhalt der Familie bei, indem sie kleine Kerzenleuchter bemalte, die verkauft oder verschenkt wurden. Im April 1943 war die Familie zum ersten Mal in der Lage, einen kleinen Urlaub an der See zu machen, der von allen als dringend benötigt empfunden wurde.

Hede und Paul Peltason: »Wir sind und bleiben leider anscheinend the hopeless case.«

Gerhard Leibholz erhielt auch in England Nachrichten von Mitgliedern seiner Familie, für die sich die Schlinge immer weiter zuzog, unter ihnen Hede und Paul Peltason. Hede war eine Kusine von Gerhard Leibholz, ihr Mann ein Landgerichtsdirektor in Berlin, der von den Nazis aus dem Amt gedrängt wurde. Sie schrieben mehr oder weniger regelmäßig Postkarten an die Familie. Am 22. Oktober 1938 berichtete Hede Peltason an Leibholz in der Schweiz: »Bei uns ist alles beim Alten, um uns herum werden nur Pläne und Vorbereitungen getroffen, die aber bei Keinem von Dir Genannten sich in irgend einem festen Resultat bis jetzt verdichtet haben.« Drinnen wartete man auf die Erfahrungen und Ratschläge von draußen: »Ich wünsche nur, daß Ihr Euren Abstecher nach E. noch machen könnt, und daß wir Euch denn bald ausführlich sprechen können.« Am Silvestertag 1938 schrieb sie: »Wir grübeln Tag und Nacht ohne auch nur einen Schritt weiter zu kommen.« Zwei Monate später heißt es: »Wir versuchen Vieles, sogar alles nur erdenklich Mögliche und sind mit Absagen aus aller Herren Länder gesegnet«, und im April dann: »Für die l. Karte vom 9.3. u. Eure l. Zeilen u. den süßen Gruß vom 15.4. vielen herzlichen Dank. Wir haben uns sehr über Eure große Aufmerksamkeit gefreut und sind Euch für Eure Nachricht dankbar, denn es interessiert uns doch sehr, wie es Euch ergeht. P. war gestern an der Stechbahn und hat dort die nötigen Fragebögen ausgefüllt, alles soll nun nach London weitergegeben werden. Hans hatte einige Tage vorher schon das Gleiche veranlaßt. Hoffentlich hat etwas einmal Erfolg, jedenfalls danken wir Euch für Euer großes Interessen an uns. … Laßt es Euch gut gehen und schreibt bald einmal wieder. Nochmals vielen Dank und herzlichste Grüße für Euch und die Kinder von P. und Eurer H.« In diesen Zeilen sind die Einsamkeit, die Angst und das Gefühl der Verlassenheit mit Händen zu greifen. Noch einmal zwei Monate später lesen wir: »Wir hätten gern von Euch und über Euch mal etwas gehört. Geht es vorwärts? Irgendein Silberstreif? Von uns werdet Ihr ja von Hans gehört haben. Wir sind und bleiben leider anscheinend the hopeless case. … mit dem Herausholen ist es allein ja auch nicht gemacht. Wir bemühen uns selbst natürlich auch sehr, aber von hier aus ist alles noch mehr [unleserlich].« Sie berichten von Verwandten und Kollegen, die es geschafft haben, nach Australien, Südafrika und Brasilien auszuwandern, um dann zu schließen: »Wir sind hier demnächst völlig allein.«[340] Das war die letzte Nachricht der Peltasons an Gerhard und Sabine. Zu Weihnachten 1941 meldete Peter Leibholz aus Australien, dass seine Schwiegermutter in der Schweiz noch einmal etwas von ihnen gehört hatte, als sie sich für ihr »Liebesgabenpaket« bedankt hatten. »Trotzdem fürchten wir für sie auch sehr, denn die Judenfrage scheint sich immer mehr in D[eutschland] zuzuspitzen.« Hedwig und Paul Peltason wurden am 3. Oktober 1942 nach Theresienstadt deportiert, wo Paul am 22. Januar 1942 starb. Er soll sich das Leben genommen haben.[341] Hedwig Peltason wurde am 16. Mai 1944 in Auschwitz ermordet.

»… unsere noch so ganz aussichtlose Lage.«[342]

Seit 1935 hatte Gerhard Leibholz, der kluge und ehrgeizige Jurist, dem eine glänzende wissenschaftliche Karriere in Aussicht gestanden hatte, allein in Göttingen als Privatmann ohne den Resonanzraum der Forschung gearbeitet. Zwar konnte er 1933 und 1935 noch ein kleines Buch und 17 Aufsätze veröffentlichen, sechs davon allerdings nur in ausländischen Fachzeitschriften. Und in England hatte er in den acht Jahren zwischen 1938 und 1946 keine feste Anstellung. Dort erschien 1942 eine kleine Broschüre, und Leibholz meldete sich vor allem 1942 und 1943 mit politischen Stellungnahmen in christlichen und intellektuellen Magazinen, nicht in der juristischen Publizistik.[343] Die Familie lebte ganz überwiegend von Stipendien verschiedenster Organisationen, die sich um die Refugees kümmerten. Noch von der Schweiz aus schrieb Gerhard Leibholz im September 1938 an den Vertreter der Rockefeller-Stiftung in Paris mit der Bitte um ein Stipendium.[344] Er sei, aus Gründen, die er als bekannt voraussetzen dürfe, von seinem Amt an der Universität Göttingen entbunden worden. Er wolle Deutschland mit seiner Familie verlassen, um nach England oder in die USA zu emigrieren. Er habe, so betonte er in dem Schreiben, alle notwendigen Schritte in diese Richtung bereits unternommen. Ein Stipendium für ein Jahr (wenn möglich zwei) würde ihn in den Stand versetzen, sein aktuelles Buchprojekt zu vollenden. Dadurch bestehe die Möglichkeit, seine wissenschaftliche Arbeit später an einem englischen oder amerikanischen College fortzusetzen. Er beschäftige sich aktuell mit dem »Problem der Demokratie im 20. Jahrhundert«, zu dem bereits eine reichhaltige Forschungsliteratur existiere, jedoch sei es geboten, die Frage der Demokratie unter den herrschenden radikalen politischen und sozialen Bedingungen neu zu stellen. Er wies seinen Adressaten darauf hin, dass er dafür notwendigerweise so großer Bibliotheken wie der British Library in London, der Library of Congress in Washington oder der Law Library in Harvard bedürfe, was auch bedeutete, irgendwo in der Provinz könne [und wolle?] er nicht arbeiten.[345] Der Antrag wurde abgelehnt mit der Begründung, dass die Rockefeller Foundation Geld aus ihrem Refugee-Fund nur an Institutionen auszahle, die sich bereit erklärten, ihr Personal dauerhaft (!) um einen Wissenschaftler zu erweitern, der aus »rassischen« oder politischen Gründen seine Stelle verloren habe. Bei dieser Person müsse es sich um einen herausragenden Vertreter seines Fachs handeln. Rockefeller zahle Zuschüsse zum Gehalt, die Jahr für Jahr kleiner würden, so lange, bis nach zwei oder drei Jahren das Institut bereit sei, dem Refugee eine Dauerstelle bei vollem Gehalt anzubieten. Sollte sich ein solches Institut finden, sei man gerne bereit, den Antrag an die Kollegen in New York weiterzuleiten.[346]

In England angekommen, ließ Gerhard Leibholz nichts unversucht, um finanzielle Unterstützung für sich und seine Familie zu finden. Schon während dieser ersten zwei Monate im November und Dezember 1938 wohnte das Ehepaar in der Pension in Forest Hill, von wo aus Leibholz am 14. November 1938 an die Society for the Protection of Science and Learning[347] schrieb, die tatsächlich die erste der monatlichen Raten Mitte Dezember 1938 überwies. Diese Vereinigung war 1933 sofort nach dem Machtantritt der Nationalsozialisten von einer Gruppe englischer Akademiker als Academic Assistance Council gegründet worden. Motor der Gesellschaft war der sozial- und zivilgesellschaftlich rührige Lord William Beveridge, der von 1919 bis 1937 die London School of Economics leitete, bevor er zum Master of University College Oxford gewählt wurde. Die akademische Welt und nicht nur die – man beobachtete in Großbritannien sehr genau, was in Deutschland vor sich ging – erkannte sofort die Konsequenzen der nationalsozialistischen Gesetzgebung und reagierte umgehend. Der Academic Assistance Council sammelte Spenden, um verfolgten Wissenschaftlern Kurzzeitstipendien zur Verfügung zu stellen, damit die sich im Land beruflich etablieren konnten. 1936 professionalisierte sich die Organisation, nun als Society for the Protection of Science and Learning, um den steigenden Anforderungen durch immer mehr Flüchtlinge genügen zu können. Ursprünglich gegründet, um deutschen Wissenschaftlern unter die Arme zu greifen, waren kurz nach Ausbruch des Krieges 2.000 Verfolgte aus Österreich, Spanien, Italien und zum Teil auch aus der Sowjetunion bei der Gesellschaft registriert, die schließlich auch staatlich finanziert wurde. Seele des Ganzen war die Sekretärin Esther Simpson. Miss Simpson, ›Fräulein‹ Simpson, wie es im damaligen Sprachgebrauch hieß, war eine wissensdurstige, aktive junge Frau, die sich in internationalen Kontexten engagieren wollte. Da ihr aufgrund der gesellschaftlichen Vorgaben für Frauenbildung ein Studium verwehrt blieb, musste sie sich auf anderen Wegen Wissen und Können aneignen. Das tat sie, indem sie in Deutschland, Frankreich und später in Wien arbeitete. Dort lernte sie Deutsch und Französisch und sammelte Erfahrungen, die ihr zugutekamen, als sie auf Umwegen zur Society kam, der sie für den Rest ihres Lebens verbunden blieb. Die Gesellschaft besteht bis heute, seit 1999 unter dem Namen Council for At-Risk-Academics.[348]

Esther Simpson war der Mittelpunkt der akademischen Flüchtlingsarbeit. Sie hatte ihren Arbeisplatz im Bloomsbury House in London, wo verschiedenste Hilfsorganisationen untergebracht waren. Das Geld, das Leibholz ab Herbst 1939 vom Magdalen College Oxford erhielt, lief über Simpsons Schreibtisch.[349] In Anerkennung der schwierigen finanziellen Situation der Leibholzens zahlte das College, obwohl die Familie seit Mai 1939 auch temporäre Zuwendungen von der Kirche von England erhielt. Diese gingen auf Dietrich Bonhoeffers Kontakte zurück, denn der war befreundet mit George Bell, Bischof von Chichester, den er durch die ökumenische Arbeit kennengelernt hatte. Nachdem Dietrich Bonhoeffer 1938 Schwester und Schwager seinem Freund in England empfohlen hatte, entwickelte sich sehr schnell eine enge, von großer gegenseitiger Wertschätzung geprägte Beziehung zwischen den beiden Männern. Diese bezog auch Sabine Leibholz ein, zumal Bell am selben Tag Geburtstag hatte wie die Bonhoeffer-Zwillinge.[350] Der Bischof war Mitbegründer des Church of England Committee for »Non-Aryan« Christians. Ihm war bewusst, dass die sogenannten *Nicht-Arier* durch alle Raster fielen, weil die jüdischen Hilfsorganisationen sie als Christen und die christlichen Helfer sie als Juden betrachteten. Eine Sichtweise, die sich bis in die Nachkriegszeit fortsetzte und die überlebenden Christen jüdischer Herkunft erneut von vielen Hilfsleistungen ausschloss. George Bell setzte sich besonders für diese Menschen ein. Er hatte im Küstenort Hastings am Ärmelkanal ein großes Haus gemietet, um dort, wo die Verfolgten ankamen, 40 evangelische, *nichtarische* Pfarrer, für die er persönlich die Bürgschaft übernommen hatte, unterzubringen und bestenfalls an englische Gemeinden weiterzuvermitteln.

Die Hilfsbemühungen spiegelten auch die zunehmende Verzweiflung vieler Menschen wider, denen die Flucht aus Nazideutschland nicht oder noch nicht gelungen war. So hatte sich am 18. April 1939 ein Kollege, Dr. Leonhard Stein aus Hamburg, an Leibholz gewandt, von dem Stein wusste, dass er nach England entkommen war. Er bat ihn um Hilfe, denn Stein versuchte ebenfalls, ein Stipendium bei der Society zu ergattern. Am 25. April 1939 bat Esther Simpson Leibholz, ein Gutachten zu Stein zu verfassen, dessen Antrag ihr nun vorlag. Leibholz setzte sich sehr für Stein ein, dieser jedoch schloss seinen Brief mit den Worten: »Jch gebe mich keinen Jllusionen hin, das hat man sich im Laufe der Zeit abgewöhnt, und nehme die Dinge, wie sie kommen. Selbstverständlich bin ich mir selbst gegenüber verpflichtet, alle Wege zu beschreiten, auch wenn man von vorneherein weiss, dass sie minimale Aussicht auf Erfolg bieten. Dann hat man alles getan, was man tun kann. Jm übrigen glaube ich, dass nur Zufälle letzten Endes bei der heutigen Situation etwas bringen.«[351] Esther Simpson schrieb an Leibholz am 1. Mai 1939: »To be quite frank, I am afraid this Society will be able to do very little for Dr. Stein, as his subject is such a difficult one to place, and he did not hold a university position.«[352] Das Gesuchen des Dr. Stein, des hilfesuchenden Wissenschaftlers ohne Universitätsanschluss, wurde abgelehnt.

»He is quite curiously difficult about his American business.«

Die USA als Ziel der Emigration spielten in der ausgedehnten Korrespondenz zwischen Bell und Leibholz lange eine Rolle. Die Vereinigten Staaten als Ort des Exils waren von Anfang an ein Thema gewesen, das mit der Familie in Berlin diskutiert worden sein dürfte, aber auch Gegenstand des Briefwechsels mit seinem Bruder war. Hans Leibholz hatte ihm schon im Herbst 1938 mehrfach empfohlen, sofort von England aus in die USA weiterzureisen, um dort »etwas zu erreichen«.[353] Was ließ sich dort erreichen? Ganz schlicht: Das Land war größer, es bot mehr Möglichkeiten als die kleineren britischen Inseln, so dass bereits viele deutsche Emigranten hier eine Stelle gefunden hatten, von der aus sie wiederum die Hilfesuchenden unterstützen konnten. Die Vereinigten Staaten von Amerika waren überdies eine aufstrebende Wissenschaftsnation. Es gab zahlreiche renommierte Universitäten, die dem begabten Juristen Leibholz nicht nur Arbeit in der jetzigen Notsituation versprachen, sondern auch Karrierechancen für die Zukunft bereithielten. Notdürftig versorgt durch die Stipendien, versuchte Leibholz also einerseits seiner wissenschaftlichen Arbeit nachzugehen. Er schrieb an einem Buch über das Verhältnis von Christentum und internationalem Recht, das der Weltrat der Kirchen bei ihm in Auftrag gegeben hatte. Nebenbei versuchte er möglichst viele Artikel zu schreiben und bestenfalls zu veröffentlichen, was für ihn als Privatmann deutlich schwieriger war als für einen Professor mit institutioneller Anbindung und entsprechend mehr Zeit und Mühe kostete. Außerdem muss er unzählige Stunden damit zugebracht haben, Briefe an akademische Kollegen zu schreiben, die er kannte, die Dietrich Bonhoeffer ihm nannte oder von denen Karl Friedrich Bonhoeffer schrieb. Der hatte Leibholz' Lebenslauf und Publikationsverzeichnis einem Professor in Princeton gegeben, dieser wollte die Unterlagen weiterreichen an den Institutsdirektor: »Einstein ist an seinem Institut tätig«, schickte Karl Friedrich Bonhoeffer noch hinterher.[354] Auch Adam von Trott setzte sich im Frühjahr 1939 während eines Aufenthaltes in England für Leibholz ein, dem er verschiedene Kontakte in Oxford vermittelte.[355] Im Leibholz-Nachlass finden sich zudem Briefe des bekannten amerikanischen Theologen Reinhold Niebuhr, der sich am 15. Februar 1940 zunächst beim Master of Balliol College für Leibholz verwandte, sich später auch bei amerikanischen Universitäten für ihn einsetzte. Der Oxforder Politologe Harold Laski sammelte im Sommer 1940 auf einer Reise in den USA Geld für den Emigranten-Kollegen, damit der selbst sich auf den Weg nach Amerika machen könnte, um sich eine Stelle zu suchen.[356] Im November desselben Jahres schrieb

Leibholz seinem ehemaligen Göttinger Kollegen, dem Physiker James Franck, mit der Bitte um Unterstützung bei der Suche nach einer Anstellung. Franck arbeitete zu dem Zeitpunkt an der Universität von Chicago, wo er sofort zwei anderen ehemaligen Kollegen von Leibholz berichtete. Max Rheinstein und Friedrich Kessler hatten in den 1920er Jahren mit Leibholz zusammen am Berliner Kaiser-Wilhelm-Institut für Ausländisches Öffentliches Recht und Völkerrecht gearbeitet. Jeder der drei wandte sich umgehend an Professor Alwin Johnson, der mit der Einrichtung und Betreuung neuer Lehrstühle für Refugees befasst sei.[357] »Wir tun, was wir können!«, versicherte James Franck.[358]

Ein konkretes Hilfsangebot kam über Bischof Bells Church of England Committee for »Non-Aryan« Christians. An ihn hatte das American Committee on Refugee Theological Scholars[359] eine vorläufige Einladung für Gerhard Leibholz adressiert. Die Sekretärin des Komitees, Helen Roberts, hatte Leibholz am 12. September 1940 darüber informiert. Sie forderte einen Stapel Unterlagen an, den sie schließlich doch nicht in die USA schicken konnte, weil alles zusammen für die Luftpost zu schwer war. Daher schickte sie die Arbeitsproben zurück, versicherte aber, die Leumundszeugnisse an den zuständigen Dekan van Dusen übermittelt zu haben.[360] Henry Pitney van Dusen war ein weiterer wichtiger Akteur der ökumenischen Bewegung. Die *New York Times* wird ihn später einen »toplevel architect of the World Council of Churches« nennen.[361] Als Professor am Union Theological Seminary in New York, an dem auch Dietrich Bonhoeffer den Sommer 1939 verbracht hatte, unterstützte van Dusen die Einladung seines Kollegen Angus Dun, Professor an der Episcopal Theological School in Cambridge, Massachusetts. Dort konnte man dem Emigranten $ 1.000 bieten für ein Jahr. Auch wenn man mehr nicht bieten konnte, es war zu wenig für Leibholz. Länger als drei Jahre quälte sich Gerhard Leibholz mit der Entscheidung für oder gegen Amerika. Das Rockefeller-Stipendium würde, so weit er wisse, einem Ehepaar ohne Kinder $ 2.000 zur Verfügung stellen, schrieb er an Bell.[362] Er aber habe doch eine vierköpfige Familie zu versorgen. Also bemühte er sich intensiv um eine Zusatzfinanzierung z.B. dadurch, dass der Weltrat der Kirchen, der ihm bereits ein Stipendium gewährte, dieses Geld für ein weiteres Jahr auch in die USA überweisen sollte. Bell stimmte zu, doch es stellte sich bald heraus, dass rechtliche Schwierigkeiten diese Lösung blockierten. Parallel dazu animierte Leibholz u.a. Reinhold Niebuhr, sich auch bei der Rockefeller-Stiftung für ihn einzusetzen, was dieser zwar tat, allerdings erfolglos. In einem Brief an Niebuhr zeigte sich Leibholz tief enttäuscht.[363] Er hatte zu diesem Zeitpunkt Anfang 1941 wohl noch sehr ernsthaft erwogen, nach Amerika zu gehen, und daran geglaubt, dass er die amerikanischen Verhältnisse so gestalten könne, dass sie für ihn akzeptabel seien. Nun müsse er in der Begründung der Ablehnung lesen, dass es gut und gerne ein Dutzend Anwärter gebe, die größeren Anspruch auf das Stipendium hätten als er. Nun, er sei doch immerhin »Professor designatus« in Berlin gewesen, bevor Hitler an die Macht gekommen war; überdies mit nur 30 Jahren Professor in Göttingen, und ein beträchtlicher Teil seiner Arbeiten sei in mehr als zwölf Sprachen übersetzt worden. Niebuhr gegenüber spekulierte er darüber, ob die Ablehnung nicht auch darauf zurückzuführen sei, dass unter den deutschen Gutachtern aus Emigrantenkreisen manche ganz andere politische, religiöse und wissenschaftliche Standpunkte einnähmen als er. Diesen Gedanken allerdings führt er nicht aus, so dass nicht klar wird, ob er bestimmte Personen im Blick hatte, denen er unterstellte, sie wollten seine Tätigkeit in den USA verhindern.

Dean Dun aus Cambridge, Mass. modifizierte schließlich sein finanzielles Angebot und verbesserte es leicht.[364] Er sei zuversichtlich, »that those interested in assisting refugees in their problems here will be able to find ways of supplementing the resources provided by the School.« Vor allem aber, so fügte er gewissermaßen als Pluspunkt hinzu: »At least, we can assure you that you will be among friends who will do all in their power to help you and your wife work through a satisfactory adjustment.«[365] Die guten Absichten jedoch konnten in England nicht überzeugen. »His whole future is at stake«, Bell betonte Dean Dun gegenüber, Leibholz' gesamte Zukunft stehe auf dem Spiel.[366] Bell griff auf, was Leibholz ihm mehrfach glaubhaft versichert hatte, wäre er allein, würde er nicht zögern, das Angebot anzunehmen, doch als Familienvater sehe er sich außerstande, diese Bedingungen zu akzeptieren. Außerdem, darauf wies Bell eindringlich hin, wisse man nicht, wie sich die politische Situation weiterentwickeln würde. An den Generalsekretär des Weltrats der Kirchen, William Paton, der ebenfalls in die Verhandlungen eingebunden war, schrieb Bell: »The net result is that Angus Dun's offer does not to me to be an offer which meets all reasonable requirements. The fact that the letter [von Dean Dun] is phrased as it is in reply to a letter from myself pointing out the natural hesitation of a man who within his modest limits is certainly safe in England for the next year or so hesitates before completely breaking away to [a] new country, which he does not know the conditions more than a little time ahead [sic].«[367] Amerika wäre erneut ein Aufbruch ins Unbekannte, in eine weitere, andere, völlig fremde Welt, ein Neuanfang voller Unwägbarkeiten. Leibholz dankte Bell für seine Unterstützung und sein Verständnis: »However I feel sure you will understand, my Lordbishop, that taking into account all circumstances it is very difficult to me to take a personal decision of such vital importance for us loaded with so many uncertainties.«[368] Er brachte einen weiteren Aspekt Bell gegenüber zur Sprache, die Angst vor dem Prekariat: »But, unfortunately, I am afraid that there is no doubt about the impossibility to live on the sum mentioned, even on modest terms. This would not put me in a position to live with my familiy as a professor in America as you, my Lordship, wished in your very kind letter of November last. For, I should be compelled to try earning additional money and, therefore, [not be] able neither to carry on my research work within the framework of the World Council nor to fill up my new post in a satisfactory way.«[369] Ein Gedanke, den er wenig später wiederholte: die Bezahlung sei sicherlich großzügig aus Sicht der Episciopal School in Cambridge, doch für ihn eben zu wenig, denn schließlich meine er doch, dass: »I think there are no university people who went to America for taking up a post there and who are compelled to seek considerable help from a local refugee committee which has usually to deal with other people.«[370] Wer sind denn hier »die Anderen«?

»He is quite curiously difficult about his American business«, wunderte sich Paton in einem Brief an Bell im Sommer 1941.[371] Als van Dusen aus New York am 3. Juni 1941 eine Einladung schickte, Leibholz könne auch am Union Theological Seminary unterrichten, rang dieser sich, immer in enger Absprache mit Bell, am 6. Juni 1941 zu einer Zusage durch. Im Anschluss gelang es endlich doch, auch die Rockefeller-Stiftung zu gewinnen, die Geld für zwei Jahre gab. Einzige Bedingung: Leibholz müsse bis zum Semesterbeginn am 1. November 1941 drüben sein. An den genannten Seminaren begann der Unterricht schon am 15. September, der nun als Zielpunkt angesteuert wurde. Und damit tat sich das nächste große Problem auf: die Schiffspassage. William Paton forderte Leibholz auf, ihm darzulegen, was er bereits in Sachen amerikanische Reise unternommen habe. Der konnte berichten, dass er mit einer Reiseagentur zusammenarbeite und bereits vier Tickets für sich habe registrieren lassen. Zwar waren die USA noch nicht in den Krieg eingetreten, doch Schiffe waren rar und die Fahrt über den Atlantik war unsicher und – für den Moment noch schlimmer – sehr teuer. Außerdem musste Leibholz wieder nach London aufs amerikanische Konsulat, wo der Konsul ihm persönlich zusicherte, er werde ihm vier Visa ausstellen, wenn er eine Schiffspassage vorweisen könne. Wenig später änderten sich jedoch die amerikanischen Einreisebedingungen, nicht mehr das Konsulat, sondern das Außenministerium in Washington legte von nun an fest, wer einreisen durfte, obendrein musste jeder potenzielle Immigrant zwei einheimische Bürgen nennen. Am 12. Juli 1941 wies Leibholz in einem Brief an Bell zum wiederholten Male auf seine Verantwortung für seine Familie hin, mit der er auch begründete, dass er sich auf keinen Fall von ihr trennen wolle, auch deshalb, weil er gezwungen sei, das Schlimmste anzunehmen: Er fürchtete nach wie vor eine deutsche Invasion in Großbritannien. Drei Tage später konnte Paton Entwarnung geben, ausgestellte Visa behielten ihre Gültigkeit. Der Septembertermin für eine Einreise in die USA konnte dennoch nicht gehalten werden, aber damit war die Sache noch nicht zu Ende. Paton schrieb am 15. Januar 1942 an Leibholz: »I know that you are hoping to go to America as soon as possible«, obwohl die angebotenen Stellen an den zwei theologischen Seminaren nun nicht mehr zur Verfügung standen.[372] Die Lage hatte sich grundsätzlich verändert: Die USA waren im Dezember 1941 in den Krieg eingetreten. Alle beteiligten Parteien waren sich nunmehr einig, dass das Projekt unter diesen Umständen nicht umgesetzt werden könne. Die Situation war zu unsicher. In der Korrespondenz wurden die genannten Argumente untereinander ausgetauscht: Würde die Familie Leibholz in Amerika erneut das durchmachen müssen, was sie bereits in England erfahren hatte? In einem Brief vom 30. April 1942 gab Leibholz seinen Amerika-Plan endgültig auf. Vielleicht war auch ein nie ausgesprochener, aber ein »gefühlter« Grund, dass die Entscheidung für Amerika einen ganzen Ozean zwischen die vier Leibholzens und ihre Familie zuhause gelegt hätte.

… nach Oxford

Im Mai 1939 bewarb sich Leibholz für das sogenannte Leon Fellowship der University of London, gestiftet von einem gleichnamigen Mäzen für Wissenschaftler jeder Fachrichtung, doch bevorzugt für die aus den Wirtschafts- oder Erziehungswissenschaften. Leibholz wurde am 16. Mai 1939 morgens zu einem Interview eingeladen, er erfuhr jedoch schon am selben Nachmittag von seiner Ablehnung. Bewerbungsschreiben, Arbeitsskizze, Lebenslauf usw., in jeweils zehn Ausfertigungen in Zeiten ohne Kopierer oder pdf-Anhang, das hieß viel Arbeit und Zeit – für nichts. Dafür erhielt er ein Stipendium, um das er sich gar nicht beworben hatte, und zwar durch Willem Visser 't Hooft, den Generalsekretar des World Council of Churches, des im Entstehen begriffenen Ökumenischen Rates der Kirchen in Genf. Der Niederländer hatte sich von Anbeginn seiner Laufbahn in der internationalen christlichen Arbeit engagiert, u. a. als Generalsekretär des christlichen Studentenweltbundes. 1939 war er bereits eine der führenden Persönlichkeiten der ökumenischen Bewegung, die ihren Ausgangspunkt in der Weltmissionskonferenz von Edinburgh 1910 genommen und nach den Schrecken des Ersten Weltkrieges enormen Aufschwung erfahren hatte. Dennoch sollte erst nach Beendigung des Zweiten Weltkriegs der Ökumenische Rat der Kirchen endgültig offiziell gegründet werden. Am 5. Mai 1939 sandte Visser 't Hooft aus Genf eine Einladung an Leibholz und bot ihm für drei Jahre £250 jährlich, wenn er bereit sei, einen Teil seiner Zeit der »ökumenischen Studienarbeit«, wie es zunächst unverbindlich hieß, zu widmen, ohne dass er deshalb seine eigenen Forschungen vernachlässigen müsse.

Ein zentraler Inhalt der ökumenischen Studienarbeit galt der Frage, wie die Kirchen der Welt gemeinsam auf das Problem der Säkularisierung reagieren könnten. Schon 1910 in Edinburgh war klar gewesen, dass moderne Gesellschaften mehr und mehr »ohne religiöse Grundsätze oder religiöse Maßstäbe« auskamen.[373] Joseph Oldham, ein weiterer wichtiger Vertreter der Ökumene, hatte dies folgendermaßen formuliert: »Das Alarmierende unserer Lage ist nicht die Säkularisierung der modernen Welt als solche, sondern die Tatsache, dass eine Kirche, die behauptet, das Wort Gottes zu besitzen, nicht über Worte verfügt, die ihr in der modernen Welt Gehör verschaffen.«[374] Visser 't Hooft erinnert sich: »Damals hieß es, dass der Weg zum Reich Gottes für Oldham durch den Speisesaal des Londoner Athenäum-Clubs führte, in dessen würdigen Räumen er Männer der verschiedensten Herkunft mit grandioser Zielstrebigkeit unter Druck setzte und zur Mitarbeit an seinem Vorhaben [Rechristianisierung] praktisch zwang.« Erst beim Verlassen des Athenäum-Clubs merkte man, »dass wir ihm schon wieder die Teilnahme an einer vorbereitenden Sitzung oder die Abfassung eines zusätzlichen Memorandums versprochen hatten.«[375] Gerhard Leibholz wurde am 3. Juli 1939 in den Athenäum-Club gebeten. In der Runde dieser ökumenischen Christen fühlte er sich thematisch zuhause, so dass er zur Mitarbeit an einer Rechristianisierung der Gesellschaft nicht aufgefordert werden musste, das war sein Thema. Leibholz antwortete auf die von Visser 't Hooft für ihn vorgesehenen Fragestellungen: »… wenn ich an die im Memorandum selbst formulierten Fragen anknüpfen darf, so würde ich etwa die Folgenden zur Bearbeitung für mich vorschlagen:--- Welches sind die entscheidenden Faktoren im heutigen Gesellschaftsleben, die jeder neue Versuch, der ethischen Führungsvollmacht der Kirche im öffentlichen Leben Gestalt zu geben, berücksichtigen muss? Was bedeutet die weitgehende Vermassung in diesem Zusammenhang der heutigen Lebenswirklichkeit und die Versuche bewusster Massenformung? --- Welche Beziehungen bestehen zwischen der christlichen Freiheit und der politischen, wirtschaftlichen und kulturellen Freiheit, und welche Verbindungslinien gibt es von daher zu den heutigen Freiheitsanschauungen, seien sie liberaler, autoritärer oder sonstiger Art? (Eventuell auch welches ist die christliche Anschauung von der Freiheit des natürlichen Menschen und inwiefern ist die menschliche Freiheit im allgemeinen ein Anliegen der Kirche?) Wo und wie wird gegenwärtig die Freiheit der Kirche in besonderer Weise eingeschränkt? Und insbesondere wieder, welches sind die Ursachen und Beweggründe solcher Freiheitsbeschränkungen?«[376]

Marianne Leibholz in britischer Schuluniform

Aktuelle Fragen, die sein eigenes Leben unmittelbar berührten, die sich nicht nur der Professor, sondern auch der Mensch, der Christ Gerhard Leibholz beantworten wollte. Der Christ, als der er sich verstand, brachte sich in diesen Kreis der Kirchenmänner ein, suchte den Austausch und pflegte diese Kontakte. Eng verbunden damit waren die deutschen evangelischen Pastoren im Exil, allen voran die Freunde Dietrichs Bonhoeffers, Franz Hildebrandt und Julius Rieger. Hildebrandt hatte, wie Leibholz, jüdische Wurzeln und war bereits 1937 geflohen. Rieger war Pfarrer der deutschen lutherischen Kirche St. George in London, der Leibholz bisweilen in seinen Briefen mit »Lieber Bruder Leibholz« ansprach.[377] In Leibholz' Nachlass findet sich, was sehr auffällt, keine Korrespondenz mit jüdischen Kreisen, denn diesen fühlte er sich nicht zugehörig. Auch besaß er wenig Verbindung zum politischen oder literarischen Exil. Sabine Leibholz erwähnt lediglich die Buchhandlung des Emigranten Hans Preiss in der Museum Street direkt am Britischen Museum, wo viele Emigranten tagsüber in der dortigen British Library arbeiteten. Dort trafen sich politisch interessierte Refugees ebenso wie Briten, um zu diskutieren oder auch Bücher zu kaufen wie zu verkaufen. Ausleihen konnte man sie in der deutschsprachigen Leihbücherei von Fritz Gross ein paar Straßen weiter am Regent Square.[378]

Gerhard Leibholz war der einzige Jurist unter den neuen Mitarbeitern Visser 't Hoofts, weshalb der ihn bat, ein besonderes Augenmerk auf »die Rechtslage der Kirche in der Welt« zu richten; was offenbar gelang, denn ein Jahr später bedankte sich der Generalsekretär überschwänglich: »I want to thank you most cordially for your very important contribution to our study work … . This is precisely the kind of contribution which we hoped to get from you.«[379]

Ein Anfang war gemacht. Die Unterstützung des Weltkirchenrates war auf drei Jahre angelegt, was ungewöhnlich, fast luxuriös zu nennen ist. Alle anderen Stipendien hatten kürzere Laufzeiten, das hieß: immer wieder Anträge stellen, immer wieder Rechenschaft ablegen, immer wieder aufs Neue nur temporär abgesichert sein. So war immer alles in der Schwebe. Der eine Stipendiengeber will nur weiterzahlen, wenn es der andere auch tut. Tut er es? Bangen und warten.[380] Im September 1941 war das Kontingent für Hilfsgelder am Magdalen College endgültig ausgeschöpft. Bischof Bell persönlich setzte sich für Leibholz ein. Man bemühte sich um neue Geldquellen. Tatsächlich konnte das Stipendium zwei Monate später erneuert werden, aber auch diese Gelder liefen zum 31. Oktober 1942 aus. Wohl aus diesem Grund billigte Bell als Vorsitzender des Flüchtlingskomitees der Kirche von England im November 1942 einen Mietzuschuss in Vierteljahresraten. Außerdem erklärte sich der World Council of Churches zu Extrazahlungen bereit, da die Miete in Oxford so scheußlich hoch sei. Es gab auch Zuschüsse zum Schulgeld der Kinder.

Mit Kriegsbeginn war die Familie von London nach Hastings gezogen, in den Villenvorort St. Leonhards on the Sea, um möglichen deutschen Angriffen auf London zu entgehen. Seit Mitte 1940 lebten die Leibholzens in Oxford, immer möbliert und im Wesentlichen aus 14 Koffern. Insgesamt fallen in die Exilzeit sieben Wohnungswechsel, bis die Familie ein eigenes Haus in der Lincoln Road in Oxford kaufen kann, das Marianne bis in die 1990er Jahre (oder gar länger) halten wird.

Zu den Stipendiengeldern kamen sporadisch Honorare für Leibholz' Aufsätze, wenn es ihm gelang, diese in wissenschaftlichen Zeitungen unterzubringen. Dann verschickte er sie an Kollegen verschiedener Fachrichtungen, um akademisch im Gespräch zu bleiben. An manchen Oxforder Colleges bot sich ihm ab und zu die Möglichkeit, Vorlesungen zu halten, so z. B. im Dezember 1939 am Balliol College. Im Januar und Februar 1942 lud ihn der Theologe Leonard Hodgson ein. Er hatte Leibholz auf einer Konferenz von Riegers Christlicher Bruderschaft im Kriege (Christian Fellowship in Wartime. A German-British Christian Fellowship), an denen Leibholz regelmäßig teilnahm, sprechen hören und bat ihn, im Christ Church College vorzutragen. Diese Vorlesungen wurden im Sommer 1942 als Buch »Christianity, Politics and Power« veröffentlicht und warfen Tantiemen ab. Wie Rieger war Hildebrandt in der Flüchtlingshilfe aktiv. Ebenso befasste er sich, wie auch Leibholz, mit der gedanklichen Vorbereitung eines neuen Deutschlands nach dem Krieg, wofür beide sich auf vielfältige Weise engagierten. Am 18. April 1942 schrieb Hildebrandt an Leibholz: »Wir haben soeben Ihren Namen als Referenten über ›Political Europe. The Christian Contribution to its Settlement‹ (3-4 Vorträge) auf das Programm eines vom 14. bis 26. Septr. in London stattfindenden Ferienkurses gesetzt, der … verschiedene Gruppen im Lande zusammenbringen soll, die zurzeit das Training junger Englaender fuer post-war work on the continent betreiben.« Dafür wird es zumindest eine Aufwandsentschädigung gegeben haben, anders als beim Jahrestreffen der Christian Fellowship in Wartime in London am 21. Juli 1943. Dort konnte Pastor Rieger nur noch ein paar Kekse »and lots of opportunities for talking!« versprechen.[381]

Hans und Totta Leibholz

> »Die Visumssache ist ekelhaft. Den Kampf führen wir augenblicklich alle, drinnen und draußen. Auch ich.«[382]

»Endlich nach 10tägiger Unterbrechung, der grössten, die je in Deine Korrespondenz eingebrochen ist, erhalte ich Nachricht von Dir, die es dafür in sich hat.«[383] Nur wenige Tage nach seiner Flucht vom 9. September 1938 teilte Gerhard Leibholz seinem zwei Jahre älteren Bruder Hans mit, dass er Deutschland endgültig verlassen habe. Hans, zu dem Gerhard offensichtlich ein sehr enges Verhältnis hatte, war wie dieser Jurist geworden. Er lebte als Landgerichtsrat in Berlin. 1935, in dem Jahr, in dem die *Nürnberger Rassegesetze* erlassen wurden, heiratete er die *arische* Margarete Köhler, genannt Totta. Wenig später wurde er entlassen. Im Dezember 1937 entschloss sich das Paar zur Auswanderung und ging nach Den Haag. Dort war Hans Leibholz als Kaufmann und Un-

Hans (1899-1940) und Totta (18xx-19xx) Leibholz

ternehmer tätig, um seinen Lebensunterhalt zu verdienen. Er kaufte und verkaufte Waren an der Börse. 1938 z.B. handelte er mit Korinthen und Kohlen. Gleichzeitig war er offenbar als Kurier im Widerstand tätig, was erst lange nach seinem und Gerhards Tod ans Licht kam.[384] Hans Leibholz war in Den Haag geschäftlich verbunden mit dem Bankier Franz Koenigs, dem bereits erwähnten angeheirateten Vetter von Paula Bonhoeffer. Koenigs, ein Deutscher und später naturalisierter Niederländer, übermittelte Informationen aus und über Deutschland, die mit Hilfe eines weitverzweigten Kontaktnetzes aus dem Land nach Großbritannien geschmuggelt wurden. Einer seiner Informanten war Klaus Bonhoeffer, einer seiner Kuriere Hans Leibholz. Und tatsächlich erfahren wir aus seinen Briefen an Gerhard, dass der Bruder sich in den Jahren 1938/39 häufig in London aufhielt. Auch Marianne Leibholz berichtet in ihrem Tagenbuch von zahlreichen Besuchen ihres Onkels Hans. Nachdem die Deutschen am 10. Mai 1940 in die Niederlande einmarschiert waren, wurden dort, ähnlich wie in Großbritannien, unterschiedslos alle Deutschen interniert. Hans' Ehefrau Totta schien zu glauben bzw. konnte glauben, dass die Aktivitäten ihres Mannes entdeckt worden seien. Da das Verhaftung und Folter zur Folge gehabt hätte, verbrannte sie alle Dokumente, die sich in einer später vielzitierten grünen Mappe befanden. Doch nur wenige Tage später, nach der Kapitulation der Niederländer am 15. Mai 1940, wurde Hans Leibholz wieder freigelassen. Dies wäre der Zeitpunkt gewesen, an dem die beiden Eheleute nach England hätten weiterziehen sollen, denn sie waren im Besitz zweier gültiger Visa. Die unverzichtbaren Papiere jedoch hatten sich in der grü-

Bastelarbeit aus einer deutschen Schule: Luftangriff über London

nen Mappe befunden, und Totta hatte im Moment der Angst, ja der Panik die Visa ebenfalls verbrannt. Noch am selben Abend nahmen sich Hans und Margarete Leibholz das Leben. Hans Leibholz starb sofort, Totta starb einen Tag später im Krankenhaus.

Hans, der seinen Bruder in den Briefen gerne mal mit »Lieber Professor!«[385] ansprach, war, wie Sabine Leibholz schrieb, »kein einfacher Mensch«. Er machte »sich und seinen Mitmenschen das Leben nicht leichter.«[386] Tatsächlich ist ein langer, erbitterter Streit mit seinem Vater überliefert. Auch mit dem jüngeren Bruder Peter geriet er immer wieder in heftige Auseinandersetzungen. Liest man seine eigenen Worte aus dem Jahr 1938, mitten im Kampf gegen das NS-Regime, so deuten die in eine ähnliche Richtung: »Gesundheitlich geht es uns recht gut, zumal ich die für meine Gesundheit erforderlichen Aufregungen in der letzten Zeit reichlich geniesse.«[387] Gerhard und Peter Leibholz erfuhren erst zwei Monate später auf Umwegen vom erschütternden Tod ihres Bruders.

… in Huyton, Lancashire, im Internierungslager: Der »enemy alien«[388]

Seit Jahrhunderten war die Sicherheit an der Kanalküste Grundlage der britischen Außenpolitik. Als am 10. Mai 1940 der deutsche Überfall auf die Niederlande, Belgien und Luxemburg begann und die deutschen Truppen am 20. Mai an der französischen Kanalküste standen, war das die schlimmste anzunehmende politische Situation für London. Dort brach Panik aus.

Die gesamte Großbritannien gegenüberliegende Küste des Ärmelkanals stand den Deutschen als Aufmarschgebiet zur Verfügung: Die Angst vor einer Invasion der Nazis war groß und keineswegs unbegründet. In einer Art Hau-ruck-Aktion befahl die Regierung die unverzügliche Internierung aller männlichen Deutschen und Österreicher, die sich in Großbritannien aufhielten. Ein Teil dieser »enemy aliens« war bereits seit 1939 in Lagern festgehalten worden, denn bei Ausbruch des Krieges hatte man alle im Lande lebenden Personen deutscher oder österreichischer Herkunft ab 16 Jahren zu »feindlichen Ausländern« erklärt. Sie standen unter Beobachtung, weil man sie als eine fünfte Kolonne Adolf Hitlers betrachtete. Die mögliche Invasion der britischen Insel, auch durch die Deutschen, war kein neuer Topos. Bereits 1903 hatte sich der irische Autor und begeisterte Segler Erskine Childers in seinem Roman »Riddle of the Sands« (»Rätsel der Sandbank«) ausgemalt, die Deutschen würden mit kleinen Segelbooten über das Wattenmeer kommen, um die Ostküste Englands zur Invasion zu nutzen.[389] Dieses als erster Spionageroman klassifizierte Buch war enorm erfolgreich und trug mit dazu bei, dass es während des Ersten Weltkriegs zu einer Art Invasionshysterie kam. Eine Angst, die dann im Zweiten Weltkrieg deutlich berechtigter war. Sabine Leibholz berichtet davon in ihren Erinnerungen: Als sie an einem sonnigen Maimorgen ihre Bettwäsche zum Lüften ins Fenster legte, vermuteten manche Nachbarn, dass sie ihren deutschen »Freunden« Zeichen gab.[390] Vor diesem Hintergrund war es einem Teil der »enemy aliens« ab September 1939 nicht mehr erlaubt, sich frei zu bewegen, ihr Radius beschränkte sich auf drei Meilen rund um ihren Wohnort.[391] Der Besitz von Rundfunkgeräten, Kameras und Landkarten war ihnen verboten. Wer genau diesen Beschränkungen unterlag, bestimmten

Porträt von Gerhard Leibholz (Bleistiftzeichnung) von einem Mitgefangenen aus Huyton

sogenannte Tribunale, die die Fremden auf ihre Zuverlässigkeit prüften. In den sechs Monaten bis Februar 1940 sollen vor 120 lokalen Tribunalen insgesamt ca. 73.000 Fälle geprüft worden sein.[392] Leibholz erkundigte sich bei der Society for the Protection of Science and Learning, was in der Angelegenheit zu tun sei, und erhielt am 29. September 1939 von Esther Simpson die Antwort, er müsse sich beim lokalen Flüchtlingskomitee melden. Dies sei zuständig für alle Refugees in der Region, und es sei ratsam, dass man dort von ihm, Leibholz, wisse. Das Komitee werde einen Fragebogen schicken, den er ausfüllen müsse. Zudem solle er nicht verschweigen, dass er bei der Society registriert sei. Überdies sei es nützlich, den Brief vom Weltrat der Kirchen vorzuzeigen. Denn je mehr Bürgen und gute Leumundszeugnisse die Vorgeladenen vorzeigen konnten, desto besser. Das Flüchtlingskomitee, das Germany Emergency Committee, wurde von den Quäkern organisiert. Die Sekretärin schrieb, offenbar in Eile, wenige Tage später an den »Sehr geehrte[n] Herrn Dr. Leonhard«, wobei sie den Namen mit dem Ort St. Leonhard verwechselte. Sie sandte wie angekündigt einen Fragebogen und gab bekannt, dass Leibholz sich beim Tribunal in Hastings melden müsse. Diese Laiengerichte teilten die Ausländer in die drei Kategorien A, B und C ein. Das Ergebnis war: 596 Personen der Kategorie A waren umgehend zu internieren. Kategorie B umfasste rund 6.700 Personen, die bis auf Weiteres von der Internierung ausgenommen waren, jedoch unter Beobachtung standen und mit eingeschränkter Bewegungsfreiheit leben mussten. Der Großteil der Betroffenen entfiel auf Kategorie C, ungefähr 66.000 Männer, die nicht interniert wurden und ohne Beschränkungen blieben, unter ihnen Gerhard Leibholz.[393] Nachdem sich jedoch die politische Lage mit dem 10. Mai 1940 so rapide verändert hatte, wandelte sich die Stimmung abrupt. Noch am selben Tag löste Churchill Neville Chamberlain als Premierminister ab. Zwei Tage später wurde die Internierung für alle auf den Weg gebracht. Ab dem 28. Mai 1940 internierte man ebenfalls einen Teil der in Großbritannien lebenden deutschen und österreichischen Frauen im Alter von 16 bis 60 Jahren. Nach der Kriegserklärung Italiens an Großbritannien am 10. Juni 1940 kamen auch Italiener in die Lager.

»My dearest Sabine, … . Always thinking of you.«

Gerhard Leibholz wurde noch am Tag der Entscheidung, am 12. Mai 1940, abgeholt und nach Liverpool verbracht. Der Polizist, der damit beauftragt war, ihn mitzunehmen, äußerte Sabine Leibholz gegenüber beruhigend, in einer Woche sei ihr Mann wieder da. Doch das sollte sich als Trugschluss erweisen. So überstürzt wie der Entschluss der britischen Regierung gefasst worden war, so mangelhaft war die Vorbereitung. Sabine Leibholz hörte die ersten zehn Tage überhaupt nichts von ihrem Mann und begegnete wieder dem besonderen Feind der Exilanten, der steten Unsicherheit: Sie wusste nicht, wo er war, was man mit ihm gemacht hatte, wie es ihm ging und wie lange das alles dauern würde. Nach einem provisorischen Aufenthalt in Liverpool lieferte man Leibholz in das Huyton Camp nahe der westenglischen Hafenstadt ein. Zunächst nur als Transitcamp geplant, fanden sich dort im Juli 1940 insgesamt 5.000 Menschen wieder.[394] Von den Internierten ist der deutsche Künstler John Heartfield erwähnenswert, der sich schon früh mit seinen Fotomontagen gegen Hitler gewandt hatte und deshalb bereits 1933 aus Deutschland hatte fliehen müssen. In seiner Korrespondenz berichtet Leibholz auch von der Begegnung mit seinem ehemaligen Lehrer Ernst Neustadt vom Mommsen-Gymnasium in Berlin und dessen Frau. Die beiden waren später im größten und bekanntesten Lager, dem Hutchinson Camp auf der Isle of Man, westlich von Liverpool mitten in der Irischen See gelegen. Dort war neben vielen anderen Künstlern Kurt Schwitters aus Hannover interniert.[395]

Pastor Griffith, der sich im Auftrag Bells um seine 40 *nichtarischen* Kollegen in St. Leonhards-on-the-Sea kümmerte, riet Sabine Leibholz, diesen Ort direkt am Ärmelkanal aufgrund der Invasionsgefahr zu verlassen. Sie sei dort ernsthaft gefährdet, denn kämen die Nazis wirklich, dann »werden Sie erschossen werden!« Griffith vermittelte ihr eine Pension im Dörfchen Willand nördlich von Exeter in Devon, das sie nach nur wenigen Wochen wieder verlassen musste, weil die Region »defence area« wurde.[396] »Man war nirgends mehr zu Hause«, kommentierte Sabine Leibholz diesen erneuten Ortswechsel.[397] Für die Töchter war diese kurze Zeit im malerischen Südengland wie große Ferien, für Sabine eine Zeit großer Unsicherheit und Sorge.

Ende Mai kam endlich die erste Post aus Huyton. Die Briefe aus dem Internierungslager zeugen von großer Irritation, so als ob Gerhard Leibholz selbst nicht glauben konnte, was ihm gerade geschah. Der professorale Habitus war ihm in dieser Situation völlig abhandengekommen, er schrieb unstrukturiert und assoziativ: »My dearest Sabine, I am so glad and <u>happy</u> to have your letter of 22th and the parcel. I am really very well indeed, [I] have a bed etc. and [I] would only worry, if I would know that you are worrying about me without any reason. I am quite cheerful, if I know the same about [you]. I ask you <u>urgently</u> dont [sic] think of me so much, as I am so well <u>indeed</u>. I got also all parcels with all things.«[398] Die Briefe wurden von der Zensur gelesen, deshalb waren sie auf Englisch verfasst, und die Adressatin erfuhr wenig über das Lager selbst. Aus den Zeilen sprach die große Sorge um seine Frau, der Leibholz wieder und wieder versicherte, es gehe ihm gut, sie müsse sich um ihn keine Gedanken machen, seine einzige Betrübnis sei die, dass er ihr zur Zeit nicht helfen könne: »Please cheer up. I am only so sorry that I can not help you just now.«[399] Er schlug ihr vor: »M. a. Chr. shall help you and not go to school«, um dann fortzufahren: »Please do not worry about my advices which are stupid and arrive too late.«[400] Er bestätigte alle Briefe, Pakete und Telegramme, die er erhielt: »Meine herzliebste Sabine, Heute [sic] hatte ich bereits Dein liebes Paket vom 16. mit allem, was mir lieb und teuer ist. Ich bin so glücklich über Deine Bilder, Briefe u. Pakete now, dass ich Dir nur immer wieder danken möchte. Ich bin jetzt wirklich ganz guter Stimmung.«[401] Zugleich bat er in jedem Brief inständig darum, dass sie schreiben möge, vielleicht zwischendurch nur ein Telegramm senden solle, damit er ein Lebenszeichen von ihr habe, worauf er offenbar sehr angewiesen war: »If possible send me please occasionally telegrams (all 3 days).«[402] Und schließlich: »I am the only happy one of our group who has got post and all people admire you.«[403]

Sabine Leibholz hatte sich schon 1926 nicht beirren lassen, als ihre Familie ihr nahelegte, zu bedenken, dass das Leben mit dem jüdischstämmigen Leibholz nicht einfach werde. 1938 hatte sie keinen Augenblick gezögert, mit ihm ins Exil zu gehen, anders als viele andere, die sich von dem jüdischen Partner oder der Partnerin trennten, sei es wegen des auf sie ausgeübten Drucks, sei es aus Angst, aus Opportunismus oder um ganz hässlich die Gunst der Stunde zu nutzen, den ungeliebten Ehepartner loszuwerden. In ihren Erinnerungen schreibt Sabine, dass das Ehepaar in seinem gemeinsamen Leben bisher nur wenige Tage getrennt gewesen sei. Diese erste große Trennung scheint die beiden Eheleute nur fester zusammengeschweißt zu haben. Im Juni 1940, nach langen Wochen im Internierungslager, schrieb Gerhard seiner Frau: »My dearest Sabine, impossible to tell you how much I love and admire you. Always thinking of you.«[404]

»The long vac«?

Die Zustände in den Lagern, von denen es neben dem großen Hutchinson Camp insgesamt 12 kleinere gab, ließen sehr zu wünschen

Internierungscamp Huyton in der Nähe von Liverpool

übrig. Eilig waren in verschiedenen Städten Häuser beschlagnahmt worden, die man mit Stacheldraht umzäunte und von der Armee bewachen ließ. In dem Ort Huyton hatte man einen Straßenzug mit Häusern aus dem sozialen Wohnungsbau ausgewählt, die infolge des Kriegsausbruchs noch nicht ganz fertiggestellt waren. Wenn Leibholz seiner Frau berichtet, er habe ein Bett, war das insofern erwähnenswert, weil es keine Selbstverständlichkeit war. Anfangs waren die Häuser kaum möbliert und so überfüllt, dass Männer auf Tischen oder auf dem Boden schlafen mussten. Manche der Internierten lebten in Zelten. Der Archäologe Paul Jacobsthal wurde ebenfalls interniert. Er war von 1907 bis 1912 an der Göttinger Universität tätig gewesen, wo er sich mit dem »Katalog der Göttinger Vasen« bis heute einen Namen gemacht hatte. Sein im Nachhinein verfasster Bericht vermittelt ein anschauliches Bild über die Monate im Camp.[405] Jacobsthal war wie Leibholz 1935 aus dem Amt gejagt worden und nach England gegangen, wo er, anders als dieser, eine Stelle als Lecturer an der Universität Oxford bekam. Jacobsthal hatte von den Verhaftungen anderer Deutscher in Oxford gehört, fühlte sich aber als festangestelltes Mitglied der Universität sicher. Seine Frau und er lebten in Oxford mit ihren englischen Freunden und, das gibt der Autor freimütig zu, wussten wenig über die Flüchtlinge und ihre Probleme. Insofern war seine Überraschung groß, als am 5. Juli 1940 auch bei ihm und elf weiteren Angehörigen der Universität die Polizei vor der Tür stand, um ihn mitzunehmen. Die zwölf Männer waren zunächst zusammen mit hunderten anderen in wechselnden Provisorien untergebracht, in einem ehemaligen Feriencamp ebenso wie in einer alten, heruntergekommenen Wollspinnerei. Infolge der anfänglich sehr strengen Bedingungen war der Zustand der Lagerbewohner aus verschiedenen nachvollziehbaren Gründen so schlecht wie die Stimmung. Die Bewacher nahmen den Gefangenen alles ab, was als Werkzeug oder Waffe – auch gegen sich selbst, denn tatsächlich gab es Selbsttötungen in den Lagern[406] – dienen konnte, Rasierapparate, Schnürsenkel etc. Die Versorgung war miserabel. Jacobsthal berichtet, er habe an einem der Tage von einem Stück Schokolade gelebt und einer halben Flasche Tee, die er durch Bestechung hatte ergattern können. Neben ihm sei ein alter Mann vor Erschöpfung gestorben. Aber auch Schreibpapier und Bücher waren nicht erlaubt. Die meisten hatten also gar nichts zu tun. Durch die verordnete Langeweile scheint sich ein reges politisches Leben entwickelt zu haben. Es gab heftige, zum Teil hässliche Diskussionen mit persönlichen Angriffen von Alt gegen Jung, Juden gegen Christen, zwischen den »haves and have-nots«,[407] so Jacobsthal. Mitte Juli schickte man die Oxforder weiter auf die Isle of Man in das Hutchinson Camp. Hier wurden sie in Häusern untergebracht, die sie selbst sauberhalten sollten. Damit waren die Fachleute für die Archäologie nordionischer Steine, die Experten für Goethes »Faust II« oder die Psychologie und Physiologie von Kleidung heillos überfordert. Keiner von ihnen hatte jemals einen Besen in der Hand gehabt oder den Abwasch gemacht. Bestimmte Rahmenbedingungen waren festgelegt, ansonsten waren die Lager selbstverwaltet und die Insassen blieben sich selbst überlassen. Mit der Zeit wich die Strenge, und es entfaltete sich ein vielfältiges kulturelles Leben. Es entstand sogar die Hutchinson Camp University auf der Isle of Man.

In Leibholz' Camp Huyton bestanden wesentlich weniger Möglichkeiten. Dennoch gab es auch hier ein kulturelles Leben, das aus den Fähigkeiten der Internierten gespeist wurde; so hat der Komponist Hans Gál eine Huyton-Symphonie komponiert. Es gab eine Bücherei, die aus Spenden der jüdischen Hilfsorganisationen, des Roten Kreuzes und der Quäker zusammengestellt worden war, und man organisierte Vortragsreihen und Theaterstücke, lange nach Leibholz' Entlassung. Aber das blieb wenig im Vergleich mit dem Hutchinson Camp, wo es Konzerte gab, wo das Cabaret »Stacheldraht« spielte, Künstler und Handwerker arbeiteten und wo zugelassen wurde, dass Internierte tagsüber außerhalb des Lagers Arbeit aufnahmen. Mit einigem zeitlichen Abstand gelang es Jacobsthal sogar, seinen Bericht, gewiss nicht ohne einen ironischen Unterton, »The long vac« (Die langen Ferien), zu nennen. Zusammenfassend beschreibt er das Camp als eine surreale Erfahrung. Eingepfercht hinter Stacheldraht seien einander völlig fremde Menschen zu einer Intimität von Tisch und Bett verurteilt gewesen, die ihnen schwerfiel. Sie führten aber dort ansonsten ein bürgerliches Leben ohne jede Mühsal oder Schwierigkeit – »without any hardships«. Gespenstisch aussehende Professoren verkauften ihren ganzen alten deutschen Kram, geistigen Kram, nachdem sie jahrelang hatten schweigen müssen, so der Autor. Sie seien sich dabei der Absurdität der Szenerie nicht bewusst gewesen. Die deutsche Vergangenheit, die auf den Boden des Bewusstseins gesunken war wie auf den Meeresgrund, sei an die Oberfläche gekommen und die Männer hätten sich darüber gefreut, untereinander Erinnerungen an Kindheit und Jugend auszutauschen, sich an Orte und Plätze in Berlin oder anderorts zu erinnern und die vermeintlich guten alten Tage an der Universität von Göttingen oder Heidelberg heraufzubeschwören. Während Liverpool und London bombardiert wurden, wäre es hinter dem Stacheldraht zu einem absurden, vollständigen Rückfall in alte deutsche Gewohnheiten gekommen. So hätten die Kollegen begonnen, einander mit förmlicher Verbeugung und »Gestatten Sie …« zu begrüßen und sich mit »Herr Geheimrat« oder »Herr Hofrat« anzureden. Die Internierten, so Jacobsthal, hätten allmählich den Bezug zur Wirklichkeit verloren. Es sei ihnen immer weniger bewusst gewesen, dass sie noch vor knapp zwei Monaten ein ganz anderes Leben jenseits des Zauns geführt hatten.

Wenn die Tiere im Zoo sprechen könnten, so würden sie uns von derselben Empfindung berichten, schließt der Archäologe.

Ob Leibholz diese Schlussfolgerung unterschrieben hätte, muss offenbleiben. Er hatte durch die Korrespondenz mit seiner Frau eine lebendige Verbindung nach draußen. Wiederholt bat er sie, sich an Bischof Bell zu wenden, damit der sich für seine Freilassung einsetzen möge. Bell engagierte sich in der Tat nicht nur für die »Non-Aryan-Christians«, sondern auch für die Refugees. In drei Reden im Oberhaus, dem er als Bischof qua Amt angehörte, versuchte er der britischen Öffentlichkeit klarzumachen, dass er die Internierung für einen Fehler hielt.[408] In den Camps säßen Menschen, die unter dem NS-Regime in Konzentrationslagern eingesperrt gewesen wären. Sie betrachteten das deutsche Regime »mit Horror« und würden sich nicht bemühen, die Nazis ins Land zu holen. Im Gegenteil, sie hätten genau dasselbe Ziel wie die Briten, die Nazis zu besiegen, denn für sie sei deren Sieg noch bedrohlicher als für die Briten. Darum sei klar, so Bell: »Our cause is their cause.«[409] Natürlich gebe es Spione, aber es existiere auch eine britische fünfte Kolonne: Engländer, Schotten oder Iren, die sich für die Nationalsozialisten begeisterten. Menschen zu internieren, die vor Hitler geflohen seien, das sei durch nichts gerechtfertigt, weder aufgrund der nationalen Sicherheit noch aufgrund der Rechtsprechung.

Bell musste sich gefallen lassen, von einem parlamentarischen Gegner gefragt zu werden, ob er denn überhaupt begriffen habe, dass das Land sich im Krieg befinde. Er ließ sich jedoch von diesen Anschuldigungen nicht beirren. Vielmehr wies er darauf hin, dass die Refugees einen langen Kontrollprozess durchlaufen hätten, dass der Konsul ihnen erst nach eingehender Prüfung ein Visum ausgestellt habe und alle Flüchtlinge bei der Polizei gemeldet seien, die ihre Akten kenne. Viele von ihnen seien bei den Hilfsorganisationen registriert, außerdem hätten die Tribunale festgestellt, dass sie loyal und nicht etwa gefährlich seien. Warum also dieser plötzliche Sinneswandel? Abschließend führte Bell das vielleicht stichhaltigste Argument ins Feld: Unter den Internierten befänden sich ungezählte Fachleute aller Art, die mit ihren Fähigkeiten die britische Kriegsführung entscheidend bereichern könnten.[410] Dieses ungeheure Potenzial liege nun brach. Werfen wir heute einen Blick auf die seitenlange Liste der Ehrungen, die naturalisierten

Refugees in ihrem neuen Heimatland später zuteilwurden, darunter 16 Nobelpreise, Mitgliedschaften in der Royal Society und der Royal Academy, dann stellen wir fest: er hatte Recht.[411]

Bell nutzte aber nicht nur die große Bühne, sondern kümmerte sich auch um das Alltägliche. Er besuchte mehrere Lager und traf Leibholz in Huyton. Die Internierten schilderten ihm ihre Sorgen, z.B. dass sie keine Post bekämen. Bell beschwerte sich bei den zuständigen Stellen, und das Problem wurde behoben. Ebenso schwer wog der Nachrichtennotstand, denn anders als im großen Hutchinson Camp waren in Huyton keine Zeitungen erlaubt. Bell wies die Verantwortlichen darauf hin, welche große Belastung das für die Menschen im Camp sei, die so nicht in der Lage seien, ihre Situation zu beurteilen, wodurch ihre Angst und Unsicherheit unnötig geschürt würden. Denn es bestand für die Internierten durchaus Anlass zur Sorge. Die Aussicht, dass eine deutsche Invasion gelingen könne, war nicht unbegründet. Dann hätten die Nazis nur die Internierungslager in Konzentrationslager umwandeln müssen, um ihre Vernichtung jüdischen Lebens fortzusetzen, denn auch die etwa 55.000 deutschen Juden,[412] die aus NS-Deutschland nach Großbritannien geflohen waren, hatte man 1940 größtenteils in den Camps interniert, nicht als Juden, sondern als Deutsche. Ein weiteres großes Problem bestand darin, dass man zunächst unterschiedslos alle Deutschen, also Juden und Nazis, die es auf der Insel auch gab, zusammengesperrt hatte. Das konnte für die jüdischen Internierten gefährlich werden. Die Regierung hatte beizeiten ein Einsehen und zumindest dieser Missstand wurde behoben. In allen Lagern ging zudem die Angst vor der Deportation um. Da die Überfüllung der Camps zu großen Problemen führte, hatten sich die großen britischen Überseegebiete, die Dominions Südafrika, Australien und Kanada, angeboten, Internierte zu übernehmen. Und tatsächlich sind etwa 7.500 Menschen im Juni und Juli 1940 verschifft worden. Auch Gerhard Leibholz stand auf einer Deportationsliste. Doch es gelang ihm in einem günstigen Moment, sich selbst von dieser Liste zu streichen. Wie gefährlich die Überfahrt war, zeigt das Schicksal der Arandora Star, die am 2. Juli 1940 westlich von Irland von einem deutschen U-Boot beschossen wurde und sank. Von den 712 Italienern und 438 Deutschen starben 700, von den 374 britischen Seeleuten und Soldaten etwa 100.[413] Diese

Katastrophe war der Anfang vom Ende der Internierungspolitik. Bells öffentliches Eintreten für die Internierten trug ebenfalls zum Stimmungswandel bei. Bis zum Herbst 1940 ließ man die meisten Internierten frei. Im April 1944 befanden sich nach einer offiziellen Statistik nur noch 25 Menschen in den Lagern.[414] Gerhard Leibholz war am 26. Juli 1940 wieder bei seiner Familie, die inzwischen in Oxford wohnte.

Das bedrückendste Problem für die Internierten war weder die Freiheitsberaubung noch der Mangel, sondern die erneute Ausgrenzung. Ein Gedicht aus einer Lagerzeitung bringt diese Empfindung ironisch auf den Punkt:

We have been Hitler's enemies
For Years before the war
We knew his plans of bombing and
Invading Britain's shore
We warned you of his treachery
When you believed in peace
And now we are His Majesty's
most loyal internees.[415]

Auch Leibholz verspürte die tiefsitzende Kränkung darüber, dass er und seinesgleichen, die Refugees, plötzlich von ihrem Aufnahmeland als feindliche Ausländer betrachtet wurden. Hatte nicht das Tribunal in Hastings gerade erst offiziell festgestellt, dass der staatenlose Flüchtling Leibholz sich in Großbritannien politisch zuverlässig und seinem Aufnahmeland gegenüber loyal verhielt und dies auch mit einem Vermerk im Personalausweis besiegelt: Die Leibholzens seien »Flüchtlinge der nationalsozialistischen Unterdrückung«. Dann wurden sie von einem Tag auf den anderen zu feindlichen Ausländern. Das traf sie »wie ein Schlag«.[416] Leibholz muss sich auch hier »ungerecht beleidigt« gefühlt haben. Fast zehn Jahre später, zurück in Deutschland, nahm er als Wissenschaftler dazu Stellung und wies auf den Unterschied zwischen beiden Kategorien hin.[417] Im Mai 1940 hatte er an Sabine geschrieben: »I think, it is not possible to intern the great friends of this country for a long time.«[418]

Das britische Deutschlandbild und der deutsche Widerstand gegen den Nationalsozialismus

Der Göttinger Rechtsanwalt Hermann Föge scheint mit der englischen Sprache und Kultur nicht allzu vertraut gewesen zu sein, wenn er den Brief an seine Klientin mit der Adresse »Toresthill-Honorootz Rd. 25«[419] versieht anstelle von Forest Hill, Honour Oak Road. Das deutsche Bildungsbürgertum orientierte sich auch noch im frühen 20. Jahrhundert eher an der französischen Kultur. England lag außerhalb seines Gesichtsfelds. Das hatte historische Gründe. Zwar hatte es seit Jahrhunderten kriegerische Auseinandersetzungen mit Frankreich gegeben und im nationalistisch aufgeblasenen 19. Jahrhundert entwickelte sich das Land politisch zum vielzitierten ›Erbfeind‹. Kulturell aber konnte Frankreich seine Vormachtstellung, die der ›Sonnenkönig‹ mit seinem strahlenden Hof von Versailles etabliert hatte, in Europa behaupten. Bittere Ironie der Geschichte, dass diejenigen französischen Protestanten, die 1685 vor ihm geflohen waren, diesen Glanz im ganzen Deutschen Reich verbreiteten. Auch wenn die Aufnahme dieser Flüchtlinge anfangs menschlich ebenso schwierig war wie die Ankunft der vielen Deutschen in England gut 250 Jahre später, konnten sich die meisten von ihnen rasch im Ankunftsland einrichten, denn ihr Kommen war staatlicherseits erwünscht und wurde gefördert. Es umgab sie eine Aura von Zivilisation und Kultiviertheit. Der Beitrag der Hugenotten zum Aufbau Preußens entwickelte sich zu einem machtvollen Gründungsmythos, der lange nachwirkte. Dazu passt, dass Sabine Leibholz in ihren Erinnerungen konsequent das französische Wort Refugiés, das sich auf die Hugenotten bezieht, verwandte statt des englischen Refugees, das die vor dem NS-Terror geflohenen Deutschen bezeichnete.

Das Englische aber war kulturell anders eingebettet als das Französische. Es galt in Deutschland als Sprache der »englischen Krämerseelen«,[420] seit sich mit der Gründung des deutschen Kaiserreichs 1870/71 eine zunächst wirtschaftlich begründete deutsch-englische Konkurrenzsituation entwickelt hatte. Die lang ersehnte Reichseinigung hatte die Voraussetzung für einen enormen industriellen Aufschwung in Deutschland geschaffen. Die chemische Industrie und die Elektrobranche entwickelten sich rasant. Die englische Wirtschaft sah sich bedroht von modernen Technologien, die auch kriegsrelevant sein konnten.

Politisch aufgeladen wurde die Situation, als 1888 der marinebegeisterte Wilhelm II. Kaiser wurde und mit dem Ausbau der deutschen Flotte ureigenste britische Interessen berührte. Obwohl ein Enkel von Queen Victoria, trug ›Willem zwo‹ im Verlauf seiner Amtszeit durch gezielte Provokationen und rhetorische Patzer tatkräftig dazu bei, das bilaterale Verhältnis stetig zu verschlechtern. Mit seiner Rede im Juli 1900 anlässlich der Verabschiedung deutscher Truppen zur Niederschlagung des Boxeraufstandes in China, in der er die Soldaten zu besonderer Grausamkeit aufrief, vergleichbar der des legendären Hunnenkönigs Etzel, etablierte er die Gleichsetzung von Deutschen mit Hunnenhorden. ›The Kaiser‹ ist bis heute ein feststehender Begriff im englischen Sprachgebrauch, jeder weiß sofort, wer gemeint ist (wenn nicht gerade von Franz Beckenbauer die Rede ist). Begleitet wurde die Eskalation von einem hässlichen Kultur- und Propagandakampf, der ganz ›zeitgeisty‹, um es englisch auszudrücken, nationalistisch und rassistisch unterfüttert war. ›The Huns‹ wurden zum Synonym für die Deutschen. Auf einer Reise durch Deutschland 1924 konnte der Schriftsteller John Heygate bei einer Begegnung im Zug die ganze Assoziationskette abrufen, die das Stichwort »Hun« bei ihm auslöste. Er saß einem älteren Ehepaar gegenüber, im Grunde seinen Eltern nicht unähnlich, und wunderte sich: »Are these at heart Huns, who I had been brought up to believe had ravaged Belgium, murdered old women and children, sacked beautiful Louvain, shot Edith Cavell, from time to time under some inhuman monster of a leader …?«

Vor diesem Hintergrund vergifteter bilateraler Beziehungen war es für die wilhelminischen Zeitgenossen unpopulär, Englisch zu lernen. Die Sprache galt sogar als hässlich: »Die Schönheit der englischen Sprache, die so oft bestritten wurde, überwältigte mich«, notierte Sabine Leibholz später.[422] Auch Gerhard Leibholz, der das Französische und Italienische fließend beherrschte, musste die Sprache seines Aufnahmelandes erst noch lernen. Er hatte nur rudimentäre Kenntnisse, und das war ihm durchaus bewusst. In einem Brief an Adam von Trott vom April 1939 berichtete er von einem wichtigen Gespräch, das er geführt hatte: »Wie der

Eindruck bei meinem schlechten Englisch war … weiß ich natürlich nicht.«[423] Seine Frau schrieb später nach Berlin: »Wenn ich bedenke, mit welch steinern-liebenswürdig-höflichem Gesicht die Engländer Gert's wahnsinniges Englisch in den ersten Jahren aufgenommen haben, so konnte ich es immer nur bewundern. Er hat oft so furchtbare Sachen gesagt.«[424] Sabine Leibholz sprach laut ihren Erinnerungen etwas besser, aber beide nahmen in Oxford regelmäßig Unterricht bei einer pensionierten Lehrerin. Die korrigierte auch Leibholz' umfangreiche Korrespondenz. Vergleicht man diese Schreiben mit seinen Briefen aus dem Internierungslager, wo er auf seine eigenen Fähigkeiten zurückgeworfen wurde, wird deutlich, dass da eine erhebliche Diskrepanz bestand. Das war insofern problematisch, als der deutsche Jurist im doppelten Sinne aus der britischen akademischen Gemeinschaft ausgeschlossen war, durch das fremde Rechtssystem und durch die fremde Sprache. Die Muttersprache verband die Emigranten mit dem ›Vaterland‹, was offenbar das Erlernen der neuen Sprache erschwerte. Es ist auffällig, dass viele der Emigranten – auch jene, die anfingen, Englisch zu schreiben wie Hannah Arendt oder Klaus Mann – ihr Leben lang einen starken deutschen Akzent behielten. So auch Marianne Leibholz, die anders als der Rest ihrer Familie bis Anfang der 1980er Jahre überwiegend in England lebte, aber beim ersten Wort als Fremde identifiziert werden konnte und sich selbst als solche empfand.

»Das Exzentrische hat für den Engländer eine Faszination.«[425]

»[Wir kamen] in ein uns völlig unbekanntes Land«,[426] betont Sabine Leibholz ihren Erinnerungen mehrfach. Aber sie kamen nicht ohne Vorstellungen von dem, was England sein sollte. Klischees und Vorurteile, die sich über die Jahrhunderte entwickelt hatten, prägen die jeweilige Wahrnehmung vom anderen Land. Sabine Leibholz zeichnet in ihren Erinnerungen ein Bild, das deutschen Reisenden bis heute vertraut ist.[427] Empirie, Exzentrik, Ironie und Selbstironie stellt sie als die prägenden Merkmale »der Engländer« heraus und behauptet: »die Mehrzahl der Engländer verstand wenig von Europa.« Sie charakterisiert »die Engländer« als wettfreudig, daher nicht-militärisch, da der Wettbewerb für sie das

Reizvolle sei, nicht das Kämpferische. Im Zusammenhang damit betont sie die große Bedeutung der Fairness. Etwas als unfair zu bezeichnen, das sei die »schlimmste Anschuldigung«, die ausgesprochen werden könne. Es stehe in der englischen Gesellschaft nicht wie in Deutschland die Arbeit und – ganz wichtig – die Leistung im Vordergrund, sondern der »›way of life‹, die Art und Weise, wie der Mensch als Mensch ist, lebt, sich verhält. Nach seinem hobby [sic] darf man gleich fragen«, und das ist dann nicht selten ein Garten. Immer wieder hebt sie die Zurückhaltung in allen Bereichen hervor, man nehme sich selbst nicht so wichtig, erzähle wenig von sich selbst und der eigenen Familie. »Noch eines« fiel der Professorengattin in England auf, »was in Deutschland verlorgengegangen ist: man hält sich zurück mit dem, was man weiß.« Und sie lobte das aufmerksame Zuhören englischer Männer, die sogar einer Frau zuhören würden, »im Gegensatz zu den Gepflogenheiten mancher deutscher Männer …, die oft eine Dame nicht einmal zu Wort kommen lassen, nicht selten sie unterbrechen, oft dozieren oder zuweilen auch scherzhaft neckisch werden.«

»Wieviele Stunden haben wir im Gespräch verbracht, in der Bemühung, hinter den britischen Charakter zu kommen.«[428] Dass sie selbst von ihrer Umgebung als stereotype Deutsche betrachtet werden könnten, ist den Leibholzens möglicherweise gar nicht in den Sinn gekommen. Ein Tableau von stereotypen Figuren bestimmte die Vorstellungswelt der Engländer von Deutschland und den Deutschen im 19. und 20. Jahrhundert, darunter »der deutsche Professor« und »die deutsche Hausfrau«. Gerhard Leibholz bediente als etwas weltfremder Gelehrter perfekt das Stereotyp vom »deutschen Professor«: mit seinen fast zwei Metern Größe trug er etwas entrückt, philosophierend den Kopf im Wolkenkuckucksheim, eines der beliebten deutschen Wortungetüme, die bei Briten große Heiterkeit auslösten. Leibholz war tatsächlich nicht so pragmatisch wie seine englischen Kollegen, und die deutsche akademische Tradition unterscheidet sich erheblich von der englischen. Ihre Art, »alles konkret aufzufassen«, wie Sabine es nennt, brachte es für englische Hochschullehrer mit sich, dass sie mit »manchen deutschen Professoren nichts anfangen konnte[n]«.[429]

Sabine Leibholz lieferte als »deutsche Hausfrau« das passende Pendant. Das Erstaunen, das aus ihrer Beschreibung des Alltags

Christiane Leibholz, 1940er Jahre

englischer Frauen spricht, legt nahe, dass auch sie passgenau die klischeehaften Vorstellungen erfüllte, die auf der Insel vom Leben einer deutschen Frau kursierten, die in den Augen der Briten fast zwangsläufig Hausfrau war. Bezeichnenderweise steht der Satz: »Wir hatten viel Neues zu lernen« am Anfang ihrer Schilderung des englischen Frauenalltags, gefolgt von der grundsätzlichen Aussage, dass englische Frauen sehr viel mehr Anteil am öffentlichen Leben nähmen als die deutschen.[430] Das äußere sich u.a. darin, dass sie Bücher läsen, aber auch die Zeitung, dass sie sogar den Namen ihres Wahlkreisabgeordneten kennen würden. Das jedoch habe seinen Preis, wie Sabine Leibholz formuliert: »Dafür machen sie es sich im Hause leichter.« Eine Aussage, die eine weitverbreitete Meinung in Deutschland wiedergab und die darauf anspielte, es sei »doch viel mehr Unordnung in den Zimmern als in Deutschland.« Englische Haushalte seien zudem nicht ganz so sauber wie die deutschen. Das Badezimmer ihrer englischen Vermieterin betrat sie nur mit Desinfektionsmitteln bewaffnet.[431] Ihr leicht entrüstetes Fazit lautete: »Hausarbeit hat törichterweise in England gar kein Ansehen!«[432]

Insgesamt war Sabine Leibholz in ihren Erinnerungen bemüht, die Freundlichkeit und Hilfsbereitschaft ihrer englischen Gastgeber zu loben, für die sie auch 1968 bei der Niederschrift ihrer Memoiren noch äußerst dankbar war. Obwohl man sie beim Einkaufen sofort als Deutsche erkannt hätte, habe sie nie Benachteiligung erfahren, anders als in den Jahren zuvor in Deutschland von ihren deutschen Landsleuten. Es sei »nie das leiseste antideutsche Verhalten spürbar gewesen«, berichtet sie über die Schule, nur um im Anschluss zu schildern, dass Christiane von einer Mitschülerin gehänselt worden sei, wenn auch nicht explizit als Deutsche. Sie lobt, dass ihr Mann keinen Antisemitismus zu spüren bekommen habe, fährt aber fort: »Fremdheit und Feindschaft ergaben sich hier aus der Tatsache, dass wir Deutsche waren.«[433] Das galt auch für die Töchter: »… in Deutschland hätte man mit ihnen nicht getanzt, weil sie nicht ›Deutsch‹ waren und hier wieder nicht, weil sie Deutsch waren«.[434] Als Deutsche in England während des Krieges war die Familie Leibholz, unabhängig davon, dass sie vor den Deutschen geflohen war, ein Fremdkörper. Der Status aller vier Familiemitglieder als Angehörige der feindlichen Nation war fragil und beeinflusste ihr tägliches Leben. Sie fühlten sich gezwungen, vorsichtig zu sein, nicht aufzufallen: »Es wurde schon immer wieder geklagt, dass wir foreigners das Essen wegessen, und dann musste man sehr korrekt und bescheiden sein. Ich glaube das sind wir auch geworden.«[435] »Insgesamt«, so fasst Sabine jedoch ihre Beschreibungen zusammen, »ist die Zeit in England eine Epoche in unserem Leben gewesen, die keiner von uns missen möchte.«[436]

The »two Germanies«[437]

Gerhard und Sabine Leibholz hatten sich vorgenommen, nie zu vergessen, dass die Engländer, ihre freundlichen Gastgeber, den Krieg nicht wollten. Als er aber dann da war, wollten sie ihn gewinnen. Denn sie wollten den sprichwörtlichen »preußischen Offizier«, dessen Inkarnation für die britische Öffentlichkeit immer noch ›the Kaiser‹ war, ein für alle Mal daran hindern, wieder an die Macht zu kommen, um einen neuen Weltkrieg zu entfesseln und so die deutsche Vorherrschaft in Europa, schlimmstenfalls die deutsche Weltherrschaft zu begründen. Stereotypen, Klischees und Vorurteile im deutsch-englischen Verhältnis berührten nicht nur Kochtopf und Katheder, sie betrafen alle gesellschaftlichen Bereiche.[438] Sie waren langlebig und beharrlich und hatten bestimmte Konjunkturen. Einzelne konnten in den Hintergrund treten, aber aus gegebenem Anlass wieder reaktiviert werden, und sie beeinflussten ganz konkret die Politik. Die erste Assoziation in Bezug auf Deutschland – nicht nur in England – war, unverwüstlich, der saufende, kriegerische Germane des Tacitus. Er tauchte im Laufe der Jahrhunderte in vielerlei Gestalt auf. Marianne berichtete in einem Brief an ihren Großvater später davon, dass die Mitschüler und Mitschülerinnen die deutschen Landschaften lernen mussten: »Sie sagten: Pommerania, Saxony, BARBARIA« – gemeint war Bavaria [Bayern]. »Sie hatten wohl so ein Gefühl von barbarians – Barbaria!«[439]

Lange war das Interesse der Briten an Deutschland gering, sie bereisten lieber Frankreich und Italien. Als aber im 18. Jahrhundert der »Soldatenkönig« Friedrich Wilhelm I. von Preußen sein schlagkräftiges stehendes Heer aufbaute, mit dem sein Sohn Friedrich II. eine Generation später spektakuläre militärische Erfolge erzielte, da war der preußische Militarismus in der Welt, der von den britischen Zeitgenossen bewundernd, aber auch besorgt beschrieben wurde. Der germanische Krieger wurde in den Augen der Briten zum preußischen Soldaten, der durch erbarmungslosen Drill wie eine Maschine funktionierte und das preußische Heer zu einem furchteinflößenden Instrument machte. Fast gleichzeitig jedoch entwickelte sich unter dem Einfluss Rousseaus der germanische Barbar gewissermaßen zum edlen Wilden, natürlich und unverdorben von der Zivilisation, damit allerdings zugleich unzivilisiert. Denn Deutsche galten (und gelten) in Großbritannien als ungehobelt und unhöflich, unnachahmlich portraitiert in Katherine Mansfields »In a German Pension« von 1911. Die Autorin bevölkert die einzelnen Kurzgeschichten nicht mit Charakteren, sondern mit Typen, unter ihnen »the Herr Professor«.[440] Basierend auf Erfahrungen, die sie auf Reisen durch Deutschland gemacht hatte, beschreibt sie genüsslich, wie bei Tisch die Dame gegenüber mit ihrer Haarnadel das Sauerkraut (!) aus den Zähnen pult oder wie ein schwitzender Herr Hoffmann sich mit der Serviette den Schweiß von Gesicht und Nacken wischt »and carefully cleaned his ears«. Als sich im 19. Jahrhundert ein Interesse für Geschichte zu entwickeln begann, insbesondere eine Faszination für das Mittelalter aufkam – auf den britischen Inseln auch für die eigene keltische Vergangenheit –, resultierte daraus ein neuer, diesmal positiv konnotierter Blick auf »den Germanen«. Er wird zum teutonic cousin. Der biologistische Blick dieses düsteren Jahrhunderts will hier eine Art Blutsverwandtschaft erkennen, die den teutonischen Vetter im 20. Jahrhundert dann anschlussfähig machte für eine deutschfreundliche Politik.

Völlig unabhängig von Vorstellungen der preußischen Aggression etablierte die französische Autorin Mme de Staël mit ihrem 1815 erschienen Buch »Von Deutschland« das Bild vom Land der Dichter und Denker. Es beruhte auf ihrer Bekanntschaft mit den deutschen Romantikern, die sie auf ihrer Flucht vor Napoleon im Exil kennengelernt hatte. Ungeachtet aller Widersprüche, die sich ergaben, standen die Schlegels und Schellings stellvertretend für alle Deutschen, die hier zu kultivierten, vergeistigten Menschen mutierten. Briten begannen sich für die deutsche Literatur, für die deutsche Philosophie, für die deutsche Musik, für die deutsche Landschaft, kurz für Deutschland zu interessieren – und sie lasen Mary Shelleys »Frankenstein«. Das Monster im Roman der englischen Autorin wurde nicht ohne Grund von einem deutschen Professor erschaffen, der in Ingolstadt lebt. Die gothic novel, wie »Frankenstein« eine war, erfreute sich in der britischen Literatur großer Beliebtheit. Dazu gehörte, dass unweigerlich auch die deutsche schwarze Romantik rezipiert wurde, wie wir sie z.B. von E.T.A. Hoffmann kennen. Sie bestimmte Teile des britischen Deutschlandbildes, und da durfte der »Faust« nicht fehlen. Britische Leser und Leserinnen kannten nämlich nicht nur den Goethe'schen Faust, sondern ihnen war seit 1587 auch die diabolische Figur geläufig, die der Dramatiker Christopher Marlowe aus ihm gemacht hatte. Als man 1870/71 im Deutsch-Französischen Krieg wieder die hässliche Fratze des Preußentums zu erkennen glaubte, wurden stereotype Figuren von der einen Kategorie in die andere überführt. So blieb der versponnene deutsche Professor zwar weiterhin bestehen, er konnte aber gleichzeitig in Anlehnung an Dr. Faustus zum bösartigen, gerissenen Gelehrten werden, der mit seinen überragenden Fähigkeiten die deutsche Politik unterstützte, welche – in den Augen vieler Briten – die Weltherrschaft anstrebte. Sinnfällig wurde dies im Oktober 1914, als 93 deutsche Wissenschaftler den sogenannten »Aufruf an die Kulturwelt« veröffentlichten. Sie reagierten damit auf die Darstellungen der Kriegsgräuel, die nach dem Einmarsch deutscher Truppen in Belgien in ausländischen Zeitungen erschienen waren. Die international anerkannten Professoren wiesen – weitgehend zu Unrecht – jede Anschuldigung zurück und beriefen sich darauf, dass die Deutschen ein »Kulturvolk« seien. Sie beschworen das »Vermächtnis eines Goethe, eines Beethoven, eines Kant«, dem sie verpflichtet seien. Der Aufruf war in Ton und Inhalt arrogant und von überheblichem Nationalismus geprägt. Er löste ebenso Ärger und Erstaunen wie Ablehnung aus.

Der amerikanische Journalist Harold Butler, der lange in Deutschland arbeitete, fand eine ganz eigene Erklärung dafür: »Though they produced … Kant, Goethe, and Beethoven, they have never wholly assimilated the spirit of the Occident. … At the heart they have always retained something of the outlook of primitive man, something of the tribal conception of society … The Nazi revolution … put back the clock by several centuries.«[441] Deutsche Philosophie, Literatur und Musik konnten offenbar in den Augen dieses Betrachters nicht verdecken, dass »der Deutsche« im Kern immer der germanische Barbar geblieben war, als den ihn Tacitus charakterisiert hatte.

Da man beide Wahrnehmungen so gar nicht in Übereinstimmung bringen konnte, blieben sie unverbunden nebeneinander bestehen. Bis heute gibt es in Großbritannien die Vorstellung von den zwei Deutschlands. »The two Germanies« ist ein feststehender Begriff, der das gute und das schlechte, das freundliche und das aggressive Deutschland beschreibt. Diese gedankliche Konstellation ist bei der Beurteilung des Umgangs der britischen Politik mit dem deutschen Widerstand gegen Hitler mitzudenken. Denn es stand damit ein Reservoir an vorgefertigten Denkfiguren zur Verfügung, mit dem sich ein Bild vom anderen Land zurechtlegen ließ, das die eigene politische Position stützte.

Beschwichtigen, bewundern oder bekämpfen?

Im Großbritannien der 1920er und 30er Jahre war man über deutsche Verhältnisse erstaunlich gut informiert. Trotz der nur wenige Jahre zurückliegenden Katastrophe des Ersten Weltkriegs und der hasserfüllten Propagandaschlacht zwischen beiden Ländern war das Interesse am Land »of the poets and the thinkers« nicht gewichen. Katherine Mansfield hatte sich über ihre deutschen Gastgeber lustig gemacht, dennoch war sie durch Deutschland gereist, weil es zum guten Ton gehörte, das Land der Dichter und Denker kennenzulernen. Man hatte immer auch Angst vor Deutschland und behielt es gut im Blick. So kamen aus dem britischen Konsulat in München schon Anfang der 1920er Jahre Berichte über einen gewissen Adolf Hitler nach London, den man für eine neue, eigenständige Kraft im politischen Gefüge hielt. Zwar wurde er als Person von britischen Beobachtern, die ihn reden hörten oder ihm gar persönlich begegneten, als eine lächerliche Figur betrachtet, aber »His activities, absurd though they seem, cannot be disregarded«.[442] Eines war klar, Hitler konnte die Massen bewegen. Nach dem Hitlerputsch kam man zu dem Schluss, dass er eine internationale Gefahr werden könne. Aber wer genau war Hitler und wofür stand er? Diese Frage wurde in der britischen Diplomatie und Öffentlichkeit lange kontrovers diskutiert. Zunächst hatte man angenommen, er sei eine Art bayerischer Mussolini, ein Faschist zwar, aber einer, mit dem man umgehen könne. Nach seinem Sturm auf die Münchner Feldherrnhalle am 9. November 1923, den er zusammen mit dem Weltkriegsgeneral Erich Ludendorff unternahm, schien er nun für manche der Steigbügelhalter der Junker zu sein, welche sich mit seiner Hilfe zurück an die Macht putschen wollten. In dieser Sichtweise schien Hitler das kleinere Übel zu sein, denn mehr als einen Krieg entfesseln konnte auch er nicht – und das würden die Junker auf jeden Fall tun. Eine Auffassung, die von der Führungsschicht auf den britischen Inseln bzw. in der angelsächsischen Welt geteilt wurde, war, »there is nothing worse than German nationalists«, wie es Robert Vansittart im Juli 1933 formulierte.[443] Der britische Politiker war der Wortführer der antideutschen Fraktion, so überzeugt und lautstark, dass die ganze Strömung nach ihm »Vansittartism« benannt wurde.

Eine Position, die im innenpolitischen Gefüge Bedeutung erlangte, lässt sich in dem Satz, der *Führer* sei nicht in Österreich, sondern in Versailles geboren, zusammenfassen. Einer ihrer prominentesten Vertreter war Lord Londonderry, zeitweilig Luftfahrtminister, der die Ansicht vertrat, dass Deutschland mit dem Versailler Vertrag zu hart bestraft worden sei, dass es jetzt »legitimate grievances«, so das Schlagwort, berechtigte Ansprüche anmelde, um als großes, mächtiges Land in Europa wieder die Stellung einzunehmen, die ihm zustand.[444] Dazu passt eine jahrhundertealte antifranzösische Stimmung in der britischen Öffentlichkeit und Teilen der Politik, die nicht Deutschland, sondern Frankreich mit seiner unversöhnlichen Haltung Deutschland gegenüber für das Scheitern einer erfolgreichen Nachkriegsordnung verantwortlich machte. (Wer allerdings einmal den Norden Frankreichs durchquert hat, vom Beinhaus in Verdun bis zu den unzähligen Soldatenfriedhöfen an der Invasionsküste der Normandie, der wird für die Franzosen ein gewisses Verständnis aufbringen.) Dabei sei, so ein weiteres Argument der eher verständnisvollen Kreise, gegen ein starkes Deutschland gar nichts einzuwenden, denn das stelle ein Bollwerk gegen den Bolschewismus dar. Ließe sich also durch Zugeständnisse an Hitler ein dauerhafter Frieden in Europa erreichen, würde dies der britischen Politik erlauben, sich ungestört der Konsolidierung seines riesigen Weltreiches zu widmen, dessen Grundpfeiler nicht zuletzt durch die Erschütterungen des Ersten Weltkriegs bereits ins Wanken geraten waren, das man aber um jeden Preis erhalten wollte. Eng damit verknüpft war die Konsolidierung der eigenen Macht: Die konservative Elite war sich bewusst, dass ein weiterer Krieg nicht nur das Empire, sondern auch ihre eigene Position gefährden würde, selbst wenn man ihn gewinnen würde. Damit sollte sie Recht behalten. Deshalb versuchte vor allem die Regierung Chamberlain, Hitler Angebote zu machen, die ihn zufriedenstellen würden, so dass er seine expansionistische Außenpolitik aufgeben würde. Obwohl man sich immer noch nicht ganz sicher war, wie die Person Hitlers einzuordnen sei, wollte man mit ihm verhandeln. Insbesondere nach dem Boykott jüdischer Geschäfte am 1. April 1933 und nach dem *Röhmputsch* im Juni 1934 galt er eher als »neurotischer Psychopath« und »blutrünstiger Irrer«, als »abnormal man«.[445] Obwohl beide Ereignisse dem internationalen Ansehen Deutschlands schweren Schaden zufügten, blieb es für die Briten lange zweitrangig, was er innenpolitisch unternahm. Die Hoffnung war, dass Hitler sich mäßigen würde, wenn man ihm entgegenkäme, vor allem in der Außenpolitik. Hitlers Streitschrift »Mein Kampf« war der britischen Politik wohlbekannt. Sie war frühzeitig übersetzt worden, und man nahm die dort formulierten aggressiven Ziele deutscher Außenpolitik ernst. Würde die britische Regierung Hitler-Deutschland gegenüber Zugeständnisse machen, für eine gewisse Revision des Versailler Vertrages sorgen, eventuell koloniale ›Korrekturen‹ zulassen und auch wirtschaftliche Restriktionen aufheben, so dass Deutschland sich trotz des »übersteigerte[n] Sicherheitsbedürfnisses« Frankreichs wieder zu einer Großmacht entwickeln könne, wäre Hitler dann saturiert? Die Probe aufs Exempel für diese dreifache Appeasement-Strategie – political, colonial, economic appeasement –, die der Premierminister zeitweilig an seinem eigenen Außenministerium vorbei vorantrieb, war das Münchener Abkommen vom September 1938. Hitler erhielt von Großbritannien, Frankreich und Italien die zur Tschechoslowakei gehörigen mehrheitlich deutsch besiedelten westlichen Gebiete – die Tschechen waren gar nicht erst gefragt worden –, und Chamberlain kehrte als strahlender Friedensbringer nach London zurück. Als jedoch nur ein halbes Jahr später, am 15. März 1939, deutsche Truppen in die Tschechoslowakei einmarschierten, war Appeasement vollständig diskreditiert.

Es spricht einiges dafür, dass Teile der britischen Regierenden den wahren aggressiven Charakter des Nationalsozialismus lange nicht erkannt hatten, weil ihnen dessen mystische, rassistische Blut-und-Boden-Ideologie so fremd und unzugänglich war, dass sie die bestenfalls für propagandistisches Beiwerk hielten und außerstande waren, sie ernst zu nehmen. Chamberlain scheint der Meinung gewesen zu sein, dass Hitler hinreichend rational denken und handeln würde, um die Vorteile einer friedlichen Verständigung mit den Briten erkennen und nutzen zu können. Zugleich hatte Chamberlain längst das Dilemma erkannt, in dem seine Regierung seit Jahren steckte, und er litt an dieser Situation.[446] Die schwierige Wechselwirkung von Innen- und Außenpolitik engte seinen Handlungsspielraum ein. Er war Realist genug gewesen, um zu wissen, dass er mit dem schlecht aufgestellten britischen Militär dem offen und massiv aufrüstenden Deutschland quasi unbewaffnet hätte gegenübertreten müssen, hätte er zu früh auf eine militärische Auseinandersetzung gedrungen. Doch eine mehr als moderate Aufrüstung war angesichts der stark pazifistisch orientierten britischen Öffentlichkeit bis 1938 schwer durchsetzbar. Der lange und für die Briten sehr verlustreiche Great War, wie man den Ersten Weltkrieg noch heute auf der Insel nennt, wirkte noch nach. Appeasement schien das Gebot der Stunde zu sein, auch deshalb, weil die Briten ein Wettrüsten im Rahmen einer politischen Blockbildung vermeiden wollten, die vor 1914 zur Eskalation beigetragen hatte. Erst der schamlose Wortbruch des deutschen Diktators nach

München ermöglichte eine Kehrtwende in der britischen Politik. Chamberlain schloss umgehend Garantieverträge mit Polen, Griechenland, Rumänien und der Türkei für den Fall eines deutschen Angriffs, der über kurz oder lang erfolgen würde, das war inzwischen allen klar geworden. Als die deutschen Truppen am 1. September 1939 Polen überfielen, erklärte er Deutschland den Krieg.

Ganz anders Robert Vansittart, der schärfste Gegner Deutschlands: Er ging von einem »determinierten deutschen Charakter« aus. Seiner Überzeugung nach waren nicht alle Deutschen ausnahmslos Nazis, aber für ihn stand fest: Nazis waren Deutsche.[447] Auf dieser Erkenntnis basierte seine Strategie Deutschland gegenüber: »Keep Germany lean!« – Man müsse Deutschland klein halten. Während die Gegenseite sagte, ein prosperierendes Deutschland sei unverzichtbar für einen gesamteuropäischen Wirtschaftsaufschwung sowie für Frieden und Stabilität in Europa, argumentierte Vansittart, das könne genauso gut Teutonic hubris befeuern, also die determinierte deutsche Überheblichkeit, die die Deutschen an sich dazu verleiten könnte, wirtschaftliches Wohlergehen für die Wiederaufrüstung zu nutzen, um damit ihrem alten Ziel der Vormachtstellung in Europa wieder näher zu kommen. Vansittart forderte eine dauerhafte wirtschaftliche Beschränkung Deutschlands. Seine Gegner argumentierten, dass innenpolitische Schwäche erst recht außenpolitische Aggression hervorbringen werde. Außerdem sei diese Ablehnung durch den Westen geeignet, die Deutschen dem Bolschewismus in die Arme zu treiben. Vansittart ließ sich nicht beirren. In einem Memorandum für das Außenministerium formulierte er seinen Glaubenssatz wie folgt: »It is an illusion to think that we are only fighting Hitlerism. We are fighting the Old Adam [the evil supposedly inherent in human nature] … *plus* Hitlerism. Let us make no further mistake about it: we are fighting the German Army, and the German people on whom the Army is based. We are fighting the *real* not the ›accidental‹ Germany … We must eradicate not only Hitlerism, but Prussianism.«[448]

Gerhard Leibholz in den Auseinandersetzungen um den deutschen Widerstand

Ein Grund dafür, dass Leibholz Deutschland nicht verlassen wollte, war die Tatsache, dass auch er Widerstand leisten wollte. Er wollte nicht tatenlos zusehen, wie die Diktatur die Welt zerstörte, in der er leben wollte, sondern war fest entschlossen, zu tun, was er konnte, um dies zu verhindern und es damit seinen Freunden gleichzutun. Da er als *Jude* aber nicht den Handlungsspielraum hatte, den sie hatten, und weil er als verantwortlicher Ehemann und Familienvater, als der er sich verstand, schließlich einsah, dass die Emigration die einzige Möglichkeit war, um sich und seine Familie zu retten, ging er nach England. Doch damit hatte er sein Ziel, am Kampf für ein freies Deutschland mitzuwirken, keineswegs aufgegeben. Leibholz fand Mittel und Wege, um seinen Beitrag für den Widerstand zu leisten, indem er sich in England für die Sache des deutschen Widerstands einsetzte. Auch wenn er letztlich nicht erfolgreich war, so hat er doch mit seinem Engagement Dietrich Bonhoeffer in Großbritannien (buchstäblich) ein bleibendes Denkmal gesetzt.

Großbritannien war anlässlich dieses zweiten großen Krieges entschlossen, »die Deutschen«, und zwar alle Deutschen, zu besiegen. Der Kriegs-Premier Winston Churchill stimmte die Nation mit seinen zum Teil sprichwörtlich gewordenen Ansprachen darauf ein: »You ask, what is our aim? I can answer in one word: Victory. Victory at all costs – Victory in spite of all terror – Victory, however long and hard the road may be, for without victory, there is no survival.«[449] Seit 1066 war die britische Insel nicht mehr ernsthaft von einer Invasion bedroht worden, aber im Frühjahr 1940 war die Gefahr der Eroberung durch die Deutschen sehr real. In dieser Situation versammelten sich die Briten hinter ihrer neuen Regierung. Am 13. Mai 1940, drei Tage nach seiner Ernennung zum Premierminister, formulierte Winston Churchill in seiner ersten Rede im Unterhaus das Ziel des gemeinsamen Kampfes, das sich in einem Wort zusammenfassen ließ: Sieg. Sieg über die Deutschen, obwohl er dafür, so Churchill, nichts weiter zu bieten habe als Blut, Mühsal, Tränen und Schweiß: »I have nothing to offer but blood, toil, tears and sweat.«

Damit war die Tür für die deutschen Regimegegner, die seit 1937 immer wieder versucht hatten, mit den Briten Kontakt aufzuneh-

Auf der Rückseite dieser harmlosen Kinderpostkarte steht:
»We shall never stop, never weary, and never give in.
The Prime Minister«

men, endgültig zugeschlagen. Verschiedene Emissäre, unter ihnen Dietrich Bonhoeffer, versuchten über die außenpolitischen Bedingungen eines Neustarts nach einem geglückten Staatsstreich in Deutschland zu sprechen; zu verhandeln wäre zu viel gesagt, denn der Widerstand – von dem in dieser Überblicksdarstellung idealtypisch zu sprechen ist, denn er war sehr vielgestaltig[450] – war im eigenen Land in der Defensive. Die deutschen Regimegegner waren nicht in der Position, verhandeln zu können. Sie wollten zunächst einmal gesehen und gehört werden. Schon das war schwierig genug. Carl Friedrich Goerdeler, der einen Kreis ziviler, konservativer Kräfte aufgebaut hatte, um einen Staatsstreich vorzubereiten, kam als Erster nach England. Der ehemalige Oberbürgermeister von Leipzig hatte nach seinem Rücktritt im Frühjahr 1937 als Berater der Firma Bosch die Möglichkeit, ausgedehnte Reisen ins Ausland zu unternehmen. Er traf auch mit Robert Vansittart zusammen. Im Sommer 1938 folgte ihm der pommersche Gutsbesitzer Ewald von Kleist-Schmenzin im Auftrag des militärischen Widerstands, der unter Leitung von General Ludwig Beck in diesem Jahr ein Attentat plante (einer der zahlreichen geplanten Versuche, die alle nicht ausgeführt werden konnten oder scheitertern[451]). Kleist, ein Ostelbier wie er im Buche steht, machte den Briten Gesprächsangebote, einer, der, wie

Goerdeler und die Kreise, die sie vertraten, ein sehr konservatives, christlich geprägtes Weltbild hatte. Und was forderten diese Männer? Unter anderem Revision des Versailler Vertrages, Grenzen von 1914, möglicherweise Anschluss der tschechischen Sudetengebiete an Deutschland, bestenfalls die Wiedereinführung der Monarchie und kolonialen Spielraum für Deutschland, des Kaisers alter Traum von einem deutschen Platz an der Sonne. DAS war Prussianism pur. Ziele übrigens, mit denen die Goerdeler-Beck-Gruppe auch bei den jüngeren Vertretern des Widerstands nicht erfolgreich war. Der Kreisauer Kreis um Helmuth James von Moltke und Peter Yorck von Wartenburg plante einen republikanisch verfassten Rechtsstaat mit bisweilen sogar sozialistisch anmutenden Zügen. Moltke? Kein Name stand deutlicher für das reaktionäre, aggressiv-expansive Deutschland als dieser, der zum einen an den Generalfeldmarschall Helmuth von Moltke erinnerte, der 1870/71 für den Kaiser den Deutsch-Französischen Krieg gewann, und an dessen Neffen, den kaiserlichen General im Ersten Weltkrieg. »Der Preuße«, »der Junker«, »der Militarist«, er war der eigentliche Gegner der britischer Politik. Man kannte »ihn«, diese stereotype Figur, wie gesagt, schon seit dem 18. Jahrhundert, und er war sofort als der Mann mit den unvermeidlich kalten blauen Augen präsent, wie ihn D. H. Lawrence im August 1914 eindringlich in seiner Kurzgeschichte vom Prussian Officer porträtiert hatte: unnahbar, ohne menschliche Regung, der im System funktionierte wie eine Waffe. Europa hatte innerhalb eines Menschenlebens erfahren, wie er in den vergangenen Jahrzehnten vier kurz aufeinanderfolgende Kriege vom Zaun gebrochen hatte, die Kriege rund um die deutsche Reichseinigung und den Ersten Weltkrieg.[452] Würde nicht »der Preuße« weiter Krieg um Krieg führen, um seine alte Vormachtstellung in Europa und in der Welt wiederzuerlangen? Konnte man ihm trauen? Sollte man mit ihm verhandeln? Nein, diese Kräfte mussten ein für allemal besiegt werden. Vansittart: »We must eradicate not only Hitlerism, but Prussianism.«[453] Und Preußen war spätestens seit der Reichseinigung gleichzusetzen mit Deutschland, also musste Deutschland besiegt werden, ganz Deutschland und alle Deutschen.

Doch selbst Robert Vansittart fährt in seinem Memorandum zur Deutschlandpolitik fort: »That the real Germany contains many good individual Germans, is, of course, incontestable.«[454] Dies war eines der Hauptargumente von Vansittarts heimlichem Gegenspieler Gerhard Leibholz. Da es Leibholz in all den englischen Jahren nicht gelungen war, eine Stelle an einer Universität zu finden, entwickelte er sich im Laufe der Zeit zum – unbesoldeten – politischen Berater von George Bell. Es begann ein reger Briefwechsel, zwischen 1940 und 1948 bzw. mit geringerer Frequenz letztlich bis zu Bells Tod 1958.[455] Es ging darin zum einen um die praktischen Dinge des Exils, zum anderen aber auch und vor allem war es ein intellektueller Austausch, den beide als große Bereicherung empfanden. Leibholz diskutierte alle seine Aufsätze mit ihm, Bell bat sein Gegenüber um eine kritische Durchsicht seiner Reden. Manuskripte wurden zwischen Oxford und Chichester hin und her geschickt geschickt. Bell half dem Freund oft, eine Zeitschrift zu finden, in der dessen Aufsätze über die aktuelle politische Situation veröffentlicht werden konnten. Bells Biograph Andrew Chandler sieht in Leibholz denjenigen, der Bell für die deutsche Sache gewinnen konnte. Obwohl Bell wie die Mehrheit der Briten im Krieg ursprünglich ein Anhänger der These war, dass der deutsche Militarismus im Kern preußischer Natur und als Ursache allen Übels zu bekämpfen sei, ließ sich der Bischof so umfassend überzeugen, dass er fortan einer der – wenigen – Unterstützer des »anderen Deutschlands«[456] auf der Insel wurde.[457] George Bell hatte sich, gemäß der Vorstellung, dass man unterscheiden müsse zwischen Deutschen und Nazis, lautstark und öffentlich, schließlich erfolgreich für die zu Unrecht Internierten starkgemacht. Dann folgte das Engagement für den deutschen Widerstand. Im Kontakt mit Visser 't Hooft in Genf nutzten beide Männer die ökumenischen Kanäle für den Informationsaustausch mit dem Widerstand. Im Juni 1942 traf Bell Bonhoeffer in Stockholm, wo er Nachrichten entgegennahm, um sie der britischen Regierung zu übermitteln, natürlich auch persönliche Worte für Schwester und Schwager im Exil. Im März 1943 und noch einmal im Februar 1944 hielt der Bischof vielbeachtete Reden im Oberhaus. Hierfür hatte er Leibholz sogar um eine Art Konzeption gebeten, so dass der Exilant maßgeblichen Einfluss nahm auf Inhalt und Ausrichtung der Ansprache. Bell ging sogar noch weiter in seinem Engagement: Er sprach sich gegen das »civil bombing«, die Bombardierung ziviler Ziele in Deutschland aus, das die britische Regierung zur Demoralisierung der deutschen Bevölkerung angeordnet hatte. Diese wiederholte öffentliche Einmischung trug Bell die Beleidigung »This pestilent priest« ein, ausgestoßen von Außenminister Eden, der die britische Regierungspolitik durch Bells Engagement empfindlich gestört sah. Bells Einsatz für die ›falsche‹ Seite kostete ihn letzlich das Amt des geistlichen Oberhaupts der anglikanischen Kirche, denn der führende Intellektuelle war für das Amt des Erzbischofs von Canterbury im Gespräch gewesen. Sein Biograph Andrew Chandler hält dem Jahrzehnte später entgegen: »Bell belongs to British history as he belongs to German history.«[458]

Gleich nach dem Krieg veröffentlichte Bell 1946 einen Band seiner Reden, um damit sein Handeln ausführlich zu erläutern und zu rechtfertigen. Einleitend stellt er klar, er sei vom allerersten Tag an ein Gegner Hitlers gewesen. Es gebe jedoch Herausforderungen, die höher stünden als die nationale Loyalität: Er habe als Christ gehandelt, der sich für Liebe und Brüderlichkeit unter den Menschen eingesetzt habe, für ihn »the principal source of the spiritual recovery of Europe«.[459] Bells Einsatz basierte also auf einem Zukunftsprogramm, das er mit Leibholz teilte. Beide betrachteten die christlichen Grundsätze als das spirituelle Fundament eines neues Europas. 1948, in einem Band zur Erinnerung an Dietrich Bonhoeffer, führte Leibholz diesen Gedanken aus: »Here there was the ›other Germany‹ of which there was so much talk in the thirties. These men were in truth the upholders of the European and Western tradition in Germany, and it was Dietrich Bonhoeffer who more than anybody else realized that nothing less than a return to the Christian faith could save Germany. The failure of these men was not only a tragedy for Germany, but for Europe as a whole, and historians may well come one day to the conclusion that the consequences of this failure cannot be made good.« Noch 1976 in einer Festschrift für den ehemaligen Widerstandskämpfer Eugen Gerstenmaier kam er auf dieses Thema, das ihn bis an sein Lebensende umtrieb, zurück. Er zitierte aus seinen Briefen an Bell in den 1940er Jahren, um die Argumentation zu verdeutlichen. Dort heißt es, dieser Krieg sei ein ideologischer Krieg. Es gehe um die Auseinandersetzung zwischen zwei Systemen, dem christlichen Abendland und dem Kommunismus. Er werde aber von den Alliierten wie ein nationaler Krieg geführt. Die Briten und Amerikaner kämpften nur für ihren Machterhalt und nähmen dabei keine Unterscheidung zwischen Deutschen und Nazis vor. Dieser Devise gemäß könnten sie dem deutschen Widerstand auch keinerlei akzeptable Angebote machen. Die aber wären vonnöten, um einer neuen deutschen Regierung nach dem Sturz Adolf Hitlers in den Augen der Deutschen eine Position zu ermöglichen, die ihr Ansehen verschaffe, damit sie überhaupt Handlungsspielraum habe. Sonst hätte »auch eine neue deutsche Regierung … dem deutschen Volke nichts als die totale Niederlage zu bieten«, wie Freya von Moltke es im Rückblick formulierte.[460] »Wirkliche Sicherheit setzt eine gemeinsame ›Ideologie‹ voraus«,[461] so Leibholz, auch deshalb müssten sich die Alliierten mit den Deutschen zusammentun, um gemeinsam den Kommunismus abzuwehren. Denn die Forderung nach der bedingungslosen Kapitulation, wie sie 1943 von den späteren Siegermächten in Casablanca erhoben wurde, würde die Deutschen nur dazu bringen, sich hinter ihrem *Führer* zu versammeln und sie nach dem Ende des Krieges den Kommunisten in die Arme treiben. Denn Stalin mache stets diese wichtige Unterscheidung zwischen den Deutschen und den Nazis.

Die britische Regierung hatte Gründe, vorsichtig zu agieren. Deutsche Regimegegner unterschiedlicher Provenienz hatten bei ihr vorgesprochen, aber was genau hatte es auf sich mit dieser Widerstandsbewegung?[462] War es doch nur eine Offiziersfehde, in der einzelne Interessengruppen um Einfluss rangen? Nachdem im Sommer 1938 Kleist-Schmenzin ein Gespräch mit Vansittart geführt hatte, hinterließ dies in London folgenden Eindruck: Seine britischen Gesprächspartner billigten von Kleist zu, »ein entschiedener Gegner Hitlers« zu sein, »der sich intensiv darum bemüht, seine Freunde in Deutschland zu einem Umsturz aufzuwiegeln. Er erinnert mich an die Jacobiten am französischen Hof zu König Williams Zeiten; mir scheint, wir müssen eine Gutteil abstreichen von dem, was er sagt.«[463] Die Anhänger der Stuart-Dynastie waren das Symbol für mehrfach gescheiterte Aufstandsversuche gegen die seit 1714 regierenden Hannoveraner.

Nachdem Anfang 1941 die Luftschlacht um England gewonnen und die akute Gefahr gebannt worden war, wuchs zudem der außenpolitische Spielraum der Briten. Als erneut ein deutsches Gesprächsangebot kam, gab Churchill die Devise aus: »Our attitude towards all such enquiries or suggestions should be henceforward absolute silence.«[464] Nach dem Einmarsch der Deutschen in die Sowjetunion im Juni 1941, dem japanischen Überfall auf Pearl Harbour und dem Kriegseintritt der USA im Dezember 1941 veränderte sich die Situation erneut. Die Briten mussten jetzt Rücksicht nehmen auf ihre Verbündeten. Sie waren eifrig bemüht, nicht den Eindruck zu erwecken, sie wollten einen Separatfrieden mit der deutschen Opposition abschließen. »Absolute silence« wird bis zum Kriegsende die Maxime bleiben, mit der man den verzweifelt um Hilfe ersuchenden deutschen Oppositionellen in London begegnete. Wir spüren die Verzweiflung, wenn Leibholz noch 1976 seine Bemerkung aus einem Brief an Bell vom 30. Juli 1944 wiedergibt, zehn Tage nach dem Attentat auf Adolf Hitler, das in Großbritannien überrascht zur Kenntnis genommen wurde, aber keinerlei Wirkung mehr entfalten konnte: »Die ›Verschwörer‹ in Deutschland, für die ich eine tiefe Bewunderung hege, werden in ihrem eigenen Lande verachtet, entehrt, gemordet. Sie waren bereit, gegen ein Regime sich zu erheben, dessen Sturz die bedingungslose Kapitulation mit sich gebracht hätte. Sie werden von den Alliierten verdächtigt, verlacht, ›schlechtgemacht‹; ja, gerade von denen, die ihnen helfen müßten, und die – ob sie es begreifen oder nicht – für dieselbe Sache gekämpft haben wie sie selber. Aber man sieht in ihnen nur die Militaristen, die, um das Ärgste zu verhüten, retten wollten, was zu retten ist und nur einen neuen Weltkrieg vorbereiten wollten.«[465]

Leibholz hingegen verstand nicht, wie wirkmächtig das Bild vom »Militaristen«, vom »Junker«, vom »Preußen« war. Es war keine Ausrede, kein Propagandatrick, es war für viele Beteiligte sehr real und seit dem Ersten Weltkrieg quasi empirisch belegt. Leibholz kämpfte gegen Windmühlen in einer Gemengelage, in der seine Argumente nicht mehr griffen. Der deutsche Widerstand hat ohne den gelungenen Regimesturz im Ausland nie wirklich eine Chance auf Unterstützung gehabt. Das Bild vom anderen Deutschland war zu diffus, und es drang nicht durch. Das zeigt sich in einem Pamphlet vom Herbst 1943, das sich gegen die Position des Trades Union Congress (T.U.C) wandte. Der Gewerkschaftskongress stand mit der Exil-SPD, die ihren Sitz in London hatte, in engem Austausch, und die hatte dort dieselben Probleme wie die Opposition, die von Deutschland aus agierte, die Briten überhaupt von der Existenz einer ernstzunehmenden deutschen Widerstandsbewegung zu überzeugen:

»Where is this other Germany?
Do not blame the German people
Says the British T.U.C.
They are victims of the Nazis
Just the same as you and me.
They don't want to rob their neighbours
Or to crush them underfoot,
Its the Nazis, not the Germans
Who have such a lust for loot.
When you read those tales of horror
Published in the Moscow news,
Telling you how German soldiers
Murdered Russians, Poles and Jews.
Do not come to rash conclusions
O'er the horrors warfare brings,
Its the Nazis, not the Germans,
Who do all this dreadful things.
Think of all those great composers
Mozart, Wagner and the rest,
Filling all the world with music
Giving of their very best.
Now the world is filled with hatred,
Hatred of the German name,
But the T.U.C. keep saying
Its the Nazis we must blame.
Who are Nazis, who are Germans?
We would ask the T.U.C.
Can they tell us when the Germans
Ever struggled to be free?
Do they know this German nation
For whose fate they shed their tears,
Five times broke the peace of Europe
In the past one hundred years?
Did Beethoven, Goethe, Schiller
Use their splendid gifts in vain,

Preaching to a robber nation
Which proudly bears the brand of Cain?
Does Herr Hitler, Himmler, Goering
Represent the Herrenvolk,
Or is the German nation struggling
To cast off the Nazi yoke?
All these question[s] must be answered
If we would the nations free
Wishful thinking will not help us
To achieve world liberty.
If there do exist two Deutschlands
We would beg the T. U.C.
To inform us where in Europe
Is this ›Other‹ Germany?«[466]

Leibholz' und Bells Erfolg war ein langfristiger. Ihre Arbeit während und vor allem nach dem Krieg bewirkte, dass der Name Dietrich Bonhoeffer, stellvertretend für den gesamten Widerstand, heute in Großbritannien bekannt ist. Sein Leben und sein Sterben 1945 im Konzentrationslager Flossenbürg führten dazu, dass er seit 1998 mit einer Statue am Märtyrerportal auf der Westseite von Westminster Abbey in London geehrt wird.[467]

Ernst Neustadt: »... jetzt, wo ich allein – und wie allein! – bin.«

> Peter Leibholz an Gerhard Leibholz am 18. Juli 1942: »Dass alle Oppenheimers tot sind, finde ich sehr traurig, wenn ich auch diese Leute nicht sehr liebte.«
>
> Peter Leibholz an seinen Bruder Gerhard am 27. April 1943: »Ledermann schrieb aus Sydney: Seine Mutter hat sich in D. das Leben genommen, als sie nach Polen gebracht werden sollte.«

Im Nachlass von Gerhard Leibholz finden sich zahlreiche Postkarten und Briefe aus den Jahren 1938 bis 1942 von »Ernst«, »Dein alter Ernst«, »Dein wirklich alter Ernst«: Dr. Ernst Neustadt war Leib-

Ernst Neustadt (1883-1942)

holz' Lehrer am Mommsen-Gymnasium in Berlin gewesen und wurde ihm später ein enger Freund.[468] Ernst Neustadt stammte wie sein ehemaliger Schüler aus einer wohlhabenden Familie Berliner Juden aus Charlottenburg. Er besuchte das Königliche Wilhelms-Gymnasium in Berlin-Tiergarten. Einer seiner Mitschüler dort war Kurt Hahn, der später das Internat Schloss Salem gründete.

Im Alter von 18 Jahren begann Neustadt sein Studium der Klassischen Philologie, Germanistik und Theologie in Berlin, das er 1906 mit einer Promotion abschloss. Nach dem Staatsexamen 1907 arbeitete er als Lehrer an verschiedenen Berliner Gymnasien, wo er sehr beliebt war. Der Vater eines Schülers charakterisierte ihn im November 1938 überschwänglich: »His character is perfect and his ability of getting on with young people is marvellous.«[469] Zugleich machte er sich durch zahlreiche wissenschaftliche Veröffentlichungen einen Namen als Altphilologe. Daher forderte man ihn auf, sich auf die Direktorenstelle des Goethe-Gymnasiums in Frankfurt zu bewerben. Diese Stelle hatte er bis zum Inkrafttreten des *Gesetzes zur Wiederherstellung des Berufsbeamtentums* im März 1933 inne, als er zu einem einfachen Lehrer degradiert wurde. Nach Erscheinen der *Nürnberger Rassegesetze* versetzte ihn die Schulbehörde schließlich in den Ruhestand. Am 14. Juli 1938 schrieb Neustadt an Gerhard Leibholz: »... um dem stillschweigenden Übereinkommen halbjährlicher Lebenszeichen treu zu bleiben.« Er berichtete aus seinem Alltag im nationalsozialistischen Frankfurt und schloss mit der Bemerkung: »Gegen den 1. Oktober ziehen wir nach Mainzer Landstr. 32 um, um uns milieumäßig zu entnazifizieren, ehe uns die kochende Volksseele hinausbrodelt.« Neustadt erhielt in seinem erzwungenen Ruhestand eine lächerlich geringe Rente. Dennoch musste sich der früh getaufte *Jude*, der sich wie Leibholz zeit seines Lebens als Christ fühlte, nach der Pogromnacht vom 9. November 1938 mit 58.000 Reichsmark an der gesetzlich vorgeschriebenen *Judenvermögensabgabe* beteiligen. Diese so harmlos als Abgabe daherkommende Forderung war nichts anderes als staatlich organisierter Raub. *Die Juden* erlitten damit doppeltes Unrecht, indem sie die massiven materiellen Schäden, die mit dem Unrecht, das man ihnen angetan hatte, einhergingen, auch noch selbst bezahlen sollten.

Dem »stillschweigenden Übereinkommen« gewissenhaft folgend, schrieb Neustadt regelmäßig an Leibholz und schilderte mit zunehmender Eindringlichkeit seine Situation »drinnen«. Der Philologe sah seine Frau und sich im gleichen Dilemma wie Schillers Wallenstein, gefangen in einem Dasein »des ›Nicht mehr Könnens wie er wollte‹«. Er fühlte sich wie jemand, »dem es unendlich schwer wird, sich aus den faktisch nur noch imaginären Lebenssicherheiten loszueisen. Daß in den Quälereien der letzten Zeit Trude und ich auch physisch sehr heruntergekommen sind, bestätigt mir jede Begegnung mit älteren Bekannten (›Sie hätte ich aber kaum wiedererkannt!‹); bestätigt mir auch der Mangel an Konzentrationsfähigkeit beim Englischlernen, aus dem ich mir schwerlich ein Instrument schmieden kann, um die Früchte vom Baume des Lebens herunterzulangen.«[470] Obwohl das Leben zusehends schwieriger wurde, konnte sich Neustadt, anders als seine Frau Trude, nicht recht mit dem Gedanken an eine Ausreise anfreunden: »Trude drängt hinaus mit vielen triftigen Gründen, ich bin zähflüssiger. In letzter Zeit werden um uns allerhand Stimmen laut, die für ›Bleib im Lande‹ sind, ... stutzig machte mich ein Brief von Dr. Demuth, der schrieb: die Auswanderung sei immer ein Sprung ins Dunkle, und man wisse nie, wie so etwas ausgehe. Natürlich weiss ich: die Dinge liegen nach Beruf, Lebensalter, Persönlickeit, Rückhaltsmöglichkeiten draussen ganz verschieden, weiss auch, dass ich in allen diesen Gesichtspunkten schlechter dran bin als die meisten andern. Von Dir würde ich gerne hören: lässt es sich denn überhaupt draussen leben? und [sic] wie steht es mir der Hilfsbereitschaft derer draussen, auf die man doch mindestens für eine lange Anlaufszeit angewiesen ist? Das Feuer, das ich vor zwei Monaten in vielen Äusserungen wahrzunehmen meinte, scheint mir jetzt schon beträchtlich zusammengesunken, die Wellen derer, die hinausströmen, schwellen immer mehr an und scheinen mir wie die letzten Unterkunftsmöglichkeiten so auch die philanthropischen Regungen des Auslands wegzuschwemmmen. Wenn ich nun denke, dass wir wenn überhaupt frühestensfalls in einem halben Jahr herauskönnen, haben dann wir, gänzlich ohne wohlhabende Verwandte und Freunde, überhaupt eine andere Freiheit draussen als die, zu betteln und zu verhungern? Wohlgemerkt, lieber Gerd: ich will Dir mit Deiner Antwort keinerlei Verantwortung aufbürden; aber ich kenne Deine feinfühlige Witterung für die Lebensdinge, die erst in der Luft liegen, und Deinen Scharfsinn für die Gegebenheiten des Daseins, weiss auch, dass unser beider Grundanforderungen ans Leben sich nahe berühren. Ich bitte Dich daher, auch solche postscaenia vitae [Wahrheiten hinter den Kulissen] nicht zu verschweigen, ob es sehr viele Erniedrigungen und Demütigungen mit sich bringt, dass man für jede Trambahnfahrt und jede Semmel auf Fremde angewiesen ist. Natürlich weiss ich die Gründe, die für ein Hinaus sprechen, weiss auch, dass ich viel schlimmer hier als draussen dran bin, wenn die Pension nicht mehr gezahlt wird. … Dieses zermürbende Warten, die täglich neuen Enttäuschungen und was noch hier alles so drum und dran hängt, die Illusionslosigkeit über die nähere und fernere Zukunft, die Frage, was aus meiner Frau werden soll, hemmt jeden Lebenstrieb und lässt manchmal den Eingang ins Nirvana als freundlichsten Ausweg erscheinen. … Dein wirklich alter Ernst.«[471]

Da jedoch die Gefahr, in der sich das Ehepaar inzwischen befand, allzu offensichtlich geworden war, bemühten sich nun auch die Neustadts um ihre Ausreise; auch sie mithilfe von ihnen wohlgesonnenen Bekannten und Freunden. Offenbar konnten sie den genannten Schülervater Wolfgang von Tirpitz, Sohn des kaiserlichen Admirals, gewinnen. Dieser pries im November 1938 gegenüber Leonard K. Elmhirst, dem Leiter der englischen Reformschule Dartington Hall, Neustadts pädagogischen Fähigkeiten. Tirpitz bat in England um Hilfe für seinen Freund Neustadt, die sich jedoch schwierig gestaltete. Ähnlich wie der Jurist Leonhard Stein war Ernst Neustadt kein Fall für die Society for the Protection of Learning, weil er als Lehrer kategorisiert wurde und nicht als Wissenschaftler, als den man ihn durchaus hätte betrachten können. Am 13. Februar 1939 aber konnte er tatsächlich Gerhard Leibholz berichten: »Freitag früh kam völlig überraschend die Einreiseerlaubnis für England.« Dabei war nicht klar, wer für Neustadt gebürgt hatte, um die Einreise überhaupt erst zu ermöglichen. Zwar hatte sich Direktor Elmhirst wirklich bemüht und an das German Jewish Aid Committee in London geschrieben, allerdings erst am 22. Februar 1939. Damit war das Problem aber keineswegs gelöst, denn es war nur ein Permit, und auch nur für den Lehrer Neustadt, nicht für seine Frau: »Bei ihrem gegenwärtigen Nervenzustand ist es mir aber unmöglich, mich auch nur vorübergehend von ihr zu trennen«, schrieb Neustadt weiter an Leibholz. Es muss Gerhard Leibholz gewesen sein, der sicherlich auf Anregung von Neustadt an dessen ehemaligen Mitschüler Kurt Hahn geschrieben hatte. Hahn, der als Jude und einflussreicher Reformpädagoge den Nazis gleichermaßen verhasst war, hatte Deutschland im Juli 1933 gleich nach seiner Entlassung aus dem Schuldienst verlassen und im Exil mit anderen die Reformschule Gordonstoun in Schottland gegründet. Neustadt konnte Leibholz am 14. April 1939 berichten, dass »durch H's Freundlickeit … Trude ebenfalls die Einreiseerlaubnis erhalten« habe. Bei aller Freude über die nahende Rettung blieb die Situation bis zur Ausreise bedrückend: »Im ganzen führt man ein Dasein von verminderter Wirklichkeit das manchmal wie ein schlimmer Wachtraum ist.«[472] In zahlreichen Briefen bat Neustadt weiterhin um Rat, wie denn die Emigration praktisch zu bewerkstelligen sei. »Mein lieber Gerd, unter etwa 250 Schreiben, die ich from abroad in den letzten 2 ½ Monaten erhielt, ist deines das erste, das klar, sachlich, erschöpfend und mit der Ignoranz der Zurückgebliebenen rechnend Auskunft gibt. Daß du mir diesen Freundschaftsdienst geleistet hast, noch dazu von schmerzhafter Matratzengruft aus [Leibholz litt an einer Neuralgie], danke ich dir auch in Trudes Namen von Herzen.« Dennoch schloss Neustadt seinen Brief mit den entmutigten Zeilen, er habe »vor der vita nuova [dem neuen Leben] ein ebenso restloses Grausen wie vor der vita vecchia [dem alten Leben]. … Am schrecklichsten ist das Warten, Betteln, Enttäuschtwerden, Hoffen, Versprechen vor dem eigentlichen Absprung. Du hast wenigstens in deinen Kindern noch einen Lebenssinn und eine Zukunft, für die Ihr Euch plagt. Herzliche Wünsche und Grüße an Dich und die deinen! Dein Ernst«.[473]

Am 11. Juli 1939 konnte Neustadt endlich ankündigen, dass die Ausreise unmittelbar bevorstehe. Trude und er kämen am 20. Juli nach London, um »am 21. Juli abends weiter nach Aberdeen [zu reisen], wäre ja schön, wenn man sich sehen könnte und have a good chat.« Ernst Neustadt konnte tatsächlich Lehrer in Gordonstoun werden, zumindest so lange bis dort schon Ende 1939 alle Refugees interniert wurden. Nach etwas mehr als einem halben Jahr entließ man Ernst und Trude Neustadt im August 1940 aus dem Lager, und zwar aufgrund ihrer besonders schwierigen Umstände, was sich sowohl auf ihre finanzielle wie auf ihre gesundheitliche Situation bezogen haben könnte. Sie durften jedoch nicht nach Schottland zurückkehren. Das Leben der beiden Emigranten im darauffolgenden Jahr lässt sich heute nicht mehr rekonstruieren. Erst im September 1941 wird Ernst Neustadt wieder sichtbar als Lehrer an einer Schule in Wakefield/Yorkshire. Sieben Monate später am 30. März 1942, starb seine Frau an Krebs. Nur wenig später, wurde seine Stelle an der Schule nicht verlängert, und er geriet in finanzielle Schwierigkeiten. Der Mann, der 1938 noch als großartiger Pädagoge beschrieben worden war, war drei Jahre später einsam und verarmt. Er sollte in die Annalen der Schule in Wakefield eingehen als »a very unhappy man, very much feared and hated by the boys, and there will be few now who remember him.«[474] Sabine Leibholz erwähnt Neustadt kurz in ihren Erinnerungen als den »Patenonkel unserer Tochter« und fügt lapidar hinzu: »Er wanderte nach England aus; später erhängte er sich dort.«[475]

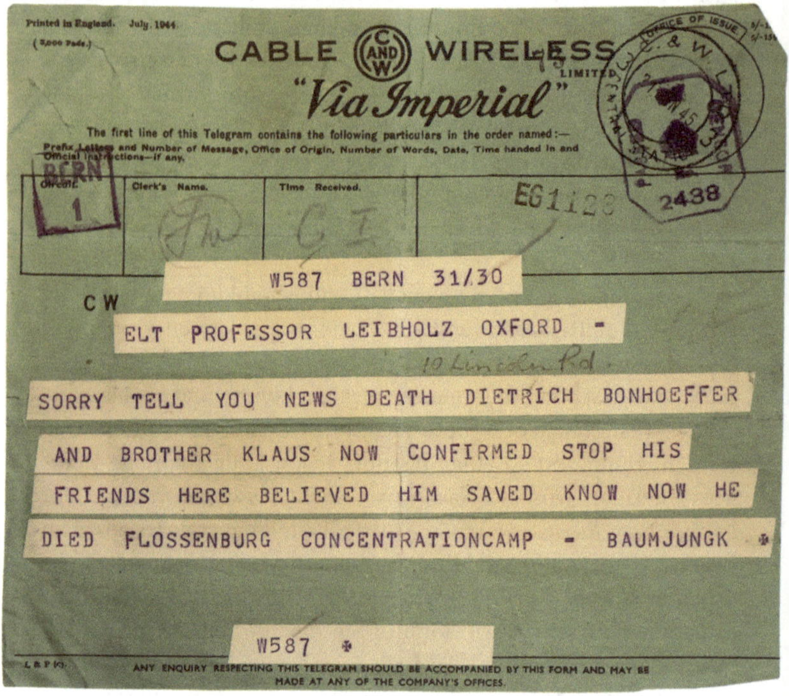

Printed in England. July. 1944.
(5,000 Pads.)

CABLE AND WIRELESS LIMITED

"Via Imperial"

The first line of this Telegram contains the following particulars in the order named:— Prefix Letters and Number of Message, Office of Origin, Number of Words, Date, Time handed in and Official Instructions—if any.

Circuit.	Clerk's Name.	Time Received.	
BERN 1			EG1123

2438

W587 BERN 31/30

CW

ELT PROFESSOR LEIBHOLZ OXFORD -

10 Lincoln Rd.

SORRY TELL YOU NEWS DEATH DIETRICH BONHOEFFER AND BROTHER KLAUS NOW CONFIRMED STOP HIS FRIENDS HERE BELIEVED HIM SAVED KNOW NOW HE DIED FLOSSENBURG CONCENTRATIONCAMP - BAUMJUNGK

W587

ANY ENQUIRY RESPECTING THIS TELEGRAM SHOULD BE ACCOMPANIED BY THIS FORM AND MAY BE MADE AT ANY OF THE COMPANY'S OFFICES.

Der Absender Baumjungk war wohl Robert Jungk, der als Robert Baum 1913 als Sohn einer Familie assimilierter Juden in Berlin geboren wurde. Er besuchte wie Gerhard Leibholz das Mommsen-Gymnasium. Als aktiver Anti-Nazi, der auch Kontakte zur Roten Kapelle hatte, ging er ins Exil, erst nach Paris, später nach Zürich. In der Schweiz muss er Kontakt zur Ökumenischen Bewegung gehabt haben, um vom Tod Bonhoeffers zu erfahren. Die Familie Leibholz war aber bereits einen Monat zuvor von Julius Rieger darüber informiert worden.

»Drinnen«?

Rückkehr? – England (1947-1951) und Göttingen

»Vom Nullpunkt aus lebt es sich wieder leichter.«

»Ich wundre mich selbst wie froh und heiter ich eigentlich immer bin. Trotz allem. Es ist eben Frieden, und es werden nicht mehr täglich hunderte gemordet. Den Tiefpunkt, den Aufprall, auf den man vom Jahre 1933 an gewartet hat, hat man hinter sich und wenn ich bis dahin immer Pessimist gewesen bin, und auch die Hoffnungen für die Gefangenen, die immer wieder aufkamen, nie habe teilen können, jetzt wo alle Ungewißheit über ihr Schicksal ein Ende hat, sehe ich – aller Vernunft entgegen und auch der Haltung der meisten Mitmenschen zum Trotz – wieder voll Hoffnung auf die Zukunft. Vom Nullpunkt aus lebt es sich wieder leichter.«[476] Dies schrieb Susanne Dreß im Februar 1946 aus Berlin an ihre Schwester Sabine Leibholz in Oxford. Der Krieg war zuende, das Leben in der Diktatur war vorüber, aber vier junge Männer aus der Familie Bonhoeffer waren tot. Dietrich Bonhoeffer, Klaus Bonhoeffer, Hans von Dohnanyi und Rüdiger Schleicher waren noch im April 1945, wenige Wochen, ja Tage vor Kriegsende von den Nazis ermordet worden.[477]

Adolf Hitler hatte am 30. April in Berlin Selbstmord begangen und sich damit jeder Verantwortung entzogen. Einen Tag später folgten Propagandaminister Goebbels und seine Frau ihrem *Führer* und nahmen dabei ihre sechs Kinder mit in den Tod. Auch Heinrich Himmler, der oberste SS-Mann und später NS-Innenminister, nahm sich bei seiner Gefangennahme Ende Mai 1945 das Leben. So wurde nur Hermann Göring, der Chef der Luftwaffe, im Herbst 1945 als ranghöchster Nationalsozialist vor dem Internationalen Militärgerichtshof in Nürnberg angeklagt. Zusammen mit 23 weiteren NS-Hauptkriegsverbrechern beschuldigte man ihn der »Verbrechen gegen die Menschlichkeit«. Es war der überwiegenden Mehrheit der Deutschen bekannt und bewusst, dass es diese furchtbaren

Verbrechen gegeben hatte.[478] Das Ausmaß des Mordens wurde bei der Befreiung der Konzentrationslager offenbar. Am 27. Januar 1945 erreichten die sowjetischen Truppen Auschwitz, am 11. April kamen die Amerikaner nach Buchenwald und am 15. April waren die Briten in Bergen-Belsen. Mit der Unterzeichnung der bedingungslosen Kapitulation durch deutsche Militärs endete der Zweite Weltkrieg in Europa am 8. Mai 1945. Die Deutschen fühlten sich entweder als Besiegte oder als Befreite. Eines jedoch hatten alle gemeinsam, sie waren zunächst damit befasst, ihren Alltag zu meistern, denn der war im frühen Nachkriegsdeutschland eine Herausforderung.

Wir »haben immer von der Karte in den Mund gelebt.«[479]
Hunger, Kälte, Mangel in Berlin

Gerhard und Sabine Leibholz hatten im Frühjahr 1943 den ohnehin spärlichen Kontakt nach Berlin abgebrochen, nachdem sie erfahren hatten, dass Dietrich Bonhoeffer sowie Hans und Christine von Dohnanyi verhaftet worden waren. Sie wollten die Inhaftierten nicht gefährden. Die Sorge um die Familie war groß, sie wussten nicht, wie es all ihren Lieben ging, den Gefangenen, den alten Eltern. Umso mehr sehnten sie sich nach Neuigkeiten, und sobald das möglich war, aktivierten sie ihre Kontakte, um eine Verbindung nach Deutschland herzustellen. In den Berliner Bonhoeffer-Familien war das Interesse natürlich ebenso groß, zu erfahren, wie es den Abwesenden ergangen war. Schon aus dem April 1945 finden sich erste Briefe, und schnell entwickelte sich eine rege Korrespondenz zwischen den lange Getrennten. Die Briefe aus Berlin schildern sehr anrührend aus dem unmittelbaren Erleben, zum Teil erschütternd die Zerstörung, die Not, den allgegenwärtigen Mangel, Hunger, Kälte und die ungeheuren Mühen des Alltags. Alles ist schwierig, was Christine von Dohnanyi in einem Brief sehr anschaulich beschreibt: »Wenn Du Dich waschen willst, hast Du keine Seife, wenn Du die Nägel sauber machen willst, hast Du keine Nagelbürste, zum Kämmen nimmst Du eine Ruine, die Du früher einem Dienstmädchen verübelt hättest; dann willst Du fegen und hast nur noch die letzten fast haarlosen Trümmer eines

Karl und Paula Bonhoeffer in der Marienburger Allee 43 in Berlin. Das Haus kann heute als Bonhoeffer-Haus besichtigt werden.

geborgten Besens, keinen Lappen und musst überlegen, ob Du nicht Deinen letzten perforierten Schlüpfer dafür opfern musst; Du willst stopfen und hast kein Garn und nur wüste Nadeln, wenn überhaupt welche; Du willst waschen und hast keine Schüssel und musst überlegen, was schlimmer ist, den Kochtopf dafür benutzen oder einen Eimer, der auch anderen Zwecken dient; … Du hast keine elektrische Birne und Gott gnade Dir, wenn Du eine kaputt machst, denn Du sitzt dann unweigerlich im Dunkeln und kein Engel kann Dir helfen; kurz Du pfeifst überall auf dem letzten Loch.«[480] Tatsächlich gibt es einen Brief, in dem Christel schreibt, sie tippe ihren Brief im Dunkeln, denn das sei immer noch besser, als tatenlos herumzusitzen.[481]

Das größte Problem war allerdings die Kälte. Insbesondere der Winter 1946/47 ist als Jahrhundertwinter in die Geschichte eingegangen, weil er außergewöhnlich kalt war. »Man friert zur Zeit hauptberuflich«, konstatierte Christel. Sie fügt an, sie habe am Nachmittag Besuch gehabt von einem Bekannten, der, »weil er nicht heizen konnte, den ganzen Nachmittag im Pelzmantel im Bett gelegen« habe.[482] Außerdem habe eine junge Frau sie besucht, die versuchen wollte, einen Winterschlaf zu halten. Sie beabsichtige »unter möglichst weitgehender Herabsetzung des Stoffwechsels (was uns ja allen nicht sehr schwer fallen wird) den Winter im Bett … zu verbringen! Ich fürchte nur, dass sie in ihren Angleichungsbestrebungen an die Tierwelt insofern einen Berechnungsfehler macht, als sie sich vorher keinen Fettwanst anfressen kann. Sie meinte aber, ihr Mann sei gefallen, Kinder hätte sie nicht, ihr Interesse am Leben sei nicht mehr so gross!«[483] Karl Friedrich berichtete nach Oxford: »Wir haben wenigstens ein Zimmer, mein Arbeitszimmer, warm. In dem schlafe ich auch, wäscht sich die ganze Familie, wird gegessen und zu sechst gearbeitet. Ihr könnt Euch denken, was dabei rauskommt. Das übrige Haus ist ein Eispalast, wenn irgendwo Wasser vertropft wird, z.B. in der Küche, ist sofort ein[e] Schlitterbahn da.«[484] Vater Karl Bonhoeffer vermutete, wenn der kommende Winter wieder so kalt werde, dann »wird [man] wohl mit Polarausrüstung sich einrichten.«[485] »Nun dann, werden wir eben unnötige Möbel verheizen!«[486] Und Suse blickte im März 1947 zurück auf »Dauervereisung« im Haus und schrieb: »Neulich kam ein freundlicher Polizist an unsere Tür und fragte, ob bei uns im Haus jemand am verhungern oder erfrieren sei.«[487]

Die Not war groß, aber zumindest der Hunger war für die Bonhoeffers in Berlin kein so großes Problem wie für viele andere. »Hungererscheinungen wie geschwollene Beine, Hautausschläge und Ohnmachten« seien sehr verbreitet, schrieb Suse im Februar 1946 an Sabine. So schlimm war die Situation für die Bonhoeffers nie gewesen, aber doch schrieb Suse: »Auch die Kinder denken nicht anders als, falls wir den Winter überleben.«[488] Die tüchtige Pfarrfrau wollte sich aber nicht unterkriegen lassen und bemerkt, die Tage würden heller und »Es kann nicht mehr lange dauern bis das erste Unkraut auf den Schuttplätzen und zwischen den Ruinen aufwächst, und dann gibt es prima Spinat aus allem.«[489] Die Eltern Bonhoeffer erhielten als anerkannte Opfer des Faschismus etwas größere Zuteilungen, vor allem aber bekamen alle Pakete aus Oxford. Sabine Leibholz muss einen großen Teil ihrer Zeit damit verbracht haben, Lebensmittelpakete nach Deutschland zu füllen, zu packen und zu senden. In den Briefen aus Berlin äußern die glücklichen Empfänger ihre überschwängliche Dankbarkeit für diese Wohltaten und hoffen, dass sich die Familie Leibholz diese Präsente nicht vom Munde absparen muss. Die aber erhält bereits seit 1943 riesige Lebensmittelpakete aus Australien, was den anderen nicht bewusst war. Immer wieder erreichen Berichte über die große Freude beim Auspacken die Oxforder: »Du hast mir wieder so viele schöne kleine Delikatessen mitgeschickt, dass ich allmählich richtig verwöhnt werde mit all den pikanten Zutaten. Alle Leute, die mich längere Zeit nicht gesehen haben, sprechen mich auf mein gutes Aussehen an. Das ist sicherlich in der Hauptsache Euer Werk«, schrieb Karl Bonhoeffer an seine Tochter.[490] Susanne Dreß: »Wenn meine Gedanken nicht schon sowieso immer wieder bei Euch wären, so würden sie täglich mehrmals, bei jeder Tasse guten Tee, bei jeder Sacharintablette auf Dich stoßen müssen. Oft sagen wir uns bei ganzen Mahlzeiten, ›was äßen wir heute, wenn wir das nicht hätten?‹. Du glaubst gar nicht mit welchem Jubel die Kinder jedesmal die Schätze in Empfang nehmen. Andreas rief neulich völlig überwältigt ›Tante Sabine ist meine Lieblingstante‹«[491] – obwohl er sie gar nicht kannte.

»Andreas ist Euch ja ganz fremd« Entfremdung zwischen Oxford und Berlin

»Andreas ist Euch ja ganz fremd«, konstatierte seine Mutter Sabine gegenüber.[492] Andreas Dreß war im August 1938 geboren worden und hatte Tante und Onkel noch nie bewusst gesehen. Die Familien in Deutschland und in England waren, genauer: mussten einander fremd geworden sein, nachdem sie sich sieben Jahre lang nicht gesehen hatten, erst kaum noch, dann gar nicht mehr miteinander kommunizieren konnten und vor allem inzwischen einen vollständig anderen Erfahrungshintergrund hatten. »Es bleibt in allem nur die Geduld übrig, man ist dem Leben gegenüber ja auch dadurch, daß es in der Bombenzeit täglich in Frage gestellt worden ist, viel sorgloser geworden«[493], schreibt Susanne Dreß im Sommer 1945 an die Leibholzens. Die Geschwister in Berlin lebten wie die mittlerweile um die 80 Jahre alten Eltern seit 1939 im Krieg, der Berlin hart traf. Die Stadt wurde seit 1940 bombardiert und im Winter 1943/44 während der *Battle of Berlin* besonders schwer attackiert. Luftalarm, Zerstörung, Mangel, Hunger und Kälte waren nicht erst 1945 ein Problem. Ein Jahr nach Kriegsende erinnerte sich Susanne Dreß an die Andacht am Ostersonntag

1946: Es »gehört diese Morgenstunde mit zu dem Schönsten, was ich je erlebt. Unwillkürlich dachte man an die Tage vor einem Jahr zurück, wo wir auf dem Friedhof selbst Grab bei Grab gruben und mit den Kindern über die unter den Ästen und ausgerissenen Fliedersträuchern liegenden Leichen der Volkssturmmänner kletterten, um durchzukommen.«[494] Die Not schweißte mehr oder weniger bekannte Menschen zusammen, so berichtet Suse von einer Nachbarin. Sie »war zu Sylvester bei uns. ... Seit ihr Mann mit Klaus bei uns gelöscht hat und ich dann bei ihrer Ausbombung bei ihr im Schutt gebuddelt habe, sind wir uns näher gekommen. Dann habe ich mit Michael und Konni, ihrem Jüngsten, auf dem kleinen Friedhof an der Kirche das Grab für ihren Mann geschaufelt und ihn mit hineingelegt. Solche Stunden verbinden.«[495]

Eine ganz eigene Schicksalsgemeinschaft aber war die Familie Bonhoeffer selbst, die vor dem Hintergrund dieser äußeren Bedrohung die Sorge um die inhaftierten Männer teilte, um Dietrich und Hans seit April 1943, dazu um Klaus, Rüdiger und dessen Schwiegersohn Eberhard Bethge seit Oktober 1944. Alle ›draußen‹ kümmerten sich um deren Versorgung, indem sie ihre eigenen, spärlichen Rationen reduzierten, die ihnen per Lebensmittelkarte zustanden, um den Gefangenen etwas zu essen zukommen zu lassen. Das Auspacken der Care-Pakete erinnerte Eberhard Bethge später an diese Zeit: »Die Runde wird beim Auspacken immer an die Zeit des Gefängnisses erinnert, als jede Woche die verschiedensten Zusammenstellungen und Behältnisse für uns fertiggemacht wurden.«[496] Die Frauen holten die zum Teil blutige Wäsche aus dem Gefängnis, die ihnen anzeigte, dass ihre Lieben gefoltert worden waren. Die Familie versuchte, juristisch zu helfen, auf eine mögliche Freilassung hinzuwirken, obwohl eigentlich alle wussten, dass dies nahezu unmöglich war. Am Ende stand die Hinrichtung. Hans von Dohnanyi hatte im August 1942 den »Zusammenhalt zwischen uns Geschwistern und mit den Eltern« erwähnt, der so groß sei wie je.[497] Aus diesem Kreis ihrer Verwandten, die so grausame Erlebnisse miteinander verbanden, war die Familie Leibholz ausgeschlossen. Ihr Leben in Oxford war kein leichtes, aber ein leichteres.

»Wenn man doch bald sprechen könnte.
Wieviel wäre zu erzählen.«[498]

Der große Wunsch auf beiden Seiten, sich endlich wiederzusehen – »Wenn Ihr nur schon hier sein könntet. Man möchte Euch so gern alles so genau und ausführlich wie möglich zugänglich machen, was in Eurer Abwesenheit gewesen ist.«[499] –, ging jedoch nicht so bald in Erfüllung. Tatsächlich kam es erst im Sommer 1947 zu einem persönlichen Wiedersehen. Kommunikation und Mobilität handhabten die Alliierten in ihren Zonen sehr restriktiv. Private Reisen von und nach Deutschland wurden nicht gestattet. Noch zwei weitere Jahre musste sich Paula Bonhoeffer darauf beschränken, den fernen Lieben zu versichern: »Wir denken ja so viel zu Euch hinüber u. reden von Euch.«[500] Und Gert antwortete: »Many, many thanks for all your loving thoughts. You can hardly imagine what all this means for us just now after all that happened. … We feel very privileged to have these letters, under the present circumstances, and we highly treasure them all. They are a constant source of joy and strength to us.«[501]

Schon innerhalb Deutschlands, ja innerhalb Berlins war die Bewegungsfreiheit stark eingeschränkt, bisweilen aus ganz praktischen Gründen, so Susanne Dreß im März 1946: »Leider haben wir ja noch kein Telephon und so lebe ich dann hier von der Familie völlig isoliert, wenn ich nicht hin kann. … und die Fahrt ist doch so langwierig, daß es sich für einen halben Tag kaum« lohne, die Eltern in Charlottenburg zu besuchen.[502] Dort las sie die Briefe aus Oxford, die in der Familie die Runde machten. Beide Seiten nutzten die reguläre Post, die jedoch sehr viel länger dauerte, als wenn die Briefe einem der britischen Offiziere mitgegeben werden konnten, die jetzt in Berlin arbeiteten. Gerhard Leibholz hatte die entsprechenden Stellen angesprochen, auch, um sie zu bitten, sich um die Familie in Berlin zu kümmern. Die Briten, von Leibholz entsprechend informiert über das Schicksal der Bonhoeffers, halfen bei verschiedensten Schwierigkeiten, besuchten Karl und Paula Bonhoeffer und aktivierten weitere Hilfen direkt aus England.[503]

In Berlin war Eberhard Bethge der Organisator alles dessen, was für die Familie zu tun war: »Ihr macht Euch kaum Begriffe davon, wie schwierig jetzt hier jedes Arrangieren für uns ist, da die Verkehrsmittel kaum funktionieren und die Telefone alle abgenommen sind. So macht man ständig vergebliche Wege und verbringt mit den grössten Lappalien, die aber nicht zu umgehen sind, ganze Tage. So habe ich mit dem Zustandebringen der gehäuften Post an Euch von allen verschiedenen Gliedern soviel Zeit verbracht, dass für meine eigene Epistel nun keine Zeit mehr bleibt.«[504] Er sei zur Zeit der einzige junge Mann, der da sei, um den Eltern und allen anderen zu helfen.[505] Der 77-jährige Großvater war zu alt, um in den Trümmern Berlins Botengänge zu erledigen. Er hatte sich allerdings bereit erklärt, noch einmal als Psychiater in seiner alten Klinik in Wittenau zu arbeiten, wofür er lange Wege durch Berlin zu erledigen hatte, so dass seine Kinder dies nicht allzu gern sahen. Ein Mr. L.M. Livingstone, der die trauernden Eltern besucht hatte, meldete jedoch nach Oxford: »He is working, and one feels that his work even if it is a strain, must also be an immense resource and comfort to him.«[506] Karl Friedrich, der älteste Sohn, genoss zwar im Geschwisterkreis große Anerkennung, aber er hatte nie richtig zum »Individualistenclub« dazugehört, sondern war immer derjenige, der wie der Vater ein berühmter Naturwissenschaftler werden sollte und wollte. Walter Dreß, der Mann der jüngsten Bonhoeffer-Tochter, fand kaum je Erwähnung. Ganz anders der Schleicher'sche Schwiegersohn Eberhard Bethge: »Ich finde überhaupt, Eberhard passt so schön in unsere Familie – man glaubt, er wäre schon immer dabei gewesen«, so Sabine im Februar 1946.[507] Bethge hatte spätestens 1945 seine Rolle im Familienkreis gefunden als der Nachlassverwalter, vielleicht eher noch der Gralshüter seines Freundes und Mentors Dietrich. Somit war Gert der einzig verbliebene Mann, derjenige, der sich um die anderen zu kümmern hatte. So wurde er von den Hinterbliebenen gesehen. Er avancierte zum Rechtsberater der Witwen, die sich an ihn wandten, weil sie einen jahrelangen, mühevollen Kampf um ihre Rente auszustehen hatten. Von England aus gab er Ratschläge oder bemühte sich um britische Unterstützung der Frauen bei der schwierigen Auseinandersetzung mit den Behörden.[508] Sogar Dietrichs Braut Maria von Wedemeyer wurde in seine Fürsorge miteinbezogen. Sie wollte in Göttingen Mathematik studieren. Zwar wurde sie als Frau zunächst abgelehnt, weil die heimkehrenden Soldaten Vorrang hatten, aber als ehemalige Verlobte eines ermordeten Widerstandskämpfers wurde sie dann doch zugelassen. Leibholz konnte erreichen, dass Bell ihr Studium mitfinanzierte. Auch der neue Verlobte Marias, Paul Schniedewind, schrieb an Gerhard Leibholz mit der Bitte um Hilfe, weil er ein Gutachten für amerikanische Universitäten brauchte.

Für Christine von Dohnanyi war ihr Schwager sogar der intellektuelle und emotionale Ansprechpartner, der ihr seit dem Tod ihres Mannes fehlte, und das sollte Gerhard auch für ihre Söhne sein: »Wie schön wäre es, wenn Gert hier wäre, und bei den Jungen den Vater etwas ersetzen könnte«, so schrieb sie an ihn im Februar 1942.[509] Wobei Hans von Dohnanyi für sie im Gespräch immer dabei war.

Leibholz war bewusst, dass sich diese Erwartung der Toten und der Lebenden an ihn richtete. In einem Brief vom Oktober 1945 formulierte er, diese Hilfe sei derzeit seine »Haupttätigkeit«.[510] Er tat das, was von ihm erwartet wurde, wenn etwa Christine von Dohnanyi ihm schrieb, Hans habe »eine gewisse Beruhigung dabei empfunden, dass Du später einmal da sein würdest.«[511] Doch er sah sich auch selbst in dieser Rolle, was er im Herbst 1945 so umschrieb: »Ich fühle mich natürlich für all die hinterlassenen Frauen und 10 Kinder in besonderem Maasse [sic] verantwortlich.«[512]

Oxford 1945: »Wir sind sehr menschenhungrig.«

»Wir hatten uns immer gerade so gefreut, Euch beide und die Geschwister und Kinder <u>zusammen</u> zu sehen. Das ist der Augenblick, auf den wir seit 6 oder 7 Jahren so sehnsüchtig warten«, fuhr Gerhard Leibholz im Herbst 1945 in einem Brief an die Eltern Bonhoeffer fort.[513] Die Sehnsucht nach den Eltern und Geschwistern in Deutschland war riesengroß. In den Briefen nach Deutschland überschlagen sich Gert und Sabine, um dem anderen Teil der Familie klarzumachen, wie wichtig er für die Exilierten war: »We need you both in our life more than ever before – after all that has happened«, ließ Sabine ihre Eltern im Dezember 1945 wissen. Am 9. Dezember 1945 wandte Gert sich an die »Dearest Parents, I was overjoyed to have your letters of November 15th … and I can only say that I return all your love from the bottom of my heart as if you were my own parents. There has nothing more priority in all our feeling and thoughts day and night than those of you, the sisters, Karl Friedrich and the whole family.«[514] Die Briefe waren ein so besonderer Schatz, dass Leibholz in fast kindlicher Freude den Eltern nach Berlin berichtete: »Ich fing diesmal die Briefe vom Postboten ab, und so hatte ich für Sabine und die Kinder abends die große Überraschung wenn ich heimkam.«[515] Wieder und wieder der Dank, die Begeisterung über den zurückgewonnenen Kontakt: »Liebe Eltern, meine Lieben, herzlichen Dank für Eure Briefe … Wir sind so froh wieder die Briefe zu haben und auch von Euch, liebe Eltern, direkt zu hören. Wir sind sehr unbescheiden, das wissen wir: aber Eure Briefe geben uns so viel und füllen uns immer mit so viel neuem Mut und so viel frischer Kraft, dass sie für uns die Bedeutung eines wirklichen Elixiers haben«[516], so schrieb Leibholz an anderer Stelle. Den Briefen wurden also fast übernatürliche Kräfte zugesprochen, wie einem Zaubertrank, und sie wurden notwendig ergänzt durch die Bilder, die zwischen den Standorten hin und her geschickt wurden. »Ich bin sehr, sehr froh Dein Bild zu haben. Es fehlte mir sehr«, beteuerte Sabine gegenüber ihrer Schwester Susanne, und den Eltern schrieb sie: »Euch liebe Eltern danke ich sehr für das Bildchen, wo ihr mit Dietrich im Garten sitzt. Ihr könnt Euch vielleicht gar nicht so vorstellen was solche Bilder für mich bedeuten, wo ich schon so lange von Euch allen getrennt bin.«[517]

»Nachdem wir hier sechsmal umgezogen sind«

»Nachdem wir hier sechsmal umgezogen sind, haben wir dies Jahr, um diesen trouble los zu werden, das Haus gekauft, in dem wir jetzt sind. Es war vor dem Krieg 1000 £ wert (15.000 Mark). Wir haben es für über das Doppelte gekauft, und es ist über das Doppelte, nämlich in der Höhe des Kaufpreises mit Hypotheken belastet. Das ist tatsächlich verrückt, und ich betrachte das Haus auch gar nicht als unser Haus. Aber wir waren damals so fed up, dass wir nur Ruhe haben wollten, und da wir kein Geld zur Investierung hatten, haben wir das gemacht.«[518] Es sei so wie das Greifswalder Haus, beschrieb Sabine Leibholz ihren Eltern das neue Domizil, »nur ohne Keller und ohne bewohnbaren Boden. Wir haben ja drei Jahre in zwei

Das Haus in der Lincoln Road in Oxford, das Gerhard Leibholz 1968 für eine symbolische Miete an seine Tochter Marianne vermietete

Zimmern gewohnt, von denen eines noch eine Bodenkammer war und dann noch zusammen mit vielen anderen Menschen. Jetzt haben wir vier größere und zwei sehr kleine Räume.«[519] Obwohl das Ehepaar Leibholz keineswegs wusste, wie es weitergehen sollte, und ungeachtet der Tatsache, dass es sich dies gar nicht leisten konnte, kaufte es Anfang 1945 ein Haus in der Lincoln Road in Oxford. Trotz aller Unsicherheiten und Unwägbarkeiten, die auf allen Ebenen bestanden, machten sich die Leibholzens daran, sich einen sicheren Hafen zu schaffen, der zugleich Stützpunkt für die Organisation ihrer Zukunft werden sollte. Bisher hatten sie in England aus Koffern gelebt, daher mussten sie sich nun um die Möblierung ihres neuen Heims kümmern. Die Möbel aber waren an den verschiedensten Orten untergebracht. Leibholz begann mit den Sachen, die am ehesten greifbar waren, nämlich Dietrichs Möbeln, die noch in dessen alter Pfarrwohnung in Forest Hill standen. Er korrespondierte mit Bruder Rieger und konnte auf diesem Weg einen Schreibtisch, eine Couch und ein Schrankoberteil ergattern.[520] Dann fahndete er in Göttingen, wo 1938 zunächst alles

Marianne und Christiane Leibholz am Teetisch unter einem Porträt von Karl Bonhoeffer

zurückgelassen worden war. Doch der Neffe Walter Schleicher, der in Göttingen gewesen war und den Auftrag erhalten hatte, nach dem Eigentum zu suchen, konnte nur noch berichten, dass die dortigen Kisten feucht und von Mäusen angefressen waren. Paula Bonhoeffer hatte im Verein mit ihrer Schwester Elisabeth von Hase 1939 dafür gesorgt, dass bestimmte Dinge nach Berlin transportiert wurden, um auf dem elterlichen Dachboden die Zeit des Exils zu überstehen. Offenbar sind Teile dieses Umzugsgutes auch in Berliner Lagerhäusern untergebracht worden, von denen Leibholz 1946 spekulierte, dass es die wohl nicht mehr gäbe.[521] Die mittlerweile

70-jährige Paula Bonhoeffer war auch jetzt wieder die treibende Kraft für die Organisation aller Leibholz-Angelegenheiten. Sie musste mehrfach nach Oxford melden, dass der Möbeltransport sich verzögere. Erst kurz vor Weihnachten 1947 kamen elf Kisten und ein Verschlag aus Berlin in Oxford an.

Im April 1946 ging die Frage nach Berlin: »P.S. wisst ihr zufällig ob und respektive wo Grote unsere in G. verbliebenen Möbel eigentlich gelassen hat?«[522] Wolfgang Grote war 1938 Treuhänder der Familie geworden, hatte den Hausverkauf mit im Blick, wollte ungern das schöne Cabriolet verkaufen, das noch in Göttingen stand und stellte den Flügel in seine Wohnung. Schon während des Krieges war er nicht mehr erreichbar, nach Kriegsende war er endgültig abgetaucht, reagierte nicht auf Schreiben und war irgendwann unter seiner alten Adresse nicht mehr zu erreichen. Selbst beruflich nicht sehr erfolgreich, hatte er offenbar der Versuchung nicht widerstehen können, sich aus dem ihm anvertrauten Vermögen zu bedienen, Möbel und auch Silber, das Peter Leibholz ihm zur Verwahrung überlassen hatte, zu seinen Zwecken einzusetzen.[523] Letzterer wird 1951 gerichtlich gegen Grote vorgehen.

Leibholz ging bei seiner Integration in England sogar noch einen Schritt weiter, er ließ sich nicht nur als Hauseigentümer (zumindest vorläufig) in Großbritannien nieder, sondern die Familie nahm am 2. April 1948 die britische Staatsangehörigkeit an. In einem Brief aus dem Jahr 1964 stellte er klar: »Was die Staatsangehörigkeit anbetrifft, so habe ich die deutsche Staatsangehörigkeit seit meiner Geburt. Persönlich bin ich nicht expatriiert worden. Ob ich auf Grund irgendeines allgemeinen Erlasses unter dem nationalsozialistischen deutschen Regime meine Staatsangehörigkeit verloren hatte, entzieht sich meiner genauen Kenntnis.«[524] Dieser Aspekt spielte letztlich auch keine Rolle. Es ging darum, in England, wo sie seit 1938 als Ausländer lebten, endlich dazuzugehören, nicht mehr deutsch zu sein, kein Refugee, sondern Brite, verbrieftes Mitglied der Mehrheitsgesellschaft. »This step also is in accordance with our feeling«,[525] schrieb Leibholz an Bell im Herbst 1947. Der Schritt war zugleich eine Art Rückversicherung. Wie immer sich die Zukunft gestalten sollte, es bestand von nun an die Möglichkeit, legal, damit ungestört und geschützt (z.B. vor Internierung) auf den Britischen Inseln zu leben. Alle vier Leibholzens hielten sich diese Hintertür zeit ihres Lebens offen, indem sie die zweite Staatsbürgerschaft nie aufgaben. Mit seinem Bruder Peter diskutierte er brieflich eine Namensänderung, zumindest für die beiden Töchter, falls sie eventuell in Großbritannien bleiben wollten. Peter riet, gerade für Töchter würde sich dieser Aufwand nicht lohnen, denn die heirateten aller Wahrscheinlichkeit nach eines Tages und müssten dann ohnehin einen anderen Namen annehmen. Außerdem »fanden [wir] unsere alten angestammten Namen weiterhin gut genug .... Auch sentimentale Gründe waren hierbei ausschlaggebend«[526], so Peter aus Australien.

»Es ist im Augenblick unsere wesentlichste Einnahmequelle.« Vorlesungen in Kriegsgefangenenlagern

An der prekären beruflichen Situation von Gerhard Leibholz änderte die doppelte Staatsangehörigkeit jedoch nichts. Er war und blieb ein deutscher Jurist, der im angelsächsischen Rechtssystem keinen Platz fand. Die Familie lebte im Exil stets in bescheidenen Umständen. Leibholz wollte oder konnte sich nicht für ein anderes Fachgebiet entscheiden, gar einen ganz anderen Beruf anstreben. Seine Frau fand es »hübsch«, dass ihre Nichte Barbara von Dohnanyi sich zur künstlerischen Fotografin ausbilden wollte; auch für sich selbst habe sie bereits an eine solche Möglichkeit gedacht.[527] Doch dieser Plan wurde ebenso wenig realisiert wie 1938/39 die Gymnastikausbildung. Im Laufe des Jahres 1945 zerschlug sich auch die Hoffnung auf eine größere Geldsumme, die eventuell aus dem Erbe von Hans Leibholz zu erwarten gewesen wäre. Der niederländische Vermögensverwalter teilte endgültig mit, dass Elise Köhler, Hans´ Schwiegermutter in Berlin, als Universalerbin eingesetzt worden sei. Es hatte zwei Testamente unterschiedlichen Inhalts gegeben, und die Brüder Gert und Peter waren sehr bemüht, in einer umfangreichen Korrespondenz von England und Australien aus den Sachverhalt zu klären, was ihnen aber nie vollständig gelang. Es bleibt unklar, warum Hans vor seinem Tod plötzlich völlig darauf verzichtete, seine Brüder zu bedenken.

Zudem waren seine Stipendiengeber etwas irritiert, dass der bedürftige deutsche Professor plötzlich in der Lage war, sich ein Haus zu kaufen.[528] Ohnehin war nicht sicher, wie lange die Gelder noch fließen würden, nachdem die Rahmenbedingungen sich so vollständig verändert hatten. Zwar erhielt Leibholz die Möglichkeit, eine kleine Vortragsreihe mit dem Titel »Lebendiges Abendland« im europäischen Programm der BBC zu halten. Jede Ausstrahlung wurde den Berlinern annonciert und so konnten sie am 9. Dezember 1945 auf diesem Wege nach vielen Jahren zum ersten Mal wieder Gerts Stimme hören. Doch diese kleine, temporäre Einnahme reichte nicht aus, um den Lebensunterhalt der Familie zu decken. Daher nahm Leibholz 1945 erfreut das Angebot des britischen Außenministeriums an: Er sollte einmal wöchentlich Vorlesungen zur politischen Bildung vor deutschen Kriegsgefangenen halten. Das Kriegsgefangenenlager, das er vor allem aufzusuchen hatte, lag nicht allzu weit entfernt südöstlich von Oxford in der Kleinstadt Beaconsfield im Großraum London. Am Rande der Stadt lag das Schulungszentrum Wilton Park, heute eine renommierte Denkfabrik für internationale Politik. Die Vorlesungen waren Maßnahmen der britischen Reeducation-Politik, die von den Briten sorgfältig vorbereitet worden war. Die Deutschen sollten durch Umerziehung von der Demokratie überzeugt werden, um eines Tages wieder als gleichberechtigte Mitglieder der europäischen Staatengemeinschaft anerkannt werden zu können. Der deutsche Bundeskanzler Helmut Schmidt bestätigte später, dass dieser Plan bei ihm funktioniert habe: Er sei ein Nazi gewesen, dann sei er nach Wilton Park gekommen und das habe sein Leben verändert.[529] »Gert macht die Arbeit dort viel Freude«, berichtet Sabine Leibholz nach Berlin. »Er kann sehr gut mit den einfachen Leuten. Alle hören sehr zu und discutieren lange. Die meisten dürfen auf Farmen arbeiten, sie bekommen dafür bestimmte Geldmarken, die sie nur im Camp für Zigaretten oder Haarschnitt ausgeben dürfen. Sie haben alle die zauberhaft festen Spielzeuge gemacht, Gert war ganz begeistert davon, aus nichts eigentlich. Die Spielzeuge sind Weihnachten an Kinderkrankenhäuser hier verteilt worden, und hoch bewundert. Auch auf den Farmen sind die Gefangenen als tüchtige Arbeiter sehr beliebt, was bei den Italienern garnicht der Fall war. Die Vorträge bei den Gefangenen werden sehr anständig bezahlt. Die leitenden englischen Offiziere sind meist sehr freundliche Gastgeber, und ich freue mich für Gert, dass er dort wenigstens mal Bier und

Schnäpschen bekommt – mehr als er möchte – und ein schönes Mahl.«[530] Ob die Farmer die Ansicht teilten, dass »die Deutschen« besser arbeiteten als »die Italiener«, muss unbeantwortet bleiben. Die »einfachen Leute« jedoch haben ihre Meinung bestätigt, Gerhard Leibholz bekam eine nennenswerte Anzahl von Briefen, die ihn als guten Lehrer ausweisen. Ein POW, ein Prisoner of War, lobte seine Methode und konstatierte, er sei immer »a real friend to your pupils both in class and out of it« gewesen.[531] Und der deutsche Pastor Kramm, der einen Vortrag von ihm gehört hatte, lobte: »Ich habe Ihren Vortrag n.B. wirklich ausserordentlich genossen, und Sie verstehen es ausgezeichnet, die Gefangenen zu packen, ohne Propaganda im schlechten Sinne zu treiben.«[532] Aber Kriegsgefangene waren eben keine Studenten, und die Aufgabe wurde Leibholz mehr und mehr zur lästigen Pflicht: »Sonnabend bin ich wieder in einem Kriegsgefangenenlager gewesen und habe vier Vorlesungen gehalten. Dieses Quatschen hängt einem allmählich zum Halse heraus. Und ich verstehe nicht recht, wie man es relativ anständig bezahlt. Es ist im Augenblick unsere wesentlichste Einnahmequelle. Wir haben jetzt verschiedene kleinere Dinge gekauft, von denen ich zu Sabine immer sage, dass sie buchstäblich herangequatscht worden sind (ein Stuhl, eine Wolldecke und ein Heiz Kissen).«[533]

»Man ist aber nie hungrig!« Leben im Nachkriegsengland

Zu den Vorlesungen in den Kriegsgefangenenlagern begleitete Sabine Leibholz ihren Mann bisweilen, und das Paar machte ein paar Tage Ferien, so wie sie sich seit April 1943 immer mal wieder »einen kleinen Ausspann« gönnen konnten.[534] Urlaubstage blieben jedoch die ganze Exilzeit über eine Besonderheit. Ansonsten musste auch Sabine, wie ihre Schwestern, den Mangel verwalten, denn auch in Großbritannien gab es Lebensmittelmarken. Es war nicht immer alles zu haben, und das Budget war, wie gesagt, nicht sehr groß. Aber wenn sie im Frühjahr 1946 ihren Eltern schreibt, die Portionen seien zwar klein, »man ist aber nie hungrig! … Wir kommen sehr gut aus! … Ich habe – es klingt zwar schlimm – oft den größten Appetit. Gert ist ziemlich unser aller Fleisch«[535], so

Sabine und Gerhard Leibholz in den 1950er Jahren

ist das doch ein eklatanter Unterschied zu den 400 gr Brot, 45 gr Fleisch, 48 gr Nährmittel, 39 gr Zucker und 22 gr. Fett, die Suse zu etwa gleicher Zeit in Berlin zur Verfügung hatte.[536] Wenn Sabine ihren Verwandten in Berlin im Mai 1945 ihren Alltag beschreibt: »Heute Vormittag habe ich mit Christiane Ligusterhecke, wir haben eine sehr schöne, die uns vollständig abschließt, beschnitten, und dann haben wir 56 Blumenpflänzchen gepflanzt, anschließend hatte ich das Mittagessen zu machen und merkte dann doch wie anstrengend Gartenarbeit oft ist«[537] wie wurde diese Schilderung im zerstörten Berlin im Monat des Kriegsendes aufgenommen? Zum Beispiel von Susanne Dreß, die noch knapp ein Jahr später von ihrer großen Erschöpfung berichtete: »Seit einem Jahr eigentlich mußte ich mich zu jeder Arbeit zwingen, es konnte mir passieren, daß ich einfach auf einem Stuhl saß und eben nichts tat als sitzen, was sich nachher in besonderer Hetze wieder rächte. Die Alarme, die Schlaf- und Nervenraubenden, haben mir [sic] ohne daß man es sich damals gestehen wollte, recht viel Kraft gekostet.«[538] Ihre Schwester in Oxford hingegen hatte eine Haushaltshilfe, die einmal wöchentlich kam. Wenn sie schließlich im März 1946 den Berlinern klagt: »Man weiss auch nicht mehr, wovon man einen Nachtisch machen soll«[539], dann wird mehr als deutlich, wie weit sich die jeweiligen Lebenswelten voneinander entfernt hatten und wie wenig sich Sabine Leibholz die Situation ihrer Familie in Deutschland vorstellen konnte.

»… leider habt Ihr dieses Jahr wieder diesen Tag vergessen«. Peter und Tilly Leibholz in Australien

Es gab aber nicht nur die Familie in Europa, sondern auch noch die in Übersee. Peter Leibholz hatte sich durch die Emigration nach Australien retten können. Seine Frau Tilde, genannt Tilly, war ursprünglich Schweizerin gewesen, und so gelang es dem Ehepaar, noch nach der Pogromnacht in die Schweiz zu reisen. Obwohl Peter Leibholz Nazi-Deutschland später verließ als sein Bruder, hatte er offenbar besser vorgesorgt. Von Zürich aus, wo er bei seiner Schwiegermutter wohnte, schrieb er, Überfahrt und Möbeltransport seien schon lange bezahlt, Flugtickets nach Liverpool lägen bereit, Schiffspassagen seien gekauft: »Ende März soll es los gehn.«[540] Der Plan gelang, im Frühjahr 1939 kamen die beiden in Melbourne an. Peter Leibholz war in der Lage, ein kleines Haus zu kaufen, und Tilly, wie Sabine Tochter aus gutem Hause, musste sich nun an die Hausarbeit gewöhnen.[541] Ihr Mann hatte jedoch zunächst Schwierigkeiten, eine Arbeit zu finden, da die erste Zeit in Australien zusammenfiel mit dem Einmarsch der Deutschen in die Beneluxländer und Frankreich. Dadurch wurden auch die australischen Leibholzens zu »enemy aliens«, allerdings ohne interniert zu werden. (Australien gehörte zu diesem Zeitpunkt noch als Dominion zum Britischen Reich, war also dem Mutterland gegenüber in allen Belangen fast vollständig gleichgestellt, seine Unabhängigkeit erlangte es erst 1942.) Dennoch gelang es Leibholz, im Mai 1940 eine kleine Fabrik für Herrenstrümpfe zu kaufen, die er ab Juli übernehmen sollte. Die politische Situation ließ dies aber nicht zu, der Transfer misslang.[542] Ab November 1940 besaß er eine Bandweberei, die er für den größten Teil seines australischen Vermögens erworben hatte.[543] Ab 1941 produzierte er zusammen mit seinem Kompagnon, einem Herr Kunstler, erfolgreich Bänder und Gurte. Peter Leibholz hatte Anfang der 1920er Jahre die Fabriken seines Vaters übernommen und geleitet, war also kein versierter Praktiker

Peter und Tilly Leibholz,
die noch 1939 nach Australien emigrieren konnten

und musste sich erst einfinden, was ihm jedoch gelang: »Es macht mir jetzt die technische Arbeit viel Spaß und ich bin indessen insb. wirklich ein recht guter Färbmeister geworden, nachdem ich jetzt 10 Monate dabei bin.«[544] Als ein Feuer im März 1943 einen Teil der Fabrik zerstörte, bedeutete dies einen erheblichen Rückschlag für seine Bemühungen, wirtschaftlich auf die Beine zu kommen. Zwei Monate später jedoch erhielt er staatliche Aufträge, d. h. er wurde – als Refugee – für die Kriegswirtschaft tätig.[545] Die Einbürgerung beantragten er und seine Frau erst Anfang 1944.

Nach Deutschland wollten sie »nach all den bitteren Enttäuschungen und Erfahrungen der letzten Jahre« nicht zurückkehren, doch in den Anfangsjahren fiel es ihnen schwer, »mit Mut und Hoffnung in die Zukunft zu sehen.«[546] Äußerungen wie »Wir sind schrecklich down hier«[547], durchziehen die Briefe, aber Peter und Tilly Leibholz versuchten sich in ihrer neuen Situation einzurichten und bemühten sich um Integration. Peter spielte zwar seit 1941 »Emigrantenskat«, aber schon 1943 heißt es: »Emigranten sehen wir fast garnicht [sic] mehr«.[548] Neun Jahre nach ihrer Ankunft in Australien ging es ihnen so gut, dass sie sich im Stadtteil South Yarra ein großes Haus kauften. Dessen Lage, so Peter, »entspricht dem Grunewald, also feine Gegend.«[549] Der erste Urlaub nach der Flucht fand im Februar 1942 in einer Region statt, die »sehr an kontinentales Mittelgebirge erinnert«.[550] Von da ab wurde jedes Jahr von Ferien berichtet, nie ohne den sehnsüchtigen Hinweis auf »deutsches Mittelgebirge«.[551] Im Laufe der Jahre nahmen die Reisen immer luxuriösere Formen an. Den Weihnachtsurlaub 1946 verbrachte das Ehepaar mit Reiten, Golf Spielen und Schwimmen, so wie man immer »die Feiertage im Badeanzug an der beach« verbrachte, weil das Fest auf der südlichen Halbkugel in den Hochsommer fällt: »Ich mag diese Zeit hier nicht.«[552] Der Urlaub war ein Statussymbol, das anzeigen sollte, wie weit man es in der Ankunftsgesellschaft bereits gebracht hatte, aber er diente auch der Erholung. Das neue Leben war anstrengend und die Sehnsucht nach dem alten war groß: »Ihr könnt Euch nicht vorstellen, was es immer für ein Fest für uns ist, Überseepost zu erhalten und so zu wissen, dass man noch nicht ganz vergessen ist.«[553] Auch wenn beide Eheleute dankbar waren, dass sie Deutschland noch hatten verlassen können und von Australien aufgenommen worden waren, so blieb ihnen ihre neue Heimat letztlich doch fremd: »Es ist hier mit allem und besonders mit den Menschen so anders als auf dem Continent«.[554]

Peter schloss sich deshalb eng an seinen Bruder Gert an. Er schrieb regelmäßig, berichtete von seinem Leben und seiner Arbeit. Er nahm Anteil an Gerts Fortgang, indem er nachfragte, wie sich dessen schwierige berufliche Situation entwickelte. Manchmal bat er fast flehentlich: »Bitte lasst gerade uns jetzt nicht wieder so lange warten, denn heute machen wir uns täglich Sorge [sic] um Euch.«[555] Er suchte eine Nähe, die so aus Oxford nicht erwidert wurde. Die Diskrepanz zwischen der enthusiastischen Liebe für die Bonhoeffers und der lapidaren Aufmerksamkeit, fast Nichtachtung der einzigen lebenden Verwandten, die er noch hatte, war enorm. Als Peter berichtet, wie sehr er sich gefreut habe, sechs Überseebriefe zum Geburtstag zu empfangen, musste er anfügen: »leider habt Ihr dieses Jahr wieder diesen Tag vergessen, ich war etwas traurig darüber.«[556] Ein Grundton von Traurigkeit in der australischen Existenz rührte aber auch daher, dass das Ehepaar seine kleine Tochter in Europa hatte zurücklassen müssen. Als es im Frühjahr 1939 aufbrach, ließ es Jane bei Tillys Mutter in Zürich, um sich zunächst in Australien einzurichten und dann das Kind nachzuholen. Der Ausbruch des Krieges verhinderte jedoch eine Rückkehr, und die Eltern konnten ihre Tochter sieben Jahre lang nicht sehen. Sie versuchten im Sommer 1945 sofort, eine Schiffspassage zu buchen, aber alles war ausgebucht, das gelang ihnen erst am Ende des Jahres. Peter machte den Vorschlag, seine Frau könnte für eine Weile als zahlender Logiergast bei den Leibholzens bleiben, da sie zuerst nach England reisen wolle, wo sie bestimmte Dinge zu erledigen hatte. Das wurde rundheraus abgelehnt. Dann wurde gemeldet, Tilly werde Schwager und Schwägerin wissen lassen, wann sie ankomme. Die unausgesprochene Erwartung war, dass beide sie in Southampton abholen würden, nachdem man sich sieben Jahre lang nicht gesehen hatte. Auch das geschah nicht. Peter machte aus seiner Enttäuschung kein Hehl: »… bei Eurer Vorsorge« hätte sie »vielleicht in irgendeinem Park übernachten müssen«. Glücklicherweise habe ein Freund von der Royal Navy die Reise nach Southampton nicht gescheut, um »sie dort abzuholen, ihr bei dem Zoll und Einreisesachen zu helfen und ihr Quartier in London zu besorgen.« Dann habe sie zwei Tage in London gewartet, »ohne zu wissen, wann und wo Euch zu treffen.« Es muss dann noch zu einer Begegnung gekommen sein, von der aber nur überliefert ist, dass Sabine Leibholz Tilly vorwarf, einen Pelzmantel nicht mitgebracht zu haben. »Aber vielleicht sind die Fürsorgen [sic] um die Verwandten in D.z.Z. so groß, dass eben anderes zurück stehen muss«, schloss Peter seinen Brief.[557]

Es war auch für Peter Leibholz unmöglich zu übersehen, dass die Verwandten aus Deutschland im Leben seines Bruders eine wesentlich größere Rolle spielten als er und seine Familie. Auch wenn Peter 1938 schrieb: »Ich danke Dir so sehr für all Dein Interesse und Sorge um mich«[558], so war es doch verletzend, umso mehr als Peter seine eigene Geschichte mit der Familie Bonhoeffer/Delbrück hatte. Wohl auf Anraten seines Bruders hatte er 1938 die Sommerfelder Tuchfabriken an Justus Delbrück, den Schwager von Klaus Bonhoeffer, übergeben, um sie so vor der *Arisierung* durch einen ortsansässigen Nazi zu bewahren. Nach dem Krieg entstand ein Streit darüber, wer welche Ansprüche geltend machen könne, der – mir liegt derzeit nur die eine Seite der Darstellung vor – insbesondere von Peter Leibholz als sehr beleidigend und demütigend empfunden wurde.[559] So liebevoll er sich immer wieder an seinen Bruder wandte, so vernehmlich konnte er seine Wut über diese Entwicklung formulieren und sparte nicht mit Beleidigungen. Auch jetzt fand er deutliche Worte: »Man verliert immer mehr jedes Vertrauen zu den Menschen, und Sabine dürfte immer weniger Grund haben, einen zu großen Stolz auf ihre Gruppe zu zeigen«.[560] Gert, der sich schon zuvor »ein für alle Male Vorwürfe, Kritik oder Misstöne verbittet«,[561] schlug sich auf die Seite seiner Frau. Peter konterte: »Es ist wirklich kein Grund, in Deinem letzten Brief so überaus eingeschnappt zu sein.«[562] Ein sehr gutes Verhältnis hatte Peter allerdings zu den Eltern Bonhoeffer in Berlin, über die er sich mehrfach sehr freundlich äußerte, weil sie ihm sehr wohlwollend begegneten. Sie erhielten, wie alle anderen Bonhoeffers auch, in der Hungerzeit große Pakete aus Australien.

Es ging hier auch um viel Geld. Peter Leibholz, der sich selbst als »Millionär« bezeichnete, der »durch Nazieinwirkung arm wurde«[563], hatte ein »noch erhebliches Vermögen in Deutschland« zurücklassen müssen.[564] Außerdem war das Erbe von Hans Leibholz immer Thema zwischen den Brüdern. Neben einem Nachlassverwalter in den Niederlanden, mit dem beide ausgiebig korrespondierten, gab es zwei Berliner Bekannte, Hans Lissauer und Karl, später Charles Thal, die nach New York emigriert waren. Sie waren auch mit Hans Leibholz bekannt gewesen und hatten ursprünglich eine Treuhandschaft für dessen Konten in Amerika von ihm erhalten. Dies schien sie in ihren Augen zu berechtigen, sich Hans' Erbes anzunehmen, um es zu verwalten, wie sie es in den Briefen nennen. Die beiden überlebenden Brüder Leibholz konnten den Sachverhalt aus der Ferne nicht beurteilen und baten in endlosen Anfragen um weitere Aufklärung. Die kam jedoch nicht und die zwei spekulierten in fast jedem Brief, den sie austauschten, wie es um die Sache stand. Beide hätten das Geld gut gebrauchen können, Gerhard Leibholz noch dringender als Peter. Zwar versuchten sie gemeinsam etwas zu erreichen, aber letztlich kämpfte doch jeder für sich selbst, und es gab ein gewisses Misstrauen zwischen den beiden potenziellen Erben. Peter: »Ich habe Dir bereits geschrieben, dass meine Disposition bei der Citybank wegen Hans zu spät kam, und Lissauer und Thal haben bereits disponiert. … Ich kann nicht umhin, Dir zu gestehn, dass ich mich über Deine diesbezüglichen Ausführungen reichlich geärgert habe. Deine nur zu offensichtliche Angst war wirklich unbegründet, ich habe noch niemand einen Pfennig weggenommen und werde dies wohl am letzten bei meinem Bruder beginnen … und ich betone immer wieder, dass ich Dir immer vertraut habe und vertraue, und ich habe Dir s.Z. Vollmachten u. Werte zurückgelassen ohne geringsten Bedenken.«[565] Gerhard Leibholz, der ja schon 1938/39 von England aus mit den Bonhoeffers bisweilen kleine Konflikte ums Geld ausgetragen hatte, war auch seinem Bruder gegenüber misstrauisch. Offensichtlich beneidete er ihn um seine deutlich bessere materielle Situation. Peter Leibholz hingegen beklagte oft, dass der Ältere im Gegensatz zu ihm durch das Netzwerk Dietrichs so viel bessere Startbedingungen in England vorgefunden hatte: »Ihr könnt froh und stolz sein, dass ihr über eine solche Reihe hilfsbereiter Freunde verfügt, die auch beruflich und finanziell behilflich waren, ich kam nach hier, ohne eine Menschenseele zu kennen, und was ich bisher geschaffen habe, musste ich mir ohne hilfreiche Unterstützung hier wirklich in harter Arbeit erkämpfen.«[566]

Peter Leibholz kam nach Australien, »ohne eine Menschenseele« zu kennen, das lässt sich als symptomatische Äußerung lesen. Er fühlte sich – insbesondere nach dem Tod von Hans: »… nur noch Du und ich von der ganzen Familie Leibholz«[567] – in seinem neuen Leben sehr allein. Sein Wunsch: »Meine Bitte und einziger Wunsch ist nur, lieber Gert, dass wir weiter zusammenhalten wollen, und ich bitte Dich nochmals versichert zu sein, dass Du und die Deinen immer und immer auf mich rechnen können«[568], verhallte ungehört. Der Angesprochene machte sich wenig Mühe, sein mangelndes Interesse zu verbergen, das zudem mit einer gewissen kränkenden Herablassung einherging. Es gab eine ganze Reihe weiterer Zurücksetzungen in den zurückliegenden Jahren. Beim letzten Besuch auf dem Kontinent zu Weihnachten 1939 hatten Gerhard und Sabine Leibholz die Bonhoeffer-Eltern getroffen und auch Hans besucht, aber Peter und Tilly in Zürich nicht. Peter bot wiederholt, stets völlig umsonst an, Marianne und Christiane könnten nach Australien kommen, dort studieren und bei ihnen wohnen; ja, Gert könne doch versuchen, eine Stelle an einer australischen Universität zu finden, denn wenn sie auch »sehr viele und nette Bekanntschaften hier gemacht [haben]« so habe »Familie … doch immer irgendwie eine andere Bedeutung. Wir sagen uns immer wieder, dass wir hier sehr glücklich sein würden, wenn wir nur Jane und Mutti und Euch alle hier haben könnten.«[569] Aus Peters Briefen spricht eine große Leere. Neben einigen aktuellen Passagen sind sie formelhaft, fast hilfos in dem Bemühen, mit dem Bruder eine gemeinsame Sprache zu finden. Es geht wieder und wieder ums Geld, um Hans' Erbe, um Grote, um Sommerfeld. Und auch wenn bei Tillys Abreise nach Europa stolz berichtet wird: »5 days ago hatten wir eine Abschiedsparty zu Hause mit 78 Leuten!«[570], so bleibt ihnen doch Australien erkennbar fremd und das Exil im Grunde unerträglich: »… sicher leben wir ganz ordentlich hier, sonst wäre es überhaupt unbearable.«[571]

»Aber Ihr habt ja auch einiges durchgemacht.« Unterschiedliche Wahrnehmungen der Emigration

»Wie unsagbar lieb sind die Kinder! … Freilich die grosse Wunde ist noch nicht vernarbt, und Walterchens ›vielleicht, vielleicht kommt er doch noch‹ ist wohl nichts andres, wie wenn ein Tierchen seine Wunde leckt, sonst schmerzt sie zu doll. Aber Ihr habt ja auch einiges durchgemacht.«[572] Emmi Bonhoeffer gibt hier die Reaktion ihres Sohnes auf die Hinrichtung seines Vaters Klaus wieder. Der wie nachgeschoben wirkende Satz, der den Verwandten im Exil zugesteht, auch »einiges« gelitten zu haben, deutet allerdings eine gewisse Hierarchisierung des Leids an. Sicherlich, viele haben in der Emigration überlebt, aber es sind auch sehr viele gestorben oder haben ihrem Leben selbst ein Ende gesetzt wie z.B. Hans Leibholz oder Ernst Neustadt. Für die meisten Menschen bedeutete Emigration materielle Not, Angst, Unsicherheit und Heimatlosigkeit. Selbst wenn sich die Familie Leibholz von außen betrachtet in einer noch fast komfortabel zu nennenden Situation befand, galt das auch für sie. Eine Aussage, die ein gewisser Eberhard Müller in seinem Kondolenzschreiben formuliert, das er anlässlich des Todes von Karl Bonhoeffer an Gert schickte, muss vor allem Sabine

Leibholz sehr getroffen haben: Es liege ein Schatten über den letzten 15 Lebensjahren des Schwiegervaters »durch den furchtbaren Blutzoll, den der Naziterror von seiner engsten Familie erforderte, demgegenüber die Emigration seiner Tochter und seiner Enkel an Deiner Seite leicht wiegt.«[573] Sie hatte es nicht leicht: »In Deutschland weiss keiner, was Auswandern heisst, und sie machen sich sicher Illusionen«[574], schrieb sie den Eltern. Das »refugee-Dasein« sei »dazu geeignet, einen unsicheren, unhealthy state of mind zu produzieren!«[575]

Wird hier die Rückkehr nach Deutschland schon mitgedacht? War sie von Anfang an geplant? Es scheint so: »Ursprünglich hatte ich ja mich hier nur auf die Kriegszeit eingestellt«, schrieb Gerhard Leibholz seiner Schwägerin Christine von Dohnanyi, »und ich hatte irgendwie das Gefühl, dass wir alle irgendwie durch die Zeit muddle through könnten und dass wir dann uns bei Euch wiedervereinigen könnten. Nun ist alles ja ganz anders gekommen.« Er habe hier »keine fixed position irgendwelcher Art«[576]. »Hier kräht ja kein Mensch nach ihm«, formulierte es seine Frau etwas deutlicher.[577] Wie hätte Leibholz' Zukunft in Oxford aussehen können? Zwar war das Stipendium des Weltrates der Kirchen um ein Vierteljahr verlängert worden, doch es zeichnete sich ab, dass diese Gelder nicht unbegrenzt fließen würden. Der deutsche Pastor Hans Ehrenberg, wie Leibholz jüdischer Abstammung – Mitbegründer der Bekennenden Kirche, 1939 mit Hilfe von George Bell aus dem KZ Sachsenhausen befreit und nach England geholt –, war sogar der Ansicht: »Rückkehr? Die Sache ist völlig klar: man wünscht unsere Rückkehr, aus inneren und finanziellen Gründen. Man wird uns nicht drängen oder gar zwingen, auch moralisch nicht. Gleichwohl liegt in der Situation ein leichter moralischer Druck, der langsam zunehmen wird.«[578] Dietrichs Freund und Pfarrkollege Franz Hildebrandt fragte: »Für heute wüßte ich gern nur zweierlei von Dir: a) wo kriegst Du Deine nächste Professur her? Wenn man weder zurück nach Deutschland noch weiter nach USA will und sich hierzulande doch kein Mensch für ›continentals‹ erwärmt, bleibt es dann für immer bei einem Grant, so wie Du ihn jetzt hast, und ist das ein befriedigendes Dasein?«[579] Beide Fragen konnte Gerhard Leibholz mit einem klaren Nein beantworten.

»Göttingen selbst ist mir nicht dringlich.«

Im Verlauf der Jahre 1945/46 erhielt Leibholz Angebote von sechs deutschen Universitäten: Berlin, Frankfurt, Mainz, Heidelberg, München und Göttingen, alle waren ihm letztlich nur Mittel zum Zweck, denn das Allerwichtigste für die Familie war es, endlich nach Deutschland reisen zu können, um die Bonhoeffers zu sehen. Sollten die beruflichen Entwicklungen dazu beitragen, dass die Leibholzens eine Reiseerlaubnis bekämen, umso besser, aber »Göttingen selbst ist mir nicht dringlich.«[580] Noch immer war Unsicherheit das vorherrschende Gefühl der englischen Existenz. Wie würde sich die Situation entwickeln? In Deutschland? In England? Die Zeichen deuteten nicht unweigerlich auf Rückkehr, im Gegenteil. Die Familie hatte sich in Oxford inzwischen durchaus eingelebt. Nachdem die erste Reise auf den Kontinent geglückt war, schrieb Leibholz an Bell: »When we arrived at Dover we felt again happy and at home.«[581] Wobei aus den Quellen nicht ersichtlich ist, wann dieser Prozess begann und welche Faktoren zu einer Eingewöhnung der Familie in England beitrugen.

Wie würde es weitergehen,[582] fragte Leibholz den Bischof von Chichester, mit dem er weiterhin im engen Austausch stand. So wie schon 1938, als es darum ging, Deutschland zu verlassen, und so wie 1940, als die Übersiedlung in die USA möglich gewesen wäre, war Gerhard Leibholz zögerlich. Er wog das Pro und Contra genau ab. Welche Gründe sprachen für ein Leben in Deutschland, »das neue Deutschland, das doch im ganzen nur das alte sein wird«,[583] wie Charles Thal meinte.

Leibholz selbst verspürte einen großen wirtschaftlichen Druck,[584] der für die Rückkehr auf eine Professur sprach. Einmal weil er seine eigene vierköpfige Familie ernähren musste, zum anderen weil er sich für die alten Eltern und die verbleibenden Witwen und Waisen der Familie in Berlin in der Pflicht sah. Dies formulierte er in seinen Briefen an verschiedene Empfänger häufig.[585] Deshalb hatten der Hauskauf in Oxford und die Naturalisierung keineswegs nur ideellen Wert, dienten nicht ausschließlich dem Sicherheitsbedürfnis und dem Wohlbefinden – »delighted to be home again!«[586] – der Leibholzens. Dahinter stand die Frage, von wo aus Gert am meisten für die Berliner Familien, für die finanzielle Absicherung der

Schwägerinnen und die Ausbildung ihrer Kinder tun konnte.[587] Dafür wäre er sogar bereit gewesen, wenn er in England bliebe, seine beruflichen Ziele hintanzustellen, um Dozent oder Tutor, wohlgemerkt nicht Professor, an einer Universität zu werden. Auf diese Art und Weise mit einem regelmäßigen Einkommen versehen, wäre er zugleich imstande gewesen, eine freie Entscheidung zu treffen, ohne sich sein Handeln durch äußere Bedingungen vorschreiben lassen zu müssen.[588] Anfang 1947 fasste Gerhard Leibholz den Stand der Dinge folgendermaßen zusammen: »Tatsächlich was die endgültige Entscheidung anbelangt, so sehe ich noch nicht klarer.«[589] Da war er bereits seit mehr als einem Jahr mit dem neuen Rektor der Universität Göttingen, Rudolf Smend, im Gespräch. Was konnte der bieten?

Eberhard Bethge hatte Gelegenheit gehabt, Rudolf Smend zu treffen und sprach ihn auf Gerhard Leibholz an. Er wusste von dem Gespräch zu berichten, dass Smend zugestimmt habe, »als ich sagte, dass es Zeit zu Deiner Rehabilitierung sei.«[590] Er habe ihm die Adresse der Oxforder Verwandtschaft gegeben. Rudolf Smend hatte, selbst unter Druck, 1935 von Berlin nach Göttingen wechseln müssen. Smend, so Leibholz, sei ein fähiger Mann. Er sei kein Nazi gewesen, aber ein schlauer, geschickter Diplomat mit einem Hang zu anti-liberalen und nationalistischen, rechtslastigen Ansichten. Das alles nehme er ihm nicht übel, aber er missbillige dessen Schwäche und Unfähigkeit, in einer gefährlichen Situation Position zu beziehen. Er gehöre zu der Gruppe der Sympathisanten und Zauderer. Sicher, das sei ein hartes Urteil, gab er im Brief an Bell zu, aber es habe zu viele gegeben, die wie Smend gehandelt hätten.[591] Dennoch ließ sich Leibholz auf eine Kommunikation mit seinem ehemaligen Berliner Lehrer Smend ein. Er war von den Briten bereits am 12. April 1945, vier Tage nach der Befreiung Göttingens, als geschäftsführender Rektor eingesetzt worden und gleichzeitig Dekan der Juristischen Fakultät. Etwa zeitgleich mit Smend schrieb der ehemalige Kollege Richard Passow nach Oxford, 1938 selbst Opfer einer nationalsozialistischen Intrige und infolgedessen von der Universität bis 1945 mit Hausverbot belegt. Auf seine ebenfalls persönlich gehaltene Anfrage, ob er nicht wieder nach Göttingen kommen wolle, antwortete Leibholz, wenn, dann müsse nach allem, was passiert sei, die Initiative dazu von Göttingen ausgehen.[592]

»... ein gewisses moralisches Anrecht zu besitzen.«

Wie stand die Universität Göttingen dazu, die Initiative zu ergreifen, um diejenigen zurückzuholen, die ab 1933 entlassen, verjagt, in die Emigration getrieben worden waren?[593] Ihre Bemühungen waren sehr unterschiedlich: Die Lehrstuhlinhaber, die im Land geblieben waren, wurden relativ schnell und unkompliziert in ihre alten Positionen wieder eingesetzt. Dazu gehörten an der Juristischen Fakultät Julius von Gierke, Herbert Kraus und Richard Passow, die drei, die mit ihrem Sondervotum Leibholz' Berufung 1931 überhaupt erst ermöglicht hatten. Der Einsatz für die emigrierten Wissenschaftler war deutlich gebremster. Am 9. Juni 1945 wurde im Senat der Universität diskutiert, wie die Frage der Rückkehr der Emigranten zu behandeln sei. Man war sich einig, dass die »Ausgeschiedenen nicht unbedingt und lediglich der Rehabilitation wegen wieder in Göttingen Stellen zu berufen« seien, »sondern nur im Zuge eines Berufungsverfahrens mit dem Ziel der Ergänzung durch die Besten«.[594] Auf eine Entschuldigung für das erlittene Unrecht warteten die Betroffenen ohnehin vergeblich, auch von finanzieller Entschädigung für Karriereeinbußen war noch längst keine Rede. Micha Brumlik spricht hier von »Einfühlungsverweigerung«.[595] Entschieden wurde auch, die Rückkehr nur zu den früheren Bedingungen anzubieten. Wer also Deutschland als Privatdozent hatte verlassen müssen, der durfte auch nur als ein solcher zurückkehren. Von den ehemaligen Göttinger Privatdozenten kam überhaupt nur ein einziger zurück an die Universität, der Psychologe Heinrich Düker. Selbst dann, wenn sie, wie im Falle der ehemaligen Göttinger Kunsthistoriker Nikolaus Pevsner und Wolfgang Stechow, inzwischen anerkannte Professoren waren. Da verzichteten die Göttinger Kollegen lieber gleich auf eine Kontaktaufnahme; ganz so wie bei den ohnehin berühmten Ordinarien, die als international renommierte Wissenschaftler gegangen waren und sofort andernorts mit Freuden zu guten Bedingungen aufgenommen worden waren, wie z.B. James Franck. Jenen hatte man im Deutschland des Jahres 1945 ohnehin nichts zu bieten, was sie überhaupt nur daran hätte denken lassen, wiederzukommen. Schwierig und sehr langwierig waren die Verhandlungen mit dem ehemaligen Kölner Philosophen Helmuth Plessner, der die letzten Jahre des *Dritten*

Das Ehepaar Leibholz war befreundet mit Helmuth Plessner und seiner Frau Monika. Der Remigrant Plessner war 1960/61 Rektor der Universität Göttingen.

Reichs in einem Versteck im niederländischen Groningen überlebt hatte. Eine Rückkehr nach Köln hatte er abgelehnt, aber 1952 kam er dann doch nach Göttingen, als dort für ihn ein Institut für Soziologie neu gegründet wurde. 1960/61 wurde er sogar Rektor der Universität. Der Emigrant und Remigrant Plessner soll einer der ganz wenigen Menschen gewesen sein, mit denen sich Leibholz in Göttingen wirklich befreundet hat. Die Ehepaare trafen sich regelmäßig und gingen am Wochenende im ersten Haus am Platze, der Junkernschänke, zusammen essen.[596]

Von den Juristen sprach man Richard Honig an,[597] der 1933 der erste vertriebene Professor gewesen war, und Franz Gutmann, der wie Leibholz 1935 entlassen worden war und »von dem wir jetzt ebenfalls festgestellt haben, dass er noch als Emeritus unserer Fakultät angehört«[598], wie es in einem Schreiben des Dekans an den Rektor hieß. Hatte man ihn schon vergessen? Beide lehnten eine Rückkehr nach Göttingen zunächst ab. Der Ökonom Gutmann hatte eine Professur an der Universität von North Carolina, war aber finanziell nur schlecht versorgt. Er fuhr nie wieder nach

Deutschland. Honig kam über Istanbul in die USA und nahm die amerikanische Staatsbürgerschaft an. Er kam sporadisch an die Universität Göttingen zurück, wo er auch Seminare zusammen mit Gerhard Leibholz anbot. Nach dem Tod seiner Frau 1974 lebte auch er wieder in Göttingen. Herbert Kraus schrieb an die Fakultät und bot selbständig seine Rückkehr auf den Lehrstuhl für Völkerrecht an, den er auch wiederbekam. Bevor Kraus aber wieder in Göttingen lehrte, war er als Verteidiger u.a. des ehemaligen NS-Reichsbankpräsidenten und Reichswirtschaftsministers Hjalmar Schacht an den Nürnberger Prozessen beteiligt. Insgesamt waren 131 Rechtswissenschaftler (26 %) an allen deutschen Universitäten entlassen worden, zwei Drittel von ihnen aus rassistischen Gründen. 69 Personen aus diesem Kreis verließen Deutschland. Von denjenigen, die nicht emigriert waren, hatte fast die Hälfte die NS-Zeit nicht überlebt. Nach Göttingen kehrten zunächst nur zwei Remigranten zurück, Gerhard Leibholz und der Philosoph Georg Misch.[599]

Es ging auf die Initiative von Rudolf Smend zurück, dass die Rektoren der deutschen Hochschulen schon im September 1945 eine Resolution verabschiedeten, um Professoren aus dem Exil zur Rückkehr auf ihre alten Lehrstühle einzuladen. Allerdings standen die erst an dritter Stelle der Prioritätenliste, die die Hochschulrektorenkonferenz vorlegte. Als wichtigste Gruppe, die als Erstes bei der Besetzung freier Lehrstühle Berücksichtigung finden sollte, nannte man die Professoren aus den ehemaligen deutschen Ostgebieten und der sowjetisch besetzten Zone. Platz zwei belegten die Kollegen aus Österreich, der Tschechoslowakei und dem Elsass, also aus den Gebieten, die Hitler seit 1938 völkerrechtswidrig dem Deutschen Reich einverleibt hatte. Dann erst dachte man an die Ordinarien, die Deutschland verlassen hatten, weil sie – von ihren eigenen Landsleuten, wie Marianne Leibholz später stets betonte – an Leib und Leben bedroht waren. Der Rektorenkonferenz war es weniger um die betroffenen Kollegen zu tun, als darum, durch Eigeninitiative die größtmögliche Autonomie im Handeln der Universität gegenüber den Briten herzustellen.

Smend hatte sich im Herbst 1945 als Ersten der in Frage kommenden Emigranten an Leibholz gewandt, wenn auch eher inoffiziell und zunächst privat. Denn auch auf deutscher Seite war vieles ungewiss, und die Universität konnte keineswegs sicher sein, dass Leibholz gewillt war, zurückzukommen. Bell gegenüber vermutete er, die Resolution sei eine Geste des guten Willens den Briten gegenüber. Man könne dieser Äußerung keine besondere Bedeutung zumessen. Nachdem er die Resolution selbst gelesen hatte, war er enttäuscht. Seiner Ansicht nach hätten die Rektoren klarstellen müssen, dass sie alles in ihrer Macht Stehende tun würden, um das erlittene Unrecht der Wissenschaftler und Universitätsangehörigen wieder gut zu machen, »to make good the wrong the Nazis have done«; es hätte deutlicher werden müssen, dass alle Betroffenen vollständig in ihre alten Rechte wieder eingesetzt würden, wenn sie es wollten.[600]

An der von Leibholz geforderten Entschiedenheit mangelte es deutlich. Smend konnte mit seinem Vorstoß der Resolution zwar bewirken, dass die Juristische Fakultät dem zuständigen Oberpräsidenten in Hannover am 29. März 1946 vorschlug, Leibholz auf seinen alten Lehrstuhl, nämlich den für Öffentliches Recht zu berufen und zwar als einen Akt der Wiedergutmachung angetanen Unrechts.[601] Aus der Fakultät hingegen war etwas prosaischer zu vernehmen, Leibholz' Rückberufung sei »infolge der Verpflichtung der Rektorenkonferenz … unumgänglich.«[602] Und der zuständige Mitarbeiter im Oberpräsidium sah keinerlei Veranlassung für eine bevorzugte Behandlung des Emigranten und verlangte am 4. Mai 1946 von der Fakultät eine Stellungnahme zur wissenschaftlichen Bedeutung des Kandidaten, so wie sie bei jedem Berufungsverfahren üblich sei. Denn »Die Tatsache allein, daß Prof. Dr. Leibholz zum Kreis der emigrierten Hochschullehrer gehört, kann für einen Berufungsvorschlag nicht maßgeblich sein.«[603] Zwei Wochen später kam das erwünschte Gutachten, das manche der beteiligten Professoren als notwendig und gerechtfertigt betrachtet haben mögen, weil sie sich von den Briten unter Druck gesetzt fühlten, unter deren Aufsicht das Erziehungswesen stand. Eine tragende Säule der Reeducation-Politik der Besatzungsmächte waren Schulen und Universitäten. Die zuständigen britischen Offiziere waren bestrebt, diese umfassend von Nationalsozialisten zu säubern. Dem entgegen stand die Position der Universität, die sich auf ihre traditionelle Autonomie berief und Selbstverwaltung unabhängig von britischen Vorgaben einforderte, jedoch vergeblich. Die Militärregierung behielt sich alle Entscheidungen in der Personalpolitik vor und hatte dafür ein dreigliedriges System entwickelt: Zweifelsfälle wurden sogfältg geprüft, Unbedenkliche durften weiter oder wieder arbeiten, Belastete wurden nicht mehr zugelassen. Die Personalfragen mussten in Göttingen mit einer gewissen Eile geprüft werden, da Göttingen als erste deutsche Universität nach Kriegsende ihren Lehrbetrieb am 1. September 1945 wieder aufnahm. In die letzte Kategorie fiel Georg Erler, der aufgrund von nationalsozialistischen Verbindungen nach Göttingen gekommen war und 1943 Leibholz' Lehrstuhl übernahm, ohne überhaupt habilitiert zu sein. Er war schon im Juli 1945 durch die britische Militärregierung entlassen worden. Erler befand sich zu diesem Zeitpunkt ohnehin nicht in Göttingen, sondern war bis Anfang 1948 in Kriegsgefangenschaft. Bei seiner Rückkehr wurde er im Entnazifizierungsverfahren als entlastet eingestuft und betrieb seine Wiedereinsetzung ins Amt, die ihm 1954 gelang. Er wurde Nachfolger von Herbert Kraus auf dem Lehrstuhl für Völkerrecht. Georg Erler gehörte zu den wenigen rühmlichen Ausnahmen, die später nicht versuchten, ihr Handeln in der NS-Zeit durch fadenscheinige Entschuldigungen zu rechtfertigen. Er gab zu, nach 1933 von der »Richtigkeit vieler Gedanken und Bestrebungen des Nationalsozialismus überzeugt« gewesen und keineswegs nur unter Druck zu diesen Ansichten gelangt zu sein.[604]

Die treibende Kraft hinter den Bemühungen, Leibholz für Göttingen wiederzugewinnen, war jedoch Adolf Grimme, selbst ein Widerstandskämpfer, ehemaliger Weimarer und neuer niedersächsischer Kultusminister. Im August 1946 hielt sich Grimme in England auf, wo er Leibholz traf, der ihm vertraute: »I feel that he is a first-class man with a very clean record.«[605] Zwei Monate später reiste Smend zu Leibholz, um mit ihm über Göttingen zu sprechen. Leibholz hatte ihm gegenüber mehrfach seine prinzipielle Bereitschaft signalisiert, nach Göttingen zurückzukehren: »Es ist ein schöner Gedanke für mich, die Aussicht zu haben, in dieser leidgeprüften Zeit wieder mit Gleichgesinnten in Göttingen ›in due course‹ zusammenarbeiten zu können und die bedrückenden und manchmal wahrscheinlich erdrückenden Schwierigkeiten ..., über die wir ja hier genau informiert sind, gemeinsam mit Ihnen tragen zu können.«[606] Gleichzeitig versuchte er seine Position, Oxford halten zu können und Göttingen nicht ausschlagen zu müssen, zu stärken, indem er die Möglichkeit einer Gastprofessur ins Spiel brachte. Er war sich bewusst, dass dies für die Universität schwierig zu akzeptieren sein würde: »Ungeachtet dieser Schwierigkeiten bitte ich Sie aber im Rahmen des äusserlich und innerlich für mich Möglichen – über mich zu verfügen, wenn Sie meinen sollten, dass ich für die Universität, Fakultät oder sonstwie irgendwie von Nutzen sein könnte.«[607] Über ein halbes Jahr später war es aber noch immer nicht gelungen, die Interessen der vielen beteiligten Parteien unter einen Hut zu bringen. Da eine Entscheidung nicht in Sicht war, bat die Fakultät den Minister in einem Schreiben vom Februar 1947, Leibholz zu einem Entschluss aufzufordern, er möge kommen und den Lehrstuhl annehmen, ansonsten müsse man sich nach einer anderen geeigneten Besetzung umsehen. Smend versuchte Leibholz zu erläutern, dass befürchtet wurde, die Gastsemester könnten möglicherweise die Chance der Fakultät verschlechtern, den Lehrstuhl endgültig sachgemäß zu besetzen.[608] Leibholz fühlte sich völlig zu Unrecht unter Druck gesetzt, denn er hatte ja noch immer keine Reiseerlaubnis erhalten, also die konkreten Bedingungen für seine Rückkehr noch nicht in Augenschein nehmen können. Verständlicherweise wollte er sich nicht nach Deutschland verpflichten, ohne sich selbst ein Bild von der äußeren und inneren Verfasstheit des Landes gemacht zu haben. Zumal er aus seinem Umfeld, aus der Familie, aus Emigrantenkreisen, mehrfach davor gewarnt worden war, wieder in dem Land leben zu wollen, aus dem man ihn vertrieben hatte. Der amerikanische Theologe Niebuhr war nicht der Einzige, der von einem selbstzerstörerischen Vorhaben sprach.[609] Erbost antwortete er Grimme aus Oxford, dass er trotzdem daran denke, nach Deutschland zurückzukehren: »Das schliesst indessen nicht aus, daß ich dachte und heute noch denke, auf das Entgegegenkommen und Verständnis, um das ich gebeten hatte, ein gewisses moralisches Anrecht zu besitzen.«[610] Dieser Brief setzte wiederum den Minister in Hannover unter Druck, und er entschloss sich, die Gastprofessur zunächst zu genehmigen. Ende April 1947 bat Grimme Gerhard Leibholz offiziell als Gastdozent an die Universität Göttingen, und der sagte umgehend zu. Aufgrund dieser Anfrage wurde auch die Reise des Ehepaars nach Deutschland genehmigt. Endlich konnten Gert und

Sabine die Eltern und Geschwister in Berlin besuchen, die sie seit nun neun Jahren nicht mehr gesehen hatten.

Umgang mit der NS-Vergangenheit an der Universität

Da Grimmes Einladung sehr kurzfristig gekommen war, konnte Leibholz nicht pünktlich in Göttingen sein. Das Semester hatte bereits am 22. April 1947 begonnen und so stand er erst am 9. Juni – wieder – vor Göttinger Studenten. Seine Zurückhaltung mag auch sich auch aus dem Bewusstsein gespeist haben, dass nach all den Jahren eine gewisse Entfremdung zu Deutschland und den Deutschen eingetreten war, ja eingetreten sein musste. Die überwiegende Zahl der Studenten der ersten Nachkriegsjahre waren die zurückgekehrten Soldaten, die Vorrang hatten vor allen anderen Studienbewerbern (und -bewerberinnen wie Dietrichs ehemaliger Verlobten Maria von Wedemeyer). An Smend schrieb er: »Aber nach allem Elend und Leid, das wir in den letzten Jahren erfahren haben, es schreckt [?!] uns nicht und ist vielleicht besser als ein äusserlich und innerlich glückliches Schicksal. Es ist das, das (abgesehen von vielen persönlichen Bindungen) uns wieder unser Land vertraut machen wird.«[611] Nicht ganz stimmig und wohl mehr Wunsch als »Bestätigung«, was er Smend zuvor während der Verhandlungen über seine Rückkehr versichert hatte: »Den direkten Kontakt mit Göttingen habe ich bisher nur über die Gefangenen aufgenommen, die ich jetzt [besuchte ?], um so eine Art Vorlesung zu halten … Aber ich tue es trotz des Niveaus gern, u.a. um mir immer wieder bestätigen zu lassen, dass der innere Kontakt erhalten geblieben ist.«[612]

Wie würde sich ihm die Universität Göttingen präsentieren? Er selbst äußerte sich im Sommer seiner Rückkehr zu dem Thema »Wiederbegegnung« in der Göttinger Universitätszeitung.[613] Bevor er seine erste Vorlesung begann, hatte sich Leibholz mit einigen einleitenden Bemerkungen an die anwesenden Studenten gewandt. Die GUZ druckte dann diese ursprünglich nicht zur Veröffentlichung bestimmten Worte. Leibholz artikulierte das Misstrauen, das manche, wenn nicht gar viele, wie er sagte, seiner Zuhörer dem Remigranten gegenüber empfunden haben mögen. Er formulierte den allgemein verbreiteten Vorwurf gegen diejenigen, die nicht im Land geblieben seien – aus gutem Grund, wie man hinzufügen muss – , und Krieg und Nachkrieg im vermeintlich sicheren Ausland erlebt hättten: »Was weiß ein solcher Mann von unserer Not? Lassen Sie mich mit einer Gegenfrage antworten: Wissen die, die so fragen, auch von der Not der anderen?« Leid, so fährt er fort, führe entweder zu Verhärtung, Ressentiment und Hass oder zu Selbstreinigung, Verstehen und Vergebung. Er warb für Letzteres und war bereit, sich selbst an diese Maxime zu halten. Zumindest war er bemüht, die andere Seite zu verstehen, und enthielt sich jeglicher Vorwürfe. Er schwieg. »It seems as if we are now living in another world and it is not good to think too much of past days.«[614]

Leibholz war dennoch nicht bereit, über die NS-Vergangenheit seiner Göttinger Kollegen hinwegzusehen. Er diskutierte die verschiedenen Fälle mit dem Dekan Hans Thieme, der ihm schrieb: »Ihre Einstellung wegen der Wiederbeschäftigung früherer Nazis teile ich voll und ganz. Ich würde sogar sagen, dass neben der heutigen Haltung das frühere Verhalten, auch wenn es nicht irgendwie kriminell war, sehr mit herangezogen werden sollte. Wenn es z.B. das wissenschaftliche Ethos vermissen lässt, so ist das ein unübersteigbares Hindernis. Bei Siebert scheint mir dies nicht der Fall gewesen zu sein; ich habe seine Betätigung im Dritten Reich mehr als Zeichen von Borniertheit angesehen«.[615] Wolfgang Siebert kam aus der sogenannten Kieler Schule, einer berüchtigten NS-Fakultät, die großen Einfluss auf die NS-Rechtssprechung und die entsprechende Personalpolitik ausübte. Gerhard Leibholz zog auch andere Emigranten zu Rate: »Sie fragen mich, was ich ›von ihm halte?‹« Der ebenfalls in Oxford lebende Jurist Martin Wolff beantwortete diese Frage 1949 folgendermaßen: »Ich kannte Siebert persönlich nur aus der Vor-Nazi-Zeit: er war damals Privatdozent in Halle und besuchte mich öfter. Mit Hitlers Aufstieg hörten seine Besuche auf. … Seine arbeitsrechtlichen Untersuchungen zeigen ihn als einen überzeugten Nationalsozialisten, und er dürfte es sich verbitten, als blosser ›Mitläufer‹ betrachtet zu werden.«[616]

Dennoch widersetzte sich einzig der Jurist Julius von Gierke der Wiederaufnahme von Siebert mit dem Argument: »Wir brauchen endlich wieder Charaktere, und es muss der Schein des Ge-

genteils vermieden werden. … Es ist grotesk, wenn Hitlerjungen nicht zum Studium zugelassen worden sind und werden, aber die verantwortlichen Männer der Nazizeit nun einfach ihr Kleid wechseln können.« Leibholz warf er vor: »Mit Ihrem Standpunkt, daß die Überzeugung für neue Mitarbeit genügt, werden Sie sehr üble Erfahrungen machen, und ich bitte Sie dringend, dieses zu revidieren.«[617] Dazu hatte Hans Thieme anzumerken: »›Wir brauchen Charaktere!‹ Wenn ich aber an das Vorwort zu Gierkes Handelsrecht von 1938 über die Behandlung der jüdischen Zitate denke, so frage ich mich, ob gerade er das Mandat zu diesem Ausruf hat und bleibe dabei, es müsse zu Fällen, wo nichts direkt Unanständiges vorliegt, einmal ein neuer Anfang gemacht werden.«[618] Durch von Gierke erfuhr Leibholz dann auch Ende 1949, dass der Dezernent im Ministerium angekündigt habe, der Minister werde Siebert einen Lehrauftrag erteilen, wenn die Fakultät diesen beantrage. »Der Dezernent sagte aber auch, daß Sie besonders befragt werden müssten. In der Fakultätssitzung wurde dann mitgeteilt, daß Sie mit dem Lehrauftrag sich ›einverstanden‹ erklärt hätten«.[619] Einen Monat später berichtete Herbert Kraus nach Oxford: »Neulich war gerade der Minister hier, und wir hatten einen Bierabend mit ihm zusammen, … Die Sache Siebert ist denkbar unglücklich gelaufen. Die überwiegende Mehrheit der Fakultät hat wie ein Löwe für Herrn Siebert gekämpft, während Herr von Gierke wie ein Löwe gegen ihn kämpft. Ich halte die Versuche des Herrn von Gierke für hoffnungslos. Der Fakultät lagen ganz Packen von Hymnen über Siebert vor.«[620] Siebert erhielt den Lehrauftrag 1950, war ab 1953 wieder ein ordentlicher Professor an der Universität Göttingen und wechselte 1957 nach Heidelberg.

Leibholz sollte sein Einverständnis geben, dass der Kollege Siebert wieder an die Universität zurückkehren durfte: Der Emigrant wurde zur moralischen Instanz, dessen Wohlwollen man sich sicher sein wollte, bisweilen auch ungefragt. Der Völkerkundler Günther Spannaus – SA-Mitglied und Autor so einschlägiger Titel wie »Kultur und Rasse«[621] – wandte sich im November 1949 mit einem Brief an Leibholz, um ihm seine Situation zu erklären: »Ich schreibe Ihnen das so ausführlich, damit sie die Zusammenhänge klar sehen. Es geschieht ja leider heute so Manches an Renazifizierung, dass man durchaus darauf kommen könnte, auch mein Fall gehöre dazu. … Ich würde mich sehr freuen, wenn Sie bald einmal wieder in Göttingen erreichbar wären.«[622]

Auch Wilhelm Ebel gehörte zum Kreis derer, die im Juli 1945 durch Anordnung der britischen Militärregierung entlassen worden waren und ihren Beamtenstatus verloren.[623] Thieme: »Endlich der Fall Ebel: Hier liegen nach allgemeinem Urteil, dem ich mich aufgrund der Entnaz.-Akten anschließe, so schwere Charakterfehler vor, dass die Rückkehr ins Lehramt gänzlich ausgeschlossen ist.« »Ebel ante portas«[624], hatte Thieme bereits einen Monat vorher formuliert. Wilhelm Ebel könnte der Einzige gewesen sein, dem Leibholz gegenüber nicht schwieg, sondern laut und deutlich wurde, nämlich als sein ehemaliger und Göttinger Kollege Wilhelm Ebel bei ihm buchstäblich vor der Tür stand, wahrscheinlich um einen Antrittsbesuch zu machen.[625] Leibholz soll ihm umgehend scharf und vernehmlich die Tür gewiesen habe, verbunden mit der Aufforderung, sich nie wieder blicken zu lassen. Ebel war von 1939 bis 1941 Professor für Rechtsgeschichte in Göttingen gewesen, wurde dann Soldat und kehrte erst im Spätsommer 1947 aus der Kriegsgefangenschaft zurück. Er war 1933 in die NSDAP eingetreten und bekleidete zahlreiche NS-Ämter, zuletzt war er SS-Hauptsturmführer.[626] Unterdessen hatte er in Abwesenheit durch einen Akt des englischen Militärgouvernements am 19. Juli 1945 seinen Beamtenstatus verloren. Sein Entnazifizierungsverfahren endete im März 1949 mit der Einstufung als Mitläufer, und anderthalb Jahre später wurde ihm erneut der Beamtenstatus gewährt. Um sich und seine Familie ernähren zu können, bestritt er juristische Hilfsarbeiten für die Gothaer Versicherungen, die sich nach dem Krieg in Göttingen angesiedelt hatten. Er ließ aber nichts unversucht, um wieder ins Amt zu kommen. 1953 erhielt Ebel den Lehrstuhl zurück, den er 1939 schon einmal übernommen hatte. 12 Jahre später musste er ihn aus Gesundheitsgründen wieder aufgeben. Jedoch sah er sich noch in der Lage, das Universitätsarchiv bis 1978 zu leiten, wo er nachweislich Forschungen zur Zeit des Nationalsozialismus zu verhindern wusste.[627]

Die »amtsverdrängten Hochschullehrer« oder »Beamte zur Wiederverwendung«

Ebel hatte sich nicht gescheut, das Offensichtliche zu leugnen: »Ich habe niemals Juden mit einem sog. Davidstern gesehen und wusste auch nichts von der Einführung desselben. Ich wusste auch nicht, daß es im Osten Ghettos gab. Dass diese Ansiedlungen unter Verdrängung bzw. Enteignung der einheimischen Bevölkerung vor sich gegangen sind, darüber habe ich nichts erfahren und zwar auch nicht während meiner Tätigkeit beim RuS-Hauptamt.«[628] Warum konnten Professoren wie Ebel und andere, die 1945 nicht ohne Grund sofort entlassen worden waren, daran denken, sich wieder um ihr altes Amt zu bemühen? Die mentalen Rahmenbedingungen hatten sich gewandelt: Unmittelbar nach Kriegsende war das Erschrecken über die nationalsozialistischen Verbrechen groß gewesen, so groß, dass Redebedarf bestand. Sommer und Herbst 1945 waren von großer Offenheit geprägt, hier konnte noch gesagt werden, was schon im Frühjahr 1946 tabu war. Denn da veränderte sich die weltpolitische Lage, als die Anti-Hitler-Koalition zerbrach und die USA und die Sowjetunion sich immer deutlicher als Gegner gegenüberstanden. Das hatte zur Folge, dass sie Deutschland, Frontstaat am Eisernen Vorhang, nun für die antikommunistische Koalition gewinnen wollten und es daher nachsichtiger behandelten als noch 1945. Die Entnazifizierung wurde in deutsche Hände übergeben und das eröffnete den rückwärtsgewandten Kräften neue Möglichkeiten. Schritt für Schritt wurde die Entnazifizierung zurückgedrängt. 1949 überführte man per Verordnung fast alle Personen, die in die Kategorien III (Minderbelastete) und IV (Mitläufer) eingeordnet worden waren, in die Kategorie V (Unbelastete), unter ihnen Ebel, Siegert und Rath.[629] Für sie entfielen damit alle rechtlichen und finanziellen Beschränkungen, und sie hatten einen rechtlich fundierten Anspruch auf ihr altes Amt. Sollten sie, aus welchen Gründen auch immer, diese Position nicht wiedererhalten können, bestand ein Anspruch auf Wartegeld in Höhe des Ruhegehalts. Dieser Anspruch wurde 1951 als Artikel 131[630] des Grundgesetzes festgelegt, weshalb die nach 1945 Entlassenen offiziell als Beamte zur Wiederverwendung bezeichneten Professoren – in ihrer eigenen Wahrnehmung »amtsverdrängt« – gemeinhin nur die »131er« genannt wurden. Die Entwicklung brachte es mit sich, dass die Kulturministerien die Universitäten drängten, die Beamten zur Wiederverwendung vorrangig zu behandeln. Jeder »131er«, der keinen Lehrstuhl erhielt, zwang die Verwaltung, zusätzlich zum Gehalt für den aktuellen Lehrstuhlinhaber das Wartegeld für den nicht-verwendeten »Amtsverdrängten« zu zahlen. Damit rückten die Bemühungen um die Emigranten noch weiter in den Hintergrund. Hans Thieme hatte dazu zu bemerken: »Es ist eine dumme Suggestion, der letzte einstmalige Nazi müsse erst wieder untergebracht sein, ehe man an integre Leute im Amt denken könne!«[631] – integer wie Gerhard Leibholz, dem diese Bestimmung persönlich jedoch nicht schadete.

primo et unico loco

»Nun die Nachfolge Smend: ich habe mich neulich beim Diktat absichtlich etwas unbestimmt ausgedrückt. Ich wollte sagen, dass meine Prognose vom 3. 11. in Erfüllung gegangen sei: eine unico-loco-Liste Leibholz. Aber, bitte, seien Sie so gut, niemand zu erkennen zu geben, dass Sie das wissen. Ich halte mich für berechtigt, es Ihnen als Mitglied der engeren Fakultät mitzuteilen, aber immerhin könnte jemand zweifeln, da es Sie selbst betrifft. Es ist so, dass nicht vieles, was sie nach Göttingen schreiben, nicht alsbald die Runde macht«[632], so Thieme im Dezember 1949 an Leibholz, der seit nunmehr zwei Jahren wieder regelmäßig in Göttingen und dort offenbar im Gespräch war, also bemerkt und wahrgenommen worden, während er zuvor so weit aus dem Blickfeld der Kollegen verschwunden war, dass niemand wirklich zu wissen schien, was ihm widerfahren sei und wo er sich befinde, so dass »sie in Göttingen geglaubt hätten, ich sei 1940 Opfer eines Autounfalls geworden«.[633] Der erste Besuch im Sommersemester 1947 war gut und zur Zufriedenheit aller verlaufen. Er habe großen Anklang bei der Studentenschaft gefunden, meldete die Fakultät dem Minister.[634] Und Leibholz schrieb nach Göttingen, dass er »das letzte Semester unter kollegial und menschlich so erfreulichen Umständen in Göttingen verbringen durfte.«[635] Ein Anfang war gemacht. Leibholz hatte gleich in seinem ersten Sommersemester erklärt, dass er nach Göttingen zurückkehren wolle; und zwar »lieber als an eine der anderen Universitäten«, von denen er Angebote erhalten hatte. Gleichzeitig sprach sich »die Fakultät nunmehr einmütig und mit grösster Entschiedenheit für die endgültige Rückberufung von Professor Leibholz auf seinen früheren Göttinger Lehrstuhl aus.«[636] Die Fakultät hingegen bemühte sich, Leibholz fester an Göttingen zu binden, denn der war ja nicht nur Gastwissenschaftler, sondern zugleich ein Emeritus. Als ein solcher erhielt er das ihm zustehende Ruhegehalt, und es stand ihm zu, sich frei zu entscheiden, ob er Vorlesungen halten wolle oder nicht. Außerdem – und das wog durchaus schwer für die Kollegen – war er so befreit von allen Verwaltungs- und Prüfungspflichten.

Das war der Stand der Dinge, als Anfang 1950 ein Nachfolger für den Lehrstuhl Smend gesucht wurde. Wohlwissend, dass Leibholz die Anfrage so zunächst ablehnen würde, entschloss man sich dennoch, ihm ein besonders ehrenvolles Angebot zu machen. Eine Berufung auf die öffentlich-rechtliche Professur primo et unico loco, d.h. entgegen der ansonsten üblichen akademischen Gepflogenheiten verzichtete man darauf, drei Kandidaten zu benennen. Auf der Vorschlagsliste für das Ministerium stand einzig und allein der Name Leibholz. Die Kollegenschaft vertrat die Ansicht, er habe »durch zahlreiche Vorträge, durch kleinere Abhandlungen über staatstheoretische, völkerrechtliche und politische Fragen und durch die Wiederaufnahme lange Zeit unterbrochener Beziehungen seinen alten Rang im Kreise der deutschen Hochschullehrer des öffentlichen Rechts erneut eingenommen. Professor Leibholz erfreut sich auch menschlich allgemeiner Sympathie und würde sich nach dem Urteil der Fakultät in den Rahmen der Göttinger Aufgaben vorzüglich einfügen.« 1950 hatten sich die äußeren Verhältnisse so weit verbessert, und es »gravitieren andererseits manche persönliche Interessen von Herrn Leibholz so sehr nach Göttingen«,[637] dass gute Aussichten bestanden, man könne sich einig werden. Die Fakultät war sich bewusst, dass sie ein »gewisses Opfer« bringen musste, um die Leibholz'schen Bedingungen zu erfüllen. Er wollte jedes dritte Semester in Oxford lehren, was auch bedeutete, dass keine endgültige Übersiedlung nach Göttingen geplant war. Dennoch war dieses Entgegenkommen kein einseitiger Verzicht. Die Universität versprach sich viel von Gerhard Leibholz, dessen mehr oder weniger freiwillig/unfreiwilliges Exil plötzlich ein Pfund war, mit dem er wuchern konnte. Seine temporäre Abwesenheit werde »mehr als ausgewogen … durch den Gewinn, den seine Tätigkeit in England für die deutschen Interessen im allgemeinen, für die akademischen und zumal für die Göttinger Universitätsinteressen im besonderen und für Professoren L.'s wissenschaftlich und im Unterricht, aber auch in der Beratung deutscher amtlicher Stellen zu verwertende Information über die englische und die allgemeine politische Lage bedeuten würde.«[638] Leibholz verhandelte also und brachte eine Erweiterung seines Arbeitsfeldes (der venia legendi) ins Spiel. Er, der in den vergangenen Jahren zum politischen Berater geworden war, verlangte einen Lehrstuhl nicht allein für Öffentliches Recht, sondern auch für Politische Wissenschaften. Anfang 1951 wurde diese Veränderung bewilligt, die 1958 in einen gleichnamigen Lehrstuhl mündete. Die Universität blickte »mit tiefer Genugtuung« zurück auf das Erreichte und sah es als »ein wesentliches Stück notwendigen Wiederaufbaus an der Göttinger Universität«.[639] Leibholz muss sich dieser »Vereinnahmung … in das Kollektiv der ›Versöhnungsbereiten‹« bewusst gewesen sein.[640] Doch er hatte sich schon 1945 gefragt: »Perhaps there may also be a chance of doing something more important in future than holding a chair in Göttingen.«[641]

»Dabei fuhren wir durch das tatsächlich ganz unversehrte Göttingen.«

Eberhard Bethge kam im Oktober 1945 auf einer Dienstreise durch Göttingen und sandte einen eher melancholischen Bericht darüber nach Oxford: »Die Fahrt ging übrigens diesmal in höchster Eile per Auto vor sich. Dabei fuhren wir durch das tatsächlich ganz unversehrte Göttingen. Es mutete einen ganz unwahrscheinlich an und griff mich doch etwas an, als wir – da wir dort kurz zu tun hatten – die sonnige, herbstlich bunte Herzberger-Landstraße herauffuhren. Ich erkundigte mich auch nach der Nr 55. Sie war ja wohl in den Händen eines Gastwirtes oder ähnlichen Nazis [?!]. Jedenfalls haben nach der Eroberung ausgerechnet Russen, die wohl zu einer Delegation gehörten, darin gehaust und ein tolles

Durcheinander zurückgelassen. Nun sind englische Soldaten drin und haben daraus irgend eine Art Schule für die Militärs gemacht. Ich sah die Garage, aus der wir so oft erst den alten Wanderer und dann den schönen Ford gezogen haben. Wie schön waren die letzten Herbstferien, die Dietrich und ich bei Euch sein konnten. Als ihr dann schon weg wart, entstand an Deinem Schreibtisch das ›Gemeinsame Leben‹.«[642]

Jenseits aller Erinnerungen stellte Göttingen für die Familie Leibholz zuallererst ein praktisches Problem dar. Um den Sommer 1947 in Göttingen verbringen zu können, musste sich das Ehepaar eine Unterkunft suchen. Das war ein enormes Problem, denn die Stadt war überfüllt, eben weil alles völlig unzerstört war. Sie lag mitten in Deutschland, zudem am Schnittpunkt dreier Besatzungszonen, der englischen, der amerikanischen und der sowjetischen, so dass eine große Zahl von Flüchtlingen und Vertriebenen aus den ehemaligen deutschen Ostgebieten in Göttingen strandeten ebenso wie Displaced Persons, also ehemalige Zwangsarbeiter:innen oder KZ-Häftlinge oder heimkehrende Kriegsgefangene, die im benachbarten Lager Friedland ankamen. Darüber hinaus zog der frühe Eröffnungstermin der Universität viele Studenten an. Leibholz bekam jedes Semester neue Wohnungen zugewiesen.[643] Noch 1951 beschwerte er sich beim Rektor, dass das Problem immer noch nicht gelöst sei und er in »Behelfsräumen« leben müsse, »wie wenn ich zum ersten Mal als Flüchtling nach Göttingen komme.«[644] Er kam nicht als ›Flüchtling‹, aber im Jahr 1947 als Deutscher, was dazu führte, dass er unter denselben schlechten Bedingungen leben musste wie seine Landsleute. Das bedeutete nicht nur Wohnungsschwierigkeiten, sondern z.B. auch schlechtere Lebensmittelkarten und Reisebeschränkungen.[645] Auch aus diesem Grund beantragte die Familie Leibholz die britische Staatsbürgerschaft, die ihr dann schon im folgenden Semester das Leben in Göttingen erleichterte. Leibholz beklagte, wie stets, dass ihm zu hohe Kosten entstünden, und wandte sich an die britische, nun seine, Regierung mit der Bitte, der Staat möge wenigstens die Reisekosten übernehmen, sonst würde er gar nicht erst kommen.[646]

Leibholz kümmerte sich um jedes Detail, um den Aufenthalt in Göttingen annehmbar und möglichst kostengünstig zu gestalten. Er hatte den Kontakt zu Willi Drescher wiederherstellen können, jenem hilfsbereiten Mann, der der Familie schon in den 1930er Jahren zur Seite gestanden hatte und deshalb von Sabine Leibholz in ihren Erinnerungen lobend erwähnt wurde. Drescher war vor dem Krieg bei der Commerzbank beschäftigt, nach 1945 hatte er die verschiedensten Posten inne: »Mir geht es schlecht. Geschäftlich alles tot.«[647] Indem er für Leibholz in Göttingen arbeitete, konnte er sich Geld dazuverdienen. Dafür bekam er natürlich auch Pakete und dankte »für all Ihre große Liebe, die Sie an uns tun.«[648] Doch die Familie Leibholz zeigte sich nicht nur ihrem Helfer gegenüber großzügig, sie schickte via Drescher Lebensmittel an viele Göttinger Adressaten, so an Kurator Bojunga, an die Familie Passow oder einen Heinrich Herbold, der dies allerdings zum Anlass nahm, Bestellungen in England aufzugeben. Er legte Geld in einen Brief nach Oxford und bat dafür um Kaffee. Das scheint sich herumgesprochen zu haben, denn offenbar wandten sich – fremde? – Menschen ungebeten an Leibholz. Eine Elfriede Neunobel aus Gelsenkirchen bat wiederholt für ihren Schwiegervater aus Mühlhausen in Thüringen um Geld, der »nun schon zum 3. Male seit 8 Jahren existenzlos [ist]: von der Ministerin fristlos ohne Pension entlassen, da er politisch untragbar sei. … Er bittet um Ihre frdl. Antwort und sieht jeder … Beihilfe dankbar entgegen.«[649] Drescher übermittelte »eine Bitte: Herr Schloendorn möchte nämlich seinem Schwager in Sofia/Bulgarien ein Reißzeug und einen Rechenschieber schenken.«[650] Und 42 Wohnungseigentümer aus Hildesheim, die kein Verständnis dafür aufbrachten, dass die Briten in ihren Häusern wohnten – die könne man doch auch in Kasernen unterbringen –, hätten gehört, dass Leibholz bereit sei, »Unterlagen für Mißgriffe der Besatzungsmacht bei einflußreichen Amtsstellen in London anzubringen.«[651] Eine Briefschreiberin wünschte sich Spezialfutter für ihren Wellensittich, das sie in Göttingen nicht erhalten könne. Es bleibt unklar, ob sie es bekam.

Leibholz sandte aber auch Kaffee und Kakao für sich selbst nach Göttingen, die Drescher dann bis zum nächsten Aufenthalt lagern sollte. Der wiederum sandte Mettwürste nach England oder Pralinen von Lotze aus der Herzberger Landstraße. Drescher war für alles verantwortlich: Er erledigte auch Finanzgeschäfte, verwaltete z.B. das Konto, auf dem nun wieder regelmäßig die Bezüge des Emeritus Leibholz eingingen. Minster Grimme hatte ihm seinen Emeritusstatus offiziell bestätigt, so dass die Gelder, die nach 1940 nicht ins Ausland überwiesen worden waren, vom Land Niedersachsen nachgezahlt wurden. Doch Drescher erhielt auch Buchpakete von Leibholz, die er den lokalen Buchhandlungen zum Verkauf anbot, ebenso wie Sendungen mit Kleidung, die verkauft werden sollte; der Pelzmantel fiel nicht darunter, er sollte aufbewahrt werden. Drescher musste eine Jacke zum Schneider bringen, einen Tintenschreiber, eine Rosenschere und einen Fleischwolf kaufen, sowie zehn Zigarren und 60 Zigaretten, die er nach Oxford zu schicken hatte. Universität und Stadt Göttingen waren vor allem Mittel zum Zweck, um sich eine gesicherte bürgerliche Existenz, die nach 1933 in Göttingen vernichtet worden war, wiederaufzubauen. Dazu gehörte auch das Bemühen um das Haus in der Herzberger Landstraße. »Es war wohl doch dumm, dass man das Haus dort verkauft hat. Vielleicht kann man es einmal wieder zurück kaufen.«[652] Das Haus in der Herzberger Landstraße hätte ihnen ohnehin nicht zur Verfügung gestanden, weil die Briten sich dort niedergelassen hatten.

»Es war zuviel, für jeden.«[653]

In einem langen, programmatischen Brief schilderte Leibholz Bell die Eindrücke seines ersten Besuches in Göttingen im Sommer 1947. Bell hatte eine Debatte im Oberhaus angeregt, in der über die Zustände in der britischen Zone diskutiert werden sollte, und dafür bat er wie gewohnt seinen politischen Berater um Fakten und Argumente. Der Bischof setzte also sein Engagement für Deutschland und die Deutschen auch nach dem Krieg fort, aber er wollte wissen, mit wem er es zu tun habe: »What Germans?«[654] Leibholz' Eindruck war der, dass die Menschen in Göttingen sich in einem Zustand von Hoffnungslosigkeit, Verzweiflung und Verzagtheit befanden. Die Gründe dafür seien klar erkennbar: zum einen die schlechte Lebensmittelversorgung; wer einzig und allein auf die Lebensmittelmarken angewiesen sei, ohne auf dem Land oder auf dem Schwarzmarkt handeln zu können, keinerlei Pakete aus dem Ausland erhielt, der könne kaum überleben. Zum anderen die schlechte wirtschaftliche Lage, die sich seiner Ansicht nach bessern würde, wenn man es den Deutschen selbst überließe, ihre Wirtschaft wiederaufzubauen. Die jetzige britische Besatzungspolitik hingegen würde das Fortbestehen des Nazismus fördern. Käme »Adolf II« wieder auf die politische Bühne, dann, da sei er sich sicher, würde ihm von der Mehrzahl der Deutschen ein begeisterter Empfang bereitet werden.[655] Leibholz' Beobachtungen deckten sich mit denen seiner Schwägerin Christine von Dohnanyi, mit der er sich in einer ausgedehnten Korrespondenz über die Situation in Deutschland austauschte. Sie hatte ihm bereits ein Jahr zuvor geschrieben:

> »Wenn Du mich also fragst, ob der Nazismus tot ist, so würde ich sagen: nein.
> Wenn Du mich fragst, ob er schon einmal tot war, so würde ich sagen: ja, jedenfalls so gut wie tot; und zwar in den letzten Monaten des Hitlerregimes. Ich glaube, dass es in Deutschland noch nie eine Regierung gegeben hat (die Hitlers eingeschlossen), die ein solches Mass an Vertrauen und Erwartung genossen hat, wie die alliierte Militärregierung.
> Sicher aus sehr verschiedenen Motiven. Teils aus der Sehnsucht nach Frieden, teils aus der Hoffnung auf Erlösung von einem unvorstellbaren Druck, teils aus allem beiden plus der restlosen Übersättigung an Hitlerphrasen. Ich glaube, wenn man dem gesamten deutschen Volk damals seine Waffen gelassen hätte, hätten sie sie lediglich dazu benutzt, mit den Nazis aufzuräumen! Das ist bestimmt nicht übertrieben; ein paar dumme Lausbuben, die einem im Grunde nur leid tun können, weil sie einer jahrenlangen Verhetzung zum Opfer gefallen waren, wären nicht zu Worte gekommen. Man hätte alles getan, aus Dankbarkeit dafür, dieses Pack los zu sein und nun in Ruhe arbeiten zu können.
> Aber das hatte man erwartet: die Möglichkeit, wieder an die Arbeit gehen zu können, und aufzubauen und selbst mit den Bedrückern abrechnen zu können. Denn wer Nazi war, können nun einmal nur wir Deutschen selbst entscheiden, und wenn man das den Deutschen, die sich als Nicht-Nazis erwiesen hatten, überlassen hätte, wäre dieses Urteil auch nicht allzumilde ausgefallen. Statt dessen kam der Fragebogen! Wir haben die Fragebogen alle so satt. Wir haben es so satt, Menschenschicksale auf bürokratischem Wege zu entscheiden.«[656]

Tatsächlich war der Fragebogen genau das, ein Instrument, mit dem die Alliierten »auf bürokratischem Wege« feststellen wollten, wer als Nationalsozialist einzustufen sei. Damit sollte sichergestellt werden, dass die Nazis vom demokratischen Neuaufbau Deutschlands ausgeschlossen würden, um ihn nicht von innen heraus sabotieren zu können. Alle Deutschen mussten diesen Fragebogen ausfüllen, der Mitgliedschaft und Engagement im NS erfasste. Diejenigen, die in nationalsozialistischen Ämtern, Parteiämtern oder Organisationen aktiv gewesen waren, wurden aus dem Staatsdienst entfernt – solange bis der genannte Artikel 131 sie ab 1951 fast alle wieder in ihre Ämter zurückbeförderte.

> »Kannst Du vielleicht entscheiden«, fragte Christel ihren Schwager weiter, »was verdammenswerter ist, ein PG [Parteigenosse = NSDAP-Mitglied] von 33 oder ein PG von 42? Ich nicht! Der eine kann noch guten Glaubens gewesen sein, der andere von 42 war bestimmt schon Konjunkturritter, der eine hat mehr Verantwortung auf sich geladen, der andere musste wissen, was für eine Schweinerei die Sache war und trat trotzdem ein! Und beides können brauchbare, anständige Menschen sein, von denen wir nicht alllzuviel haben.
> …
> Nun musst Du den Unverstand der grossen Masse bedenken, die immer wieder vergisst, dass sie jetzt die Früchte des Hitlerregimes erntet, sondern, die alle jetzigen Missstände auf die heutigen Machthaber zurückführt, und mangelndes Interesse, wenn nicht mangelnden Willen dahinter vermutet.
> …
> Alle diese Dinge, von denen ich Euch hier schrieb sind nun in den Händen und Mündern der Leute, die jetzt endlich abgewirtschaftet haben, und sich aus Gründen ihres persönlichen Wohles nach den seeligen Zeiten Adolf Hitlers zurücksehnen, ein erwünschtes Propagandamaterial.«[657]

Die Besatzungspolitik der Briten, da sind sich Leibholz und Dohnanyi einig, sei großartig gescheitert,[658] und Gert weiß auch, warum: Am Anfang einer langen Fehlerkette stand in seinen Augen die Forderung nach der bedingungslosen Kapitulation, die bereits den falschen Ton gesetzt habe. Die BBC habe in ihrem deutschen Programm stets Befreier versprochen, gekommen aber waren Sieger, die den Besiegten nicht auf Augenhöhe begegnen wollten. Dafür spreche auch das Verbrüderungsverbot, das in der ersten Zeit der Besatzung galt. Das wohlwollend paternalistische, aber eben hierarchische ›Wir wollen den Deutschen das Denken wieder beibringen‹ funktioniere nicht, stoße auf Gegenwehr, könne gar auf Dauer passiven Widerstand bewirken. »It is not enough to treat the Germans as natives and to tell them how things ought to be handled. It is necessary to meet them as equals.« Hier schwingt nach neun Jahren Aufenthalt im britischen Empire offenbar der Gedanke mit, die Briten kämen als Kolonialmacht nach Deutschland, die die Deutschen wie »Eingeborene« behandele, was unweigerlich eine qualitativ, vielleicht sogar rassistisch unterlegte Hierarchie begründe. Leibholz forderte Umgang auf Augenhöhe. Die Briten müssten die Deutschen ernst nehmen, in der Begegnung mit ihnen viel kreativer werden, und diejenigen, die mit der Reeducation befasst seien, sollten »a real knowledge of German affairs and of the working of the German soul« mitbringen.[659] Ansonsten würden sie den Kontakt zu den Deutschen verlieren und das würde, so wie Christine von Dohnanyi es formuliert hatte, den nationalistischen Kräften in die Hände spielen.

Das ganz grundsätzliche Problem aber, das Leibholz seit Beginn des Krieges ausgemacht hatte und das er in unzähligen Schriften der britischen Öffentlichkeit klarzumachen versuchte, war das, dass sie nicht unterschied zwischen Deutschen und Nazis.[660] Der Emigrant, von eben diesen Deutschen vertrieben, setzte sich unermüdlich für sie ein. Er war zutiefst davon überzeugt, dass es diesen Unterschied gab. Er glaubte an das »andere Deutschland«: »… the horrible disclosures in Buchenwald and the other concentration camps are rather disappointing. Instead of coming to the conclusion that there are two Germanies (the Hitlerite Germany and the Germany who has been murdered and tortured in these camps) there is rather a new outcry against Germany as a whole.«[661] Die seltsam unangemessene Wortwahl »disappointing«, also enttäuschend, im Zusammenhang mit einem Konzentrationslager bezieht sich wohl eher auf genau diesen Sachverhalt, dass die Alliierten nicht verstanden hätten, dass die Nazis die Morde in den Konzentrationslagern begangen hätten und nicht die Deutschen. Auffällig ist, wie schon in vielen Äußerungen zuvor, die große Distanz zum Judentum. Der Christ Leibholz hat Angehörige in Theresienstadt und Auschwitz verloren, das ist in seltenen Fällen Thema in der Korrespondenz mit seinem Schwiegervater. Der Holocaust jedoch beschäftigt ihn zumindest nicht erkennbar so intensiv wie die politische Situation in Deutschland.

»all those who belong to us«[662]

Ein Thema, dem Leibholz besondere Aufmerksamkeit widmete, war die Lage der Widerstandsfamilien in Deutschland. Die Familie Bonhoeffer war der Dreh- und Angelpunkt der Leibholz'schen Existenz, aber die am Widerstand beteiligten Personen bildeten gewissermaßen den erweiterten Familienkreis. Sie waren zugleich Bezugsgruppe und auch Maßstab, wenn er etwa von Rudolf Smend, dem er vorgeworfen hatte, »Sympathisant« und »Zauderer« gewesen zu sein, sagt: »I feel sure that he would never have joined our people.«[663] Hier machte er den Unterschied zwischen den Nazis und den Anti-Nazis fest; etwas, wozu die Briten nicht bereit waren. Auch Leibholz selbst musste in Göttingen zunächst als deutscher Bürger in denselben kümmerlichen Verhältnissen leben wie die anderen Deutschen, die in dieser Gleichung die Nazis waren.[664]

Wie sollte man ihnen begegnen, den anderen, den »Zuschauern«, »Zauderern« und den Schuldigen? Christine von Dohnanyi plädiert für einen verständnisvollen Umgang: »Wer erlebt hat, was es an Seelen- und Körperkraft gekostet hat, wirklich bis zum letzten Widerstand zu leisten, der weiss auch, dass man das nicht von jedem verlangen kann! Wir, die wir unter diese Walze gekommen sind, sind toleranter gegen die, die als Zuschauer dabei standen, als es unsere Befreier sind.«[665] Sie fährt fort: »Dazu kommt, dass viele gerade von uns, die wir nicht unter die PGs gehören, sich darüber ärgern, dass Menschen, die die Dinge einfach nicht beurteilen können, weil sie unter einer Diktatur noch nie gelebt haben, nun auf einmal besser wissen wollen, als wir selbst, wie es gewesen wäre, wenn alle Widerstand geleistet hätten.« Sarkastisch schließt sie: »Ich habe neulich einem Herren, der mir das erkären wollte, gesagt: wahrscheinlich überall so, wie in unserer Familie, wo vier Männer, die wir weiss Gott heute brauchen könnten, ihr Leben lassen mussten!«[666]

Möglicherweise war es gerade dieser Aspekt des Opfertodes, der Leibholz strenger urteilen ließ. In einem Brief an die Schwiegereltern, die zwei Söhne und zwei Schwiegersöhne hergeben mussten, lehnte er es ab, »dass abgesehen von den notorischen Kriminellen und den Führern in Bezug auf alle anderen so getan werden sollte, als ob nichts geschehen wäre. Natürlich werden grobe Fehler gemacht und diese müssen im Laufe der Zeit berichtigt werden. Auch eine Amnestie in Bezug auf die jungen Leute würde ich verstehen, die gar nichts anderes gelernt haben und eine Vergebung denen gegenüber, die wirklich bereuen. Aber eine generelle Amnestie würde m.E. den ersten Triumph der Nazis bedeuten und ein Blow sein gegenüber allen denen, die unter dem Nazism gelitten und alles geopfert haben. Gewiss, eine verfehlte Entnazifizierungspolitik mag zu einer Renazifizierung beitragen. Aber daraus den Schluss zu ziehen, dass man so tun soll gegenüber den Mengen von wirklichen Nazis, als wäre gar nichts geschehen, scheint mir nach allem ein unerträglicher Gedanke ... Was denkt Ihr darüber?«[667]

Anhand des Beispiels von Rüdiger von der Goltz, der Sympathien für die Nationalsozialisten hatte, diskutierte Leibholz die Schuldfrage mit Christine von Dohnanyi. »Onkel Rudi« war das Synonym, das Dietrich Bonhoeffer nutzte, wenn er in seiner verschlüsselten Korrespondenz vom Krieg sprach. Auch im Falle ihres Onkels, der in der Familie aufgrund seiner politischen Ansichten kein großes Ansehen genoss, plädierte Christine von Dohnanyi für ein mildes Urteil: »Kann man verlangen, dass man seinen Kopf hinhielt? Ich wage das nicht mehr. Er hat heute eine Menge von Menschen, die ihm bestätigen, dass er ihnen unentgeltlich geholfen hat (besonders Juden). Die hätten das doch nicht nötig, wenn es nicht der Fall wäre. Vielleicht bin ich schwach geworden. Aber wenn man viel gelitten hat, wird man wohl entweder bitter oder sehr milde. ... Aber glaubst Du nicht auch, dass man nur die Gefährlichen ausschalten sollte, und allen andern die Möglichkeit zu einem neuen Start geben sollte? Glaubst Du nicht auch, dass endlich etwas mehr Verzeihen und Liebe unter die Menschen kommen muss, wenn wir überhaupt weiter als Europäer leben sollten.«[668]

Auch Bell gegenüber äußerte er sich zum Thema Schuld: Ein Mensch sei verantwortlich für das, was er getan oder auch für das, was er unterlassen habe, allerdings nur dafür: »I myself think that a man is only responsible for what he has done or omitted to do.«[669] Leibholz weist hier den Vorwurf der Kollektivschuld zurück, bei dem unterschiedslos alle Deutschen für die Verbrechen, die im deutschen Namen verübt worden waren, verurteilt wurden. Er argumentiert, es sei rassistisch, Menschen für Taten zur Rechenschaft ziehen zu wollen, die sie nicht begangen hätten, bloß weil sie Deutsche waren. Das gelte insbesondere für »Anti-Nazis«, also auch für ihn, seine Familie oder »all those who belong to us«,[670] wie er Ende 1945 an seine Schwägerin Ursula Schleicher schrieb.

»Was eine schandbare Regierung verbrochen hat, darf nicht auf das arme deutsche Volk zurückfallen.«

Sein Kollege Martin Wolff vertrat die entgegengesetzte These. In der Diskussion um die Neubesetzung des Lehrstuhls in Göttingen argumentierte er: »Natürlich ist richtig, dass nicht politische, sondern wissenschaftliche Qualitäten entscheidend sein müssen. Aber soll der Charakter keine Rolle spielen? Das mag bei Berufung eines Mathematikers, Botanikers oder Tibet-Forschers angängig sein, aber nicht bei Ernennung eines Juristen, vor allem eines Staats- und Völkerrechtlehrers. – Der ganze Vorgang beweist wieder einmal, wie wahr der Vorwurf von der Gesamtschuld des deutschen Volks ist. Diese Leutchen … haben leicht verschmutzte Seelen, sind aber nicht die schlimmsten. Die sittliche Verderbnis des deutschen Volks als Ganzen [sic], seine Schuld an all dem Furchtbaren ist in ihrem Einfluss auf solche Männer evident. Diese Gleichgültigkeit gegenüber den geschehenen Verbrechen und Rechtsverletzungen empört mich mehr als dass Einzelne Verbrechen begangen haben. Ist da Hoffnung auf Besserung?«[671]

Die Kollektivschuldthese, so Leibholz an Bell, basiere überdies auf einer falschen Prämisse, auf der Annahme nämlich, man lebe in einem nationalistischen Zeitalter. Richtig sei aber vielmehr – und Leibholz wiederholt sein lebenslang geäußertes Credo –, dass längst Ideologie der alles bestimmende Parameter sei. Durch diese

Brille betrachtete er die politischen Vorgänge seiner Zeit und kam zu für ihn alarmierenden Schlussfolgerungen. Nicht nur die Konferenz von Casablanca 1943 mit der Forderung nach dem *unconditional surrender* – also nach der bedingungslosen Kapitulation – sei verheerend für Deutschland gewesen, sondern auch die Zusammenkunft der Alliierten im März 1945 in Jalta, für ihn ein »Super-Versailles«. Der Friedensvertrag von Versailles, der 1918 den Ersten Weltkrieg beendete, habe mit seinen harten Bedingungen für Deutschland, so meinte nicht nur Leibholz, entscheidend zu den folgenden Krisen beigetragen. In Jalta forderte Stalin, die Westgrenzen der Sowjetunion weit nach Westen auszudehnen. Roosevelt und Churchill stimmten zu und versprachen Polen, die entstehenden Gebietsverluste ebenfalls durch eine Verschiebung der Westgrenze zu entschädigen – zu Ungunsten Deutschlands. Ein Plan, der dann in der Potsdamer Konferenz vom Sommer 1945 so tatsächlich umgesetzt wurde. »Super-Versailles« sei eine Tragödie, so Leibholz, der überzeugt war, dass Millionen von Deutschen das Ende des Nationalsozialismus herbeigesehnt hatten, mehr als bereit, damit den sprichwörtlichen deutschen Militarismus zu einem harmlosen Phänomen zu machen und damit der Welt die Sicherheit zu geben, die sie brauche, um sich zu erholen. Aber, fragt er, »*How* shall it be possible to pacify a people who will have been more punished by the war than any other people involved in it (apart from the Jews)«, deren Land vom Krieg verwüstet ist und deren Städte in Ruinen liegen? »It seems to me madness.«[672] Ein Jahr später schreibt er an Bell: Viele von den Dingen, die jetzt geschähen – gemeint sind die Enteignungen und Vertreibungen von Deutschen und die territorialen Verschiebungen –, seien nur zu rechtfertigen mit dem Argument, dass Hitler das Gleiche oder ähnliche Dinge getan habe. »I think that what is planned now is even partly more rigorous and harder than what the Nazis did: at least the Western countries had been better treated by Nazi-Germany (apart from Jews, refugees, and political opponents) than a non-Nazi Germany by the Western powers. This seems to me due to the fact that Hitler was primarily a Nazi: he wanted a Nazi-France, a Nazi-England, a Nazi-Holland, but he did not want to destroy these countries in the sense in which this is now being tried with regard to Germany. One cannot simultaneously enslave a people and educate for freedom.«[673]

Weshalb schloss sich Leibholz diesem Selbstviktimisierungsdiskurs an, dieser Vorstellung, die Deutschen seien die eigentlichen Opfer gewesen? Weil er wilhelminisch geprägt war, seine Wertewelt war konservativ und national. Dabei besaß Leibholz durchaus verschiedene Identitäten, die sich im Laufe seines Lebens entwickelt hatten. Sie hatten sich um ihn gelegt wie konzentrische Kreise, die chronologisch entstanden und nicht hierarchisch geordnet waren, sondern je nach Situation zum Vorschein kamen. Der kleine jüdische Junge, der mit fünf Jahren getauft wurde, wird ein engagierter Christ. Der Sohn des Wirtschaftsbürgers William Leibholz, den Sabine aus Bonhoeffer'scher Sicht als »etwas primitiv« charakterisiert hatte, stieg auf, so wird er es wohl empfunden haben, zu einem Bildungsbürger und wurde ein begeisterter Bonhoeffer. Der angesehene Bürger wurde zu einem Ausgestoßenen, schließlich war er ein Anti-Nazi, ein Emigrant und ein Remigrant. Aber der Grundton seiner Existenz war der deutsche konservative Bildungsbürger, der zwar von seinen eigenen Landsleuten abgelehnt und verjagt wurde, aber doch als ein solcher nachvollziehen konnte, was »die Deutschen« empfanden, die mit dem Vorwurf der Kollektivschuld konfrontiert wurden: Sie fühlten sich, wie er, »ungerecht beleidigt«. Und er fürchtete, wenn man den Nachkriegsdeutschen nicht auf Augenhöhe begegne, sondern sie als »Eingeborene« behandle, dann würden sie sich von den Westalliierten ab- und dem Kommunismus zuwenden, den Leibholz mindestens ebenso fürchtete wie den Nazismus.

Andere Emigranten und Emigrantinnen, die nur vorübergehend als Angehörige der britischen oder amerikanischen Streitkräfte nach Deutschland zurückkehrten, waren entsetzt über diese weit verbreitete Opferhaltung und die sprichwörtliche »Unfähigkeit zu trauern«, wie sie später von den Psychologen Margarete und Alexander Mitscherlich analysiert wurde. Während kaum ein Wort des Bedauerns für die ermordeten Opfer des Holocaust zu hören war, fanden sich vermehrt triefend selbstmitleidige Äußerungen der Besiegten, wie sie sich sahen, über die schlechte Situation, in der sie sich jetzt befanden, die sie aber – und auch das wurde ausgeblendet – selbst ursächlich herbeigeführt hatten. Im Nachlass Leibholz finden sich dazu einige Beispiele von Menschen, die sich, aus welchen Gründen auch immer, berufen fühlten, dem Emigranten etwa Folgendes zu schreiben: »Was eine schandbare Regierung verbrochen hat, darf nicht auf das arme deutsche Volk zurückfallen. Wenn auch jetzt alles schwarz und trostlos aussieht, es ist doch die unverwüstliche, tapfere deutsche Jugend da, die sich nicht schuldig fühlt und die deutsche Ehre wieder hoch bringen wird. Vielleicht haben wir den Tiefstand der Schmach und des Elends noch nicht erreicht, vielleicht werden endlose Jahre vergehen, bis an eine geregelte Ordnung, Arbeit und an einen Aufbau zu denken ist – trotzdem einmal wird auch der Moment kommen, wo wir wieder als Menschen behandelt werden.«[674]

Die Historikerin Hanne Leßau kann in ihren »Entnazifizierungsgeschichten« überzeugend nachweisen, dass die Distanzierung vom Nationalsozialismus weder auf der gesellschaftlichen noch auf der individuellen Ebene durch eine wirkliche Abkehr von der NS-Ideologie geschah.[675] Sie untersuchte die Antworten auf den Fragenbogen, den Entnazifizierungsbogen, den die Deutschen nach 1945 ausfüllen mussten. Von den Alliierten, wie gesagt, eher als eine sicherheitspolitische Maßnahme gesehen, die den Ausschluss von Nazis am demokratischen Wiederaufbau gewährleisten sollte, wurde er von den Befragten als eine Aufforderung zur moralischen Rechtfertigung empfunden. Der Fragebogen bot die Chance, eine bestimmte Form des biographischen Erzählens zu entwickeln, die es erlaubte, gedanklich eine Distanz zum NS herzustellen und dort darzustellen, um das eigene Leben trotz des Verhaltens in den Jahren von 1933-1945 als Kontinuum begreifen zu können. Obwohl gerade der NS den oder die einzelnen *Volksgenoss:innen* in die Pflicht nahm und individuelle Entfaltung im Sinne des Regimes förderte, entstand in den letzten Monaten des Krieges eine gegenteilige Erzählung: Die Vorstellung von der alles erdrückenden Diktatur, die Einzelnen keine Chance zur eigenständigen Lebensführung ließ. Dergestalt unterdrückt konnten die Befragten nach 1945 behaupten, ihr Engagement für den Nationalsozialismus sei rein äußerlicher Natur gewesen. Diese Haltung war dann die Voraussetzung für die auch von Leibholz immer wieder propagierte Trennung von Deutschen und Nazis, die den Weg ebnete für die deutsche Opfererzählung.

Gerhard Leibholz reihte sich gewissermaßen in diese Opfererzählung ein, denn auch er war ein Opfer, wenn auch nicht als Deutscher, sondern als *Jude*, der er nicht sein wollte. Sein Bemühen, jede irgendwie geartete Berührung mit dem Judentum zu vermeiden, ist mehr als auffällig. Vor diesem Hintergrund ist seine bedingungslose Umarmung der Familie Bonhoeffer zu sehen. Sie bot ihm die Möglichkeit, seinen jüdischen Urspung hinter sich zu lassen, den er offenbar als Makel empfand, weil er die uneingeschränkte Zugehörigkeit zur deutschen Mehrheitsgesellschaft erschwerte. Wie ein Credo ruft der Mann, der Gerhard Leibholz heißt, 1949 in der Korrespondenz mit deutschen Behörden fast ärgerlich aus: »Der Name meiner Familie ist Bonhoeffer.«[676]

»I feel more and more that Dietrich had something of a saint.«

Dietrich Bonhoeffer wurde am 9. April 1945 im Konzentrationslager Flossenbürg ermordet. Zu diesem Zeitpunkt herrschte sowohl in Oxford als auch in Berlin noch immer die Hoffnung, er könnte überlebt haben. Tatsächlich wussten beide Familien nicht, wo er sich befand, nachdem er im Februar 1945 aus Berlin abtransportiert worden war. Seine Verlobte Maria von Wedemeyer hatte sich aufgemacht, um nach Dietrich zu suchen, aber niemand konnte oder wollte ihr sagen, wo er war. Die Odyssee Bonhoeffers ist vielfach beschrieben worden.[677] Zwischenzeitlich traf sein Gefangenentransport auf die Gruppe der 141 Sonder- und Sippenhäftlinge, welche die SS für besondere Verhandlungen mit den Alliierten zusammengestellt hatte.[678] Dr. Josef Müller, ein Kollege und Mitverschwörer von Hans von Dohnanyi und Angehöriger dieser als die Gefangenen vom Pragser Wildsee bekannten Gruppe, überbrachte die Nachricht von Bonhoeffers Ermordung an Visser 't Hooft nach Genf. Er war allerdings der Meinung, dass auch Klaus in Flossenbürg hingerichtet worden sei. Ein Mitarbeiter des Ökumenischen Rates der Kirchen, Adolf Freudenberg, sandte daraufhin am 28. Mai 1945 ein Telegramm an Julius Rieger, Nachfolger auf Bonhoeffers Stelle in London. Rieger übernahm drei Tage später die traurige Pflicht, Schwester und Schwager in Oxford über den Tod der Brüder – wie er meinte – zu informieren, die damit vier Wochen vor den Berlinern Bescheid wussten. Aufgrund der schwierigen Kommunikation konnten sie die furchtbare Neuigkeit jedoch nicht nach Berlin übermitteln. Dort hatte Eberhard Bethge zufällig am selben Tag, am 31. Mai 1945, erfahren, dass Klaus Bonhoeffer erschossen worden war. Von Dietrichs Tod benachrichtigte der Jurist Hans-Bernd Gisevius die Berliner erst Mitte Juli 1945. Er hatte zum Widerstandskreis der Abwehr gehört und war nun in Angelegenheiten des Ökumenischen Rates nach Berlin unterwegs. Karl und Paula Bonhoeffer waren insofern vorbereitet, als der Preis für den Widerstand von Anfang an allen klar gewesen war. Trotz aller Trauer empfanden sie auch Stolz auf ihre Söhne, wie es Karl Bonhoeffer später in einem Brief an einen Kollegen formulierte: »Da wir alle über die Notwendigkeit zu handeln einig waren, und meine Söhne auch sich im Klaren waren, was ihnen bevorstand im Falle des Mißlingens des Komplotts und mit dem Leben abgeschlossen hatten, sind wir wohl traurig, aber auch stolz auf ihre gradlinige Haltung. Wir haben von beiden Söhnen schöne Erinnerungen aus dem Gefängnis … die uns und ihre Freunde sehr bewegen.«[679]

Mit dem Tag seiner Hinrichtung wurde Dietrich Bonhoeffer zum Märtyrer.[680] Rieger tat dazu den ersten Schritt, als er Gerhard und Sabine Leibholz am 31. Mai 1945 Bibelverse aus Matthäus 10 als Trost anbot.[681] Dort geht es um die für Bonhoeffer so wichtige Frage der Nachfolge Jesu. Im Anschluss zitierte Rieger aus der »Nachfolge« von Bonhoeffer selbst: »Weil die Jünger im Leiden am Worte bleiben, darum wird das Wort auch bei ihnen bleiben. Gesuchtes Martyrium hätte diese Verheißung nicht. Aber das Leiden mit dem Wort ist ihrer ganz gewiß.«[682] Die Hinrichtung schien nun diese Passage zu bestätigen. Rieger war bei weitem nicht der einzige, der diese Deutung anstrebte, u.a. Niebuhr und Bell sahen Dietrich Bonhoeffer als Märtyrer. Niebuhr wird bald einen amerikanischen Unterstützungsfonds aufsetzen, der der Familie Bonhoeffer zugutekommen sollte.

Ein Märtyrer ist ein Mensch, der laut Duden wegen seines Glaubens <u>oder</u> seiner Überzeugung Verfolgung oder sogar Tod erleidet – so wie Dietrich, aber auch Klaus Bonhoeffer, Rüdiger Schleicher und Hans von Dohnanyi. Rieger hatte ursprünglich aufgrund der falschen Information Dietrich <u>und</u> Klaus im Blick, aber sehr rasch traten die drei anderen Männer neben Dietrich in der Öffentlichkeit und wohl auch in der Familie, zumindest in der Leibholz-Familie, in den Hintergrund. Christine von Dohnanyi allerdings nahm in ihrem Memorandum über den Widerstand, das sie an die Alliierten richtete, einen etwas anderen Blickwinkel ein. Sie sprach vom Widerstand im *Dritten Reich* als einem »Weg, der fast mit Sicherheit zu Gefängnis, Verleumdung, Folter und Tod führte. Es war der Weg des Märtyrers«, und sie hatte damit neben ihren Brüdern und Schwägern vor allem ihren Mann Hans im Blick.[683] Eberhard Bethge und Gerhard Leibholz übernahmen es, das Bild von Dietrich als Märtyrer zu etablieren, zu festigen und zu verbreiten. Bethge, der Freund und Weggefährte Bonhoeffers, hatte explizit den Auftrag, eines Tages an Dietrich zu erinnern, denn der hatte ihm geschrieben: »Since you will someday be called upon to write my biography, I want to make sure the material you have is as complete as possible! So here I go!«[684] Bethge leitet daraus den Anspruch ab: »Ich möchte schon sagen, dass ich bei einer späteren endgültigen Herausgabe all derer [es ging zunächst um Gedichte], die jetzt herausgehen können, beteiligt sein möchte«, und er ergänzt: »bzw. eine Gesamterscheinung unter Eurem oder unserem Einfluss stehen muss.«[685] Er reklamierte also von Anfang an die Deutungshoheit über Bonhoeffers Werk. Er war der selbsternannte und unangefochtene Nachlassverwalter, der im Laufe von Jahrzehnten die Schriften des Freundes edieren wird. 1967 publizierte er eine stark theologisch gepägte, sehr detaillierte und insgesamt 1150 Seiten umfassende Biographie Dietrich Bonhoeffers.

Und »drüben«? »Ich sagte, dass Du drüben die Dinge in der Hand habest«, schrieb Bethge 1950 an Leibholz.[686] Der hatte auch deshalb so lange gezögert, zu emigrieren, weil klar war, dass seine Freunde in Deutschland Widerstand leisten würden. Es waren die vier Männer, die jetzt den Märtyrerstatus beanspruchen konnten, auch wenn er nur einem von ihnen zugestanden wurde. Sein »Fortgehen« war notwendig gewesen, überlebensnotwendig, aber hatte er es wohlmöglich als Flucht, gar als Feigheit empfunden? Christine von Dohnanyi schrieb ihm dazu:

»Nun möchte ich Dir lieber Gert aber noch etwas sagen zu dem, was Du über Dein Fortgehen schreibst. Ich habe Dir das bisher nicht geschrieben, weil ich eigentlich das Gefühl hatte, ich wollte Dir solche Gedanken nicht nahelegen; aber vielleicht ist es Dir doch eine

Beruhigung. Als ich bei Hans in Potsdam im Lazarett sass, und er ja eigentlich damit rechnete, sein Leben zu verlieren, sprachen wir öfter davon, ob er an den Kindern recht getan hätte mit seinem Handeln. Du kannst Dir denken, dass dieser Gedanke ihn oft beschäftigt und gequält hat. Dann sagte er aber, er käme doch immer dazu, dass er nicht wüsste, wie er später einmal vor seinen Kindern dastehen solle, wenn er diesen Kampf nicht aufgenommen hätte. Bei dieser Gelegenheit sagte er einmal (er sprach ja überhaupt viel von Euch) ›Ich bin z.B. sicher, dass Gert eines Tages darunter leiden wird, nicht dabei gewesen zu sein. Das ist dann Deine Sache, ihm klar zu machen, dass er unbedingt das richtige getan hat, als er ging. Er hätte nichts helfen können, und wir hätten hilflos sein Schicksal hier ansehen müssen. Ich danke Gott noch heute, dass wir ihn damals an dem Abend bei Schleichers ›rausgeworfen‹ haben. Die sind die Einzigen, an die man in Ruhe denken kann. Ich weiss nicht, ob Du Dich auf diesen Abend besinnst, als Hans so üble Nachrichten über Hitlers Absichten bekommen hatte, und sich fest vornahm, alles zu tun, um Euch zum Gehen zu bewegen. Ich will Dir das doch heute sagen, denn das war die Ansicht von Hans, als er die volle Schwere und Hoffnungslosigkeit seiner Situation schon kannte. Er hat auch eine Beruhigung dabei empfunden, dass Du später einmal da sein würdest. Denn mit seinem Überleben hat er nicht gerechnet; allerdings nie mit dem Tod von Klaus und gar von Rüdiger.«[687]

Gerhard Leibholz muss sich vorgenommen haben, die Aufgabe, die er in Deutschland nicht durchführen konnte, in England zu übernehmen, indem er sich auch nach 1945 zum Fürsprecher des deutschen Widerstands machte. Er war derjenige, der die »Dinge in der Hand« hatte, er war die maßgebliche Institution, wenn es um alle Bonhoeffer-Belange ging. Bethge schickte ihm mehrfach Dietrichs Gedichte, die er in kleinen Bändchen schon 1945 herausgab. Leibholz sorgte für ihre Übersetzung und Verbreitung in Großbritannien und er wollte selbst ein Buch über Bonhoeffer schreiben, kam jedoch nicht dazu, wie er im Dezember 1945 Smend gegenüber klagte: »… nicht einmal das Büchlein über meinen Schwager ist fertig. Und das kann ja im Grunde genommen (abgesehen vom Theologischen) kaum ein anderer schreiben.«[688]

Den größten Einfluss übte er natürlich durch seine Freundschaft mit George Bell aus, den er sehr verehrte und dem er zu Weihnachten 1944 schrieb: »Many thoughts weigh heavily on our hearts this year. But we fully realize that we have still to be very thankful for many things we have and we know that we may enjoy them by what you have done for us again this year. I think Christmas is the day when I may tell you again how deeply indebted I am to you for your friendship, which belongs to the most precious possessions of my whole life.«[689] Diese Bekanntschaft war von Dietrich Bonhoeffer vermittelt worden, war sie auch durch Dietrich geadelt? War die jeweilige Bindung an den charismatischen Menschen Bonhoeffer das besondere Band, das die zwei Männer verband? Liebe und Verehrung, wie sie auch andere Freunde nach Dietrichs Tod zum Ausdruck brachten, etwa Paul Lehmann aus Princeton, der schrieb an »die Eltern meines lieben Freundes dessen Leben und Sterben mein eigenes Wirken und Glauben so bereichert und befestigt hat.«[690] Oder Franz Hildebrandt, der 1945 an Leibholz geschrieben hatte: »Ich denke ständig an euch und lebe der Hoffnung, dass wir unseren Dietrich, an dem wir alle so hängen und den die Nachkriegswelt so nötig braucht doch noch mit Gottes Hilfe wiedersehen werden. Du hast ganz recht: man kommt sich so armselig ihm gegenüber vor.«[691] Und der noch 1978 an Marianne Leibholz schrieb: »Was seinerzeit Harnack beim Tode Holls sagte: ›Mit ihm ist ein Teil meines eigenen Lebens zu Grabe getragen‹, das gilt in erhöhtem Maße von mir.«[692]

Leibholz' Einfluss auf Bell war so nachhaltig, dass dieser sofort 1945 versuchte, den Märtyrertod Bonhoeffers für die Rehabilitierung des deutschen Widerstands in Großbritannien zu nutzen.[693] Er hielt den Zeitpunkt für geeignet, die britische Öffentlichkeit vom Inhalt seiner Gespräche mit Bonhoeffer und Schönfeld 1942 in Schweden zu informieren. Es hatte sich um deren Versuch gehandelt, herauszufinden, wie sich die britische Regierung nach einem erfolgreichen Staatsstreich Deutschland gegenüber verhalten würde. Eine Frage, die von London mit dem enttäuschenden »absolut silence« beantwortet worden war. Bell war daran gelegen, diese Informationen zu veröffentlichen, um zu zeigen, besser, zu beweisen, dass es schon weit vor 1944 eine starke Opposition gegen Hitler gegeben hatte. Die harsche Zurückweisung dieser ehrlichen deutschen Bemühungen musste nun vor dem Hintergrund des Märtyrertodes schäbig erscheinen. Bell würde sich in den politischen Kreisen, in denen er ohnehin für sein Engagement seit langem kritisiert wurde, mit der Veröffentlichung der Stockholmer Informationen in Misskredit bringen. Daher verzichtete er auf die direkte politische Einflussnahme durch eine Rede im Oberhaus und meldete sich als Geistlicher zu Wort: Er veranstaltete einen Gedenkgottesdienst für Dietrich Bonhoeffer am 27. Juli 1945. Das bot sich insofern an, als es bereits eine Tradition deutsch-englischer Gottesdienste gab, die seit 1940/41 von Riegers German-British Christian Fellowship in Wartime etabliert worden war. In diesem Kontext hielt Bell den Gottesdienst ab und unterstrich damit den ökumenischen und völkerverbindenden Aspekt seines Vorhabens. Außerdem strahlte die BBC seit der Krise rund um das Münchener Abkommen im September 1938 deutsche Sendungen aus, darunter bald auch Gottesdienste, die in Deutschland viel gehört wurden.[694] So wurde auch dieser Gedenkgottesdienst im Radio übertragen, und viele deutsche Freunde hörten hier zum ersten Mal von Bonhoeffers Tod, unter ihnen Emmi Bonhoeffer.[695]

Bell hatte die Liturgie für diese Feier sehr sorgfältig darauf abgestimmt, den Deutschen Dietrich Bonhoeffer hier an diesem 27. Juli mitten in London als Märtyrer zu etablieren. Der Eingangshymnus stammte aus einem Teil der Allerheiligenliturgie zum 1. November, der, anders als bei den Lutheranern, in der Anglikanischen Kirche als ein Hauptfeiertag gilt. Den deutschen Part des Gottesdienstes bestritten Hildebrandt und Rieger, u. a. mit einer Lesung aus Matthäus 10. In seiner Traueransprache ging Bell dann über zum politischen Teil seiner Botschaft und berichtete aus Sigtuna 1942. Er wies schließlich daraufhin, dass Bonhoeffer einer der Befürworter des Attentats gewesen sei, das er für unabdingbar hielt, um die Diktatur zu beseitigen, vergaß aber nicht, zu erwähnen, dass damit Gewalt an sich nicht gerechtfertigt werde, »sondern allenfalls die Bereitschaft, die Gewalt als Schuld und Opfer auf sich zu nehmen, um Recht und Gerechtigkeit gegen eine menschfeindliche Tyrannei wiederherzustellen. Sie hinterlassen keinen Freibrief, sondern eine Verpflichtung: die Verpflichtung, für das einzustehen, was wir tun, und zwar mit vollem Bewußtsein.«[696] Dieser Gedanke umfasste Bonhoeffers Konzept der »verantwortlichen Schuldübernahme«, wie er sie in seiner Nachfolge entwickelt hatte. Abschließend verknüpfte er die kirchliche und die politische Dimension seiner Ansprache, indem er Bonhoeffers Tod als großen Verlust nicht nur für Deutschland, sondern auch für Europa beklagte. Wenn auch nicht mehr als lebender Vermittler, so konnte er doch als Märtyrer und zugleich als einer der Repräsentanten des anderen, des guten Deutschlands Brücken bauen zwischen den verfeindeten Nationen. Begleitend hatte Bell einige Pressetexte veröffentlicht, die über die Hintergründe des Umsturzversuchs informierten, und am 28. Juli 1945 konnte er morgens in den Zeitungen lesen, dass sein Plan aufgegangen war. Die Presse interessierte sich überwiegend für die historischen Zusammenhänge des Umsturzes, über die nun ausführlich berichtet wurde.

Leibholz unterstütze Bell nach Kräften mit den Mitteln, die ihm zur Verfügung standen. Er schrieb eine Reihe von Artikel, in denen er, der Fachmann, weitere Informationen zu Dietrich Bonhoeffer lieferte, z.B. über dessen Elternhaus. Obwohl seine Aussage im Kern sicherlich nicht falsch ist – er betont die Bedeutung der wertschätzenden, liebevollen, prinzipienfesten Erziehung der Bonhoeffers – so trägt sie doch die Züge einer Heiligenvita: »His parents were quite outstanding in character and general outlook. They were very clear-sighted, cultured people and uncompromising in all things which matter in life. From his father, Dietrich Bonhoeffer inherited goodness, fairness, self-control and ability: from his mother, his great human understanding and sympathy, his devotion to the cause of the oppressed, and his unshakable steadfastness. Both his father and his mother brought up their son Dietrich … in that Christian, humanitarian and liberal tradition which to the Bonhoeffers was as native as the air they breathed. It was that spirit which determined Dietrich Bonhoeffer's life from the beginning.« Leibholz beschwört wie Bell Dietrich als den herausragenden Vertreter des anderen Deutschlands: »Here there was the ›other Germany‹ of which there was so much talk in the thirties. These men were in truth the upholders of the European and Western tradition in Germany, and it was Dietrich Bonhoeffer who more than anybody else realized that nothing less than a return to the Christian faith could save Germany. The failure of these men was not only a tragedy for Germany, but for Europe as a whole, and historians may well come one day to the conclusion that the consequences of thist failure cannot be made good.«[697] Gerhard Leibholz sprach nie wieder anders als vom Märtyrertod seines Schwagers und war davon überzeugt, dass der nun unsterblich sein würde.[698] Bell gegenüber äußerte er einen Monat nach dem Gedenkgottesdienst: »I feel more and more that Dietrich had something of a saint.«[699]

Geschichte wird gemacht: Bell, Bethge und Leibholz hielten bewusst die Erinnerung an Dietrich wach, unternahmen also das für Dietrich, was Inge Scholl für ihre Geschwister Hans und Sophie tat. Zwar konnte Inge Scholl nicht voraussehen, welche ›Nachkriegskarriere‹ die zwei machen würden, bzw. schließlich vor allem Sophie Scholl, aber sie legte mit ihrem Buch »Die Weiße Rose« den Grundstein dazu und etablierte den ›Markennamen‹, denn vorher hatte man immer nur von den Münchener Studenten gesprochen. Dietrich Bonhoeffer ist als Statue Teil der Märtyrerportals an Westminster Abbey in London. Anlässlich des 70sten Jahrestages des 20. Juli 1944 kam es in Chichester zu einem denkwürdigen Ereignis, als der Erzbischof von Canterbury an einer Gedenkfeier für den deutschen Widerstand teilnahm und Bell in seiner Predigt würdigte.[700] In Deutschland hatte Bischof Wolfgang Huber 2006 als Ratsvorsitzender der Evangelischen Kirche von Bonhoeffer als einem »evangelischen Heiligen« gesprochen.[701]

Die Frauen der Familie nach 1945

Paula Bonhoeffer, die schon 1918 ihren Sohn Walter verloren hatte, war durch diese erneuten schweren Verluste, noch dazu die Strapazen der vergangenen Jahre, sehr erschöpft. Karl Bonhoeffer berichtete nach Oxford: »Mama geht es erträglich, sie ist leicht ermüdet, insbesondere Besucher, bei denen die Unterhaltung mehr aus dem Munde als aus dem Kopfe erfolgt, springen sie an.«[702] Dennoch überlebte sie ihren Mann um drei Jahre und starb 1951 in Berlin. Trotz aller Trauer nahm sie regen Anteil an der Diskussion um die Rückkehr und war – wie schon 1938/39 – eine wichtige organisatorische Stütze für Gerhard Leibholz. 1945 schrieb er ihr zum Geburtstag: »This is your birthday. … You know how I love you with all my heart … I will remember Dietrich saying just when he left us in August 1939 that ›nothing much happens to me because of the parents, because of mama.‹«[703] Bell, der sie aus den Erzählungen

Dietrichs und Sabines kannte und sie in Berlin auch persönlich kennengelernt hatte, nannte sie »eine große heroische Römerin: stark, entschlossen, aber auch empfindsam und völlig selbstlos.«[704]

»Es war zuviel, für jeden«, hatte Christine von Dohnanyi im Sommer 1946 formuliert, dennoch mussten jetzt jeder und jede einen Weg finden, mit der Vergangenheit umzugehen. Die Frauen der Bonhoeffer-Familie haben sich ganz unterschiedlich dazu verhalten. Christine von Dohnanyi gehörte zu den Frauen, die das Wissen um die Pläne des Widerstands mit ihrem Mann teilten. Ganz ähnlich wie Freya von Moltke oder Annedore Leber, die ebenfalls ihr Handeln als ein notwendigerweise gemeinsames begriffen. Die Gemeinsamkeit ist ein zentrales Element für das widerständige Handeln für beide Seiten, widerständiges Handeln in der Diktatur stellt Gemeinschaft her. Christine von Dohnanyi hat mit entschieden, dass ihr Mann durch sein Tun nicht nur sich, sondern auch seine gesamte Familie in Lebensgefahr brachte: Sie hat es mitgetragen: »Hans hat getan, was er glaubte tun zu müssen, und ich habe es immer gut geheissen und bin alle Wege mit ihm gemeinsam gegangen, ja eigentlich seitdem wir Kinder waren …«[705] Sie war eingeweiht. Sie wusste alles; etwas, das wichtig genug ist: Hans von Dohnanyi schrieb ihr aus dem Gefängnis: »Du weißt nicht, wieviel Kraft Du mir gibst.«[706] Eine von zahlreichen Äußerungen dieser Art, wie wir sie auch von anderen Protagonisten des Widerstands kennen, die deutlich machen, dass sie ohne die Unterstützung ihrer Frauen nicht hätten handeln können. Doch darüber hinaus gehörte sie zu den Frauen, die ihre Männer nicht ›nur‹ unterstützt haben, sondern sie war selbst aktiv. In ihren Aufzeichnungen nach 1945[707] beschreibt sie, wie sie verschiedentlich Botengänge übernahm und konspirative Nachrichten überbrachte. Sie war eine Widerstandskämpferin aus eigenem Recht. In der Traueransprache auf ihrer Beerdigung im Jahr 1965 hieß es: »Von ihrem Vater schrieb sie einmal: ›Er war ein Fels, wenn man ihn brauchte‹. Das war sie selbst. Ich denke an kritische Momente des Kirchenkampfes. Wir alle wissen von ihrem Einsatz für Deutschland – so hätte sie selbst es allerdings nicht gesagt. Wie suchten wir ihren schnellen, aber durchüberlegten Ratschlag!«

Anders jedoch als Freya von Moltke und Annedore Leber, die durch besondere Umstände ganz anders von ihren Ehemännern hatten Abschied nehmen können – sie hatten Gelegenheit, sie mehrfach im Gefängnis zu besuchen, und konnten intensiv heimlich mit ihnen korrespondieren –, wusste Christine von Dohnanyi ab April 1945 nichts von ihrem Mann: »Wenn ich nur irgendeine Nachricht noch von ihm haben könnte«[708], hatte sie September 1945 an Leibholz geschrieben, weil sie sechs Monate nach Kriegsende noch immer nicht genau wusste, wo ihr Mann war und was mit ihm geschehen war. Freya von Moltke und Annedore Leber gelang es daher, den Kampf für die gemeinsame Sache zu einem positiven Ausgangspunkt für ihr weiteres Leben zu machen, in dem sie sich beide politisch bzw. zivilgesellschaftich engagierten. Für Christine von Dohanyni wog der Verlust ihres Mannes schwerer als sein moralisches Erbe. Sie sei alle Wege mit ihm gemeimsam gegangen, schreibt sie, »und so ist es nicht immer leicht der Versuchung zu widerstehen, dass eigentlich auch dieser letzte Weg hätte gemeinsam sein müssen. Aber das wäre nicht sein Wunsch gewesen.«[709] Sie fühlte die Verpflichtung, sich für die Anerkennung des Widerstandes einzusetzen. Sie nahm es auf sich, den SS-Mann und Gestapo-Mitarbeiter Walter Huppenkothen, der ihren Mann und ihren Bruder hatte umbringen lassen, zu treffen, um ihn nach den letzten Tagen und Stunden der Ermordeten zu fragen: »Ich will ihn fragen, was mit Hans zuletzt war und was er von Dietrich weiss. Wahrscheinlich wird er lügen und mir liegt das ganze sehr auf der Seele, denn ich weiß noch nicht recht, wie ich diesem Mann gegenübertreten soll. Aber er ist der letzte, der Bescheid weiß und wird sicher nicht mehr lange leben. So muss ich es tun. Es wäre leichter, wenn ein Mann aus unserer Familie hier wäre und mir das abnehmen könnte. Aber nun muss ich es halt durchbeissen.«[710] Einen Monat zuvor hatte sie in Sabines Geburtstagsbrief geschrieben: »Wir werden heute alle die gleichen Gedan-

Karl Bonhoeffer
Ende der 1940er Jahre

ken haben. Auch Dein Geburtstag wird von jetzt ab immer mit ebenso vielen schmerzlichen, wie hoffnungsvollen Gedanken für uns alle verbunden sein. Aber Du hast die Kinder, um mit ihnen die Freude zu teilen, und Gert, damit Du mit Deinem Kummer nicht allein bist.«[711] – »und Gert«, der zehn Jahre später, nach dem frühen Tod von Karl Friedrich Bonhoeffer, der einzig verbliebene Mann in der Familie sein wird (abgesehen von Walter Dreß, der anders als Leibholz nie diesen engen Anschluss an die Familie gesucht hatte). Wie wirkte sich dieser Mangel an männlichen Familienmitgliedern im Laufe der Jahrzehnte auf die Familienkonstellation aus?

Christine von Dohnanyi war im Gegensatz zu ihrer Schwester Ursula und ihrer Schwägerin Emmi finanziell versorgt, weil die Reichsbank, bei der ihr Mann zeitweilig beschäftigt war, ihr seine Pension auszahlte, aber sie war allein. »Schließlich habt Ihr ja noch ein Leben vor Euch«, schrieb sie nach Oxford, »Ich habe für mich persönlich nicht mehr dieses Gefühl; für mich geht es nur noch um die Kinder.«[712]

»Ich bin so vollauf mit Leben beschäftigt, daß ich kaum zum Lesen geschweige denn zum Schreiben komme.«[713] Während ihre Schwester Christine unter den Erinnerungen litt, empfand Susanne den 8. Mai 1945 als den »Nullpunkt«, von dem aus sie neu beginnen konnte. Sie stürzte sich in die Gegenwart.[714] Weil Christine von Dohnanyi lange nicht wusste, was das Schicksal ihres Mannes war, gab es für sie diesen Abschluss nicht, dem ein Neuanfang hätte folgen können. Das verlängerte die NS-Zeit für sie bis in die Nachkriegszeit. Susanne Dreß konnte und wollte ihr buntes und ereignisreiches Leben als Pfarrfrau wieder aufnehmen: »All das Elend, das mir in der Flüchtlingshilfe begegnet, regt merkwürdigerweise garnicht mein Mitleid, sondern nur meine Hilfsbereitschaft an. Und ich bin sehr dankbar, daß wir helfen können. Damit Du Dir einen Begriff machen kannst, was ich da eigentlich tue, will ich Dir mal genau davon erzählen: … Denn vor 14 Tagen kamen in die Sprechstunde, die ich Dienstag und Freitag dort halte, 2 junge Kerle, Einbeiner, die ich wieder mit Unterwäsche und Jacken und Hosen und Mützen schön versorgen konnte, (rührend ist ja mit welcher Begeisterung sie sich Kravatten, möglichst bunt und glänzend, aussuchen! Endlich wieder zivil!). ›Nu noch ein Holzbein, und dann bin ich ein gemachter Mann!‹«[715] Ihre Eltern waren stolz auf sie und erfreuten sich an ihrer Tatkraft: »Suse kommt: Ich habe immer grosse Freude an ihr wie tüchtig und brauchbar sie ist.«[716] Ihre Schwester Ursula konstatierte: »Suse macht 3! Maskenfeste … Sie ist wirklich reichlich aufgezogen.«[717]

Ursula Schleicher war ein anerkanntes »Opfer des Faschismus« als Witwe eines ermordeten Regimegegners und doch musste sie als eine solche zugleich sehr um ihre Rente kämpfen. Dafür wurde sie sogar aufgeordert, ihren ermordeten Mann einem Entnazifizierungverfahren zu unterwerfen. Widerstandskämpfer und -kämpferinnen hatten ihren Landsleuten gezeigt, dass es möglich war, der Diktatur entgegenzutreten, und sei es nur im Kleinen. Sie mussten alle diejenigen, die es nicht getan hatten, beschämen und waren daher nicht gern gesehen. Schnell setzte sich die Sprachregelung durch, Widerstandskämpfer seien ›Landesverräter‹, angelehnt an den Offizier Stauffenberg, der seinen Eid auf den *Führer* gebrochen hatte – zu Recht, wie Fritz Bauer nach dem Krieg beweisen konnte. Das war aber nicht nur üble Nachrede, sondern hatte die ganz praktische Konsequenz, dass alle Witwen des 20. Juli lange um ihre Versorgung kämpfen mussten, während die Witwe des Volksgerichtshofpräsidenten Freisler umstandslos drei Renten zugesprochen bekam: Angestellten-, Kriegsopfer- und Schadenausgleichsrente. Im Sommer 1948 schreibt Ursula Schleicher nach Oxford, wie wenig Geld sie zur Verfügung habe, vom Hilfswerk 20. Juli, einer Art Selbsthilfeorganisation, die sich um die Hinterbliebenen kümmerte, kam auch nur wenig Unterstützung und die Care-Pakete kämen seltener.[718] Ursel hatte zudem Herzanfälle, konnte also nicht die Energie entfalten, die nötig war, um im Nachkriegs-Berlin besser über die Runden zu kommen. Sie versuchte, die Vernunft zu aktivieren, um die Herausforderungen zu meistern, daher überlegte sie, mit ihren Kindern nach Süddeutschland zu gehen, »Rüdiger wünschte sich ja immer, dass die Kinder ins Schwabenland kämen«, obwohl es ihr schwerfallen würde, Berlin zu verlassen: »Mir wird es doch sehr schwer hier weg zu gehen. Es ist eben ein grosser Strich unter alle die schönen und auch traurigen Erinnerungen. Aber zu gefühlsmäßig darf man ja auch nicht in dieser Zeit sein, und … Lebt wohl, habt tausend Dank für alle Liebe. Von Herzen Eure Ursel.«[719]

»Wie reich bin ich mit diesem Erbe von Klaus«[720], schrieb Emmi Bonhoeffer 1945/46 an Sabine Leibholz. Ihr eigenes Schicksal, das einer Witwe mit drei Kindern ohne ausreichende Versorgung, sei »nicht wesentlich«, sagte sie später.[721] Sie sah in Klaus Bonhoeffer einen »Märtyrer des 3. Reichs«[722] und das Handeln ihres Mannes, das sie gestützt und gebilligt hatte, wohlwissend, welchen Preis sie dafür zahlen musste, war für sie ein Ansporn, ihr Leben und das ihrer Kinder in seinem Sinne fortzuführen. Auch sie wusste lange nicht, was mit ihrem Mann und ihrem Schwager Rüdiger geschehen war und wo sie sich befanden. Sie sei vergeblich mit ihrem Bruder Justus durch alle Gefängnisse Berlins gelaufen, um eine Spur der Männer zu finden. Dann inspizierten Delbrück und Bethge verschiedene Massengräber in der Stadt, die jetzt geöffnet wurden, um zu sehen, ob die Männer dort geborgen werden konnten. Die Leichen wurden schließlich Ende Mai entdeckt. Eberhard Bethge hielt am 11. Juni 1945 auf dem Dorotheenstädtischen Friedhof eine Trauerfeier für die insgesamt 72 Opfer dieses Massengrabs, die meisten von ihnen Bombenopfer.[723] Emmi Bonhoeffer und Ursula Schleicher konnten also mit einer Art Beerdigung von ihren Männern Abschied nehmen, eher die Ausnahme im Kreis der Witwen des 20. Juli.

Emmi Bonhoeffer lebte wegen der Bombenangriffe auf Berlin schon einige Zeit mit den Kindern auf dem Land in Schleswig-Holstein. Sie nutzte das Netzwerk des Widerstands, um die Schwierigkeiten, die auch sie mit der Anerkennung ihrer Rente hatte, aufzulösen, indem sie sich an Theodor Steltzer wandte. Als ehemaliges Mitglied des Kreisauer Kreises ernannten ihn die Alliierten zum Oberpräsidenten von Schleswig-Holstein, dessen Ministerpräsident er 1946 wurde.[724] Aber wie Ursula Schleicher bat sie auch Gerhard Leibholz um Hilfe, der doch Bell ansprechen möge und weitere seiner englischen Kontakte für die Frauen aktivieren sollte, was er auch tat. »Habe ich Gert eigentlich für seinen lieben Brief gedankt? Ich weiss nur, dass ich es tun wollte und kein Papier hatte. Dann habe ich gegen 10 Kartoffeln 2 Blatt erhandelt und weiss nicht mehr, ob ich Papas oder Gerts Brief dringender fand. Jedenfalls danke ich ihm sehr für alle Liebe, die daraus spricht.«[725]

»Sie ist doch eine tüchtige Frau«[726], konnte Karl Bonhoeffer auch von seiner Schwiegertochter behaupten. In dem Dorf, in dem sie lebte, fanden sich 1945/46 mehr Flüchtlinge als Einwohner, es herrschte große Not, Mangel an allem, insbesondere natürlich an Lebensmitteln und Wohnraum. In ihren Erinnerungen beschreibt

Emmi Bonhoeffer sehr anschaulich, fast unterhaltsam, wie es sich ergab, dass sie dort die Organisatorin einer ausgeklügelten Nachbarschaftshilfe wurde, die sich schließlich auf 25 Standtorte ausweitete. Ihre Familie erhielt Pakete aus Amerika, mit Lebensmitteln und Kleidung, mehr als sie brauchte. Was sie anfangs noch verschenkt hatte, machte sie bald zur Ware, die sie nur gegen Arbeit abgab. Mit offenen Augen ging sie durchs Dorf, sah, wo wem was fehlte, und organisierte Abhilfe, die mit Waren bezahlt wurde. Sie hatte die Rolle gefunden, die sie ihr Leben lang beibehalten sollte. Über die Jahrzehnte war sie in verschiedensten Funktionen ehrenamtlich tätig, u. a. betreute sie die Zeugen, die 1963 im Auschwitz-Prozess aussagten, nachdem sie festgestellt hatte, dass sich niemand um diese Menschen kümmerte. »Uns geht's im ganzen sehr gut! Last not least Dank Eurer Treue! … Innige Grüße! Eure dankbare Emmi«[727], schrieb sie im Mai 1945 an Gert und Sabine. »Wir, die wir übrig geblieben sind, müssen dankbar sein, dass wir einander noch haben«, schloss Christel ihren Brief an die Schwester Sabine im Januar 1948,[728] aber Jahrzehnte später schrieb Marianne Leibholz im Rückblick auf die NS-Zeit: »Die Familiensolidarität von damals has vanished.«[729]

Dietrich ging als Rittersporn, Sabine als Biene und »ich als Schneeglöckchen«

Als Susanne Dreß in einem Brief an ihre ältere Schwester vom März 1947 »die Erinnerung an unsere Feste in der Wangenheimstr.«[730] aufrief, war das für Sabine Leibholz nur noch eine Reminiszenz aus einer fernen, vergangenen Zeit vor 1933, als die Welt noch in Ordnung, die Großfamilie noch beisammen und die Zukunft vielversprechend war. Was so hoffnungsvoll begonnen hatte, mündete in Diktatur, Exil, Krieg und Tod. Jetzt beherrschte die schreckliche Vergangenheit die Gegenwart, und alles hatte sich verändert. Deshalb wurde die Zeit, in der sich die Kinder als Rittersporn, als Biene oder Schneeglöckchen verkleidet hatten, für Sabine zum – unerreichbaren – Sehnsuchtsort.

Sie litt im Exil und am Exil, was sich möglicherweise auch darin ausdrückte, dass sie, aber auch Gert, während der Jahre in England oft krank waren. Davon ist in ihren Briefen immer wieder die Rede, während die Briefe der anderen für sie wie ein »Elixier« wirkten, gar überlebenswichtig zu sein scheinen: »Die Unruhe immer noch nicht zu Euch zu können, drückt einen jeden Tag mehr, und obwohl ich eigentlich nichts Neues seit gestern zu schreiben habe, habe ich doch jede Stunde so das Bedürfnis, mich mit Euch wenigstens auf diese Weise zu unterhalten. Erst 7 Jahre warten und dann noch ein endlos langes Jahr wie dieses – obwohl es auch wieder schnell verging – ist viel verlangt!«[731] Mindestens ebenso wichtig wie die Briefe waren die Bilder, die geschickt wurden, sie machten die Lieben in der Ferne sichtbar und greifbarer: »Ich bin sehr, sehr froh Dein Bild zu haben«, schrieb Sabine an Suse. »Es fehlte mir sehr … Euch liebe Eltern danke ich sehr für das Bildchen, wo ihr mit Dietrich im Garten sitzt. Ihr könnt Euch vielleicht gar nicht so vorstellen was solche Bilder für mich bedeuten, wo ich schon so lange von Euch allen getrennt bin.«[732]

Die Vergangenheit wurde für sie zur Medizin. In der Erinnerung fühlte sie sich aufgehoben, und deshalb hielt Sabine Leibholz diese Erinnerung an »früher« bewusst und gezielt wach, vor allem die an die glücklichen Jahre ihrer Kindheit und Jugend: »Wir haben ja auch immer … uns von ihm [Dietrich] und Euch allen unterhalten. Ich musste ja immer ›von früher‹ erzählen, manchmal plagten sie mich geradezu damit, auf allen Spaziergängen und nach dem Abendbrot. So wissen sie viel von meiner schönen Jugend und mehr als ich von früher ja leider gehört hatte!«[733], schrieb sie schon 1945 nach Hause. Einer ehemaligen englischen Nachbarin versuchte sie zu erklären: »It will be such a very different Christmas for all of us this year – and our thoughts go back to all those years, when we were still together with those whom we shall now forever miss so it will be so hard to sing the Christmashymns without them. But we shall sing them, because they would be so sad if we did not. Our children will also sing many English carrols. They are beautiful, but they do not convey quite the same to me, and do not bring back all those beautiful memories of Christmas with you – in former time. That makes it easier for me to sing them.«[734] 1971 wird sie ein ganzes Buch über: »Weihnachten im Hause Bonhoeffer« verfassen. Sie widmete es ihren Töchtern »im Gedenken an mein Elternhaus«.

Selbstporträt Sabine Leibholz-Bonhoeffer

Die Brücke in die Vergangenheit war Dietrich. Sabine war die einzige der vier Schwestern, die sich später wieder Bonhoeffer nennen sollte. Nach 1945 führe sie den Namen Leibholz-Bonhoeffer. Weder Ursula Schleicher noch Christine von Dohnanyi oder Susanne Dreß machten von der Aura des Namens Bonhoeffer Gebrauch. Reklamierte Sabine eine besondere Berechtigung, den Namen des bekannten Märtyrers zu tragen, weil er ihr Zwillingsbruder war? Empfand sie vielleicht Scham und Schuld, überlebt zu haben? Ihr Mann wird 1981, wenige Monate vor seinem Tod, sagen: »Man hat eigentlich kein Recht, zu den Überlebenden zu gehören.«[735] Die Tatsache, dass Dietrich und Sabine Zwillinge waren, begründete auf jeden Fall ein besonderes Verhältnis zwischen den beiden. Auch Dietrich betonte in jedem seiner Geburtstagsbriefe an Sabine diese spezifische Gemeinsamkeit, die ein starkes emotionales Band knüpfte. In einem Brief aus dem Gefängnis an seine Verlobte Maria von Wedemeyer vom März 1944 spricht er allerdings von den Menschen, »die mich wirklich kennen«, und nennt »Klaus, Christel, Eberhard – von den Eltern ganz abgesehen«.[736] Die Zwillingsschwester taucht in seinen Briefen aus der Todeszelle eher selten

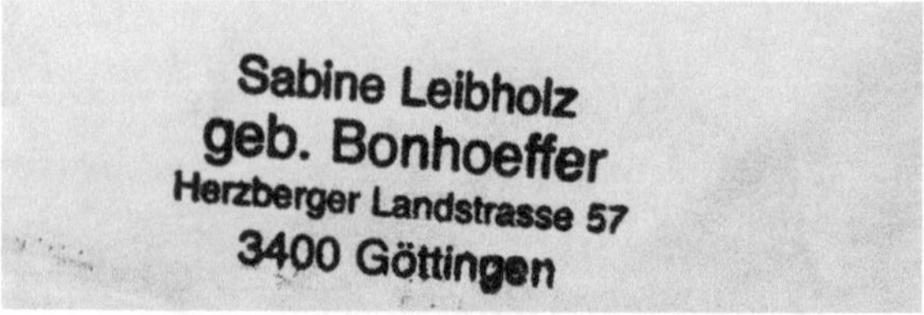

Adressaufkleber, den Sabine Leibholz-Bonhoeffer nach ihrer endgültigen Rückkehr nach Göttingen verwandte

auf, wohingegen ihr Erinnerungsbuch aus dem Jahr 1968 von der Erinnerung an Dietrich getragen wird. Alle anderen Geschwister, auch die, die ebenfalls ermordet worden waren, sind dort deutlich weniger präsent. Das mag auch damit zusammenhängen, dass Gerhard und Sabine Leibholz ihm viel zu verdanken hatten: Ihr Gang ins Exil war im Wesentlichen organisiert über Dietrichs Kontakte, von denen der zu George Bell besonders wertvoll war. Die Freundschaft zum Bischof machte die Situation für den Wissenschaftler Leibholz überhaupt erst erträglich, gab dem arbeitslosen Exilanten Halt und Bedeutung. Die Verbindung zu Visser 't Hooft, dem Vorsitzenden des Weltkirchenrates, sicherte sein materielles Überleben. Gerhard Leibholz war sich dessen bewusst. Den Band seiner gesammelten Aufsätze, den er 1965 unter dem Titel »Politics and Law« herausgab, widmete er George Bell und Dietrich Bonhoeffer. »To these men the author is bound by ties of profound and lasting gratitude, and by a friendship which transcends life.«[737]

Für seine Frau bedeutete die Beziehung zu Dietrich noch weitaus mehr. Er war ihr Anker geworden in »diese[m] Jahr, diese[m] furchtbarste[n], traurigste[n] aller Jahre«[738] in einer »unnatürliche[n], herzlose[n], verrückte[n] Welt«[739] – einer Welt, die sie überforderte. Gerhard Leibholz vertraute sich im Oktober 1945 Bischof Bell an: »– after all Sabine has gone through and is still suffering she is psychically labile«. Etwas mehr als ein Jahr später griff er das Thema wieder auf und bat um Vertraulichkeit: »So far I have not told you that Sabine has never fully recovered from the blows her family has suffered.«[740] Obwohl es schwierig ist, als Laie durch Raum und Zeit eine Ferndiagnose zu stellen, so spricht doch einiges dafür, dass Sabine Leibholz als traumatisiert gelten kann, da sie in ihren Briefen Symptome eines Traumas schildert, wie etwa plötzliche geistige Abwesenheiten: »I can walk down the street next to Gert and suddenly I do not know at all, whether I am in Oxford or in Göttingen. It gives me an enormous shock and then the memory comes back.«[741] Sie sei »jetzt oft zerstreut und arbeite nicht mehr so gut wie vor zwei Jahren oder noch vorher. Man muss sich oft zusammenreißen vom Stuhl aufzustehen!«[742] Nicht alle Erinnerungen waren notwendigerweise traumatisch, aber sie konnten bisweilen offenbar unkontrolliert und unwillkürlich hervorbrechen. 1946 schrieb Sabine Leibholz von einer Reise nach Schottland, wo das Ehepaar bei Kurt Hahn Urlaub machen konnte. Der Schilderung der schottischen Landschaft, die sie an das schlesische Riesengebirge erinnerte, ging nahtlos und ganz unvermittelt in einen langen, aufgewühlten Bericht über die Zeit der Internierung über. »Aber warum ich jetzt darüber so lang geschrieben habe, weiß ich auch nicht.«[743]

Die – so lange wie möglich herausgezögerte – Trennung von der Familie, die Vertreibung durch die eigenen Landsleute, das Leben in der Fremde in völlig anderen Verhältnissen als bisher, die nicht enden wollende Unsicherheit als Grundton der eigenen Existenz, die Sorge um die Zukunft der Kinder, der Krieg, der Schock der Internierung, das Abgeschnitten-Sein von allen Lieben, die Ungewissheit über ihr Schicksal, die mit der Nachricht vom gewaltsamen Tod der Brüder und Schwäger so grausam beendet wurde – diese Kette massiver, aufeinanderfolgender emotionaler Schrecken hat Sabine Leibholz so stark beeinträchtigt, dass sie sie für den Rest ihres Lebens belastete. Ihre Flucht in die Vergangenheit scheint ein Weg gewesen zu sein, um mit den belastenden Erinnerungen umgehen zu können.

Angehörige einer Märtyrerfamilie zu sein erfüllte für sie jedoch noch eine weitere Funktion, es half die soziale Deklassierung des Exils zu überwinden. Die Familie Bonhoeffer wurde zum Maßstab aller Dinge, und diese Aufwertung ging einher mit einer Abwertung alles dessen, was jenseits der Lebenswelt eines deutschen, christlich geprägten Professorenhaushaltes lag. Das zeigt sich beispielhaft im Verhältnis zu Gerts Bruder Peter und seiner Frau Tilly. Für Frau Professor Leibholz-Bonhoeffer waren die Wirtschaftsbürger Leibholz geradezu Bürger 2. Klasse. Diese Haltung offenbarte sich in einem Schreiben, das Sabine ihrer Schwägerin

Tilly 1946 während ihres Aufenthalts in Großbritannien ungefragt überreichte; eine »Anleitung« zur Erziehung der Tochter Jane. Peter Leibholz las sie nicht ohne Erstaunen:

> »Tilly hat mir inzwischen auch Sabines Anleitungen für die Erziehung unserer Tochter zur Lektüre eingesandt, die ich mit Interesse gelesen habe. … In vielen, ja fast all den erwähnten Dingen bin ich, und sicher auch Tilly mit Euch einig, die selbstverständliche Natürlichkeit und Kindlichkeit in der Einstellung zu all den Dingen des Lebens soll so lange wie möglich erhalten bleiben. Ich bin der festen Überzeugung, dass wir und insb. Tilly dies so selbstverständlich für die Erziehung hält, denn sie ist in gleicher Weise so auferzogen [sic] und kennt es garnicht [sic] anders … Deine Ansichten bezgl. Lippenstift etc. teile ich nicht ganz und habe auch den hint Tilly gegenüber ganz gut verstanden, aber wenn Du es nicht tust, weil Gert es nicht mag und es in Euren Univers. und kirchlichen Kreisen nicht üblich ist, so kann ich nur sagen, dass mir Tilly ausgezeichnet so gefällt, wie sie ist und dass sie nicht aus dem Rahmen unseres Freundeskreises fällt, der wertmäßig durchaus nicht schlechter sein dürfte als der Eure. Es ist auch kein Grund anzunehmen, dass deshalb ein schlechter Einfluss auf das Kind herzuleiten sei oder auf schlechte Seiten oder Oberflächlichkeit zu schließen, wenn jemand diese kleine Marotte hat, die im Übrigen nicht nur in Australien und Amerika sondern in der ganzen Welt inklusive England üblich ist und meines Erachtens auch zur Verschönerung beiträgt. – Über die religiösen Ausführungen will ich Dir in vielem zustimmen, die Religion muss im Kinde geweckt werden im Denken und Handeln, aber ich glaube kaum, dass wir es bei Jane durch Tischgebete oder Choräle singen tun werden, zumal es uns nicht liegt, aber es sind so viele Wege selbst im täglichen Leben, ihr das Gefühl für Religion zu wecken und klar zu machen. Du machst es so sehr klar, wie sehr Deine, nur Deine Familie Dir bezgl. der Erziehung der Kinder als Vorbild etc. fehlt, ich kann dies durchaus verstehen insb. bezgl. Deiner Eltern, die wir über alles verehren und schätzen, aber vielleicht gibt es auch noch außerdem Menschen, die einen entsprechenden Einfluss und Vorbild geben können, auch wenn sie nur aus der nicht-

Klingelschild, Herzberger Landstraße 57

arischen Familie Deines Mannes stammen. Eins hat mich sehr erstaunt, was mir Tilly berichtete, d.i. Deine zeitige mehr oder minder antisemitische Einstellung. Das ist mir unverständlich, denn das war früher nie Deine oder Deiner Familie Einstellung, im Gegenteil so viele Deiner Verwandten sind im Kampf gegen den Fascismus ums Leben gekommen, und ein Teil dieses Kampfes war auch die Bekämpfung des Hitlerischen Antisemitismus, warum das jetzt? …
Es tut mir schrecklich leid, dass der Brief so lang wurde und auch einiges enthielt, in dem wir vielleicht nicht ganz einig sind, aber es ist immer meine, sicher unkluge Ansicht, nichts voreinander zu verbergen, wie ich s.Z. Auch mein Erstaunen zum Ausdruck brachte, dass ihr von Tillys Ankunft s.Z. so wenig Notiz nahmt, aber ich kann darüber nicht weg, dass wir hier so viel weniger sein sollen, bloß weil wir nicht zur Familie Bonh. gehören. Ich weiß, dass Gert mein einziger Verwandter ist, den ich besitze, und es ist unnötig zu betonen, dass ich rsp. wir Euch nach wie vor in alter Herzlichkeit zugetan sind und daran nichts ändern kann. Immerhin lass bald einmal wieder von Dir hören.
Herzlichst wie immer
Peter«[744]

Being Bonhoeffer, war das eine Möglichkeit, der Welt von einer geschützten Warte aus zu begegnen? Schon als Kind sei ihre Schwester, so Susanne Dreß, »wehrlos hübsch«, »schüchtern« und »ängstlich« gewesen: »Wer ihre Ängste nicht kannte, ihre Furcht vor dem verantwortlichen Leben, hielt sie vielleicht für oberflächlich«[745] – oder gar borniert? – Half der gesicherte Rahmen der Vergangenheit Sabine, ihr Leben zu meistern?

Gerhard Leibholz als Bundesverfassungsrichter

Epilog

Gerhard Leibholz als Bundesverfassungsrichter (1951-1971)

»Feeling out«

»Hier – trotz der vielfachen Beschränkungen – beginnt das Leben doch mehr und mehr seinen früheren Charakter anzunehmen, was für mich etwas Gespenstisches, Unwirkliches hat.«[746] Das schrieb Gerhard Leibholz im April 1946 aus Oxford an seinen ehemaligen Lehrer Rudolf Smend, der wenige Tage zuvor von den Briten zum neuen Rektor der Universität ernannt worden war. Mit ihm war er gewissermaßen im Gespräch über eine mögliche Rückkehr nach Göttingen, die jedoch keineswegs selbstverständlich war. So diskutierte Gert in einem Brief an die Eltern die Situation seiner Schwägerin Christine, die ebenso auf der Suche nach einem Ort war, an dem sie mit ihren Kindern in Zukunft leben könnte, aber: »An Göttingen scheint sie mit den Jungens ja nicht zu denken. Für uns wäre das ja die größte Attraktion dorthin zurückzukehren.«[747] Über ein Jahr später, im November 1947, gab Paula Bonhoeffer in einem Brief zu bedenken: »Meine Lieben! Eure Briefe gehen mir immer fort im Kopf herum. Du schreibst, lieber Gerd, Ihr lebtet wie in der Inflation, und Du hättest keine feste Anstellung. Ist das nun nicht zu erwarten oder wird es immer so bleiben müssen? Wenn ja, solltet Ihr Euch nicht da doch noch einmal Göttingen etc. überlegen?«[748] War Göttingen nach dem Besuch des Ehepaars im Sommer 1947 dort etwa schon gestrichen worden? Möglicherweise aufgrund der äußeren Verhältnisse? Zwar hatte Leibholz in einem Artikel im Observer den Deutschen attestiert, 1945 sei der Nazismus tot gewesen, aber jetzt – 1946 – müsse man annehmen, »if free elections were to be held now 70 or 80 per cent of the people would vote Nazi in the British Zone.«[749] Die Situation hatte sich endgültig so grundlegend verändert, dass Gerhard und Sabine Leibholz davon in ihren Entscheidungen beeinflusst wurden. Dennoch wollte sich Leibholz

Marianne Leibholz in den 1950er Jahren in London

die Tür nach Göttingen offen halten. In seinem Brief an Smend wählte er Formulierungen, die unmissverständlich klarzumachen scheinen, dass er, wenn die Behörden ihm endlich die Reiseerlaubnis erteilen würden, allzu gern nach Göttingen komme wolle: »Die Eröffnung des offiziellen Postverkehrs »… wollte ich nutzen [Ihnen zu schreiben], um nicht den Sommer ungenutzt verstreichen zu lassen. Ich würde mich sehr freuen, wenn es glücken würde, es mir vergönnt sein würde, Sie alle im Sommersemester wiederzusehen.«[750] An Bell hingegen hatte er schon vor Jahren geschrieben: »Perhaps there may also be a chance of doing something more important in future than holding a chair in Göttingen.«[751]

Dieser Wunsch sollte sich erfüllen. Als parteiloser Kandidat, aber mit Unterstützung des langjährigen Bundestagspräsidenten Eugen Gerstenmaier von der CDU, wurde Gerhard Leibholz 1951 zum Bundesverfassungsrichter ernannt. Das Ehepaar lebte von nun an dauerhaft in Karlsruhe und kam immer freitags nach Göttingen, wo der Ordinarius am Abend sein Kolloquium und am Sonnabendvormittag seine Vorlesungen hielt. Gerhard und Sabine Leibholz wohnten dann in einer Mietwohnung im Göttinger Ostviertel, dem Professorenviertel der Stadt, nicht weit entfernt von ihrem ehemaligen Haus in der Herzberger Landstraße 55.[752] Die Familie hatte zwar dieses Haus 1951 auf dem Wege der Wiedergutmachung – maßgeblich war das alliierte Gesetz Nr. 59 – zurückerhalten, aber Sabine wollte dort nicht mehr länger wohnen. Zu

Christiane Leibholz, die in Karlsruhe ihr Geld als Klavierlehrerin verdiente

viele Erinnerungen an ihren Zwillingsbruder, der oft in Göttingen war, bedrückten sie. Es wurde 1954 verkauft, und erst anlässlich der endgültigen Rückkehr nach Göttingen erwarb Leibholz 1969 das benachbarte Haus in der Herzberger 57.[753]

Marianne Leibholz war in England geblieben, wo sie als Lehrerin, Autorin, Übersetzerin und zeitweise als freie Mitarbeiterin der Frankfurter Allgemeinen Zeitung arbeitete. Eigentlich hatten beide Töchter nicht nach Deutschland zurückkehren wollen, obwohl sie offenbar auch in Oxford nie ganz heimisch geworden waren. Das zeigt sich in dem Entwurf zu einem autobiographischen Roman, den Marianne Leibholz hinterließ. Dort beschrieb sie sich als eine Frau, die ihr Leben lang zwischen den Welten stand und auf keiner Seite wirklich jemals dazugehörte: »Zur Thematik: Girl is a refugee girl. … Tries desperately to find people with same values … Their values don't quite correspond to what her mother taught her. … First job and hopeless left outness in London. Walking in streets. Feeling out« und schließlich »Growing together of family against hostile environment.«[754]

Das Exil hat das Gefühl, in beiden Welten fremd zu sein, so verstärkt, dass die vier Familienmitglieder sich eng zusammenschlossen. Es entwickelte sich in den Jahren ›in der Fremde‹ ein starkes Zusammengehörigkeitsgefühl innerhalb der Familie Leibholz. Das muss dazu begetragen haben, dass die Eltern sich ihr Leben lang, so scheint es, für ihre Töchter verantwortlich fühlten – selbst dann noch, als diese längst erwachsen waren. Beide Töchter heirateten nicht. Sie blieben die »Kinder«. 1946 schrieb Sabine aus ihrem

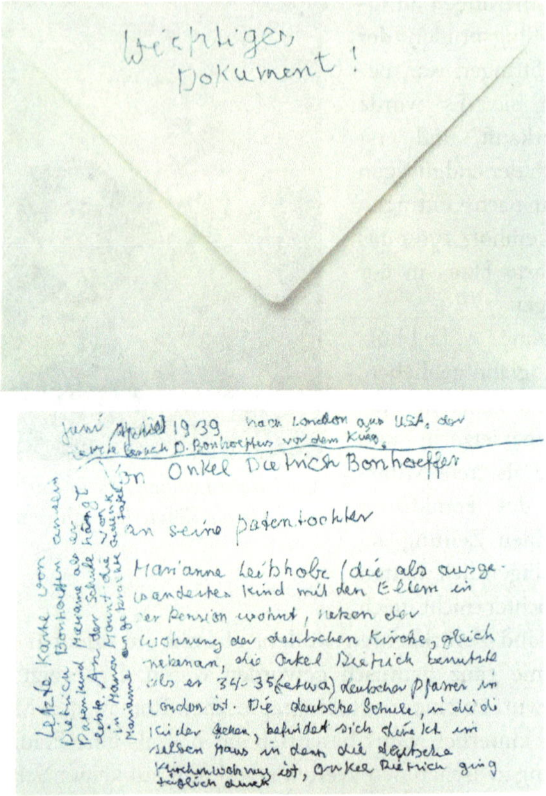

Der Briefumschlag enthält eine Postkarte von Dietrich Bonhoeffer an sein Patenkind Marianne, welche diese noch als alte Frau zu einem »wichtigen Dokument« erklärte.

Schottlandurlaub nach Berlin: »Die Kinder sind ganz allein zu Hause, was mir immer nicht ganz gefällt.«[755] Da ist Marianne 18 und Christiane 15 Jahre alt. Das mag auch etwas damit zu tun haben, dass Christiane psychisch instabil war, weshalb Sabine noch 1946 meinte: »Ich würde mich sehr ungern auf Monate von Christiane trennen, die mich noch sehr braucht.«[756] Christiane besaß wohl eine gewisse Disposition zu einer psychischen Krankheit, die möglicherweise durch die Umstände verschlimmert wurde. Sie lebte mit ihren Eltern in Karlsruhe, konnte sich jedoch im Laufe der Jahre so weit stabilisieren, dass sie in den 1970er Jahren dort blieb, wo sie eigenständig als Klavierlehrerin lebte. Sie kam erst kurz vor ihrem Tod 2008 wieder nach Göttingen, wo auch Marianne Leibholz seit dem Tod des Vaters lebte, um die Mutter zu unterstützen.

Christiane Leibholz in Deutschland Anfang der 1970er Jahre

Auch Marianne Leibholz, heimatlos zwischen den Nationen, fand Halt im Bonhoeffer-Mythos. Sie nahm im gesellschaftlichen Umgang oft darauf Bezug, dass sie die Nichte des Märtyrers sei. Als ganz alte Frau schrieb sie mit zittriger Handschrift auf einen Umschlag mit einer Ansichtskarte von Bonhoeffer »wichtiges Dokument!«. Es handelte sich um den letzten Geburtstagsgruß, den der pflichtbewusste, sicher auch liebevolle Onkel an seine Patentochter schickte. Es ist eine Karte wie ein Dutzend andere auch, von außen nicht als »wichtig« zu identifizieren, aber für Marianne von großer Bedeutung.

Als Bundesverfassungsrichter fand Gerhard Leibholz Erfüllung in seinem Beruf. Sabine Leibholz führte unterdessen ein Leben, wie es die Professorentochter ursprünglich von zuhause aus gewohnt gewesen war. Sie nahm ihre künstlerischen Interessen wieder auf und betätigte sich jetzt als Bildhauerin. Als Professorengattin und als Künstlerin erfuhr sie die lang vermisste gesellschaftliche Anerkennung. Im Grunde blieb Sabine Leibholz zeit ihres Lebens die höhere Tochter, als die sie aufgewachsen war. Sie lebte aus Überzeugung die Frauenrolle des 19. Jahrhunderts und, wie gesagt, aus einem gewissen Sicherheitsbedürfnis heraus.

Doch der äußere Erfolg, die gehobene gesellschaftliche Stellung, das Ansehen des erfolgreichen Juristen – 1968 erhielt Gerhard

Sabine Leibholz als Bildhauerin

Leibholz auf Vorschlag des Präsidenten des Bundesverfassungsgerichts, Gebhard Müller, das Große Bundesverdienstkreuz mit Stern und Schulterband – und seiner Gattin aus dem bekannten Hause Bonhoeffer dürfen nicht darüber hinwegtäuschen, dass ihr Leben auf tönernen Füßen stand. Das Gefühl, nicht dazuzugehören, hat sie nie wieder ganz verlassen. Tobias Korenke, der als Enkel von Ursula Schleicher oft zu Besuchen in der Herzberger Landstraße war, fasst diesen Eindruck folgendermaßen zusammen: »Heute würde ich sagen, sie haben sich eine Gegenwelt aufgebaut – das Leben zwischen der stadtbekannten Konditorei Cron & Lanz und der Schillerwiese war friedlich und sicher.«[757] Selbst einem Kind mag das Leben der Verwandten im Wortsinn bemerkenswert erschiene-

Biedermeiersalon in der Herzberger Landstraße 57

nen sein. Die »Gegenwelt« war nicht Fassade, sie war aus Überzeugung gelebte Großbürgerlichkeit, aber Sabines Großneffe spürte möglicherweise eine gewisse Doppelbödigkeit, wenn er bemerkte, dass sich die Familie Leibholz im Ostviertel, wo die Professorenfamilien wohnten, in einer Art Sicherheitsdreieck eingerichtet hatte. Das Leben zwischen der Herzberger Landstraße und der großzügigen Parkanlage Schillerwiese sowie dem Göttinger Traditionscafé Cron & Lanz in der Innenstadt bot Halt, weil es im gewohnten Rahmen stattfand. ›Feine Torten‹ und Gebäck waren unverzichtbarer Bestandteil ihrer Lebensführung, Marianne Leibholz soll sich am Ende ihres Lebens überwiegend von der Mokka-Nuss-Torte »Sarah Bernhardt« ernährt haben.

Zu seinem 65. Geburtstag im Jahr 1966 erhielt Gerhard Leibholz, wie in akademischen Kreisen üblich, eine Festschrift, in der Kollegen, Schüler und Freunde Aufsätze veröffentlichten, die seine Themen berührten. Unüblich war, dass seine wissenschaftliche Ehrung zweibändig ausfiel, weil sie fast 2.000 Seiten umfasste. Die Gratulanten kamen nicht nur aus Deutschland, sondern Juristen aus aller Welt waren vertreten, aus dem europäischen Ausland, sogar aus dem damals so genannten Ostblock, aus Amerika, aber auch Korea und Japan, wo Leibholz bis heute Beachtung findet.[758] Andere Exilanten wie Kurt Sontheimer oder Helmuth Plessner kamen zu Wort. Ehemalige Widerstandskämpfer wie Eugen Gerstenmaier, Freunde aus dem Exil wie die Theologen Julius Rieger und Franz Hildebrandt und sogar Verwandte, nämlich Eberhard Bethge und dessen Schwager, der Politologe Karl Dietrich Bracher, sind in den zwei Bänden zu finden. Zwar wurde 1966 das schwierige Kapitel der nationalsozialistischen Vergangenheit nicht totgeschwiegen, aber die Herausgeber kamen nur relativ kurz darauf zu sprechen. Im Stil der 1950er und 60er Jahre wurde mit formelhaften Äußerungen versucht, an die Jahre zwischen 1933 bis 1945 zu erinnern, ohne dabei konkret werden zu müssen. Stets war die Rede von den ›dunkelsten Jahren der deutschen Geschichte‹, hier heißt es »jene unheilvollen Jahre«. Sie wurden von den Zeitgenossen als jene historische Periode interpretiert, in welcher der Nationalsozialismus über Deutschland hereinbrach, die Deutschen sein Opfer wurden und folglich nicht für das verantwortlich gemacht werden konnten, was geschehen war. Aus diesem Grund war dann auch Leibholz' Schicksal ohne Verursacher. Es finden sich so höchst allgemeine Formulierungen, wie die Emigration »unterbrach« sein »glückliches und erfolgreiches akademisches Wirken« in Göttingen. Als die wahre »Tragödie« wurde der Tod – wobei das Wort selbst nicht fällt – der Brüder ausgemacht, hinter der die »Bürde und Mühsal« der Emigration »verblassten«, wie der Festredner annahm. Man blickte rasch auf die Haben-Seite der Jahre in England, und es wurde hervorgehoben, dass Leibholz sich durch seinen Einfluss auf Bell, den »unvergeßlichen Bischof von Chichester«, für die »deutsche Heimat« eingesetzt habe. Als »ein Bote des Friedens« und als »ein Mitträger unseres [der Universität] sittlichen Wiederaufbaus und unserer geistigen Wiedereinordnung in die internationale Welt« sei er nach Göttingen zurückgekehrt.[759] Die Rechnung, die der Dekan 1947 aufgemacht hatte, war also aufgegangen. Man war Leibholz anfangs entgegengekommen, dafür leistete der in der angelsächsischen Welt gut vernetzte Emigrant Hilfestellung bei der Rückkehr der Universität Göttingen auf das internationale Parkett.

Anlässlich seines 80. Geburtstages 1981 fand zu Ehren von Gerhard Leibholz ein großes Symposium in der stattlichen Aula der Universität statt. In dem dazugehörigen Tagungsband, den der

Gerhard und Sabine Leibholz in den 1970er Jahren im Garten ihres Hauses in der Herzberger Landstraße 57

Nachfolger auf dem Leibholz-Lehrstuhl, Christoph Link, herausgab, sprach auch Link im Vorwort noch vom Nationalsozialismus als der »dunklen Zeit«. Und der Dekan der Juristischen Fakultät erinnerte lediglich in einem Einschub an »Einbrüche der Unrechtsstaatlichkeit«. So sehr viel weiter war man also mit dem Sprechen über die Vergangenheit noch nicht gekommen. Tatsächlich begann die »Aufarbeitung« genannte Beschäftigung mit dem Nationalsozialismus gerade erst, und zwar zu einem Zeitpunkt, als die Präsenz der Erlebnisgeneration im öffentlichen Leben immer mehr abnahm. Der Präsident der Universität, der Historiker Norbert Kamp, ging in seinem Grußwort etwas ausführlicher auf die NS-Zeit ein, wobei er die persönlichen Zusammenhänge nicht immer ganz korrekt wiedergab, was anzeigt, dass er mit Leibholz selbst über diese Zeit nicht gesprochen haben kann. Kamp behauptete, Leibholz habe eine »innere Beziehung« zur Universität Göttingen gehabt, was ganz offenbar so nicht stimmte, wenn wir uns die Bemerkung des jungen Professors von 1931 ins Gedächtnis rufen, der sich recht abfällig über seine neuen Göttinger Kollegen äußerte, bis hin zu den Zweifeln der frühen Nachkriegszeit. Kamp jedoch nahm an, eine innere Bindung sei dafür mitverantwortlich, dass der Emigrant zurückkehrte, um damit »die Brücke wissenschaftlicher Solidarität zu Ihrer international einsam gewordenen Universität« zu schlagen. Vielleicht fiel ihm tatsächlich kein wirklich guter Grund ein, warum jemand, der hier so behandelt worden war, an den Ort des erlittenen Unglücks zurückkommen sollte? Man habe 1945 gleich daran gedacht, ihn zurückzurufen, so Kamp weiter, »weil die wenigen Jahre des Zusammenwirkens von Ihrer Hilfe wissenschaftliche und öffentliche Heilung erwarten ließen.« Auch der Präsident hob also hervor, wie nützlich Leibholz für die Universität war, deren Angehörige ihm »die Solidarität der akademischen Korporation versagt« und deren Mitglieder angesichts des ihm »angetanen Unrechts verzagt hatten«, wie Kamp eher unpassend formuliert.[760]

Leibholz selbst meldete sich außerhalb des Programms zu Wort, um sich zu bedanken. In der Frankfurter Allgemeinen Zeitung, die über den Festakt berichtete, hieß es darüber: »Leibholz ist die Gabe geblieben, die Großzügigkeit gegenüber anderen Meinungen mit der Gewissheit zu stützen, dass er auf dem richtigen Wege sei (nicht: dass er recht habe). Solche Unberührbarkeit hat ihm gehol-

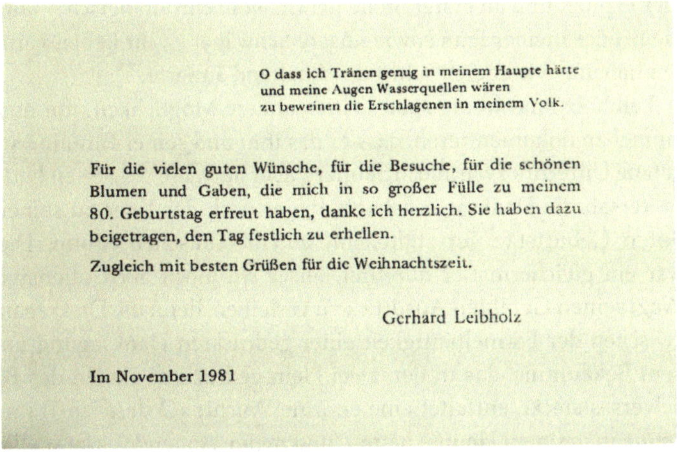

O dass ich Tränen genug in meinem Haupte hätte
und meine Augen Wasserquellen wären
zu beweinen die Erschlagenen in meinem Volk.

Für die vielen guten Wünsche, für die Besuche, für die schönen Blumen und Gaben, die mich in so großer Fülle zu meinem 80. Geburtstag erfreut haben, danke ich herzlich. Sie haben dazu beigetragen, den Tag festlich zu erhellen.

Zugleich mit besten Grüßen für die Weihnachtszeit.

Gerhard Leibholz

Im November 1981

Danksagungskarte, die Gerhard Leibholz nach seinem 80. Geburtstag verschickte

fen, die schweren Jahre der Demütigung durch das NS-Regime und der Emigration ohne Bitterkeit zu überstehen. So hatte es nichts von Formelhaftigkeit, als Leibholz in seinen improvisierten Dankesworten sagte, er denke über sich selbst bescheidener, als es hier vorgetragen worden sei.«[761]

Leibholz war entsetzt gewesen, dass »der Mann, der auch für den Tod unserer Geschwister hauptverantwortlich ist«, dafür nicht bestraft worden war.[762] Einige andere NS-Verfolgte hatten sich für die Strafverfolgung von NS-Tätern engagiert, wie z.B. Annedore Leber und Clarita von Trott zu Solz, die 1950 als Nebenklägerinnen im Prozess gegen den unbelehrbaren Wolfgang Hedler, Bundestagsabgeordneter der rechtsradikalen Deutschen Partei, auftraten. Das tat Leibholz nicht. Er sah seine Aufgabe in der Gestaltung der demokratischen Zukunft Deutschlands, die er im Exil vorzubereiten sich bemüht hatte. Er habe »in England die Aufgaben zu erfüllen« versucht, »die mir im eigenen Lande verwehrt waren.« »Ich komme nicht umhin«, erklärte er den anwesenden Festgästen, und er wählte dann eine umständliche Formulierung, »insbesondere in diesem Zusammenhang des früheren Nationalsozialistischen Regimes zu gedenken, in dem mein Bruder und seine Frau« – die er hier explizit und an erster Stelle nennt, wohl chronologisch – »und die Brüder meiner Frau sowie unsere Schwäger … ihr Leben verloren haben«, wie er sich sehr zurückhaltend äußerte.[763]

Leibholz fand wenig später einen andere Möglichkeit, um noch einmal zu dokumentieren, dass er das ihm und seiner Familie »angetane Unrecht« zwar nie artikuliert, aber auch nie vergessen hatte. Er versah die Danksagungskarte, die er nach der Feier zu seinem 80ten Geburtstag versandte, mit einem biblischen Motto. Dies war ein gleichermaßer dezenter, leiser wie doch auch offensiver Weg, seinen Gefühlen Ausdruck zu verleihen, denn die Diskrepanz zwischen der Formelhaftigkeit einer gedruckten Danksagung und dem Bekenntnis, das in den zwei klein gedruckten Zeilen des Bibelverses steckt, entfaltet eine enorme Wucht: »O dass ich Tränen genug in meinem Haupte hätte / und meine Augen Wasserquellen wären / zu beweinen die Erschlagenen in meinem Volk.«[764]

Anmerkungen

1 Klemperer LTI (lingua tertii imperii), S. 213. • 2 Alle NS-Begriffe im Text werden kursiv gesetzt. • 3 Zitate: Wildt 2019[2], S. 118 und Bajohr 2006, S. 77. • 4 Geht es im Text um eine eher unzulässige, umgangssprachliche Verallgemeinerung, dann setze ich das betreffende Wort in Anführungszeichen. • 5 NDR Radio-Interview 1982. Siehe auch Wiegandt 1995, S. 35. • 6 Dreß 2018, S. 23. • 7 Dreß 2018, S. 26. • 8 Leibholz-Bonhoeffer 1976, hier 1979[3], S. 43. • 9 Dreß 2018, S. 29. • 10 Leibholz-Bonhoeffer 1976, hier 1979[3], S. 33. • 11 Dreß 2018, S. 154. • 12 Dreß 2018, S. 32. • 13 NDR Radio-Interview 1982. • 14 Koslowski 2022, S. 14. • 15 Als Psychiater in leitender Stellung musste sich Karl Bonhoeffer u.a. zum Thema Zwangssterilisation, aber auch zu dem euphemistisch Euthanasie genannten Krankenmord verhalten. Als Mediziner im 19. Jahrhundert sozialisiert, waren ihm die Thematik und das Vokabular der Eugenik, der sogenannten »Erbgesundheitslehre« (zur Begriffsklärung siehe https://gedenkort-t4.eu/wissen/was-heisst-eugenik (zuletzt abgerufen am 5.4.2022)) nicht fremd. Gegen Ende des 19. Jahrhunderts und auch noch in der ersten Hälfte des 20. Jahrhunderts betrachtete man sie, anders als heute, als Wissenschaft. Es ist belegt, dass sich Karl Bonhoeffer nicht grundsätzlich gegen Zwangssterilisierung aussprach. Es ist jedoch auch zulässig anzunehmen, dass er durch sein Wirken in seiner Position versuchte, Betroffene zu schützen. Jutta Koslowski zeichnet die sensible Debatte in ihrer dankenswerterweise sehr sorgfältig edierten Ausgabe des Silvester-Tagebuchs von Karl Bonhoeffer nach und nennt die entsprechende Literatur. Koslowski 2022, S. 63-80. • 16 Leibholz-Bonhoeffer 1976, hier 1979[3], S. 108-112. • 17 Leibholz-Bonhoeffer 1976, hier 1979[3], S. 23. Es gibt allerdings unterschiedliche Daten, Susanne Dreß z. B. spricht von 1480, s. Dreß 2018, S. 3. • 18 Dreß 2018, S. 3 f. • 19 Leibholz-Bonhoeffer 1976, hier 1979[3], S. 24. • 20 https://www.dietrich-bonhoeffer.net/forschung-aktuell/forschung-einzelmeldung/eine-verfassung-des-hauses-bonhoeffer/(zuletzt abgerufen am 6.3.2024). • 21 Leibholz-Bonhoeffer 1976, hier 1979[3], S. 16. • 22 Leibholz-Bonhoeffer 1976, hier 1979[3], S. 25. • 23 Emmi Bonhoeffer 2004, hier 2006, S. 69. • 24 Leibholz-Bonhoeffer 1976, hier 1979[3], S. 23. • 25 Leibholz-Bonhoeffer 1976, hier 1979[3], S. 13. • 26 Dankenswerterweise zusammengetragen und sorgfältig ediert von Jutta Koslowski. • 27 Leibholz-Bonhoeffer 1976, hier 1979[3], S. 13. • 28 Smid 2002, S. 24. • 29 Brief vom 23.5.1922, Personen unbekannt, Nachlass Sabine Bonhoeffer, Staatsbibliothek zu Berlin. • 30 Leibholz-Bonhoeffer 1976, hier 1979[3], S. 16. • 31 Leibholz-Bonhoeffer 1976, hier 1979[3], S. 17. • 32 Dreß 2018, S. 209. • 33 Dreß 2018, S. 134. • 34 Dreß 2018, S. 124. • 35 Dreß 2018, S. 144. • 36 Dreß 2018, S. 157. • 37 Dreß 2018, S. 101. • 38 Dreß 2018, S. 100. • 39 Dreß 2018, S. 100. • 40 Dreß 2018, S. 91. • 41 Dreß 2018, S. 92. • 42 Dreß 2018, S. 93. • 43 Dreß 2018, S. 108. • 44 Korenke 2020, S. 20. • 45 Dietrich Bonhoeffer an die Familie Leibholz,

23.12.1931. • **46** Dreß 2018, S. 174. • **47** Dreß 2018, S. 176. • **48** Dreß 2018, S. 321. • **49** Smid 2002, S. 21. • **50** Röhrig 2023, S. 91. • **51** Bethge, 1968, hier 2004[8], S. 42. • **52** Dreß 2018, S. 253. • **53** Leibholz-Bonhoeffer, 1971, hier 1994[9], S. 6. • **54** Emmi Bonhoeffer 2004, hier 2006, S. 69. • **55** Leibholz-Bonhoeffer 1976, hier 1979[3], S. 17. • **56** Leibholz-Bonhoeffer 1976, hier 1979[3], S. 16. • **57** Dreß 2018, S. 32-35. • **58** Dreß 2018, S. 41. • **59** Gespräche mit Cornelia Irena Gerstenmaier, Dieter Ruprecht, Sybil Gräfin Schönfeldt, Frau Wuttke, Axel Freiherr von Campenhausen. Siehe auch Unruh 2001, S. 61. • **60** Leibholz-Bonhoeffer 1976, hier 1979[3], S. 74. • **61** Dreß 2018, S. 42. • **62** Heiratsurkunde von William Leibholz und Nannette Regina Netter von 1897, Landesarchiv Berlin. • **63** Bonk 2020, S. 141. • **64** Siehe auch Platzke 1956, S. 46 ff. • **65** Bundesarchiv, Nachlass Gerhard Leibholz, N 1334-505. • **66** Wann genau ein Umzug stattgefunden hat von Fürstenwalde nach Berlin, ist unklar. Dort wohnte man zunächst in der Joachimsthaler 7/8 in Charlottenburg. 1908 erwarb William Leibholz ein neu erbautes Mietshaus am Kurfürstendamm 169/170, wo die Familie bis 1920 in der 3. Etage lebte. • **67** Bundesarchiv, Nachlass Gerhard Leibholz, N 1334-505. • **68** Wessel, Horst A., Netter, in: Neue Deutsche Biographie 19 (1999), S. 86-87 [Online-Version] https://www.deutsche-biographie.de/pnd138057257.html [zuletzt abgerufen: 12.4.2022]. • **69** Siehe dazu Schaller 2020. • **70** Leibholz-Bonhoeffer 1976, hier 1979[3], S. 74. Der Arbeitskreis Geschichte Grunewald vermerkt in seiner Geschichte der Villenkolonie Grunewald unter dem Eintrag Karl Bonhoeffer (S. 28; s.a. S. 42), Bonhoeffer habe »nicht, nachdem er Ordinarius geworden war, die Einrichtung eines Lehrstuhls für die damals junge Psychoanalyse, auf die sich der Freud-Schüler Karl Abraham Hoffnungen gemacht hatte« unterstützt. Es kann nicht mehr geklärt werden, ob es sich hier um den »Herrn X« handelt, von dem Paula Bonhoeffer spricht. • **71** NDR Radio-Interview 1982. • **72** Bundesarchiv, Nachlass Gerhard Leibholz, N 1334-505. Der Entwurf liegt auf Deutsch und auf Englisch vor, vor allem die englische Version legt diesen Schluss nahe, weil Leibholz hier ausführlich auf die theologischen Bezüge in der Familie seiner Frau eingeht, so wie er überhaupt herauszustreichen sucht, über welch bedeutsamen Familienhintergrund – Bonhoeffer wohlgemerkt – er verfügt. • **73** Leibholz-Bonhoeffer 1976, hier 1979[3], S. 72. • **74** William Leibholz, Berlin-Grunewald am 2.2.1932 an Sabine Leibholz. • **75** Dieses und folgendes Zitat: Emmi Bonhoeffer, 2004, hier 2006, S. 70. • **76** Gerhard Leibholz an Rudolf Smend am 31.12.1948. Nachlass Rudolf Smend, Cod: Ms. R. Smend A 503 in der Staats- und Universitätsbibliothek zu Göttingen. • **77** Dieses und die folgenden Zitate: Dreß 2018, S. 146. • **78** Dreß 2018, S. 283. • **79** Dreß 2018, S. 283. • **80** Dreß 2018, S. 290 f. • **81** Siehe Gerrens 2009. • **82** Tuchel 2014. • **83** Der Sohn Klaus von Dohnanyi hat 2013 die Briefe seines Vaters aus der Haft veröffentlicht. Siehe auch die ausgezeichnete Doppelbiographie zum Ehepaar Dohnanyi-Bonhoeffer von Smid 2002. • **84** Wiegandt 1995, S. 19. Die folgenden Ausführungen nach Wiegandt, der genaue Daten gibt. • **85** https://www.hu-berlin.de/de/ueberblick/geschichte/rektoren/triepel (zuletzt abgerufen am 21.2.2022).

Sieha auch Unruh 2001, S. 62. • **86** Leibholz-Bonhoeffer 1976, hier 1979[3], S. 75. • **87** Siehe dazu Wiegandt 1995. • **88** Unruh 2001, S. 63. • **89** Dieses und die folgenden Zitate nach Wiegandt 1995, S. 23 ff. • **90** Der Kirchenhistoriker Christoph Strohm hingegen will im Text eine Distanzierung erkennen. Wiegandt bewertet die Belege, die Strohm anführt, als zumindest ambivalent. Siehe dazu Wiegandt 1995, S. 23 ff. Die Juristin Susanne Benöhr vertritt die Ansicht, dass Leibholz seine Parteienstaatslehre unter anderem am Vorbild des faschistischen Einparteiensystems orientierte. Siehe dazu Benöhr 1999. • **91** Leibholz-Bonhoeffer 1976, hier 1979[3], S. 75-80. • **92** Sabine Leibholz an Paula Bonhoeffer, Berlin-Wilmersdorf, den 5.9.1928. • **93** Leibholz-Bonhoeffer 1976, hier 1979[3], S. 87. • **94** Dreß 2018, S. 32. • **95** Leibholz-Bonhoeffer 1976, hier 1979[3], S. 75. • **96** Paula Bonhoeffer an Sabine Leibholz, Ende 1938: »Suse hat Dir eine Adresse geschickt, das ist eine Neumann-Neurode Gymnastik-Schülerin, die dort es auch andern beibringen würde. Du interessiertest Dich doch mal dafür.« • **97** Dieses und die folgenden Zitate: Leibholz-Bonhoeffer 1976, hier 1979[3], S. 87. • **98** Sabine Leibholz an die Eltern, Göttingen, den 14. Dezember 1931. • **99** Sabine Leibholz an Paula Bonhoeffer, Greifswald, den 6. Februar 1930. • **100** Sabine Leibholz an Paula Bonhoeffer, Greifswald, den 1. Mai 1930. • **101** Leibholz-Bonhoeffer 1976, hier 1979[3], S. 87. • **102** Dieses und das folgende Zitat: Sabine Leibholz an Karl und Paula Bonhoeffer, Greifswald, den 6.2.1930. • **103** »Heute hatten wir unsre erste Stunde beim hiesigen französischen Lektor.« Sabine Leibholz an Paula Bonhoeffer, Greifswald, den 1.5.1930. • **104** Leibholz-Bonhoeffer 1976, hier 1979[3], S. 87. • **105** Peter Leibholz an Gerhard Leibholz am 13.11.1931. • **106** NDR Radio-Interview 1982. • **107** Becker/Dahms/Wegeler 1987, S. 92. In der ersten Auflage der Geschichte der Universität Göttingen im Nationalsozialismus sprach der Autor des Kapitels über die juristische Fakultät, der Jurist Frank Halfmann, mit Zeitzeugen, darunter Friedrich Schaffstein und Wolfgang Kunkel. • **108** Leibholz-Bonhoeffer 1976, hier 1979[3], S. 95. • **109** Klemperer 1957, hier Reclam-Bibliothek 1998[17], S. 289. • **110** Das Folgende nach Wildt 2019, S. 37 ff. • **111** Thamer 2020, S. 70. • **112** Bajohr 2012[2], S. 33. • **113** Wildt 2019, S. 118. • **114** Wildt 2019, S. 121, 269. • **115** Siehe dazu Müller-Botsch 2009. • **116** Siehe dazu Wirsching 2009, S. 20 ff. • **117** Wildt 2019, S. 64. • **118** Zitiert nach Thieler 2015, S. 206; [Anm. 45-47] VAB, Volkstumszugehörigkeit, S. 162. • **119** Siehe dazu Thieler 2015, S. 210. • **120** Siehe dazu Thieler 2015, S. 168. • **121** Thieler 2015, S. 41. • **122** Klemperer 1957, hier Reclam-Bibliothek 1998[17], S. 171. • **123** • **124** Klemperer 1957, hier Reclam-Bibliothek 1998[17], S. 26 f., 179. • **125** Wildt 1997, S. 65. • **126** Wildt 2019, S. 119. • **127** Bajohr 2006, S. 77. • **128** Leibholz an die Eltern am 14.11.1931. • **129**https://www.uni-goettingen.de/de/kundgebung+von+g%c3%b6ttinger+dozenten+im+g%c3%b6ttinger+tageblatt+vom+24.+april+1933/85924.html (zuletzt abgerufen am 19.7.2022). • **130** Siehe dazu die maßgebliche Biographie von Cordula Tollmien, Bd. 1 und 2, 2021, weitere Bände sollen folgen. • **131** Steinsiek 2019. • **132** Wolfgang Petke, *Alfred Hessel (1877–1939)*, Mediävist und Bibliothekar in Göttingen, in: Armin Kohnle (Hg.): Zwischen Wissenschaft und Politik. Studien zur deutschen Universitätsgeschichte. Festschrift für Eike Wolgast zum 65. Geburtstag. Steiner, Stuttgart 2001, ISBN 3-515-07546-1, S. 387-414. • **133** Brief von Lina Lüert an Leibholzens vom 14. August 1939. • **134** Siehe auch http://www.ns-zeit.uni-goettingen.de/(zuletzt abgerufen am 20. Juli 2022) • **135** Leibholz-Bonhoeffer 1976, hier 1979[3], S. 98. • **136** Grüttner 2010, S. 150-154. • **137** Siehe dazu Becker/Dahms/Wegeler 1987, S. 21. • **138** UniA GÖ, Rek 73, Dekan Karl Siegert an den zuständigen Minister zur Entpflichtung des ordentlichen Professors Dr. Herbert Kraus am 14. Juni 1937. • **139** Zum Beginn von Gerckes Tätigkeit gibt es unterschiedliche Angaben bei Wegeler 1996, S. 13; Becker/Dahms/Wegeler 1987, S. 17; Tollmien 1998, S. 43. Ansonsten wird er im Detail vorgestellt bei Wegeler 1996, S. 72-83. • **140** So formulierte es der Medizinstudent Ludolf Haase, der von seiner Partei 1925 zum Göttinger Kreisleiter der NSDAP ernannt wurde und von 1925 bis 1928 als NS-Gauleiter Hannover-Süd firmierte, ein ebenso vehementer und früher Nazi wie Gercke. Die Zitate sämtlich aus Ludolf Haase, Aufstand der Niedersachsen. Der Kampf der NSDAP 1921/24. 1. Halbband. 2. vermehrte und verbesserte Niederschrift [als Manuskript gedruckt], o. O., 1942, S. 685-718; hier zitiert nach Eck 1989, S. 328. Auf den genannten Seiten beschreibt Haase die Geschichte des Archivs aus der Sicht eines Alten Kämpfers. • **141** Gercke wurde von der Gestapo beschuldigt, homosexuell zu sein, s. http://www.cultpress.de/rosa-winkel/bio-gercke.htm [zuletzt abgerufen am 21.10.2022]. Er verlor sein Amt, auch sein Reichstagsmandat und wurde aus der NSDAP ausgeschlossen. Nach dem Krieg arbeitete er in Niedersachsen, horribile dictu, als Standesbamter. • **142** Wegeler 1996, S. 120, hier insgesamt eine ausführliche Schilderung zur Verfasstheit der Studenten in der Weimarer Republik, S. 117-122. • **143** Grüttner 2010, S. 155ff. Zahlen S. 156. • **144** Zitiert nach Becker/Dahms/Wegeler 1987, S. 91. • **145** Siehe dazu Schumann/Terhoeven 2016. • **146** UniA GÖ, REK 73, Friedrich Neumann an den zuständigen Minister am 14. September 1934. • **147** Zu Eugen Mattiat siehe Becker/Dahms/Wegeler 1987, S. 314-318. • **148** UniA GÖ, REK 83. Hochschulgruppe Göttingen des NSD-Dozentenbundes, Göttingen, den 8. November 1937. An die Gefolgsmänner der Hochschulgruppe des NSD-Dozentenbundes. • **149** Wegeler 1996, S. 117; kursiv im Original; 116. • **150** Kershaw zitiert damit einen Staatssekretär im preußischen Landwirtschaftsministerium, Werner Wilkens, der diese Wendung 1934 in einer Rede vor NS-Funktionären verwandte. Der Hitler-Biograph Kershaw sagt: »Dieser Satz war mein Aha-Erlebnis.«, Der Spiegel 34 (2000), S. 60. • **151** Zitiert nach Wildt (in Heer) 1997, S. 55. • **152** Becker/Dahms/Wegeler 1987, S. 92. In der ersten Auflage der Geschichte der Universität Göttingen im Nationalsozialismus sprach der Autor des Kapitels über die juristische Falkultät, der Jurist Frank Halfmann, mit Zeitzeugen, darunter Friedrich Schaffstein und Wolfgang Kunkel. • **153** Siehe dazu Richarz 1974. • **154** Peter Leibholz an Gerhard Leibholz am 5.5.1931. Alle entsprechenden folgenden Zitate aus diesem Brief. • **155** Der Göttinger Judaist Berndt Schaller spricht von einem »Sonderstatus der Juden im universitären Rahmen«. In den ersten knapp hundert Jahren nach der Gründung der Universität gab es lediglich sechs jüdische Privatdozenten. Der erste Ordinarius jüdischer Herkunft konnte sich 1822 in Göttingen nur habilitieren, weil er getauft war. 1859 wurde der allerdings international sehr bekannte Mathematiker Stern dann gleich der erste jüdische Ordinarius an einer deutschen Universität überhaupt. Schaller 2020, S. 40-43. • **156** »Besonders bedauern wir, dass G. Leibholz nicht auf der Liste erscheint. Denn, sollte auf einen speziellen Staats- und Verwaltungsrechtler gegriffen werden, so ist er u. E. derjenige, der zu allererst in Betracht kommt. Er scheint uns um so mehr in Betracht zu kommen, als er die Gewähr bieten dürfte, dass er, auf den Göttinger Posten gestellt, auch in dieser Richtung allen Anforderungen genügen wird. Über seine Persönlichkeit liegen sehr günstige Urteile vor; auch hat er durch eine Reihe gehaltvoller Arbeiten sich in dem Kreise der Publizisten schnell einen wissenschaftlichen Namen von besonderem Klang gemacht.« UniAGÖ, JUR 164, III Fakultät//Vorschläge zu Berufungen//4a//14) Leibholz (neu errichteter Lehrstuhl für Öffentl. Recht), Stellungnahme der Professoren Kraus, Passow Kunkel, sich anschließend von Gierke, Göttingen, den 4. März 1931. (Wiegandt, S. 29 zitiert UniA GÖ, K, 4 III a 55, Schreiben an den Minister vom 4.3.1931, S. 2.) • **157** Wiegandt 1995, S. 29 • **158** »Ich beglückwünsche Sie auch im Namen meiner Fakultät zur Berufung nach Göttingen. Vielleicht ist Ihnen bekannt, dass die Berufung auf Grund eines Separatvotums erfolgt ist. 1) die Majorität der Fakultät hatte eine andere Liste aufgestellt«. Dekan an Leibholz am 23. Mai 1931. Personalakte Leibholz, Fakultätsarchiv, Bd. 1. • **159** Leibholz an den Dekan [im Juni] 1931. Personalakte Leibholz, Fakultätsarchiv Bd. 1. • **160** Leibholz an den Dekan am 23. Mai 1931. Personalakte Leibholz, Fakultätsarchiv Bd. 1. • **161** Leibholz an den Dekan [im Juni] 1931. Personalakte Leibholz, Fakultätsarchiv Bd. 1. • **162** Leibholz an den Dekan am 23. Mai 1931. Personalakte Leibholz, Fakultätsarchiv Bd. 1. • **163** Sechs Lehrstühle entfielen auf das Bürgerliche Recht und seine Nebengebiete, die Amtsinhaber waren Paul Oertmann (seit 1918), Herbert Meyer (seit 1918), Julius Binder (seit 1919), Julius von Gierke (seit 1925), Wolfgang Kunkel (seit 1929), Helmut Rühl, 1931 berufen, starb 1932 im Alter von 29 Jahren. Strafrecht: Robert von Hippel (seit 1899), Richard Martin Honig (seit 1931).Öffentliches Recht: Paul Schoen (seit 1900), Herbert Kraus (seit 1928), Gerhard Leibholz (seit 1931). Das Folgende nach Halfmann in Becker/Dahms/Wegeler 1987, S. 92. • **164** Julius von Gierke, Ordinarius für Bürgerliches Recht, genoss zunächst einen gewissen Schutz als Sohn des angesehenen Rechtshistorikers Otto von Gierke, doch die Fakultät setzte ihn mehr und mehr unter Druck, so dass er 1938 endgültig gezwungen war, gegen seinen Willen selbst seine Entlassung beantragen zu müssen, weil er als *jüdisch versippt* galt. Weitere Professoren, Privatdozenten und Studenten an der Juristischen Fakultät, die durch die NS-*Rassegesetzgebung* ihr Amt verloren oder deshalb erst gar nicht berufen wurden, könnten hier genannt werden, es werden nur Beispiele aufgeführt. Siehe dazu Halfmann in Becker/Dahms/Wegeler 1987, S. 88-141. • **165** Halfmann in Becker/Dahms/Wegeler 1987, S. 101. • **166** Halfmann in Becker/Dahms/Wegeler 1987, S. 101. • **167** UniA GÖ, Rek 73, Dekan Karl Siegert an den zuständigen Minister zur Entpflichtung des ordentlichen

Professors Dr. Herbert Kraus am 14. Juni 1937. • 168 Wiegandt 1995, S. 38. UniA GÖ, R, 4103. • 169 Wiegandt 1995, S. 38. UniA GÖ, R, 4103. Unterstreichung im Original. • 170 Siehe dazu Thieler 2014, S. 166. • 171 Programmatische Vorschläge des Dekans Karl Siegert »zum Ausbau des Lehrkörpers unserer Fakultät«, zitiert nach Becker/Dahms/Wegeler 1987, S. 98; UniA GÖ, R, 4103, »Vorschläge Siegert«, 14. Januar 1935, S. 13 f. • 172 Leibholz-Bonhoeffer 1976, hier 1979[3], S. 98. • 173 Carlo Schmid erinnerte sich später an Viktor Bruns mit den folgenden Worten: »Ich habe diesem noblen Mann, ohne den ich nicht in die Welt des Politischen eingeführt worden wäre, meine Dankbarkeit bewahrt.« Carlo Schmid: Erinnerungen, Stuttgart 2008, S. 142. • 174 Wiegandt 1995, S. 35. • 175 Zu dieser Studie s. Wiegandt 1995, S. 21-25. • 176 Nach Becker/Dahms/Wegeler 1987, S. 90. • 177 Dreß 2018, S. 520. • 178 Siehe dazu Wildt 2022, S. 263. • 179 Hannah Arendt im Gespräch mit Günter Gaus in der Sendung Zur Person am 28.10.1964. https://www.youtube.com/watch?v=CdCVs376q0U (zuletzt abgerufen am 21.6.2022). • 180 Leibholz an den Kurator, 3.12.1933, hier Abschrift: »Hierdurch erlaube ich mir, Ihnen pflichtgemäß mitzuteilen, daß ich vor kurzer Zeit zum korrespondierenden Mitglied des Instituts zum Studium der Gesetzgebung in Rom ernannt sowie als reichsdeutscher Vertreter zum »membre« des Institut international de Philosophie de Droit et de sociologie jurdique in Paris gewählt worden bin, und bitte Sie freundlichst, falls dies erforderlich oder üblich sein sollte, diese Mitteilung an die zuständigen Behörden weiterzuleiten. In aufrichtiger Verehrung Ihr stets sehr ergebener gez. Leibholz.« UniA GÖ, Rek. 73, S. 42. • 181 Vordruck: Vereidigungsnachweis vom 27. August 1934: »Der unterzeichnete (Name und Dienststellung) Professor Dr. Gerhard Leibholz hat heute den Diensteid der öffentlichen Beamten wie folgt geleistet: ›Ich schwöre: Ich werde dem Führer des Deutschen Reiches und Volkes, Adolf Hitler, treu und gehorsam sein, die Gesetze beachten und meine Amtspflichten gewissenhaft erfüllen, so wahr mir Gott helfe.‹« Unterschrieben von Leibholz, beglaubigt von einem Universitäts-Rat. UniA GÖ, Personalakte Leibholz, S. 45. • 182 Siehe dazu Matysiak 2014, S. 82. • 183 Die Anzeige ist in der Personalakte archiviert: »Der Nationalsozialistische Deutsche Studentenbund Göttingen stellt dazu fest, daß Prof. Leibholz J u d e ist. Aus diesem Grunde muß er die oben genannten Vorlesungen a b l e h n e n Mit dieser Ablehnung richtet sich der Nationalsozialistische Deutsche Studentenbund allein gegen die T h e m e n - f e s t l e g u n g, die Prof. L e i b h o l z getroffen und v o n s i c h a u s z u v e r - a n t w o r t e n hat.« Gesperrt gedruckt im Original. UniA GÖ, Personalakte Leibholz. • 184 Leibholz an den Rektor, 17.2.1935, UniA GÖ, Rek. 73. • 185 Zitiert nach Halfmann in Becker/Dahms/Wegeler 1987, S. 88. • 186 Reichsminister für Wissenschaft am 18.3.1935. UniA GÖ, Rek. 73. • 187 SUB Göttingen, Bibliotheksarchiv C 2, 4. Für diesen Hinweis danke ich Wilfried Enderle. • 188 Leibholz an den Dekan am 6.7.1932, Personalakte Leibholz, Fakultätsarchiv, Bd. 1. • 189 »Auf Anordnung des Herrn Reichs- und Preuss. Ministers f. Wiss., Erz. und Volksbildung werden Sie hierdurch bis zum Erlass der Durchführungsbestimmungen zum Reichsbürgergesetz vom 15. 9. 35 – RGBl. I, S. 1146 – mit sofortiger Wirkung von dem Ihnen s.Zt. erteilten Beschäftigungsauftrag, der sich auf die Erforschung ausländischen, besonders faschistischen Staatsrechts im Rahmen der bei der hies. Univ.Bibliothek gegebenen Möglichkeiten zu erstrecken hat, beurlaubt.« Reichsminister für Wissenschaft am 25.10.1935. UniA GÖ, Rek. 73. • **190** Zitiert nach Wildt (in Heer) 1997, S. 54. Der *SD* war der Sicherheitsdienst der *SS*: »Auf Initiative des Reichsführers SS, Heinrich Himmler, wurde 1931 ein Nachrichtendienst innerhalb der Schutzstaffel (SS) eingerichtet. Unter der Bezeichnung Sicherheitsdienst (SD) des Reichsführers SS stand der SD ab Juli 1932 unter der Leitung von Reinhard Heydrich. Zu den Aufgaben des SD gehörte ebenso die Beobachtung gegnerischer Parteien und politischer Organisationen wie die Überwachung oppositioneller Strömungen innerhalb der nationalsozialistischen Bewegung.« https://www.dhm.de/lemo/kapitel/ns-regime/ns-organisationen/sicherheitsdienst.html (zuletzt abgerufen am 9.5.2024). • **191** Klemperer 1957, hier Reclam-Bibliothek 1998[17], S. 122. • **192** Leibholz-Bonhoeffer 1976, hier 1979[3], S. 100. • **193** Erlaß des Reichsministers für Wissenschaft am 4.6.1936, UniA GÖ, Rek. 70. • **194** UniA GÖ, Kur 10759_Bd. 1, Personalakte, S. 64. • **195** »Für die Dauer der Berurlaubung stehen ihm keinerlei akademische Rechte zu.« Beurlaubung durch Minister vom 4.3. 1935. UniA GÖ, Kur 10759_Bd. 9 Personalakte. Schließlich vollendete das Regime auch den ganz konkreten, räumlichen »Ausschluß von Juden an den deutschen Hochschulen« – Gerhard Leibholz durfte sein Institut per Gesetz vom 8. Dezember 1938 nicht mehr betreten. Erlaß des Reichsministers für Wissenschaft am 8.12.1938, UniA GÖ, Rek. 70. • **196** Nachlass Leibholz. • **197** Klemperer 1995, Bd. 1, S. 359. • **198** Klemperer 1957, hier Reclam-Bibliothek 1998[17], S. 16 f. • **199** Klemperer 1957, hier Reclam-Bibliothek 1998[17], S. 16 f. • **200** Strnad 2021, S. 61. • **201** Siehe dazu Schmitz-Berning, 2007[2], S. 408-410. • **202** Siehe dazu Büttner 1998, S. 65 ff. • **203** Zitiert nach Strnad 2021, S. 22. • **204** Siehe dazu Przyrembel 2003. • **205** Strnad 2021, S. 64. • **206** Thieler 2015, S. 204. • **207** Siehe dazu Welzer 2005. • **208** Strnad 2021, S. 25. • **209** Alle Beispiele nach Rosenbaum 2014, S. 299; 83; 108; 147. • **210** Alle Beispiele nach Rosenbaum 2014, S. 147. • **211** Bethge 1968, hier 2004[8], S. 166. • **212** Leibholz-Bonhoeffer 1976, hier 1979[3], S. 98. • **213** Leibholz-Bonhoeffer 1976, hier 1979[3], S. 104. • **214** Leibholz-Bonhoeffer 1976, hier 1979[3], S. 95 f. • **215** Büttner 2017, S. 44. • **216** Strnad 2021, S. 71. • **217** Wegeler 1996, S. 116. • **218** Siehe dazu Walk 1996. • **219** Klemperer 1957, hier Reclam-Bibliothek 1998[17], S. 132. • **220** Zitiert nach Thieler 2015, S. 171, Anm. 154: Ackermann, Karl: Neue Formen der Geselligkeit – und ihre Pflegestätte, in HAT 2 (1938), H. 5, S. 24-27, hier S. 24. • **221** Zitiert nach Thieler 2015, S. 171, Anm. 155. • **222** Siehe dazu Schmiechen-Ackermann 2000. • **223** https://www.dhm.de/lemo/kapitel/ns-regime/ns-organisationen/gestapo.html (zuletzt abgerufen am 14.3.2023). • **224** Siehe dazu Gellately 1992. • **225** Schmiechen-Ackermann 2000, S. 602. • **226** Thamer 2020, S. 90. • **227** Der Begriff wurde umgangssprachlich genutzt für verschiedene Parteiposten, die der Kontrolle der eigenen Bevölkerung dienten. Ursprünglich schon vor 1933 zur ›Feindbeobachtung‹ eingerichtet, wurden seine Aufgaben und Befugnisse nach

1933 erheblich ausgeweitet. Er war Teil einer streng hierarchisch organisierten Befehlskette, denn es galt, wie überall im NS-Staat, das *Führerprinzip*. • **228** Thieler 2015, S. 343. • **229** Thieler 2015, S. 211. • **230** Thieler 2015, S. 226. • **231** Siehe dazu Thamer 2020, S. 82. • **232** Siehe dazu die intensiven und erhellenden Forschungen von Falter 2016, 2020, 2022. • **233** Schmiechen-Ackermann 2000, S. 597. • **234** Siehe insg. zu Frauen im NS: Koonz 1991; Wagner 1996; Krauss 2009; Haerendel 2009; Latzel/Mailänder/Maubach 2018; Paul/Wildt 2023 oder auch DAMALS 1_2022. • **235** Später als die Frauen in den skandinavischen Ländern, früher als in z.B. Großbritannien (1928) und Frankreich (1944). Siehe dazu Damenwahl, 100 Jahre Frauenwahlrecht, hrsg. von Dorothee Linnemann, Frankfurt a.M. 2018. • **236** Siehe dazu Helga Lüdtke, Der Bubikopf, Göttingen 2021. • **237** Siehe dazu Kosubek 2017. • **238** Siehe dazu www.addf.de (zuletzt abgerufen am 20.3.2023). • **239** Siehe dazu Irmgard Weyrather, Muttertag und Mutterkreuz. Der Kult um die »deutsche Mutter« im Nationalsozialismus, Frankfurt a. M. 1993. Diese nationalsozialistische Auszeichnung für kinderreiche, *arische, deutschblütige, erbtüchtige* und würdige Mütter (zitiert nach Arbeitsgemeinschaft Frauengeschichte in der Geschichtswerkstatt Göttingen 2002, S. 29.) war dem militärischen Eisernen Kreuz nachempfunden, um die Leistung der Frauen denen des Mannes gleichzustellen, der sich im Krieg bewähren sollte. Bis zum Herbst 1941 wurden insgesamt 4,7 Millionen *Mutterkreuze* verliehen. • **240** Kosubek 2017, hier S. 21. Die Historikerin Katja Kosubek hat 36 von Frauen eingereichte Texte eines Preisausschreibens, das Aufsätze zum Thema Warum bin ich in die NSDAP eingetreten? verlangte, 2017 ediert (vorher hatte sich niemand für die Schreiben der Frauen interessiert). Mit quasi-religiöser Begeisterung berichteten die Nationalsozialistinnen, dass die Entdeckung der NSDAP und deren Credo einer *Volksgemeinschaft* für sie – aus den genannten Gründen – eine Erlösung gewesen seien: Erlösung von Angst und Unsicherheit in der sich wandelnden Welt, die sich als Ablehnung der Moderne äußerte. Die gesamte Sammlung dieser ursprünglich von dem Soziologen Theodor Abel initiierte, als Preisausschreiben getarnte Befragung ist digitalisiert unter https://digitalcollections.hoover.org/objects/58225/theodore-fred-abel-papers?ctx=bbdc51078a2e380804c1676f4ce83a7c941dc8ec&idx=0 (zuletzt abgerufen am 17.3.2023). • **241** Kosubek 2017, hier S. 188. • **242** Siehe dazu Arbeitsgemeinschaft Frauengeschichte in der Geschichtswerkstatt Göttingen 2002. • **243** Zitiert nach Arbeitsgemeinschaft Frauengeschichte in der Geschichtswerkstatt Göttingen 2002, S. 5. • **244** Siehe dazu Rosenbaum 2023. • **245** Dreß 2018, S. 32. • **246** Bethge 1968, hier 2004[8], S. 42. • **247** Siehe dazu Renz-Polster 2019. • **248** Siehe dazu Rosenbaum 2014. • **249** Siehe dazu Strnad 2021, S. 21 ff. • **250** Siehe dazu Thomas Koch, Zwangssterilisationen im Dritten Reich. Das Beispiel der Universitätsfrauenklinik Göttingen, Frankfurt a. M. 1994; Medizin im Nationalsozialismus am Beispiel Göttingen: ein Stadtrundgang, hrsg. von der Geschichtswerkstatt Göttingen e.V., Göttingen 2006. • **251** Siehe dazu z.B. http://www.gedenkstaette-grafeneck.de/startseite/geschichte/literatur.html --------- www.gedenkstaette-Hadamar.de --------- Gedenkstätte Pirna-Sonnenstein https://www.stsg.

de/cms/pirna/startseite -------Gedenkstätte der Opfer der Euthanasiemorde https://www.brandenburg-euthanasie-sbg.de/toetungsanstalt/(zuletzt abgerufen am 31.3.2023). • **252** Interview um die Jahrtausendwende, Rosenbaum 2014. • **253** Klemperer 1957, hier Reclam-Bibliothek 1998[17], S. 27. • **254** Wager 2024. • **255** Leibholz-Bonhoeffer 1976, hier 1979[3], S. 102. • **256** Laut Volkszählung vom 16. Juni 1933, Zahlen nach Wirtschaft und Statistik 1933, S. 717. • **257** Rosenbaum 2014, S. 49. • **258** Leibholz-Bonhoeffer 1976, hier 1979[3], S. 102. • **259** Michael 1999, S. 491. • **260** Rosenbaum 2014, S. 148. • **261** Rosenbaum 2014, S. 149. • **262** Leibholz-Bonhoeffer 1976, hier 1979[3], S. 102. • **263** Gespräch mit Sybil Gräfin Schönfeldt im Sommer 2018. • **264** Lina Lüert an Familie Leibholz am 6.7.1939. • **265** Nolzen in: Wildt/Bajohr 2009, hier 2012[2], S. 65. • **266** Es gab eine Göttinger Gruppe der HJ vor 1933, die hatte im November 1932 nur 90 Mitglieder, ein Jahr später waren es 800 Jungen; 330 Mädchen im Jungmädelbund. Im Frühjahr 1935 waren 1.145 Jungen in der HJ organisiert, 1.258 Mädchen im BDM. Rosenbaum 2014, S. 158. Alle folgenden Zitate der ehemaligen Schülerinnen und Schüler ebd. im Kapitel zur Hitlerjugend S. 157-205: 160; 171; 169. • **267** Spratte 1999, S. 133. • **268** • **269** Siehe dazu Harvey 2009. • **270** Der Begriff *volksdeutsch* bezeichnet eine bestimmte Position relativ weit oben in der kruden Rassehierarchie der Nationalsozialisten, an deren Sptize der *Reichsdeutsche* stand. Siehe dazu https://ome-lexikon.uni-oldenburg.de/begriffe/volksdeutsche (zuletzt abgerufen am 4.4.2023). • **271** Peter Kriedte hat dankenswerterweise die Ereignisse vom 9.11.1938 in Göttingen akribisch erforscht, so dass ich mich hier auf seinen Text, den er mir freundlicherweise zur Verfügung gestellt hat, stützen kann. Herzlichen Dank dafür! Sein gesamter Text wird 2025 im Universitätsverlag Göttingen erscheinen. Eine erste Version unter Kriedte 2020. • **272** In Göttingen wurde die Pogromnacht anders als an den meisten anderen Orten von der SS und nicht von der SA organisiert. Siehe dazu Kropat 1997, S. 93-109; insgesamt Steinwels 2011, S. 42-61. • **273** Kriedte 2020, S. 139. • **274** Siehe dazu Tollmien, Ferera 2014. • **275** Zitiert nach Kriedte 2020, S. 143, der beruft sich auf Popplow 1980, S. 189. • **276** An vielen Orten im Deutschen Reich transportierte man die Gefangenen nach Buchenwald. • **277** Siehe dazu Kriedte 2020, S. 153. • **278** Siehe dazu Kriedte 2020, S. 141. • **279** Schoenmakers 2019, S. 127. • **280** Tagebuch Ilse Neumann, Stadtarchiv Göttingen, Kl. Erwerbungen Nr. 114 I, 13: Unterlagen der Familie Neumann (1903-1982), Bd. 7, Mappe 9. • **281** Peter Leibholz aus Zürich an Gerhard Leibholz in London 20.11.1938. • **282** Leibholz-Bonhoeffer 1976, hier 1979[3], S. 112. • **283** Siehe dazu Dippel 1997. • **284** Leibholz-Bonhoeffer 1976, hier 1979[3], S. 101. • **285** Leibholz-Bonhoeffer 1976, hier 1979[3], S. 105. • **286** Verordnung über Reisepässe von Juden im Reichsgesetzblatt, Jahrgang 1938, Teil I, S. 1342. • **287** Leibholz-Bonhoeffer 1976, hier 1979[3], S. 161. • **288** Hans Leibholz schrieb am 14.9.1938 an seinen Bruder: »Aus Deiner Karte erfahre ich auch zum 1. Mal, dass Du je die ernste Absicht hattest, nach Italien zu gehen.« • **289** Siehe dazu Zimmermann 2019. • **290** Gerhard Leibholz Recht, Philosophie usw. S. 17 f. • **291** Bericht der Flucht im Folgenden nach

Marianne Leibholz. • **292** Siehe dazu z.B. Strnad 2021, S. 71. • **293** Leibholz-Bonhoeffer 1976, hier 1979[3], S. 116. • **294** https://evian1938.de/(zuletzt abgerufen am 20.6.2023). • **295** Wildt 1997, S. 52. • **296** Arndt/Boberach 1991, S. 34. • **297** Stadtarchiv Göttingen, Kl. Erwerbungen Nr. 114 I, 13: Unterlagen der Familie Neumann (1903-1982), Bd. 7, Mappe 9. • **298** »Die Commerzbank zeigt heute Dein Gehalt von der Universität an.« Paula Bonhoeffer an Gerhard Leibholz am 1.12.1938. • **299** Schoen an Leibholz am 14.10.1938. • **300** Paula Bonhoeffer an Gerhard und Sabine Leibholz am 30.10.1938. • **301** Leibholz-Bonhoeffer 1976, hier 1979[3], S. 172. • **302** Karl Bonhoeffer an Gerhard und Sabine Leibholz am 18.11.1938. • **303** Karl Friedrich Bonhoeffer an Gerhard und Sabine Leibholz am 13.10.1938. • **304** Paula Bonhoeffer an Gerhard und Sabine Leibholz am 24.2.1939. • **305** Siehe dazu https://www.stadtarchiv.goettingen.de/widerstand/index.htm (zuletzt abgerufen am 21.6.2023). • **306** Lina Lüert an Sabine Leibholz am 9.6.1939. • **307** Lina Lüert an Sabine Leibholz am 26.9.1939. • **308** Paula Bonhoeffer an Gerhard und Sabine Leibholz am 13.10.1938. • **309** Paula Bonhoeffer an Gerhard und Sabine Leibholz am 30.10.1938. • **310** Paula Bonhoeffer an Gerhard und Sabine Leibholz im November 1938. • **311** Paula Bonhoeffer an Gerhard und Sabine Leibholz am 9.10.1938. • **312** Elisabeth von Hase kam beim Luftangriff auf Dresden ums Leben. • **313** Paula Bonhoeffer an Gerhard und Sabine Leibholz am 13.10.1938. • **314** Paula Bonhoeffer an Gerhard und Sabine Leibholz am 24.5.1939. • **315** Karl Friedrich Bonhoeffer an Gerhard und Sabine Leibholz am 15.1.1938 [kann nur 1939 sein]. • **316** Ursula Schleicher an Gerhard und Sabine Leibholz am 5.3.1939. • **317** Karl Friedrich Bonhoeffer an Gerhard und Sabine Leibholz am 13.10.1938. • **318** Paula Bonhoeffer an Gerhard und Sabine Leibholz im Sommer 1939. • **319** Paula Bonhoeffer an Gerhard und Sabine Leibholz am 2.2.1939 • **320** Dietrich Bonhoeffer aus der Schweiz an Gerhard und Sabine Leibholz am 28.2.1941. • **321** Hans von Dohnanyi aus der Schweiz an Gerhard und Sabine Leibholz am 30.8.1942. • **322** Paula Bonhoeffer an Gerhard und Sabine Leibholz am 13.10.1938. • **323** Die folgende Beschreibung der ersten Zeit in London fußt auf Leibholz-Bonhoeffer 1976, hier 1979[3], S. 119-146. • **324** Leibholz-Bonhoeffer 1976, hier 1979[3], S. 25. • **325** Sabine Leibholz an Hermann Föge am 26.11.1938. • **326** Leibholz-Bonhoeffer 1976, hier 1979[3], S. 126. • **327** Gerhard Leibholz an den Oberfinanzamtspräsidenten des Finanzamtes Göttingen am 31.8.1938. • **328** Paula Bonhoeffer an Sabine Leibholz am 14.12.1939. • **329** Emil Ludolph an Gerhard Leibholz am 13.3.1939. • **330** Gerhard Leibholz an den Oberfinanzamtspräsidenten des Finanzamtes Göttingen am 31.8.1938. Alle folgenden Zitate stammen aus diesem Brief. • **331** Sabine Leibholz an Hermann Föge am 11.2.1939. • **332** UniA GÖ, Personalakte Leibholz, Bd. 1, Bl. 77. Vgl. dazu detailliert Wiegandt 1995, Kap. I.B.IV. • **333** Paula Bonhoeffer an Gerhard und Sabine Leibholz, undatiert, Herbst 1938. • **334** Gerhard Leibholz an den Minster am 19.4.1939. UniA GÖ, Personalakte Leibholz, Bd. 1, Bl. 83. • **335** Karl Siegert an den Kurator am 3.5.1939; Sperung im Original. UniA GÖ, Personalakte Leibholz, Bd. 1, Bl. 86. Rektor an den Kurator am 8.5.1939. UniA GÖ, Personalakte

Leibholz, Bd. 1, Bl. 85. • **336** Minister an Kurator am 5.6.1939. UniA GÖ, Personalakte Leibholz, Bd. 1, Bl. 91. • **337** Runderlass zur Verlegung des Wohnsitzes ins Ausland emeritierter *nichtarischer* Hochschullehrer vom 12. Mai 1939. • **338** Gerhard Leibholz an den Minster am 27.6.1939. UniA GÖ, Personalakte Leibholz, Bd. 1, Bl. 96. • **339** Die Heiratsurkunde von Gerhard und Sabine Leibholz, Landesarchiv Berlin, wurde am 4.2.1939 mit einem Zusatzvermerk versehen: »Laut Mitteilung der Ortspolizeibehörde in Göttingen führt der em. Professor des Rechts Dr. Hermann Gerhard Leibholz außer den angegebenen Vornamen zusätzlich den Vornamen Uri.« • **340** »Wir sind und bleiben anscheinend der hoffnungslose Fall.« Paul und Hede Peltason aus Berlin an Gerhard und Sabine Leibholz am 1.2.1939, 19.4.1939 und 28.6.1939. • **341** Peter Leibholz schrieb an seinen Bruder Gerhard am 27.2.1944, was seine Schwiegermutter aus der Schweiz ihm berichtet hatte: »Hedes Mann ist im Januar 43 an einer Lungenentzündung gestorben. Alle Briefe, auch Schweiz, gehen durch die deutsche Zensur. Wir wissen nchts mehr auch nicht über den Verbleib von Hede, die doch seinerzeit Berlin verlassen musste. Es sind die letzten Verwandten in Deutschland, Hede vielleicht in Theresienstadt?« – Am 5.11.1944: »Paul P. soll Selbstmord verübt haben.« • **342** Leibholz-Bonhoeffer 1976, hier 1979[3], S. 127. • **343** Siehe dazu Schneider 1981, S. 9; 62 f. • **344** Gerhard Leibholz am 27. September 1938 an den Vertreter der Rockefeller-Stiftung in Paris. • **345** Gerhard Leibholz an Dr. Kitteridge [sic] von der Rockefeller-Stiftung am 27.9.1938. S. a. Chandler/Ringshausen 2019, S. 27. • **346** Tracy B. Kittrege an Bischof Bell, der sich nach den Aussichten für Leibholz erkundigt hatte, am 3.3.1939. • **347** Gesellschaft zum Schutz von Wissenschaft und Bildung. • **348** Ihr zu Ehren entstand 1992 eine Festschrift, die ihren lebenslangen Einsatz für geflüchtete Menschen würdigte, an der sich auch Gerhard Leibholz beteiligte: Cooper 1992. • **349** Miss R.E. Cleeve, »Low Beck«, South Nuttfield, Surrey am 14.2.1939 an Mr. Cleghorn Thomson, das Committee gäbe 50 Pfund »for Dr. Leibholz with a provisional offer of a further 50 Pf. later if the Academic Assistance Council were able to arrange for him to go the U.S.A.« Die Society for the Protection solle die Administration des Geldes übernehmen. Am 30.12.1941 bat auch die Sekretärin Gisela Peiser – bald schon die Ehefrau des Emigranten und späteren Nobelpreisträgers Max Perutz – vom Committee for the Assistance of Refugee Scholars of Magdalen College, Oxford die Society, ihre Stipendiengelder für Gerhard Leibholz für das kommende Jahr zu verwalten. • **350** Siehe dazu Chandler/Ringshausen 2019. • **351** Leonhard Stein an Gerhard Leibholz am 18.4.1939. Im Gedenkbuch des Bundesarchivs, in dem die Namen und Schicksale der ermordeten Opfer des Nationalsozialismus verzeichnet sind, findet sich ein Eintrag zu einem Leonhard Stein aus Hamburg, der am 25.10.1941 aus Hamburg in das Ghetto Litzmannstadt (Lodz) deportiert wurde und dort am 29.8.1942 starb. Es ist jedoch nicht eindeutig, ob es sich um den Briefschreiber handelt. https://www.bundesarchiv.de/gedenkbuch/(zuletzt abgerufen am 26.6.2023). • **352** »Um ganz offen zu sein, ich fürchte, die Society wird nur sehr wenig für Dr. Stein tun können, seine Belange sind nur sehr schwer zu platzieren und er hat keine Stelle an einer Universität.« • **353** Hans Leibholz an Gerhard Leibholz am 14.9.1938, s.a. Brief vom 14.10.38. • **354** Karl Friedrich Bonhoeffer an Gerhard Leibholz am 14. Juni 1939. • **355** Siehe dazu Krusenstjern 2009, S. 368. • **356** Das Geld wurde Leibholz am 29.8.1940 brieflich per Scheck von der London School of Economics übermittelt. • **357** »who is in charge of the new refugee professorships«. Max Rheinstein an Gerhard Leibholz am 12.11.1940. • **358** James Franck an Gerhard Leibholz am 13.11.1940. • **359** Amerikanisches Komitee für geflohene wissenschaftliche Theologen. • **360** Helen Roberts an Gerhard Leibholz am 26.11.1941. • **361** Nachruf in der New York Times am 14.2.1975, https://www.nytimes.com/1975/02/14/archives/dr-henry-van-dusen-77-of-union-seminary-dies-leading-ecumenist.html (zuletzt abgerufen am 4.8.2023). • **362** Gerhard Leibholz an George Bell am 5.2.1941, Chandler/Ringshausen 2019, S. 24. • **363** Gerhard Leibholz an Reinhold Niebuhr am 2.2.1941, Chandler/Ringshausen 2019, S. 23. • **364** Die Details der Verhandlungen sind in den einzelnen Briefen zwischen Bell, Dun, van Dusen, Paton und Leibholz nachzuvollziehen, s. nach Chandler/Ringshausen 2019. • **365** »dass diejenigen, die daran interessiert wären, den Refugees zu helfen, in der Lage sein werden, Wege zu finden, um die Hilfestellungen, die von der Schule zur Verfügung gestellt werden können, zu ergänzen.« »Zumindest können wir Ihnen versichern, dass Sie unter Freunden sein werden, die alles in ihrer Macht stehende tun werden, damit Sie und Ihre Frau sich gut werden einleben können.« Angus Dun an Gerhard Leibholz am 8.1.1941, zitiert nach Chandler/Ringshausen 2019, S. 26. • **366** »Seine ganze Zukunft steht auf dem Spiel.« George Bell an Angus Dun am 7.3.1941, zitiert nach Chandler/Ringshausen 2019, S. 29. • **367** »Das klare Ergebnis ist, dass Angus Duns Angebot in meinen Augen keines ist, das alle vernüftigen Forderungen berücksichtigt. Tatsache [ist], dass der Brief [von Dean Dun] als eine Antwort auf meinen eigenen Brief formuliert ist, in dem die natürliche Zurückhaltung eines Mannes hervorgehoben wird, der innerhalb seiner bescheidenen Grenzen während ungefähr des nächsten Jahres in England bestimmt sicher leben kann, bevor er alle Zelte für den Aufbruch in ein neues Land abbricht, dessen Lebensbedingungen er nur für eine jeweils kurze Zeit im Voraus kennt. [sic]« George Bell an William Paton am 7.3.1941, zitiert nach Chandler/Ringshausen 2019, S. 33. • **368** »Wie dem auch sei, ich bin mir sicher, dass Sie, meine Lordschaft, verstehen, dass, wenn man alle Umstände berücksichtigt, es für mich sehr schwer ist, eine persönliche Entscheidung von solcher Tragweite für uns zu treffen, die mit so vielen Unsicherheiten behaftet ist.« Gerhard Leibholz an George Bell am 20.2.1941, zitiert nach Chandler/Ringshausen 2019, S. 26f. • **369** »Doch ich fürchte, dass unglücklicherweise kein Zweifel über die Unmöglichkeit besteht, wenn auch nur in bescheidenen Umständen von dieser Summe, die genannt wurde, zu leben. Das würde mich nicht in den Stand versetzten, mit meiner Familie in Amerika als ein Professor zu leben, so wie Sie, meine Lordschaft, es mir in Ihrem freundlichen Brief vom letzten November gewünscht haben. Denn ich wäre gezwungen, zu versuchen, Extra-Geld zu verdienen und wäre daher weder in der Lage, meine Forschungen im Rahmen des Welrates [der Kirchen] fortzusetzen, noch meine neue Position zufriedenstellend auzufüllen.« Ebd. • **370** »Ich denke, dass es keine Universitätsangehörigen gibt, die nach Amerika gingen, um dort eine Stelle anzutreten und die gezwungen waren, beträchtliche Hilfe von einem lokalen Flüchtlingskomitee in Anspruch zu nehmen, das normalerweise mit anderen Leuten zu tun hat.« Gerhard Leibholz an George Bell am 23.4.41, zitiert nach Chandler/Ringshausen 2019, S. 36. • **371** »Er ist seltsam schwierig mit seiner amerikanischen Angelegenheit. « Gerhard Leibholz an George Bell am 13.6.1941, zitiert nach Chandler/Ringshausen 2019, S. 45. • **372** »Ich weiss, dass Sie hoffen, so schnell wie möglich nach Amerika gehen zu können.« William Paton an Gerhard Leibholz am 6.2.1942. • **373** Visser 't Hooft 1972, S. 54. • **374** Joseph Oldham, Sekretär des Weltmissionsrates, auf einer Konferenz des Weltbundes der Kirchen 1930 in Zuylen in den Niederlanden, die von Visser 't Hooft mitorganisiert worden war, um sich über die Rolle und die zukünftigen Aufgaben des Gremiums auszutauschen. Zitiert nach Visser 't Hooft 1972, S. 55 f. • **375** Zitiert nach Visser 't Hooft 1972, S. 58. • **376** Briefentwurf von Gerhard Leibholz an Visser 't Hooft ohne Datum. • **377** Julius Rieger von der Hilfsorganisation Christian Fellowship in Wartime. A German-British Fellowship an Gerhard Leibholz am 13.7.1942. • **378** Leibholz-Bonhoeffer 1976, hier 1979[3], S. 137. Siehe dazu auch Pross 2000. • **379** »Ich möchte Ihnen von Herzen für Ihren sehr wichtigen Beitrag zu unseren Studien danken. … Das ist genau die Art von Beitrag, die wir von Ihnen zu erhalten gehofft hatten.« Visser 't Hooft an Gerhard Leibholz am 27.5.1939. Visser 't Hooft an Gerhard Leibholz am 8.5.1940. • **380** Da der World Council of Churches sein Stipendium verlängert tat es das Committee for »Non-Aryan« auch. Helen Roberts an Gerhard Leibholz am 31.8.1943 • **381** Ein paar Kekse »und eine Menge Möglichkeiten zum Gespräch.« Helen Roberts, die Sekretärin des Church of England Committee for »Non-Aryan« Christians, versandte im Namen von Rieger die Einladung an Leibholz am 31.5.1943. • **382** Hans Leibholz an Gerhard Leibholz am 20.10.1938. • **383** Hans Leibholz an Gerhard Leibholz am 14.9.1938. • **384** Siehe dazu Koenigs 2005; 2006. • **385** Hans Leibholz an Gerhard Leibholz am 11.10.1938. • **386** Leibholz-Bonhoeffer 1976, hier 1979[3], S. 123. • **387** Hans Leibholz an Gerhard Leibholz am 19.9.1938. • **388** Der feindliche Ausländer. • **389** Erskine Childers, The Riddle of the Sands, London 1903. Der britische Journalist und Autor Robert Harris ging sogar 1993 in seinem Roman »Fatherland« nach Art der kontrafaktischen Geschichtsschreibung von der Annahme aus, die Invasion der Nazis sei geglückt. Robert Harris, Fatherland, London 1993. • **390** Leibholz-Bonhoeffer 1976, hier 1979[3], S. 157. • **391** Vgl. Stent 1980, Cooper 1992, Chandler 2012, dort weiterführende Literaturangaben, Carr/Pistol 2023, hier ein Kapitel speziell zum Huyton Camp. Siehe auch die umfangreichen Forschungen von Charmian Brinson, die sich vor allem auf das literarische und künstlerische Exil beziehen. • **392** https://blog.nationalarchives.gov.uk/collar-lot-britains-policy-internment-second-world-war/(zuletzt abgerufen am 17.8.2023). • **393** https://blog.nationalarchives.gov.uk/collar-lot-britains-policy-internment-second-world-war/(zuletzt abgerufen am 17.8.2023). • **394** Carr/Pistol 2023, S. 72. • **395** Siehe dazu Draesner 2020, Parkin 2022. • **396** Sabine Leibholz an Karl und Paula Bonhoeffer am 8./9.2.1946. • **397** Leibholz-Bonhoeffer 1976, hier 1979[3], S. 153 f. •

398 »Meine liebste Sabine, ich bin so froh und glücklich, Deinen Brief vom 22ten zu haben und das Paket. Mir geht es wirklich sehr gut, [ich] habe ein Bett etc. und [ich] würde mich nur sorgen, wenn ich wüßte, dass Du Dir ohne jeden Grund Sorgen wegen mir machst. Ich wäre doch ganz froh, wenn ich dasselbe von [Dir] wüßte. Ich bitte Dich dringend, denke nicht so viel an mich, wo es mir doch wirklich so gut geht. Ich bekam alle Pakete und alles.« Gerhard an Sabine Leibholz aus Huyton am 25.6.1940. Unterstreichungen im Original. • **399** Gerhard an Sabine Leibholz aus Huyton am 30.5.1940. • **400** »Kopf hoch! Ich bin nur traurig, dass ich Dir momentan nicht helfen kann. … M[arianne] und Chr[istiane] sollen Dir helfen und nicht zur Schule gehen. … Bitte kümmer Dich nicht um meine Ratschläge, die dumm sind und viel zu spät kommen.« Gerhard an Sabine Leibholz aus Huyton am 28.5.1940. • **401** Gerhard an Sabine Leibholz aus Huyton Mitte Juni 1940. Unterstreichung im Original. • **402** »Wenn möglich sende mir bitte gelegentlich ein Telegramm (alle drei Tage).« Gerhard an Sabine Leibholz aus Huyton am 30.5.1940. • **403** »Ich bin der einzig Glückliche in unserer Gruppe, der Post bekam und alle hier bewundern Dich.« Gerhard an Sabine Leibholz aus Huyton am 28.5.1940. • **404** »Meine liebste Sabine, unmöglich, Dir zu sagen, wie sehr ich Dich liebe und bewundere. Ich denke immerzu an Dich.« Gerhard an Sabine Leibholz aus Huyton am 20.6.1940. • **405** Zitate aus Jacobsthal in Cooper 1992, S. 213, 205, 208, 226, 225. • **406** Siehe dazu Hirschfeld 1994, S. 110. • **407** »diejenigen, die etwas haben und besitzen und die, die nichts haben« ~ die Reichen und die Armen. • **408** George Bell, Rede vor dem House of Lords am 12.6.1940, https://api.parliament.uk/historic-hansard/lords/1940/jun/12/the-fifth-column-position-of-the-bbc#column_530 (zuletzt abgerufen am 22.8.2023). • **409** George Bell, Rede vor dem House of Lords am 12.6.1940, https://api.parliament.uk/historic-hansard/lords/1940/jun/12/the-fifth-column-position-of-the-bbc#column_530, (zuletzt abgerufen am 22.8.2023). • **410** Zahlreiche Tätigkeitsfelder benennt Hirschfeld 1994, S. 111 ff. • **411** Cooper 1992, S. 100 ff. Siehe auch Bentwich 1953, S. 99-102. • **412** https://blog.nationalarchives.gov.uk/collar-lot-britains-policy-internment-second-world-war/(zuletzt abgerufen am 17.8.2023). • **413** https://blog.nationalarchives.gov.uk/collar-lot-britains-policy-internment-second-world-war/(zuletzt abgerufen am 17.8.2023). • **414** Hirschfeld 1994, S. 110. • **415** »Wir waren Hitlers Feinde, Jahre schon vorm Krieg. Wir kannten seine Pläne, England zu bombardieren und zu überfallen. • Wir warnten Euch vor seiner Heimtücke Als Ihr noch an den Frieden glaubtet, und nun sind wir Seiner Majestät höchst loyale Internierte.« Zitiert nach Hirschfeld 1994, S. 110 f. • **416** Leibholz-Bonhoeffer 1976, hier 1979[3], S. 153. • **417** Gerhard Leibholz, Die völkerrechtliche Stellung der »Refugees« im Kriege: Eine Betrachtung der britischen Internierungspolitik während des letzten Krieges, in: Archiv des Völkerrechts 2,2 1949/50, S. 129-159. • **418** »Ich glaube, dass es unmöglich ist, die großen Freunde dieses Landes für lange festzuhalten.« Gerhard an Sabine Leibholz aus Huyton am 30.5.1940. • **419** Hermann Föge an Sabine Leibholz am 25.1.1939. Föge bezieht sich auf eine Postkarte von Paula Bonhoeffer, auf der sie ihm die Londoner Adresse mitteilt, vom 11.1.1939. • **420** Die Darstellung auf den folgenden Seiten über »englische Krämerseelen« und »preußische Militaristen« kann nur holzschnittartig sein wie ihr Gegenstand: Stereotypen, Klischees und Vorurteile. • **421** »Sind dies im Herzen Hunnen, die, wie ich erzogen bin zu glauben, Belgien verwüstet, alte Frauen und Kinder ermordet, das zauberhafte Löwen gebrandschatzt, Edith Cavell erschossen, Giftgas verwendet und andere Gräuel verübt, das Linienschiff Lusitania in der eiskalten See versenkt und so viele andere Grausamkeiten verübt hatten, zu Land, in der Luft und unter Wasser, dass sie nicht länger als Menschen betrachtet werden konnten, sondern als eine besondere Art von barbarischen Unmenschen, die von Zeit zu Zeit unter einem menschenverachtenden Monster auf die Welt losgelassen werden …?« John Heygate, These Germans. An Estimate of their Character seen in Flashes from the Drama 1918-1939, London 1940, S. 14. • **422** Leibholz-Bonhoeffer 1976, hier 1979^3, S. 129. • **423** Leibholz aus London an Adam von Trott in Berlin am 15.4.1939. Ich danke Benigna von Krusenstjern für die Bereitstellung dieser Quelle, ursprünglich Bundesarchiv. • **424** Sabine Leibholz an alle Familienmitglieder [ca. Juni 1946]. • **425** Leibholz-Bonhoeffer 1976, hier 1979^3, S. 182. • **426** Leibholz-Bonhoeffer 1976, hier 1979^3, S. 117; siehe z.B. auch S. 170, 180. • **427** Leibholz-Bonhoeffer 1976, hier 1979^3, S. 182, 165, 203, 164, 177, 178, 191, 190, 139 f. • **428** Leibholz-Bonhoeffer 1976, hier 1979^3, S. 139. • **429** Leibholz-Bonhoeffer 1976, hier 1979^3, S. 206. • **430** Alle folgenden Zitate und Bezüge bei Leibholz-Bonhoeffer 1976, hier 1979^3, S. 138 ff. • **431** Leibholz-Bonhoeffer 1976, hier 1979^3, S. 182. • **432** Leibholz-Bonhoeffer 1976, hier 1979^3, S. 204. • **433** Leibholz-Bonhoeffer 1976, hier 1979^3, S. 184. • **434** Sabine Leibholz an Karl und Paula Bonhoeffer am 22.5.1946. • **435** Sabine Leibholz an Karl und Paula Bonhoeffer am 22.5.1946. • **436** Leibholz-Bonhoeffer 1976, hier 1979^3, S. 195. • **437** Vgl. Wendt 1965, Kettenacker 1977, Graml 1985, Schwarz 1993, Dilks 1994, Clemens 1996, Chandler 2016. • **438** Siehe dazu Geyken 2002. • **439** Marianne Leibholz an Karl Bonhoeffer am 21.3.1946. Gesperrt geschrieben im Original. • **440** Mansfield 1911, hier 1964, S. 47. • **441** »Obwohl sie Kant, Goethe und Beethoven hervorgebracht haben, haben sie niemals wirklich den Geist des Abendlandes übernommen. … Im Herzen haben sie immer etwas von den Anschauungen eines primitiven Menschen beibehalten, eine Art Stammeskonzept von Gesellschaft. … Die Nazi-Revolution hat die Uhr um mehrere Jahrhunderte zurückgedreht.« Harold Butler, The Lost Peace. A Personal Impression, New York 1942, S. 92 und S. 100 f. Zitiert nach Clemens 1996, S. 358. • **442** »Sein Handeln, so absurd es auch immer sein mag, kann nicht unbeachtet bleiben.« Nicht signierter Kommentar aus dem Bericht des Generalkonsuls William Seed nach London vom 17.11.1922. Zitiert nach Clemens 1996, S. 55. • **443** Robert Vansittart zitiert nach Clemens 1996, S. 311. • **444** Siehe dazu Kershaw 2005. • **445** Zitiert nach Clemens 1996, S. 375, 353. • **446** Siehe dazu Dilks 1994. • **447** Siehe dazu Schwarz 1993, S. 71. • **448** »Es ist eine Illusion, anzunehmen, dass wir nur den Hitlerismus bekämpfen. Wir bekämpfen den alten Adam [das Schlechte, das der menschlichen Natur vermeintlich innewohnt] … *und* den Hitlerismus. Lasst uns das nicht länger mißverstehen: Wir bekämpfen die deutsche Armee, und das deutsche Volk, aus dem die Armee hervorgeht. Wir bekämpfen das richtige, das wirkliche Deutschland und nicht das zufällige, das unbeabsichtigte … Wir müssen nicht nur den Hitlerismus, sondern den Prussianismus ausrotten.« Robert Vansittart zitiert nach Kettenacker 1977, S. 54. Kursiv im Original. • **449** »Ihr fragt, was ist unser Ziel? Ich kann mit einem einzigen Wort antworten: Sieg. Sieg um jeden Preis – Sieg trotz aller Schrecken – Sieg, egal wie lang und entbehrungsreich der Weg sein wird, denn ohne Sieg gibt es kein Überleben.« https://www.nationalchurchillmuseum.org/blood-toil-tears-and-sweat.html (zuletzt abgerufen am 15.9.2023). • **450** Siehe dazu Peter Hoffmann, van Roon, von Klemperer, Steinbach und Tuchel. • **451** Siehe dazu Peter Hoffmann 1969. • **452** In dem Lehrfilm »Alles in Scherben!..?« von 1945 wurde den amerikanischen Soldaten genau diese stereotype Darstellung der Deutschen präsentiert, um die Truppen vor »dem Deutschen an sich« zu warnen, dem man nicht trauen könne. Grausame Kriegsbilder wechseln sich in diesem kurzen Film ab mit Szenen aus dem Alltag, in denen »scheinbar« normale Menschen auftauchen, die jedoch nur heuchlerisch den »phoney peace«, den unechten, faulen Frieden inszenieren, um sich unterdessen auf die nächste kriegerische Eroberung vorzubereiten. Der Film soll u.a. das Fraternisierungsverbot begründen, das anfangs für die alliierten Truppen galt. • **453** Robert Vansittart zitiert nach Kettenacker 1977, S. 54. • **454** Robert Vansittart zitiert nach Kettenacker 1977, S. 54. • **455** Bischof Bell wurde 1995, fast vierzig Jahre nach seinem Tod, von einer Frau beschuldigt, sie als Kind 1949/1950 mehrfach sexuell missbraucht zu haben. Da der aktuelle Bischof von Chichester, an den sie sich gewandt hatte, nicht reagierte, wiederholte sie ihren Vorwurf 2015 gegenüber dem Erzbischof von Canterbury. Die Betroffene wurde daraufhin finanziell entschädigt, doch es folgte eine jahrelange Diskussion in der Öffentlichkeit über den Fall. Die Kirche, so lautete ein Vorwurf, habe die Angelegenheit nicht ausführlich untersuchen lassen. Das Argument der Kirche war, man hätte sicherstellen wollen, dass Missbrauchsopfer nicht länger Angst haben müssten, sie würden nicht ernst genommen. Es kommt zu verschiedenen Untersuchungen, darunter die Prüfung des Falls durch den Historiker Andrew Chandler (siehe dazu Chandler 2016, S. x, 170, 195-199), der in den ihm in Chichester vorliegenden Quellen keine Beweise finden konnte. Die Kirche von England betont, sie wolle die Vorwürfe der Betroffenen nicht missachten oder unter den Teppich kehren, hebt aber schließlich im November 2021 hervor, dass sie Rechte des verstorbenen Bischofs gleichermaßen zu achten bemüht sei. • **456** Siehe dazu Studt 2025. • **457** Chandler 2016, S. 83 f. • **458** »Bell gehört ebenso zur britischen Geschichte wie er zur deutschen Geschichte gehört.« Chandler 2016, S. 181. • **459** »die zentrale Quelle für die geistige Gesundung Europas«, Bell 1946, S. v-vi. • **460** Ruchniewicz, Zybura 2024, S. 72. • **461** Leibholz in Gerstenmaier 1976, S. 50. • **462** Siehe dazu Heinemann, Kettenacker, Klemperer, Martin, Wendt. • **463** Dilks 1994, S. 46. • **464** »Unsere Haltung gegenüber diesen Versuchen oder Vorschlägen sollte fürderhin absolutes Schweigen sein.« Siehe dazu Kettenacker 1977, S. 59. • **465** Leibholz in Gerstenmaier 1976, S. 51. • **466** »Wo ist das andere Deutschland? • Tadelt nicht das deutsche Volk sagt die T.U.C. Sie [sic] sind Opfer der Nazis So wie Du und ich. Sie wollen gar nicht ihre Nachbarn ausrauben Oder sie unter ihrem Stiefel zertreten, Es sind die Nazis, nicht die Deutschen, Die so gierig sind auf Beute. Wenn Du diese Schauergeschichten liest, Die in den Moskauer Nachrichten veröffentlicht werden, wo sie Dir sagen, wie deutsche Soldaten Russen, Polen und Juden ermorden. Zieh keine voreiligen Schlüsse Über die Schrecken, die der Krieg mit sich bringt Es sind die Nazis, nicht die Deutschen, die alle diese grässlichen Dinge tun. Denk an all die großen Komponisten, Mozart, Wagner und der Rest, die die Welt mit Musik füllen, die ihr Allerbestes geben. Jetzt ist die Welt von Hass erfüllt, Hass auf den deutschen Namen, Doch die T.U.C. sagt weiter, Es sind die Nazis, die wir tadeln müssen. Wer sind Nazis, wer sind Deutsche? Würden wir die T.U.C. fragen wollen, Können sie uns sagen, wann die Deutschen jemals versuchten, frei zu sein? Kennen sie diese deutsche Nation, für deren Schicksal sie ihre Tränen vergossen, die fünf Mal den Frieden in Europa zerstörte innerhalb der letzten hundert Jahre? Haben Beethoven, Goethe, Schiller, Ihre großen Gaben völlig umsonst eingesetzt, Predigten sie einer Räubernation, Die mit Stolz das Kainsmal trägt? Repräsentieren Herr Hitler, Himmler, Goering Das Herrenvolk? Oder versucht die deutsche Nation das Nazijoch abzuschütteln? Alle diese Fragen müssen beantwortet werden, Wenn wir die Nationen frei sehen wollen. Wunschdenken wird uns nicht helfen; Die Welt zu befreien. Wenn es diese zwei Deutschlands gibt, Möchten wir die T.U.C. bitten, Uns zu sagen, wo in Europa Ist dies ›andere Deutschland?‹« Kettenacker 1977, S. 124-126. • **467** Zur britischen, europäischen und internationalen Bonhoeffer-Rezeption siehe Kunter 2017, S. 55-59, und Hermle; Pöpping 2017 passim. • **468** Neben den mir vorliegenden Quellen beziehe ich mich im Folgenden auf https://biahs.co.uk/2020/06/20/dr-ernst-neustadt-researching-a-stolperstein/(zuletzt abgerufen am 31.7.2023) und https://de.wikipedia.org/wiki/Ernst_Neustadt (zuletzt abgerufen am 31.7.2023). • **469** Wolfgang von Tirpitz an Leonard K. Elmhirst, 30.11.1938, zitiert nach https://biahs.co.uk/2020/06/20/dr-ernst-neustadt-researching-a-stolperstein/(zuletzt abgerufen am 31.7.2023). • **470** Ernst Neustadt an Gerhard Leibholz am 14.4.1939. • **471** Ernst Neustadt an Gerhard Leibholz am 24.2.1939. • **472** Ernst Neustadt an Gerhard Leibholz am 14.4.1939. • **473** Ernst Neustadt an Gerhard Leibholz am 28.2.1939. • **474** Erinnerung von Wolfgang von Tirpitz [März/April 1942] zitiert nach https://biahs.co.uk/2020/06/20/dr-ernst-neustadt-researching-a-stolperstein/(zuletzt abgerufen am 23.5.2024). • **475** Leibholz-Bonhoeffer 1976, hier 1979[3], S. 104. Ernst Neustadt nahm sich am 25.4.1942 das Leben. Die Schüler und Schülerinnen des Goethe-Gymnasiums in Frankfurt haben zusammen mit der British Association for Holocaust Studies sein Leben erforscht (https://biahs.co.uk/2020/06/20/dr-ernst-neustadt-researching-a-stolperstein/). Am 22.10.2020 wurden für Ernst und Gertrud Neustadt zwei Stolpersteine vor dem Goethe-Gymnasium verlegt. Im Nachlass von Gerhard Leibholz findet sich ein Brief von Neustadt an Leibholz unter dem Datum des Tages danach, dem 26.4.42, den der Rektor der Schule in Neustadts Nachlass fand, offenbar vordatiert. In sehr regelmäßiger, ordentlicher Schrift schreibt Neustadt dort von seiner großen Trauer und Einsamkeit. Im Anschluss daran jedoch schmiedet er Zukunftspläne, will sich »in die Arbeit stürzen,

… obwohl ich mich nach dem ›Wozu?‹ dieser vita vegetativa vergeblich frage.« Er schließt mit den Worten: »Wie froh kannst Du sein, daß Du Dir ein neues ›Zuhause‹ geschaffen hast und daß Deiner Arbeit doch auch offensichtlich Erfolg beschieden ist. Genieße es nur mit recht klarem und tiefem Bewußtsein; der Friede der Seele, von dem Du sprichst, ist untrennnbar von dem Glücksgefühl der gegenwärtigen Stunde und der Hoffnungsfreude für ein erträgliches Morgen. Schreibe bald wieder und sei mit den Deinen herzlich gegrüßt. Dein alter Ernst«. • **476** Susanne Dreß an Sabine Leibholz am 16. 2.1946. • **477** Siehe dazu Tuchel 2014. Smid 2002. • **478** Siehe dazu u.a. Longerich 2006. • **479** Susanne Dreß an Sabine Leibholz am 16.2.1946. • **480** Christine von Dohnanyi an Gerhard und Sabine Leibholz am 16.1.1947. • **481** »Im Augenblick schreibe ich wieder blind, und vielleicht werde ich hinterher sehen, was für eine Bescherung ich angestellt habe. Es ist stockdunkel und ich kann doch nicht wieder sitzen und die Wände angucken, während alle Schreiberei liegen bleibt.« Christine von Dohnanyi an Gerhard und Sabine Leibholz am 21.3.1947. • **482** Christine von Dohnanyi an Gerhard und Sabine Leibholz am 29.1.1947. • **483** Christine von Dohnanyi an Gerhard und Sabine Leibholz am 17.10.1947. • **484** Karl Friedrich Bonhoeffer an Gerhard und Sabine Leibholz am 4.2.1947, im Nachlass Sabine Bonhoeffer, Staatsbibliothek zu Berlin, Karton 1/479. • **485** Karl Bonhoeffer an Gerhard und Sabine Leibholz am 18.9.1948. • **486** Karl Bonhoeffer an Gerhard und Sabine Leibholz am 28.8.1948. • **487** Susanne Dreß an Gerhard und Sabine Leibholz am 4.3.1947. • **488** Susanne Dreß an Gerhard und Sabine Leibholz, ohne Datum [1945]. • **489** Susanne Dreß an Gerhard und Sabine Leibholz am 16.2.1946. • **490** Karl Bonhoeffer an Sabine Leibholz am 12.12.1947. • **491** Susanne Dreß an Gerhard und Sabine Leibholz am 3.1.1946. • **492** Susanne Dreß an Gerhard und Sabine Leibholz ohne Datum, im Sommer 1945. • **493** Susanne Dreß an Gerhard und Sabine Leibholz ohne Datum, im Sommer 1945. • **494** Susanne Dreß an Gerhard und Sabine Leibholz am 5.4.1946. • **495** Susanne Dreß an Gerhard und Sabine Leibholz am 3.1.1946. • **496** Eberhard Bethge an Gerhard und Sabine Leibholz am 3.1.1946. • **497** Hans von Dohnanyi aus der Schweiz an Gerhard und Sabine Leibholz am 30.8.1942. • **498** Christine von Dohnanyi an Gerhard und Sabine Leibholz am 29.1.1947. • **499** Eberhard Bethge an Gerhard und Sabine Leibholz am 19.9.1945. • **500** Paula Bonhoeffer an Gerhard und Sabine Leibholz am 18.1.1948. • **501** »Vielen, vielen Dank für all Eure liebevollen Gedanken. Ihr könnt Euch kaum vorstellen, was all dies für uns bedeutet, gerade jetzt nach allem, was passiert ist. … Wir fühlen uns sehr privilegiert, diese Briefe zu besitzen, unter den aktuellen Umständen, und wir schätzen sie alle enorm. Sie sind ein Quell steter Freude und Kraft für uns.« Gerhard Leibholz an Karl und Paula Bonhoeffer am 9.11.1945. • **502** Susanne Dreß an Gerhard und Sabine Leibholz am 12.3.1946. • **503** »Felix Gilbert schickte mir neulich ein Care-Paket. … Von Mrs. Zaudy kam ein Paket mit Seife! Wir sind ganz glücklich und waschen uns jetzt mal ohne Einschränkung. … Das freut einen, ganz abgesehen vom Materiellen, weil man dankbar ist, irgendwo menschliches Mitgefühl zu ahnen. Also habt tausend Dank! Von Clark kam heute wieder ein Päckchen mit Konfekt. Er kennt diese Schwäche von mir, und ich finde es rührend, dass er jetzt noch daran denkt.«, so Christel von Dohnanyi am 16.1.1947. • **504** Eberhard Bethge an Gerhard und Sabine Leibholz am 20.9.1945. • **505** »I am glad that Karl Friedrich is now for a short time here and that Hans-Walter has come back from war. So long I was the only young men for mother, the grandparents and all others.« Eberhard Bethge an Gerhard und Sabine Leibholz am 5.8.1945. • **506** »Er arbeitet und man fühlt, dass, auch wenn seine Arbeit anstrengend ist, so muss sie doch eine immense Hilfe und ein Trost für ihn sein.« L. M. Livingstone an Sabine Leibholz am 7.10.1946. • **507** Sabine Leibholz an Karl und Paula Bonhoeffer am 26.2.1946. • **508** Emmi Bonhoeffer bedankte sich bei Sabine für die Pakete: »Du Gute!« und war dankbar für »Gerts Hilfe!« … Der »Landrat hat sogar einen Antrag beim Reg. Präs. für mich gestellt um eine Staatsrente, wie im Paradefall der Gräfin Schwerin in Hannover, die auf die gleiche Weise Witwe geworden ist und mit 3 begabten Kindern mittellos dasteht. Der Reg. Präs. von Hannover hat dem Antrag Schwerin sofort stattgegeben, da er von englischer Seite unterstützt wurde. Das fehlt bei mir. Ich dachte daher schon, ob wohl Dr. Bell so gütig wäre, diesbezüglich ein Wort an den Brigadier Henderson n Keil Mi. Gov. Det. 312 zu schreiben.« Ohne Datum, [Ende 1945?]. • **509** Christine von Dohnanyi an Gerhard und Sabine Leibholz am 28.2.1947. • **510** Gerhard Leibholz an Heinz Lissauer in New York am 10.10.1945. • **511** Christine von Dohnanyi an Gerhard Leibholz Ende 1946/Anfang 1947. • **512** Gerhard Leibholz an Rudolf Smend am 24.9.1945. • **513** Gerhard Leibholz an Karl und Paula Bonhoeffer im Herbst 1945, ohne Datum. • **514** »Wir brauchen Euch beide in unserem Leben mehr denn je zuvor – nach allem, was passiert ist.« »Liebste Eltern, ich war überglücklich, Eure Briefe vom 15. November zu erhalten. … und ich kann nur sagen, ich erwidere all Eure Liebe von ganzem Herzen so als ob Ihr meine eigenen Eltern wärt. Nichts hat mehr Vorrang in all unseren Gefühlen und unserem Denken, als dass wir Tag und Nacht an Euch, die Schwestern, Karl Friedrich und die ganze Familie denken.« Sabine Leibholz an Karl und Paula Bonhoeffer ohne Datum. • Gerhard Leibholz an Karl und Paula Bonhoeffer am 9.11. und 9.12.1945. • **515** Gerhard Leibholz an Karl und Paula Bonhoeffer am 3.3.1946. • **516** Gerhard Leibholz an Karl und Paula Bonhoeffer am 20.5.1946. • **517** Sabine Leibholz an die ganze Familie am 8./9.2.1945. • **518** Gerhard Leibholz an Karl und Paula Bonhoeffer ohne Datum [1945]. • **519** Sabine Leibholz an Karl und Paula Bonhoeffer am 15.11.1945. • **520** Gerhard Leibholz an Julius Rieger am 2.2.1945 und an Ruth Hayman am 7.3.1945. • **521** »Die Hochgaragen am Nollendorfplatz und Knauer existieren wohl nicht mehr.« • Gerhard Leibholz an Karl und Paula Bonhoeffer am 19.6.1946. • **522** Gerhard Leibholz an Karl und Paula Bonhoeffer am 6.4.1946. • **523** Siehe dazu Gerhard Leibholz an Karl und Paula Bonhoeffer am 19.6.1946. • **524** Gerhard Leibholz an einen Herrn Dr. Lachmann am 10.2.1964. Tatsächlich hatte die Familie durch eine NS-Verordnung vom Sommer 1941 die deutsche Staatsbürgerschaft verloren. Diese Bestimmung wurde durch Artikel 116, Abs. 2, Satz 2 des Grundgesetzes außer Kraft gesetzt: »Frühere deutsche Staatsangehörige, denen in der NS-Zeit aus politischen, rassischen oder religiösen Gründen die deutsche Staatsbürgerschaft entzogen worden war, galten demnach nicht als ausgebürgert, sofern sie nach dem 8. Mai 1945 ihren Wohnsitz in Deutschland genommen haben«, was die Familie Leibholz ja tat. • **525** »Dieser Schritt ist auch in völliger Übereinstimmung mit unserem Gefühl.« • **526** Peter Leibholz an seinen Bruder Gerhard am 24.8.1948. • **527** Sabine Leibholz an Karl und Paula Bonhoeffer am 3.3.1946. • **528** Hans Ehrenberg an Gerhard Leibholz am 20.5.1946. • **529** https://www.wiltonpark.org.uk/about-us/history-of-wilton-park/(zuletzt abgerufen am 15.3.2024). • **530** Sabine Leibholz an Karl und Paula Bonhoeffer am 2.1.1946. • **531** »ein wahrer Freund seiner Schüler sowohl in der Klasse als auch außerhalb des Unterrichts.« Friedrich Lang aus Blenheim Camp, Bury St. Edmunds, an Gerhard Leibholz am 28.9.1948. • **532** Pastor Kramm an Gerhard und Sabine Leibholz am 30.11.1945. • **533** Gerhard Leibholz an Karl und Paula Bonhoeffer am 14.5.1946. • **534** Sabine Leibholz an Karl und Paula Bonhoeffer in einem Brief, der vom 26.3.-2.4.1946 geschrieben wurde. • **535** Sabine Leibholz an Karl und Paula Bonhoeffer in einem Brief, der vom 26.3.-2.4.1946 geschrieben wurde. Unterstreichung im Original. • **536** Ein Zettel ohne Datum und ohne Ursprungsvermerk im Nachlass gibt darüber Aufschluss. • **537** SabineLeibholz an alle, ohne Datum [Mai 1945]. • **538** Susanne Dreß an Gerhard und Sabine Leibholz am 3.1.1946. • **539** SabineLeibholz an alle am 17.3.1946. • **540** Peter Leibholz an seinen Bruder Gerhard am 20.11.1938. • **541** Peter Leibholz an seinen Bruder Gerhard am 21.2.1945. • **542** Peter Leibholz an seinen Bruder Gerhard am 11.7.1940. • **543** Es handelte sich um die Arnold Ribbon Co – Kunstler & Leibholz, 51 Grosvenor Street, South Yarra, Melbourne SE 1. Peter Leibholz an seinen Bruder Gerhard am 26.11.1940. • **544** Peter Leibholz an seinen Bruder Gerhard am 18.10.1941. • **545** Peter Leibholz an seinen Bruder Gerhard am 23.5.1943. • **546** Peter Leibholz an seinen Bruder Gerhard am 19.1.1941. • **547** Peter Leibholz an seinen Bruder Gerhard am 8.12.1940. • **548** Peter Leibholz an seinen Bruder Gerhard am 19.1.1941/3.7.1943. • **549** Peter Leibholz an seinen Bruder Gerhard am 29.2.1948. • **550** Peter Leibholz an seinen Bruder Gerhard am 14.3.1943. • **551** Peter Leibholz an seinen Bruder Gerhard am 20.4.1945. • **552** Peter Leibholz an seinen Bruder Gerhard am 5.1.1947/14.10.1945. • **553** Peter Leibholz an seinen Bruder Gerhard am 27.2.1944. • **554** Peter Leibholz an seinen Bruder Gerhard am 10.4.1946. • **555** Peter Leibholz an seinen Bruder Gerhard am 16.10.1940. • **556** Peter Leibholz an seinen Bruder Gerhard am 24.8.1948. • **557** Peter Leibholz an seinen Bruder Gerhard am 6.2.1946. • **558** Peter Leibholz an seinen Bruder Gerhard am 14.11.1938. • **559** Zur Zeit entsteht eine Dissertation zu diesem Komplex am Lehrstuhl für Wirtschafts- und Sozialgeschichte der Universität Göttingen. • **560** Peter Leibholz an seinen Bruder Gerhard am 29.3.1948. • **561** Peter Leibholz an seinen Bruder Gerhard am 4.8.1946. • **562** Peter Leibholz an seinen Bruder Gerhard am 26.4.1948. • **563** Peter Leibholz an Emmi Bonhoeffer am 29.1.1948. • **564** Peter Leibholz an seinen Bruder Gerhard am 10.4.1946. • **565** Peter Leibholz an seinen Bruder Gerhard am 8.12.1940. Unterstreichung im Original. • **566** Peter Leibholz an seinen Bruder Gerhard am

10.4.1946. • **567** Peter Leibholz an seinen Bruder Gerhard am 23.7.1940. • **568** Peter Leibholz an seinen Bruder Gerhard am 6.8.1940. • **569** Peter Leibholz an seinen Bruder Gerhard am 21.2.1945. • **570** Peter Leibholz an seinen Bruder Gerhard am 24.12.1945. • **571** Peter Leibholz an seinen Bruder Gerhard am 9.9.1950. • **572** Emmi Bonhoeffer an Gerhard und Sabine Leibholz am 1.5.1946. • **573** Eberhard Müller aus Hannoversch Münden an Gerhard Leibholz am 13.12.1948. • **574** Sabine Leibholz an Karl und Paula Bonhoeffer 1947/48. • **575** Sabine Leibholz an Karl und Paula Bonhoeffer am 5.5.1946. • **576** Wir könnten uns »durchmogeln«. Er habe keine »feste Stelle«. Gerhard Leibholz an Christine von Dohnanyi am 18.2.1947. • **577** Sabine Leibholz an Karl und Paula Bonhoeffer um 1947/48. • **578** Hans Ehrenberg an Gerhard Leibholz am 8.5.1946. • **579** Franz Hildebrandt an Gerhard Leibholz am 10.12.1945. • **580** Gerhard Leibholz an Karl und Paula Bonhoeffer am 3.4.1946. • **581** »Als wir Dover erreichten, waren wir froh und fühlten uns zuhause.« Gerhard Leibholz an George Bell am 2.9.1947. • **582** Gerhard Leibholz an George Bell am 2.11.1945. • **583** Charles Thal an Gerhard Leibholz am 6.1.1947. • **584** »Nothing has been settled so far. The decision would probably be much easier if the economic pressure would not play such a big part. I wonder what you would do in my place.«, Gerhard Leibholz an Karl und Paula Bonhoeffer am 22.12.1945. • **585** »16 members of our familiy in Berlin (among them the parents, my wife's three sisters and ten children). I feel the responsibility for all of them very heavily on my shoulders.« Gerhard Leibholz an George Bell am 23.9.1945. • **586** »froh, wieder zuhause zu sein!« Gerhard Leibholz an George Bell am 2.9.1947. • **587** »You know I feel very strongly the responsibility for the whole family in their distress and so far I have been able to do much more for them from here than if I had been in Germany.« Gerhard Leibholz an George Bell am 2.11.1945. • **588** »In any case, I wish to make the final decision in freedom, because only a free decision seems to me to have a moral value. This is why I have now started looking round for something else.« Eine weitere willkommene Lösung wäre es freilich gewesen, wenn sich doch noch irgendwo ein weiteres Stipendium hätte finden lassen, z.B. noch einmal ein Rockefeller-Grant, »which would enable me to go on with my work. If this were not possible I suggested some lecturing for the university or some tutorial work in Politics as I have heard that there is a shortage of tutors in Politics.« Gerhard Leibholz an George Bell am 20.6.1946. • **589** Gerhard Leibholz an Christine von Dohnanyi am 18.2.1947. • **590** Eberhard Bethge an Gerhard Leibholz am 25.10.1945. • **591** »Smend: it is true he was never a Nazi and that he is a very able man. He had become professor in Göttingen when I was dismissed and he has now been appointed rector of the university by the British. I do not mind his right-wing political views he had in former times. What I much more deprecate is his weakness and his incapacity to make a real stand in a risky situation. Although my experience with him goes only as far as 1938 I feel sure that he would never have joined our people or would have supported them. He belongs to the large group of secret sympathizers and waverers. I admit I may have become too hard in judging people. But there are too many who acted like Smend.« »Smend is a clever diplomat of anti-liberal and nationalist leanings.« Gerhard Leibholz an George Bell am 3.10.1945; 2.11.1945. • **592** »Frankly, I do not know, what to do in future. As fas as Göttingen is concerned I fell that I cannot take the initiative after all that has happened. I feel that the initiative must come from the other side.« Gerhard Leibholz an Richard Passow, zitiert in dessen Brief an Smend vom 17.12.1945. • **593** Siehe dazu Schumann 2008. • **594** Zitiert nach Schumann 2024, S. 192. • **595** Micha Brumlik war von 2000 bis 2005 Direktor des Fritz Bauer Instituts, Forschungs- und Dokumentationszentrum zur Geschichte des Holocaust an der Goethe Universität. Zitiert nach Schumann/Terhoeven 2021, S. 19. • **596** Siehe dazu Dietze 2006. • **597** Zu Honig siehe Dölling/Hirsch/Rennecke 2024. • **598** Dekan an Rektor am 12.3.1948. UAG GÖ • **599** Nach Schumann 2024, S. 189, 201. • **600** »In my view, the resolution should have stated that the German universities would do everything possible to make good the wrong the Nazis have done to scientists and that all university-professors, lectureres etc. deprived of their Chair would be fully reinstated in their former position, if such a desire is expressed by the people concerned. I have seen from a letter by Smend to a friend of mine [Martin Wolff] that e.g. in my former faculty vacancies have been filled, among others, of [sic] people who are in America and have thus had no possibility at all of considering to go back to Germany in future.« Gerhard Leibholz an George Bell am 2.11.1945. • **601** Ähnlich argumentierte übrigens die Universität München. Der bayerische Kultusminister Süss schrieb am 30.8.1946 nach Göttingen: »… an Herrn Leibholz habe ich geschrieben und ihm eine Professur in Bayern angeboten. Ich tat dies keinesfalls, um ihnen Konkurrenz zu machen, sondern vor allem, um einem Immigranten unseren guten Willen zu zeigen. Natürlich hat Göttingen den Vorrang. Sollte allerdings für die Übersiedlung nach Göttingen irgend ein Hindernis entstehen, so wäre mein Angebot durchaus ernstzunehmen.« • **602** Zitiert nach Szabo 2000, S. 384: Dekan der Rechts- und Staatswissenschaftlichen Fakultät, Welzel, an den Kurator der Universität am 15.4.1946. Niedersächsisches Landesarchiv, Abteilung Hannover, Nds. 401, Acc. 92/85, Nr. 19, Bl. 1. • **603** Zitiert nach Szabo 2000, S. 384. • **604** Becker/Dahms/Wegeler 1987, S. 122. • **605** Gerhard Leibholz an George Bell am 5.6.1946. • **606** Gerhard Leibholz an Rudolf Smend am 28.2.1946. • **607** Gerhard Leibholz an Rudolf Smend am 28.2.1946. • **608** Rudolf Smend an Gerhard Leibholz am 22.1.1947. • **609** Gerhard Leibholz an George Bell am 13.1.1947. Am 2.1.1947 hatte er an Bell geschrieben: »Neither the family (including Sabine's parents, brother and sisters) nor our friends and my colleagues inside and outside Germany have so far advised us to do so without strong reservations.« • **610** Gerhard Leibholz an Adolf Grimme am 27.3.1947. Zitiert nach Szabo 2000, S. 387. • **611** Gerhard Leibholz an Rudolf Smend am 6.3.1946. • **612** Gerhard Leibholz an Rudolf Smend am 18.4.1946. • **613** Göttinger Universitätszeitung (GUZ) 2. Jhg., Nr. 14 vom 20.6.1947. • **614** »Es scheint, dass wir jetzt in einer anderen Welt leben, und es ist nicht gut, zuviel an die Vergangenheit zu denken.« Gerhard Leibholz an Karl und Paula Bonhoeffer am 9.11.1945. • **615** Dekan Hans Thieme an Gerhard Leibholz am 13.12.1949. • **616** Martin Wolff an

Gerhard Leibholz am 21.11.1949. • **617** Julius von Gierke an Gerhard Leibholz am 18.12.1949. • **618** Dekan Hans Thieme an Gerhard Leibholz am 26.11.1949. • **619** Julius von Gierke an Gerhard Leibholz am 26.11.1949. • **620** Herbert Kraus an Gerhard Leibholz am 12.12.1949. • **621** Kultur und Rasse. Otto Reche zum 60. Geburtstag gewidmet von Schülern und Freunden. Mit 138 Abbildungen und 7 Karten herausgegeben von Michael Hesch und Günther Spannaus, München, J. F. Lehmanns Verlag, 1939. Otto Reche (1879-1966) war ein Anthropologe, Ethnologe und *Rassekundler*. »Nach Beginn des Zweiten Weltkriegs warb Reche u. a. über das Rasse- und Siedlungshauptamt der SS und Reichsminister Rudolf Heß (1894–1987) für seine Mitwirkung bei der ›Umvolkung‹ und ›Germanisierung‹ in den von Deutschland besetzten Ostgebieten. Ende September 1939 legte er dem Historiker und führenden Vertreter der NS-Ostforschung, Albert Brackmann (1871–1952), ›Leitsätze zur bevölkerungspolitischen Sicherung des deutschen Ostens‹ vor, die dieser an das Reichsministerium des Innern weitergab. Darin forderte Reche die Vertreibung der in den annektierten Gebieten lebenden Juden, ›Zigeuner‹ und ihrer ›Mischlinge‹ sowie großer Teile der polnischen Bevölkerung, an deren Stelle v. a. ›Auslandsdeutsche‹ aus der Ukraine und dem Kaukasus angesiedelt werden sollten.«: Deutsche Biographie: https://www.deutsche-biographie.de/gnd118598791.html (zuletzt abgerufen am 4.4.2024). • **622** Günther Spannaus aus Northeim an Gerhard Leibholz am 25.11.49, Volkskunde. Spannaus vertrat Hans Plischke, ab 1933 Direktor des Instituts für Völkerkunde, Dekan der Philosophischen Fakultät (1934/35), später Rektor der Universität (1941-1943). Er war ab 1933 Mitglied zahlreicher NS-Organisationen und wurde 1946 amtsenthoben, weil er als einer der aktivsten und einflussreichsten Nazis galt. Nach einem mehrstufigen Entnazifizierungsverfahren stufte man ihn jedoch als entlastet ein, so dass er zum Wintersemester 1949/50 wieder zum Ordinarius und Insitutsdirektor erklärt wurde. Die Einstufung in die Kategorie der Entlasteten kommentierte die britische Militärregierung als sonderbar, »peculiar« (Becker/Dahms/Wegeler 1987, S. 55). Siehe dazu Renate Kulick-Aldag: Die Göttinger Völkerkunde und der Nationalsozialismus zwischen 1925 und 1950, Berlin 2000. Spannaus: »Als ich 1946 im August aus franz. Kriegsgefangenschaft zurückkehrte, war der Göttinger Lehrstuhl verwaist, da Prof. Plischke sich in der Entnazifizierung befand. Man erwartete seine Rückkehr in Kürze. In voller Fühlungnahme mit ihm, der übrigens einmal vor langen Jahren (1923-25) als Privatdozent in Leipzig neben Weule auch mein Lehrer gewesen war, wurde ich für die Dauer seiner Abwesenheit mit seiner Vertretung beauftragt. Dass sein Verfahren so lange dauerte, wurde damals von der Fakultät nicht erwartet. Warum das so war, ist mir persönlich unklar, der Fakultät wohl auch. Aus einem Semester (SS 1947) wurden fünf, und immer wieder wurde die Rückkehr von Prof. P. erwartet. Zu Beginn des WS 1949/50 trat endlich das lange erwartete Ereignis ein. Prof. Plischke, der inzwischen in die Gruppe V (entlastet) eingestuft war, kehrte zurück. Der Dekan legte mir nahe (was an sich auch Prof. P. unterstützte), die unentgeltliche Fortführung des Lehrauftrages zu übernehmen, was ich jedoch nicht annehmen möchte, da ich mich dann wieder für ein ganzes Semester, noch dazu unter erheblichen Unkosten und ohne jede Aussicht auf Bezahlung fest binden müsste. … Ich schreibe Ihnen das so ausführlich, damit sie die Zusammenhänge klar sehen. Es geschieht ja leider heute so Manches an Renazifizierung, dass man durchaus darauf kommen könnte, auch mein Fall gehöre dazu. … Ich würde mich sehr freuen, wenn Sie bald einmal wieder in Göttingen erreichbar wären.« • **623** Zu Ebel siehe Schumann 2008, S. 112-120. • **624** Dekan Hans Thieme an Gerhard Leibholz am 3.11.1949. • **625** Gespräch mit Karsten Ehlers am 30.10.2023 in Göttingen, der diese Episode so wiedergab, wie sie Marianne Leibholz ihm erzählt habe. • **626** Aus seinem Lebenslauf vom Herbst 1938 erfahren wir: Er war politischer Leiter der *Ortsgruppe Bonn der NSDAP*, gehörte der *Deutschen Dozentenschaft* und dem *NSD-Dozentenbund* an, wurde auf seiner nächsten beruflichen Station Rostock *Gauhauptstellenleiter im Gaurechtsamt Mecklenburg;* war *Gaugruppenwalter Hochschullehrer im Nationalsozialistischen Rechtswahrerbund, Gaubeauftragter für wissenschaftliche Arbeiten, Lektor des Amts für Rechtsschrifttum im Reichsrechtsamt der NSDAP* und *Lektor in der Reichsstelle zur Förderung des Deutschen Schrifttums im Amte des Beauftragten des Führers für die Überwachung der gesamten weltanschaulichen Erziehung*. Zitiert nach Becker/Dahms/Wegeler 1987, S. 111. • **627** Becker/Dahms/Wegeler 1987, S. 121. Professor Dr. Wolfgang Buss wurde zunächst auch von Ebel daran gehindert, die für seine Dissertation notwendigen Unterlagen im Universitätsarchiv einzusehen: »Als ich 1972 die Recherchen für meine Dissertation begann, musste ich natürlich auch ins Uniarchiv. Dazu musste ich einen Antrag mit Nennung meines Themas stellen. Dieser wurde mir von Ebel abgelehnt mit der Begründung, dass die Akten für diese (Weimar und NS-Zeit) nicht zugänglich seien. Dieses hatte die Sekreärin bzw. Mitarbeiterin im Archiv, Frau Bruns, mitbekommen (möglicherweise hatte sie auch Mitleid mit mir) und steckte mir darauf hin den Schlüssel für diesen Bereich des Archivs am Wilhelmsplatz zu (es war das Haus neben der Aula, in das man ungesehen vom Hintereingang hinein kam). Mit der Versicherung, niemand davon etwas zu erzählen, konnte ich mich nun die nächsten Monate immer wieder heimlich in diese Räume hineinschleichen und dort die Akten einsehen. Später habe ich auch auf diesem Wege den Göttinger Zeitgeschichtler Ullrich Popplow (mein früherer Klassenlehrer am Felix-Klein-Gymnasium) mit hineingenommen; auch er hatte keinen Zugang bekommen. Diese Akten waren in einem unsäglichen Zustand und sollten wohl am besten irgendwie entsorgt werden. Wenn mir Frau Bruns nicht auf diesem Wege und mit persönlichem Risiko geholfen hätte, hätten mir wichtige Teile für meine Arbeit gefehlt.« E-Mail von Professor Buss 24.4.2024. Vielen Dank für die Information. • **628** Zitiert nach Schumann 2008. Aus den Entnazifizierungsakten Ebels, Vernehmung am 7.10.1948. • **629** »Siegert und Rath hatten gebeten, ihre Aufbesserung von III auf IV beim Staatssekretär für Entnazifizierung zu befürworten. Wir haben uns hierzu entschlossen, da wir das völlige Berufs-Ausübungs-Verbot, das die Kategorisierung in III mit sich bringt, für ungerechtfertigt halten und uns das Schicksal der beiden Famiien bedrückt.« Dekan Hans Thieme an Gerhard Leibholz am 3.11.1949. • **630** In Niedersachsen als Gesetz zur Regelung der Rechtsverhältnisse der unter Artikel 131 des Grundgesetzes fallenden Angehörigen des öffentlichen Dienstes im Lande Niedersachsen am 24.12.1951 umgesetzt. • **631** Dekan Hans Thieme an Gerhard

Leibholz am 3.11.1949. • **632** Hans Thieme an Gerhard Leibholz am 13.12.1949. Durchgestrichen im Original. • **633** Gerhard Leibholz an Karl und Paula Bonhoeffer am 18.4.1946. • **634** Richard Passow als Dekan an den niedersächsischen Kultusminster am 25.7.1947. • **635** Gerhard Leibholz an den Dekan am 28.9.1947. • **636** Richard Passow als Dekan an den niedersächsischen Kultusminster am 25.7.1947. Unterstreichung im Original. • **637** Hans Thieme an den Kultusminister am 24.2.1950. • **638** Richard Passow als Dekan an den niedersächsischen Kultusminster am 25.7.1947. • **639** Richard Passow als Dekan an den niedersächsischen Kultusminster am 25.7.1947. • **640** Schumann/Terhoeven 2021, S. 25. • **641** »Vielleicht bietet sich zukünftig doch noch mal eine Gelegenheit, etwas wichtigeres zu tun als ein Lehrstuhlinhaber in Göttingen zu sein.« Gerhard Leibholz an George Bell am 2.11.1945. • **642** Eberhard Bethge an Gerhard Leibholz am 25.10.1945. Dietrich Bonhoeffer, Gemeinsames Leben, München 1939. • **643** Unter anderem in der Bühlstraße 2, Theaterstraße 14 und Dahlmannstraße 6. • **644** Gerhard Leibholz an den Rektor am 15.5.1951. • **645** »… a visit to Germany on ›German‹ basis, as our visit was, is connected with such a strain with regard to food, accomodation, transport and all the other technicalities and involves such a great financial sacrifice that one cannot be asked to repeat the experiment. A naturalization would make all these things much easier.« Gerhard Leibholz an George Bell am 2.9.1947. • **646** »Considering the fact that hundreds of Germans are coming to this country at the cost either of the British Government or other British agencies I have written to Mr. Bird (University Control Manager at Göttingen) pointing out that the payment of the fare by the Government is a condition of our coming to Göttingen at the end of may or at the beginning of June.« Gerhard Leibholz an George Bell am 28.3.1948. • **647** Willi Drescher an Gerhard Leibholz am 6.4.1949. • **648** Willi Drescher an Gerhard Leibholz am 2.4.1949. • **649** Elfriede Neunobel an Gerhard Leibholz am 13.12.1948. • **650** Willi Drescher an Gerhard Leibholz am 2.12.1948. • **651** Johann Bosse aus Hildesheim an Gerhard Leibholz am 22.12.1948. • **652** Gerhard Leibholz an Karl und Paula Bonhoeffer am 20.1.1946. • **653** Christine von Dohnanyi an Gerhard Leibholz am 20.6.1946, STABI: Karton 4. • **654** George Bell an Gerhard Leibholz am 29.6.1947, Chandler/Ringshausen 2019, S. 383. • **655** »hopelessness, despair and despondency«, Gerhard Leibholz an George Bell am 19.7.1949, Chandler/Ringshausen 2019, S. 385f.. • **656** Christine von Dohnanyi an Gerhard Leibholz am 9.6.1946, STABI: Karton 4. • **657** Christine von Dohnanyi an Gerhard Leibholz am 9.6.1946, STABI: Karton 4. • **658** »I wonder whether you have seen the article THE NAZI GRIP ON GERMANY in the last issue of *The Observer*. What a difference from the situation last year when almost all visitors and observers came back from Germany with the impression that Nazism was dead. But, if free elections were to be held now 70 or 80 per cent of the people would vote Nazi in the British Zone. The tremendous failure of the British official policy could hardly be better demonstrated than by this reaction. I myself am not surprised at this development. How can Germany be re-educated if there is no sensible long-term policy which is constructive and gives the people hope for a better future? Under these circumstances how can the churches and the universities fulfill their task?« George Bell an Gerhard Leibholz am 19.4.1946, Chandler/Ringshausen 2019, S.338f. • **659** »Es reicht nicht aus, die Deutschen wie Eingeborene zu behandeln und ihnen zu sagen, wie die Dinge gemacht werden sollen. Es ist notwendig, sie als gleichwertig anzusprechen.« Sie sollten »wirklich Kenntnis der deutschen Angelegenheiten haben und ein Wissen über die deutsche Seele«. »It is simply not possible to solve this question with a kind of paternalism under the motto: ›We must set the Germans thinking again‹. It is not enough to treat the Germans as natives and to tell them how things ought to be handled. It is necesary to meet them as equals. Today people ask: what is the meaning of all our talking? I feel sure that if no change takes place in this attitude people will *completely* [kursiv im Original] lose interest ni these contacts. From a technical point of view, I think it would be a good idea ›in this connection‹ to set up public relation officers or someting like that under the cental office at Berlin or Bünde. These officers ought to habe the task to enlighten the German public on all relevant economic facs (especially food, coal, etc.) using newspapers, wireless posters … Secondly they should also lay down the general principles which should guide the British officials as how to handle the German problem, from a psychological point of view, and how to approach the Germans in a more crative way. Thirdly, and this seems to me the most improtant political task, they should show the Germans that there is hope for them in a new Europe on a Western basis in future. … No doubt a great effort will be needed on the British side to arrest this destructive nationalistic trend. Everything will depend on the standard and qualifications of those who are in charge of these offices and of their advisers who must possess ingenuity and a real knowledge of German affairs and of the working of the German soul.« Gerhard Leibholz an George Bell am 19.7.1947, Chandler/Ringshausen 2019, S.387f. • **660** »The failure of this policy has practically resulted in drawing together Nazis and anti-Nazis and I think that even the bad type of Nazis who have justly been excluded from public sphere today will make their bid to play their part again in politics and in other spheres of public life in due course. … I think … that the distinction between Nazis and anti-Nazis will remain the basis to future British policy in Germany.« Gerhard Leibholz an George Bell am 19.7.1947, Chandler/Ringshausen 2019, S.389. Gerhard Leibholz an George Bell am 20.7.1947, Chandler/Ringshausen 2019, S.389. • **661** »… die grauenhaften Enthüllungen in Buchenwald und in den anderen Konzentrationslagern sind eher enttäuschend. Anstatt, dass man zu dem Schluss kommt, dass es zwei Deutschlands gebe (das Hitleristische Deutschland und das Deutschland, das in diesen Lagern ermordet und gefoltert wurde) gibt es jetzt eher einen neuen Aufschrei gegen Deutschland als ganzes.« Gerhard Leibholz an George Bell am 21.4.1945, Chandler/Ringshausen 2019, S.269. • **662** »alle die, die zu uns gehören« • **663** »Ich bin mir sicher, dass er niemals zu unseren Leuten gestoßen wäre.« Gerhard Leibholz an George Bell am 3.10.1945, Chandler/Ringshausen 2019, S.303. • **664** »I add that the embitterment of the anti-Nazis goes back not only to the wrongly handled denazification business but also (and even more) to the lack of discrimination between Nazis and anti-Nazis by the ›official policy of‹ Military Goverment, for instance with regard to the requisition of houses of the civil population. It has very often happened that the houses and flats of anti-Nazis have been requisitioned, while the Nazis could stay in their homes undisturbed. This especially has produced a great deal of ill feeling.« • **665** Christine von Dohnanyi an Gerhard Leibholz am 9.6.1946, NL Sabine Leibholz Staatsbibliothek Berlin. • **666** Christine von Dohnanyi an Gerhard Leibholz am 9.6.1946, NL Sabine Leibholz Staatsbibliothek Berlin. • **667** Gerhard Leibholz an Karl und Paula Bonhoeffer am 1.11.1946. • **668** Christine von Dohnanyi an Gerhard und Sabine Leibholz Ostern [1945-1947]. • **669** »Ich denke, dass ein Mensch nur verantwortlich ist für das, was er getan hat oder unterlassen hat zu tun.« Gerhard Leibholz an George Bell am 21.4.1945, Chandler/Ringshausen 2019, S. 326: ausführliche Passage zum Thema Schuld. • **670** Gerhard Leibholz an Ursula Schleicher am 17.12.1945. • **671** Martin Wolff an Gerhard Leibholz am 26.10.1949. • **672** »Wie soll es möglich sein, ein Volk zu befrieden, das durch den Krieg mehr gestraft sein wird als jedes andere, das darin verwickelt war (abgesehen von den Juden) … Es scheint mir Wahnsinn zu sein.« Gerhard Leibholz an George Bell am 3.3.1945, Chandler/Ringshausen 2019, S. 264. Kursiv im Original. • **673** »Ich glaube, dass das, was da geplant ist, zum Teil noch rigoroser und härter ist als das, was die Nazis taten: zumindest die westlichen Länder sind von Nazi-Deutschland besser behandelt worden (abgesehen von den Juden, Refugees und politischen Gegnern) als ein nicht-Nazi-Deutschland von den Westmächten. Das scheint mir bedingt durch die Tatsache, dass Hitler in erster Linie ein Nazis war: Er wollte ein Nazi-Frankreich, ein Nazi-England, ein Nazi-Holland, aber er wollte diese Länder nicht zerstören so wie diese es gerade mit Deutschland versuchen. Man kann nicht ein Volk versklaven und es gleichzeitig zur Freiheit erziehen.« Gerhard Leibholz an George Bell am 3.3.1945, Chandler/Ringshausen 2019, S. 281. • **674** Dies schrieb eine Sophie von Gorrissen, Herzbergerlandstraße 49, Göttingen an Gerhard Leibholz am 29.3.1949. NL Sabine Leibholz Staatsbibliothek Berlin, Karton 3. Unterstreichung im Original. • **675** Vgl. dazu Leßau 2020. • **676** Gerhard Leibholz an das Niedersächsische Landesamt für die Beaufsichtigung gesperrten Vermögens am 24.10.1949. • **677** Siehe dazu Bethge 1968, hier 2004[8]. • **678** Die ehemalige Kabarettistin und spätere Ordensfrau Isa Vermehren, die wegen der Flucht ihres Bruders nach England in Sippenhaft genommen worden war, hat diese Monate in ihrem sehr lesenswerten Buch, »Reise durch den letzten Akt«, dargestellt. Diese Gruppe der Sonderhäftlinge konnte sich durch tatkräftiges Handel eines Mitgefangenen am 30.4.1945 selbst befreien und traf nach der Kapitulation der Wehrmacht am Pragser Wildsee auf amerikanische Truppen. Daher sind die Häftlinge unter dem Namen dieses Sees bekannt. Siehe auch, insbesondere zum Aspekt Sippenhaft: Catherine Bailey, Bis wir uns wiedersehen, Darmstadt 2020. • **679** Zitiert nach Bethge 1968, hier 2004[8], S. 1044. • **680** Siehe dazu ausführlich Lorentzen 2023. Er identifiziert drei Phasen des Bonhoeffer-Gedenkens: Martyrisierung (1946-1961) – Politisierung – Sanktifizierung: »… bis in die frühen 1960er Jahre beobachten wir, dass der Märtyrerbegriff konzeptionell ausgebaut und für eine Identifikationsstiftung des Protestantismus in Ost und West funktionalisiert wurde. Die inhaltliche Akzentuierung konnte sehr unterschiedlich sein. Nicht immer war offen von Bonhoeffers politischem Widerstand die Rede, wenn an ihn als Blutzeugen der Bekennenden Kirche erinnert wurde. Aber es waren auch keine sich ausschließenden Alternativen. Ich gebrauche stattdessen für das Verhältnis von Märtyrergedenken und Erinnerung an den politisch-konspirativen Widerstand das Bild vom *Container*: Der alte Märtyrerbegriff und seine erinnerungskulturellen Möglichkeiten boten Raum genug, um darin auch das Gedenken an die Verschwörung bereits mitzutransportieren und dann von Bonhoeffers Gestalt aus sogar autoritativ mitzulegitimieren. Mit der Wiederentdeckung der Martyrologie stand ein bewährter Modus kirchlichen Redens über Vergangenheit bereit, der sogar dann, wenn Bonhoeffers Beteiligung an der Konspiration schamhaft verschwiegen wurde, die vergangenheitspolitischen Diskurse dieser Jahre im Protestantismus früh stimulierte. ... Eine Zeitlang übte das Bonhoeffer-Gedenken darum auffällige Zurückhaltung zum Thema des politischen Widerstands und konzentrierte sich auf die Trauer um den ermordeten Privatdozenten und Ausbilder. Doch *wenn* in der Besatzungszeit eine Beteiligung von Christen an der politischen Verschwörung nachdrücklich verteidigt wurde, so geschah dies nicht zuletzt unter Verweis auf Dietrich Bonhoeffer, dessen grundsätzliche Autorität als Märtyrer überhaupt nicht infrage stand. ... Zu erwarten wäre in diesem Sinne etwa, dass mit Paulus oder Luther eine protestantische Gehorsams- und Gefolgsamsethik hätte begründet und doktrinär gegen das Recht eines evangelischen Christenmenschen auf politischen Widerstand in Stellung gebracht worden wäre. Doch nichts davon: auf theologisch unterfütterte Kritik an der Konspiration gegen Hitler stoßen wir in den evangelischen Kirchen und im Kontext der konfessionellen Publizistik nur in Andeutungen. Mehrheitlich muss von purer Zurückhaltung bei dieser Thematik ausgegangen werden.« Lorentzen 2017, S. 159 f. • **681** »Wer mich bekennt vor den Menschen, den will ich auch bekennen vor meinem himmlischen Vater« (Mt. 10,32). »Wer sein Leben findet, der wird's verlieren und wer sein Leben verliert um meinetwillen, der wird's finden (Mt. 10,39). • **682** Zitiert nach Lorentzen 2023, S. 40. • **683** Koslowski 2020. • **684** (DBWE 8: 283; cf. DBWE 8: 193-194). • **685** Eberhard Bethge an Gerhard Leibholz am 3.10.1945. • **686** Eberhard Bethge an Gerhard Leibholz am 27.3.1950. • **687** Christine von Dohnanyi an Gerhard Leibholz Ende 1946/Anfang 1947. • **688** Gerhard Leibholz an Rudolf Smend am 4.12.1946. • **689** »Viele Gedanken liegen uns dieses Jahr sehr schwer auf dem Herzen. Aber wir erkennen auf jeden Fall, dass wir doch immer noch sehr dankbar sein müssen für all die Dinge, die wir haben, und wir wissen, dass wir sie genießen dürfen durch das, was Sie dies Jahr wieder für uns taten. Ich denke, Weihnachten ist der Moment, an dem ich Ihnen noch einmal sagen darf, wie tief ich in Ihrer Schuld stehe für Ihre Freundschaft, die zu dem Kostbarsten gehört, was ich im Leben besitze.« Gerhard Leibholz an George Bell am 21.12.1944, Chandler/Ringshausen 2019, S. 250 f. • **690** Paul Lehmann an Karl und Paula Bonhoeffer am 19.11.1948. • **691** Franz Hildebrandt an Gerhard Leibholz am 28.4.1945. • **692** Franz Hildebrandt an Marianne Leibholz am 17.5.1978, zitiert nach Roggelin 1999, S. 244. • **693** Siehe dazu Lorentzen 2023,

S. 49 ff. • 694 Siehe dazu Roggelin 1999, S. 218-234. Zu deutschen Sendungen in der BBC insgesamt Sarkowicz 2016. • 695 Emmi Bonhoeffer an Sabine Leibholz, ohne Datum, nach dem 27. Juli 1945. • 696 von Thadden 1979, S. 19. • 697 Leibholz 1965, S. 149, zuerst veröffentlicht 1948. • 698 »Who would have thought that you and we all would [?] to go through the experience that immortability in this world can only be gained by sacrificing what was dearest to one.« Gerhard Leibholz an Karl und Paula Bonhoeffer am 22.12.1945. • 699 »Ich spüre mehr und mehr, das Dietrich etwas von einem Heiligen hatte.« Gerhard Leibholz an George Bell am 27.8.1945, Chandler/Ringshausen 2019, S. 288. • 700 Siehe dazu Thomas 2014. • 701 Zur Rezeptionsgeschichte Bonhoeffers siehe auch KZ-Gedenkstätte Flossenbürg/Stiftung Bayerische Gedenkstätten 2011, S. 128-137. • 702 Karl Bonhoeffer an Gerhard und Sabine Leibholz, ohne Datum, möglicherweise Frühjahr 1948. • 703 »Dies ist Dein Geburtstag. … Du weisst, dass ich Dich von ganzem Herzen liebe … Ich werde mich immer daran erinnern wie Dietrich, als er uns im August 1939 verließ, sagte: ›Es kann mir nicht viel passieren wegen der Eltern, wegen Mama.‹« Gerhard Leibholz an Paula Bonhoeffer am 21.12.1945. • 704 »Ich freue mich, von ihrem Besuch letzten Sommer in Deutschland zu hören. Aber es tat mir sehr leid, zu erfahren, dass ihre liebe Mutter am 1. Februar gestorben ist; … Aber wie dankbar müssen sie auch wiederum sein – bis an ihr Lebensende – Sie und alle ihre anderen Kinder, die Lebenden und die schon hinübergegangenen, dass sie mit einer solchen Mutter gesegnet waren, die so tapfer war, so Glaubens stark und so unermüdlich in ihrer Sorge und Liebe für ihren Mann, ihre Kinder, für deren Männer und Frauen und alle, die zu dem großen Haushalt dazu kamen für mich war es ein Vorzug, sie gekannt zu haben – ich werde sie immer in meinem Gedächtnis bewahren und ihre Güte bei unserem Begegnungen seit 1945 nicht vergessen. Sie hatte von beidem etwas an sich: Christliches, aber auch etwas Römisches. Von tiefer Christlichkeit, erinnerte sie gleichzeitig eine große heroische Römerin: stark, entschlossen, aber auch empfindsam und völlig selbstlos. Eine großartige Mutter und Frau; sie muss Erstaunliches geleistet haben, wie sie ihres Vaters Mut gestärkt hat und Dietrich großes Vorbild für die gegenwärtige und die kommende Generation war.« George Bell an Sabine Leibholz am 15.2.1951. Abschrift durch Marianne Leibholz. • 705 Christine von Dohnanyi an Gerhard und Sabine Leibholz am 1.9.1945, NL Sabine Leibholz Staatsbibliothek Berlin. • 706 Smid 2002. • 707 Aufzeichnungen von Christine von Dohnanyi, 15 S. Typoskript, o.O., o.J. [1945]. • 708 Christine von Dohnanyi an Gerhard und Sabine Leibholz am 1.9.1945, NL Sabine Leibholz Staatsbibliothek Berlin, Karton 4. Siehe dazu Smid 2002. • 709 Christine von Dohnanyi an Gerhard und Sabine Leibholz am 1.9.1945, NL Sabine Leibholz Staatsbibliothek Berlin, Karton 4. • 710 »Vorige Woche war ich in Nürnberg und fahre bald wieder hin. Ich werde dort den SS-Mann Huppenkothen, der der Hauptverbrecher war und die beiden Männer zuletzt unter sich hatte, selbst sprechen dürfen. Er wird dazu nach Nürnberg gebracht werden. Justice Kempner wird das tun.« Christine von Dohnanyi an Gerhard und Sabine Leibholz am 21.3.1947. • 711 Christine von Dohnanyi an Gerhard und Sabine Leibholz am 4.2.1947. • 712 Christine von Dohnanyi an

Gerhard und Sabine Leibholz am 23.9.1946, NL Sabine Leibholz Staatsbibliothek Berlin, Karton 4. • **713** Susanne Dreß an Gerhard und Sabine Leibholz am 15.10.1947. • **714** Beide Schwestern kamen gut miteinander aus, als sie 1945 für eine Weile in Berlin nah beieinander lebten: »Daß Christel fort ist, empfinde ich besonders schmerzlich. Ich hatte mich so gefreut endlich mal einen von uns so in der Nähe zu haben. Ich hatte ihr eine sehr nette kleine Wohnung mit schönem Garten 3 Minuten von uns verschafft, wir sahen uns mehrmals täglich, trotz aller Erregungen der Sommertage und allem Schweren waren wir doch oft sehr vergnügt und gemütlich, besonders mit der jüngren Generation zusammen. Wir gingen zusammen zur Kirche und haben uns viel unterhalten. Mit ihren klugen warmherzigen Ratschlägen wird sie mir recht fehlen. Die Jungens waren auch sehr gern dort und genossen die nahe Tante sehr. Sie ließ sie auch nie ungefüttert fort. Sie hatte sehr viel besser [Lebensmittel]Karten als wir, und Obst im Garten.« Susanne Dreß an Gerhard und Sabine Leibholz am 3.1.1946. • **715** Susanne Dreß an Gerhard und Sabine Leibholz am 16.2.1946. • **716** Karl Bonhoeffer an Gerhard und Sabine Leibholz am 29.9.1948. • **717** Ursula Schleicher an Gerhard und Sabine Leibholz am 10.2.1948. • **718** Ursula Schleicher an Gerhard und Sabine Leibholz am 11.7.1948. • **719** Ursula Schleicher an Gerhard und Sabine Leibholz am 10.2.1948. • **720** Emmi Bonhoeffer an Sabine Leibholz o.J. [1945/46?]. • **721** Emmi Bonhoeffer 2004, hier 2006, S. 11. • **722** Emmi Bonhoeffer an Sabine Leibholz am 24.5.1946. Unterstreichung im Original. • **723** Siehe dazu Lorentzen 2023, S. 36 f. und S. 537. • **724** Siehe dazu Steltzer 2009. • **725** Emmi Bonhoeffer an Sabine Leibholz am 24.5.1946. Unterstreichung im Original. • **726** Karl und Paula Bonhoeffer an Gerhard und Sabine Leibholz am 9.9.1948. • **727** Bonhoeffer an Sabine Leibholz am 24.5.1946. Unterstreichung im Original. • **728** Christine von Dohnanyi an Sabine Leibholz am 23.1.1948. • **729** Marianne Leibholz an ihren Vetter Walter Bonhoeffer, o.O., o.J., dem sie die Kopie eines Brief des Onkels Karl Friedrich vom 13.4.1933 schickte, in dem der Leibholz sein Beileid aussprach zum Tod des Vaters William. • **730** Es geht um ein Maskenfest: »In Erinnerung an unsere Feste in der Wangenheimstr. habe ich es ungefähr in diesem Stil aufgezogen. … und Andi in dem Ritterspornanzug, den Dietrich wohl in seinem Alter anhatte, wie Sabine als Biene und ich als Schneeglöckchen ging.« Susanne Dreß an Gerhard und Sabine Leibholz am 4.3.1947. • **731** Sabine Leibholz an alle Familienmitglieder in Berlin am 13.5.1946. • **732** Sabine Leibholz an alle Familienmitglieder in Berlin am 3.3.1946. Unterstreichung im Original. • **733** Sabine Leibholz an alle Familienmitglieder in Berlin 1945, mglw. 9.5.1945. • **734** »Es wird so ein ganz anderes Weihnachten für uns sein dieses Jahr – und all unsere Gedanken werden zurückgehen zu diesen Jahren, in denen wir noch alle zusammen waren mit denen, die wir von jetzt an so vermissen werden, daher wird es so schwer sein, die Weihnachtslieder ohne sie zu singen. Aber wir werden sie singen, weil sie so traurig wären, wenn wir es nicht täten. Unsere Kinder werden auch viele englische Weihnachtslieder singen. Sie sind sehr hübsch, aber sie vermitteln mir nicht dasselbe, und sie bringen nicht alle diese wunderbaren Erinnerungen an das Weihnachten von früher zurück. Das macht es mir leichter, sie zu singen.« Sabine

Leibholz an Miss Henne am 12.12.1945. • **735** Link 1982, S. 28. • **736** Zitiert nach Bismarck/Kabitz 1995, S. 153. • **737** »Politik und Recht. … Gewidmet diesen Männern, denen der Autor durch die Bande tiefer und anhaltender Dankbarkeit verbunden ist, und durch eine Freundschaft, die das Leben überdauert.« George Bell war 1958 gestorben. Leibholz 1965, S. 10: »The book is dedicated to the memory of two men who were united in spirit with one another and upheld Christian principles in the affairs of state with tremendous courage and complete fearlessness. Both considered National-Socialism the common enemy and tried to deliver Germany from Hitler so that Germany would again take its place in the family of nations. For the late Bishop of Chichester it was a triumph when at a decisive moment of the war he extracted from the British Government a statement to the effect that as far as the peace aims were concerned a basic difference should be made between the Hitlerite State and the whole German people. Both Dietrich Bonhoeffer and George Bell combined true spirituality with true statesmanship. Dietrich Bonhoeffer chose martyrdom rather than make a compromis which would have saved his life. To these men the author is bound by ties of profound and lasting gratitude, and by a friendship which transcends life.« • **738** Sabine Leibholz an alle Familienmitglieder in Berlin am 2.1.1946. • **739** Sabine schreibt wahrscheinlich 1945 an die Familie in Berlin: »… und für uns alle ein schweres [Jahr]. Es ist schön, dass ihr zusammen an Klaus und Rüdigers Grab gehen könnt. Legt doch auch von mir, von uns, einen Zweig darauf, dann werdet ihr an Walters Grab gehen, ich weiß ja nicht, ob dort noch alles so ist wie es war, ob die Bomben es verschonten. Der April ist in unserer Familie ein furchtbar trauriger Monat geworden. … Ich danke Euch für den Text der Feier für Dietrich. Ich lese es immer wieder, wie wunderschön ist es. Warum hat man mich nicht hingelassen. Es ist eine unnatürliche, herzlose, verrückte Welt.« • **740** Es ging jeweils um die noch immer nicht erteilte Reiseerlaubnis nach Deutschland, bei der Leibholz Bell um Unterstützung bat, um für beide Ehepartner eine Genehmigung zu erhalten: »I may tell you this as my very trusted friend confidentially – after all Sabine has gone through and is still suffering she is psychically labile and from this point of view, it would be very disquieting to leave her behind.« Gerhard Leibholz an George Bell am 31.10.1945, Chandler/Ringshausen 2019, S. 308. • »– nach allem, was Sabine durchgemacht hat und was sie noch immer erleidet, ist sie psychisch labil.« »Ich hatte Ihnen noch nicht berichtet, das Sabine sich niemals ganz von den Schicksalsschlägen, die ihre Familie erlitt, erholt hat.« »This is why I cannot leave Sabine behind for a longer period and I am afraid my application must include Sabine. She is in urgent need of some medical attention and this is an additional reason why we should like to see Sabine's father as soon as possible. But please do not refer to this passage if you, my Lordship, write to me back [sic].« Gerhard Leibholz an George Bell am 31.10.1945, Chandler/Ringshausen 2019, S. 362. • **741** »Bisher hatte ich Ihnen nicht erzählt, dass Sabine sich nie mehr völlig erholt hat von den den Schicksalsschlägen, die ihre Familie erleiden musste.« »Ich kann neben Gert die Straße entlang gehen und plötzlich weiß ich überhaupt nicht mehr, ob ich in Oxford oder in Göttingen bin. Dann bin ich ausserordentlich schockiert und dann kommt die

Erinnerung zurück.« Sabine Leibholz an Karl und Paula Bonhoeffer am 21.11.1945. • **742** Sabine Leibholz an Karl und Paula Bonhoeffer am 3.3.1946. • **743** Sabine Leibholz aus Burnside House, Duffus, Elgin bei Kurt Hahn an alle Familienmitglieder in Berlin am 8./9.2.1946. • **744** Peter Leibholz an Gerhard und Sabine Leibholz am 24.2.1946. • **745** Dreß 2018, S. 33 f. • **746** Gerhard Leibholz an Rudolf Smend am 18.4.1946 aus Oxford. • **747** Gerhard Leibholz an Karl und Paula Bonhoeffer am 20.5.1946. • **748** Paula Bonhoeffer an Gerhard und Sabine Leibholz am 30.11.1947. • **749** Gerhard Leibholz an George Bell am 19.4.1946: »I wonder whether you have seen the article THE NAZI GRIP ON GERMANY in the last issue of The Observer. What a difference from the situation last year when almost all visitors and observers came back from Germany with the impression that Nazism was dead. But, if free elections were to be held now 70 or 80 per cent of the people would vote Nazi' in the British Zone. The tremendous failure of the British official policy could hardly be better demonstrated than by this reaction. I myself am not surprised at this development. How can Germany be re-educated if there is no sensible long-term policy which is constructive and gives the people hope for a better future? Under these circumstances how can the churches and the universities fulfill their task?« • **750** Gerhard Leibholz an Rudolf Smend am 18.4.1946 aus Oxford. Unterstreichung im Original. • **751** Gerhard Leibholz an George Bell am 2.11.1945. • **752** Das Ehepaar wohnte bei seinem Aufenthalt 1948 in der vom Wohnungsamt zugewiesenen Wohung im Nikolausberger Weg 56, 1949 in einer ebenfalls zugewiesenen Wohnung in der Bühlstraße 2 und ab 1951 in der Dahlmannstraße 6, Ecke Rohnsweg. • **753** Grundbuch Göttingen Bd. 50, Blatt 2463 für die Herzberger Landstrasse 55. Grundbuch Göttingen Bd. 191, Blatt 6640 für die Herzberger Landstrasse 57. Zum Thema Wiedergutmachung und Entschädigung der Familie Leibholz entsteht eine Dissertation an der Universität Göttingen. • **754** »Das Mädchen ist ein Flüchtlingsmädchen. … Versucht verzweifelt, Leute zu finden mit denselben Wertvorstellungen. … Deren Werte stimmen nicht recht überein mit denen, die ihre Mutter ihr beigebracht hat. … Erste Stelle und Hoffnungslosikeit [lässt] das Ausgestoßensein in London [spüren]. Geht durch die Straßen. Fühlt sich draussen.« »Zusammenwachsen der Familie durch die feindliche Umgebung«. Marianne Leibholz: Entwurf zu einer Autobiographie, 2 maschinenschriftliche Seiten o.O., o.J. • **755** Sabine Leibholz an alle Familienmitglieder am 2.1.1946. • **756** Sabine Leibholz an Karl und Paula Bonhoeffer am 5.5.1946. • **757** E-Mail von Tobias Korenke, Berlin, vom 20. Juli 2023. • **758** Aktueller Leibholz-Experte in Japan ist Professor Masanori Shiyke, Emeritus der Universität Kyoto. • **759** Bracher, Dawson, Geiger, Smend 1966, S. V-VI. • **760** Link 1982, S. 9, 16, 12-14. • **761** Frankfurter Allgemeine Zeitung vom 23.11.1981. • **762** An den Kurator der Universität schrieb Leibholz am 21.2.1951 anlässlich des Prozesses gegen den SS-Offizier Walter Huppenkothen, der an einem »Standgericht« gegen Dietrich Bonhoeffer hautpverantwortlich mitgewirkt hatte: »Das ist der Mann, der auch für den Tod unserer Geschwister hauptverantwortlich ist. Er ist zwar wegen anderer Delikte verurteilt, aber von Anklage wegen Beihilfe zum Mord freigespochen. Das Urteil scheint mir wie ein Hohn.« Zitiert nach Wiegandt 1995, S. 58. Wenige Tage zuvor hatte er an Bell geschrieben: »By the way, I have just read [in] a German paper that the man who acted as prosecutor in Dietrich's trial at the concentration camp of Flossenbürg a few hours before Dietrich's death has been acquitted [freigesprochen] of complicity in murdering him (and four fellow-prisoners) – obviously because this man complied with the Nazi-law. He has only been sentenced to three and a half years imprisonment for others crimes committed. In this trial the president of the Nazi Court, which sentenced Dietrich to death said as witness before the Court that Dietrich had to be sentenced to death because he contacted like-minded people abroad during the war. This man has been denazified in Nuremberg is a solicitor there. This is ›justice‹.« Gerhard Leibholz an George Bell, Chandler S. 432. Huppenkothen wurde schließlich 1955 zu sieben Jahren Haft verurteilt, kam aber schon ein Jahr später wieder frei – wie viele von denen, die überhaupt verurteilt worden waren. Zu Huppenkothen ausführlich Wolf 2021. • **763** Link 1982, S. 28. • **764** Jeremia 9,1.

Literatur

Literatur von Gerhard Leibholz

Die ausführliche Bibliographie der Schriften von Gerhard Leibholz wurde zusammengestellt und bearbeitet von: Franz SCHNEIDER: Bibliographie Gerhard LEIBHOLZ, Tübingen 1981[2].

An dieser Stelle werden nur einzelne Werke genannt, die für den aktuellen Zusammenhang wichtig sind:

Gerhard LEIBHOLZ: Wiederbegegnung, in: Göttinger Universitätszeitung 1947 (2. Jahrgang, Nr. 14), S. 1-3.

Gerhard LEIBHOLZ: The opposition movement in Germany, ursprgl. in: The New English Weekly, Oktober 1944, erneut veröffentlicht in: Ders.: Politics and Law, Leyden 1965, S. 210-213.

Gerhard LEIBHOLZ: Politics and Law, Leyden 1965.

Gerhard LEIBHOLZ: Die Deutschlandpolitik Englands im Zweiten Weltkrieg und der Widerstand, in: Widerstand, Kirche, Staat, Eugen Gerstenmaier zum 70. Geburtstag, hrsg. von Bruno HECK, Frankfurt a. M. 1976, S. 40-56.

The Gerhard LEIBHOLZ and George BELL correspondence, hrsg. von Andrew CHANDLER und Gerhard RINGSHAUSEN, London 2019.

Literatur zu Gerhard Leibholz

Der Jurist Manfred H. WIEGANDT erarbeitete 1995 eine sorgfältig zusammengestellte Werkbiographie zu Gerhard Leibholz, die sich zum großen Teil mit dem juristischen Wirken des Protagonisten befasst: Manfred H. WIEGANDT: Norm und Wirklichkeit. Gerhard Leibholz (1901-1982) – Leben, Werk und Richteramt, Baden-Baden 1995.

Radiointerview: Gerhard Leibholz im Gespräch mit Werner Hill. Gesendet am 17.3.1982 von 20.00 bis 21.20 Uhr im 3. Hörfunkprogramm des Norddeutschen Rundfunks. Ich zitiere nach einer Aufnahme aus dem NDR-Archiv Hannover. Text auszugsweise abgedruckt in der Frankfurter Allgemeinen Zeitung, Nr. 328 vom 22.10.1984, S. 11.

Karl Dietrich BRACHER u.a. (Hrsg.): Die moderne Demokratie und ihr Recht. Festschrift für Gerhard Leibholz zum 65. Geburtstag, 2 Bde., Tübingen 1966, insgesamt fast 2.000 Seiten.

Die Universität Göttingen veranstaltete ein Symposium zum 80. Geburtstag von Gerhard Leibholz: Christoph LINK (Hrsg.), Der Gleichheitssatz im modernen Verfassungsstaat: Symposium zum 80. Geburtstag von Bundesverfassungsrichter i.R. Prof. Dr. phil. Dr. jur. Dr. h.c. Gerhard Leibholz am 21. November 1981, Baden-Baden 1982.

Laudationes anlässlich der Enthüllung einer Gedenktafel an seinem Göttinger Wohnhaus in der Herzberger Landstraße 57 am 26. April 2002 von Joseph ACKERMANN, Werner HEUN, Christian STARCK, in: Göttinger Jahrbuch 50 (2002), S. 211-217.

Literatur

Josef ACKERMANN: Freiheit hat offene Augen. Dietrich Bonhoeffer. Eine Biographie, Gütersloh 2005.

Joachim AHRENS, Ralf FRÖCHTENICHT, Volker KOZUBEK, Beate KRIETER: »Aufbruch einer neuen Zeit?« – Die Anfänge des NS-Regimes in Göttingen, in: Dieter GALINSKI, Ulla LACHAUER (Hrsg.): Alltag im Nationalsozialismus 1933-1939, Jahrbuch zum Schülerwettbewerb Deutsche Geschichte um den Preis des Bundespräsidenten, Braunschweig 1982, S. 176-183.

Klaus ALBERTS: Theodor Steltzer. Szenarien seines Lebens. Eine Biographie, Heide 2009.

Richard ALBRECHT: Wissenschaftler im Exil. Ein Versuch nach fünfzig Jahren, in: Bundeszentrale für politische Bildung (Hrsg.): Widerstand und Exil 1933-1945, Bonn 1985, S. 223-238.

Hannah ALHEIM: »Deutsche, kauft nicht bei Juden!«. Antisemitismus und politischer Boykott in Deutschland 1924-1935, Göttingen 2011.

Götz ALY: Hitlers Volksstaat: Raub, Rassekrieg und nationaler Sozialismus, Frankfurt a.M. 2005.

Arbeitsgemeinschaft Frauengeschichte in der Geschichtswerkstatt Göttingen e.V. (Mareike BERWEGER, Karin GILLE-LINNE, Meike HERDES, Elisabeth NEUGER, Karen NOLTE (Hrsg.): »Nichts verschwiegen? Nichts vergessen?« Göttinger Frauengeschichte im Nationalsozialismus. Ein Stadtrundgang, Göttingen 2002.

ARBEITSKREIS GESCHICHTE WILMERSDORF (Hrsg.): Grunewald ... zur Geschichte eine Villenkolonie, Berlin 2002.

Ino ARNDT, Heinz BOBERACH: Deutsches Reich, in: Wolfgang BENZ (Hrsg.): Dimension des Völkermords. Die Zahl der jüdischen Opfer des Nationalsozialismus, München 1991, S. 23-65.

Frank BAJOHR: Die Zustimmungsdiktatur. Grundzüge nationalsozialistischer Herrschaft in Hamburg, in: Forschungsstelle für Zeitgeschichte (Hrsg.): Hamburg im »Dritten Reich«, Göttingen 2005, S. 69-121.

Frank BAJOHR, Dieter POHL: Der Holocaust als offenes Geheimnis. Die Deutschen, die NS-Führung und die Alliierten, München 2006.

Frank BAJOHR (Hrsg.): Fremde Blicke auf das »Dritte Reich«: Berichte ausländischer Diplomaten über Herrschaft und Gesellschaft in Deutschland 1933-1945, Göttingen 2012².

Frank BAJOHR, Michael WILDT (Hrsg.): Volksgemeinschaft. Neue Forschungen zur Gesellschaft des Nationalsozialismus. Frankfurt a. M. 2009, hier 2012².

Frank BAJOHR: Das »Zeitalter des Tagebuchs«? Subjektive Zeugnisse aus der NS-Zeit. Einführung, in: Frank BAJOHR, Sybille STEINBACHER (Hrsg.). »... Zeugnis ablegen bis zum letzten«. Tagebücher und persönliche Zeugnisse aus der Zeit des Nationalsozialismus und des Holocaust, Göttingen 2015.

Victoria J.BARNETT: Eberhard Bethges Gestaltung von Bonhoeffers Vermächtnis, in: Martin HÜNEKE, Heinrich BEDFORD-STROHM (Hrsg.): Eberhard Bethge: Weggenosse, Gesprächspartner und Interpret Dietrich Bonhoeffers, Gütersloh 2011, S. 83-100.

Victoria J.BARNETT: Bonhoeffer and the conspiracy, in: Michael MAWSON, Philip G. ZIEGLER (Hrsg.): The Oxford Handbook of Dietrich Bonhoeffer, Oxford 2019, S. 65-76.

Heinrich BECKER, Hans-Joachim DAHMS, Cornelia WEGELER (Hrsg.): Die Universität Göttingen unter dem Nationalsozialismus. Das verdrängte Kapitel ihrer 250jährigen Geschichte, München u.a. 1987.

Ernst BENDA: Geleitwort zur Bibliographie Gerhard Leibholz, zusammengestellt und bearbeitet von Franz Schneider, Tübingen 1981².

Susanne BENÖHR: Das faschistische Verfassungsrecht Italiens aus der Sicht von Gerhard Leibholz, Baden-Baden 1999.

Wolfgang BENZ: Widerstand im Exil – Exil als Widerstand, hrsg. von der Gedenkstätte Deutscher Widerstand, Berlin 1991.

Jacob BERG, Richard SCULLY: Cultivating Fear: The Image of the SA and the Presence of Propaganda in the Late Weimar Öffentlichkeit, in: Thomas KEHOE, Michael PICKERING (Hrsg.): Fear in the German Speaking World, 1600-2000, London u.a. 2020, S. 123-164.

Josef D. BLOTZ: Denkmäler für den Widerstand gegen den Nationalsozialismus. Topographie einer deutschen Erinnerungslandschaft am Beispiel des 20. Juli, Berlin u.a. 2024.

Peter BLÜMLER: Ein Leben für eine »große Idee« (1921-1941), Karl Haas als Pimpf, in: Dieter GALINSKI, Ulla LACHAUER (Hrsg.): Alltag im Nationalsozialismus 1933-1939, Jahrbuch zum Schülerwettbewerb Deutsche Geschichte um den Preis des Bundespräsidenten, Braunschweig 1982, S. 135-143.

Ernst Böhme, Dietrich Denecke, Helga-Maria Kühn, Rudolf von Thadden, Günter J. Trittel, Rudolf Vierhaus (Hrsg.): Göttingen. Geschichte einer Universitätsstadt, Bd. 3: Von der preußischen Mittelstadt zur südniedersächsischen Großstadt 1866–1989, hrsg. von Rudolf von Thadden, Günter J. Trittel, Marc-Dietrich Ohse, Göttingen 1999.

Ernst Böhme: Geschichte und gesellschaftliches Leben der Stadt Göttingen, in: Karl Heinrich Kaufhold (Hrsg.), 1801-2001. 200 Jahre Sparkasse Göttingen. Älteste deutsche kommunale Sparkasse, Göttingen 49, 2001, S. 165-182; 278-295, hier S. 286.

Ernst Böhme: Zwischen Rebellion und Restauration. Die Georgia Augusta und die politische Kultur Göttingens in den fünfziger Jahren, in: Göttinger Jahrbuch 2005 (53), S. 125-156.

Peter-Alexander Bösel: Berlin-Grunewald in historischen Ansichten, Erfurt 2005.

Monica Bohm-Duchen (Hrsg.): Insiders, Outsiders, Refugees from Nazi Europe and their contribution to British Culture, London 2019.

Wolf-Rüdiger Bonk: 150 Jahre Wilmersdorf, Teil 3, Geschichten über Menschen und Häuser im Rahmen eines Spaziergangs über den Friedhof Berliner Straße, Berlin 2020.

Cornelius Bormann: Die Grunewald-Gefährten. Freunde im Widerstand gegen Hitler, Hamburg 2023.

Günter Brakelmann: Widerstand und Religion, in: Christoph Studt, Stephen Schröder (Hrsg.): Der 20. Juli – Profile, Motive, Desiderate (Schriftenreihe der Forschungsgemeinschaft 20. Juli 1944 e.V., Tagungsband der 20. Königswinterer Tagung), Berlin, Münster 2008, S. 139-154.

Günter Brakelmann: Das Christentum als »Grundlage für die sittliche und religiöse Erneuerung des Volkes«, dargestellt an den Kreisauer »Grundsätzen für die Neuordnung« vom 9. August 1943, in: Daniel E. D. Müller, Christoph Studt, (Hrsg.): … und dadurch steht er vor Freisler als Christ und als gar nichts anderes: Christlicher Glaube als Fundament und Handlungsorientierung des Widerstands gegen das Dritte Reich (Schriftenreihe der Forschungsgemeinschaft 20. Juli 1944 e.V., Tagungsband der 30. Königswinterer Tagung), Augsburg 2019, S. 95-108.

Karl Brauer: Für die Freiheit und Unabhängigkeit der Kirche: Eugen Gerstenmaiers religiöse und theologische Entwicklung im Spannungs- und Handlungsfeld von Kirche und Staat bis 1945, Göttingen 2020.

Magnus Brechtken: Die Konstruktion des »Juden« im Nationalsozialismus: Historische Wurzeln, Begriffe und Praxis, in: Christian-Matthias Dolff, Julia Gehrke, Christoph Studt (Hrsg.): »Mit jedem Leben, das wir retteten, bekämpften wir Hitler!«: jüdischer Widerstand und der

Widerstand und die Juden (Schriftenreihe der Forschungsgemeinschaft 20. Juli 1944 e.V., Tagungsband der 31. Königswinterer Tagung), Augsburg 2021, S. 25-35.

Magnus Brechtken (Hrsg.): Aufarbeitung des Nationalsozialismus. Ein Kompendium, Göttingen 2021.

Charmian Brinson, Richard Dove, Marian Malet, Jennifer Taylor (Hrsg.): »England? Aber wo liegt es?« Deutsche und österreichische Emigranten in Großbritannien, München 1996.

Charmian Brinson, Please tell the Bishop …, in: Kirchliche Zeitgeschichte 21 (2008), 2, S. 287-299.

Einar Brynjólsson: Die Entnazifizierung der Universität Göttingen am Beispiel der Philosophischen Fakultät, Göttingen 1996.

Axel Bruns-Wüstefeld: Lohnende Geschäfte. Die »Entjudung« der Wirtschaft am Beispiel Göttingens, Hannover 1997.

Ursula Büttner, Martin Greschat: Die verlassenen Kinder der Kirche. Der Umgang mit Christen jüdischer Herkunft im »Dritten Reich«, Göttingen 1998.

Ursula Büttner: Fritz Valentin. Jüdischer Verfolgter, Richter und Christ, 1897-1984. Eine Biografie, Göttingen 2017.

Kai Burkhardt: Adolf Grimme (1889-1963). Eine Biografie, Köln u. a. 2007.

Gillian Carr and Rachel Pistol (Hrsg.): British internment and the internment of Britons: Second World War camps, history and heritage, London 2023.

Andrew Chandler, Katarzyna Stokłosa, Jutta Vinzent (Hrsg.): Exile and Patronage. Cross-cultural negotiations beyond the Third Reich, Berlin 2006.

Andrew Chandler: The Church and Humanity. The Life and Work of George Bell, 1883-1958, London 2012.

Andrew Chandler: George Bell, Bishop of Chichester. Church, State, and Resistance in the Age of Dictatorship, Grand Rapids, Michigan, Cambridge, U.K. 2016.

Andrew Chandler: The Moral Imperative. New Essays on the Ethics of Resistance in National Socialist Germany, 1933-1945, New York u.a. 2019.

Andrew Chandler: British Christians and the Third Reich: Church, State, and the Judgement of Nations, Cambridge 2022.

Detlev Clemens: Herr Hitler in Germany. Wahrnehmung und Deutungen des Nationalsozialismus in Großbritannien 1920-1939, Göttingen 1996.

Ian Colvin: Vansittart in office. An historical survey of the origins of the Second World War based on the papers of Sir Robert Vansittart, London 1965.

Ray M. Cooper (Hrsg.): Refugee Scholars. Conversations with Tess Simpson, Leeds 1992.

Hans-Joachim Dahms: Aufstieg und Ende der Lebensphilosophie. Das philosophische Seminar der Universität Göttingen zwischen 1917 und 1950, in: Becker u.a. (Hrsg.): Die Universität Göttingen unter dem Nationalsozialismus, München 1998[2], S. 287-317.

Hans-Joachim Dahms: Die Universität Göttingen 1918 bis 1989. Vom »Goldenen Zeitalter« der Zwanziger Jahre bis zur »Verwaltung des Mangels« in der Gegenwart, in: Ernst Böhme, Dietrich Denecke, Helga-Maria Kühn, Rudolf von Thadden, Günter J. Trittel, Rudolf Vierhaus (Hrsg.): Göttingen. Geschichte einer Universitätsstadt, Bd. 3: Von der preußischen Mittelstadt zur südniedersächsischen Großstadt 1866–1989, hrsg. von Rudolf von Thadden, Günter J. Trittel, Marc-Dietrich Ohse, Göttingen 1999, S. 395-456.

Hans-Joachim Dahms: Einleitung, in: Becker u.a. (Hrsg.): Die Universität Göttingen unter dem Nationalsozialismus, München [2]1998, S. 29-74.

Carola Dietze: Nachgeholtes Leben: Helmuth Plessner, 1892-1985, Göttingen 2006.

Gisela Diewald-Kerkmann: Politische Denunziation im NS-Regime oder die kleine Macht der »Volksgenossen«, Bonn 1995.

David N. Dilks: Determinanten britischer Deutschlandpolitik 1937-1939. Zum Stellenwert des Widerstandes in der britischen Politik, in: Klaus-Jürgen Müller, David N. Dilks: Großbritannien und der deutsche Widerstand. 1933-1945, Paderborn 1994, S. 31-51.

John V. H. Dippel: Die große Illusion. Warum deutsche Juden ihre Heimat nicht verlassen wollten, Weinheim 1997.

Matthias Dölling, Philipp-Alexander Hirsch, Jan Rennicke (Hrsg.): Richard Martin Honig. Prägender Götttinger (Straf-)Rechtswissenschaftler des 20. Jahrhunderts?, Göttingen 2024.

Norman Domeier: Weltöffentlichkeit und Diktatur. Die amerikanischen Auslandskorrespondenten im »Dritten Reich«, Göttingen 2021.

Sabine Dramm: V-Mann Gottes und der Abwehr. Dietrich Bonhoeffer und der Widerstand, Gütersloh 2005.

Rainer Driever: Widerstand in Göttingen (o.J.), URL: http://www.stadtarchiv.goettingen.de/widerstand/index.htm, (zuletzt abgerufen am 28.4.2024).

Markus Drüding: Akademische Jubelfeiern: eine geschichtskulturelle Analyse der Universitätsjubiläen in Göttingen, Leipzig, Münster und Rostock (1919-1969), Münster 2014.

Reimer Eck: Zur Entstehung des Archivs für berufsständische Rassenstatistik in der Göttinger Universitätsbibliothek. Ein vergessenes Kapitel Benutzungsgeschichte der Weimarer Zeit, in: Peter Vodosek,

Manfred KOMOROWSKI (Hrsg.): Bibliotheken während des Nationalsozialismus, T. 1, Wiesbaden 1989, S. 327-334.

Cornelia ESSNER: Die »Nürnberger Gesetze« – Die Verwaltung des Rassenwahns 1933-1945, Paderborn u. a. 2002.

Jürgen W. FALTER (Hrsg.): Junge Kämpfer, alte Opportunisten. Die Mitglieder der NSDAP 1919-1945, Frankfurt a. M. 2016.

Jürgen W. FALTER: Hitlers Parteigenossen. Die Mitglieder der NSDAP 1919-1945, Frankfurt a. M. 2020.

Jürgen W. FALTER u.a.(Hrsg.): »Wie ich den Weg zum Führer fand.« Beitrittsmotive und Entlastungsstrategien von NSDAP-Mitgliedern, Frankfurt a.M. 2022.

Ernst FEIL (Hrsg.): Dietrich Bonhoeffer und der deutsche Nachkriegsprotestantimus, München 1979.

Wiebke FESEFELD: Der Wiederbeginn des kommunalen Lebens in Göttingen. Die Stadt in den Jahren 1945-1948, Göttingen 1962.

Paul FOSTER (Hrsg.): Bell of Chichester (1883-1953). A prophetic Bishop, Chichester 2004.

Ernst FRAENKEL: Der Doppelstaat. Recht und Justiz im »Dritten Reich«, Frankfurt a.M. 1984.

Norbert FREI: Vergangenheitspolitik. Die Anfänge der Bundesrepublik und die NS-Vergangenheit, München 1996.

Norbert FREI (Hrsg.): Karrieren im Zwielicht. Hitlers Eliten nach 1945, Frankfurt a. M. 2001.

Melanie FRITSCHER-FEHR: Demokratie im Ohr. Das Radio als geschichtskultureller Akteur in Westdeutschland, 1945–1963, Bielefeld 2019.

Peter FRITZSCHE: Wie aus Deutschen Nazis wurden, Zürich 1999.

Detlef GARZ, Von den Nazis vertrieben. Autobiographische Zeugnisse von Emigrantinnen und Emigranten. Das wissenschaftliche Preisausschreiben der Harvard University aus dem Jahr 1939, Opladen u.a. 2021.

Robert GELLATELY: »In den Klauen der Gestapo«. Die Bedeutung von Denunziationen für das nationalsozialistische Terrorsystem, in: Anselm FAUST (Hrsg.): Verfolgung und Widerstand im Rheinland und in Westfalen 1933-1945, Köln 1992, S. 40-49.

GESCHICHTSWERKSTATT GÖTTINGEN e.V. (Hrsg.): Göttingen im Nationalsozialismus. Ein Stadtrundgang, Göttingen 2003.

GESCHICHTSWERKSTATT GÖTTINGEN e.V. (Hrsg.): Medizin im Nationalsozialismus am Beispiel Göttingen. Ein Stadtrundgang, Göttingen 2006.

Frauke GEYKEN: Gentlemen auf Reisen. Das britische Deutschlandbild im 18. Jahrhundert, Frankfurt a.M. 2002.

Glanz und Grauen. Kulturhistorische Untersuchungen zur Mode und Bekleidung in der Zeit des Nationalsozialismus, hrsg. vom LVR-INDUSTRIEMUSEUM, Textilfabrik Cromford, Ratingen 2018.

Constantin Goschler, José Brunner, Norbert Frei (Hrsg.): Die Praxis der Wiedergutmachung: Geschichte, Erfahrung und Wirklichkeit in Deutschland und Israel, Bonn 2010.

Hermann Graml: Die Alliierten und die Teilung Detuschlands. Konflikte und Entscheidungen 1941-1948, Frankfurt a.M. 1985.

Raphael Gross: Carl Schmitt und die Juden. Eine deutsche Rechtslehre, Frankfurt a.M. 2000.

Atina Grossmann: Juden, Deutsche , Alliierte. Begegnungen im besetzten Deutschland, Göttingen 2012.

Michael Grüttner: Studenten im Dritten Reich, Paderborn 1995.

Michael Grüttner, Rüdiger Hachtmann, Konrad Jarausch u.a. (Hrsg.): Gebrochene Wissenschaftskulturen: Universität und Politik im 20. Jahrhundert, Göttingen 2010.

Michael Grüttner: Nationalsozialistische Wissenschaftler: ein Kollektivporträt, in: Ders., Rüdiger Hachtmann, Konrad Jarausch, u.a. (Hrsg.): Gebrochene Wissenschaftskulturen: Universität und Politik im 20. Jahrhundert, Göttingen 2010, S. 149-166.

Michael Grüttner: Talar und Hakenkreuz. Die Universitäten im Dritten Reich, München 2024.

Frieder Günther, Eva Balz: Geschichte der ersten 20 Jahre des Bundesverfassungsgerichts. Erscheint 2026.

Rüdiger Hachtmann, Franka Maubach, Markus Roth (Hrsg.): Zeitdiagnose im Exil. Zur Deutung des Nationalsozialismus nach 1933, Göttingen 2020.

Ulrike Haerendel: Frauen, Männer und die »Machtergreifung« – Beobachtungen aus der Geschlechterperspektive, in: Andreas Wirsching (Hrsg.). Das Jahr 1933. Die nationalsozialistische Machteroberung und die deutsche Gesellschaft, Göttingen 2009, S. 30-46.

Frank Halfmann: Eine »Pflanzstätte bester nationalsozialistischer Rechtsgelehrter«: Die juristische Abteilung der Rechts- und Staatswissenschaftlichen Fakultät, in: Heinrich Becker, Hans-Joachim Dahms, Cornelia Wegeler (Hrsg.): Die Universität Göttingen unter dem Nationalsozialismus. Das verdrängte Kapitel ihrer 250jährigen Geschichte, München u.a. 1987, S. 88-141.

Inge Hansen-Schaberg: etwas erzählen – etwas hören – etwas vermitteln. Vom selektiven Umgang mit Erinnerungen, in: Inge Hansen-Schaberg, Beate Schmeichel-Falkenberg (Hrsg.): Frauen erinnern: Widerstand – Verfolgung – Exil, 1933-1945, Berlin 2000, S. 15-27.

Inge Hansen-Schaberg: Exilforschung. Stand und Perspektiven, in: Aus Politik und Zeitgeschichte (ApuZ) 64 (2014), S. 3-9.

Elizabeth Harvey: »Der Osten braucht Dich!« Frauen und nationalsozialistische Germanisierungspolitik, Hamburg 2009.

Arthur HEARNDEN (Hrsg.): The British in Germany: Educational Reconstruction after 1945, London 1978.

Hannes HEER (Hrsg.): Im Herzen der Finsternis. Victor Klemperer als Chronist der NS-Zeit, Berlin 1997.

Hannes HEER: Vox populi. Zur Mentalitätsgeschichte der Volksgemeinschaft, in: Ders. (Hrsg.): Im Herzen der Finsternis. Victor Klemperer als Chronist der NS-Zeit, Berlin 1997, S.122-143.

Martin HEIMBUCHER: Christus Friede Welt Frieden. Dietrich Bonhoeffers kirchlicher und politischer Kampf gegen den Krieg Hitlers, Gütersloh 1997.

Winfried HEINEMANN: Außenpolitische Illusionen des national-konservativen Widerstands in den Monaten vor dem Attentat, in: Jürgen SCHMÄDEKE, Peter STEINBACH (Hrag.): Der Widerstand gegen den Nationalsozialismus. Die deutsche Gesellschaft und der Widerstand gegen Hitler, München 1986, S.1061-1070.

Winfried HEINEMANN: Unternehmen »Walküre«: eine Mililtärgeschichte des 20. Juli 1944, Berlin u.a. 2019.

Helmut HEINRICHS, Harald FRANZKI, Klaus SCHMALZ, Michael STOLLEIS (Hrsg.): Deutsche Juristen jüdischer Herkunft, München 1993.

Siegfried HERMLE, Dagmar PÖPPING (Hrsg.): Zwischen Verklärung und Verurteilung. Phasen der Rezeption des evangelischen Widerstandes gegen den Nationalsozialismus nach 1945, Göttingen 2017.

Werner HEUN: Leben und Werk verfolgter Juristen – Gerhard Leibholz (1901-1982), in: Eva SCHUMANN (Hrsg.): Kontinuitäten und Zäsuren. Rechtswissenschaft und Justiz im »Dritten Reich« und in der Nachkriegszeit, Göttingen 2008, S.301-326.

Gerhard HIRSCHFELD: Exil in Großbritannien: zur Emigration aus dem nationalsozialistischen Deutschland, Stuttgart 1983.

Gerhard HIRSCHFELD, Deutsche Emigranten in Großbritannien und ihr Widerstand gegen den Nationalsozialismus, in: Klaus-Jürgen MÜLLER, David N. DILKS: Großbritannien und der deutsche Widerstand. 1933-1945, Paderborn 1994, S.107-121.

Hans Günter Hockerts: Widergutmachung in Deutschland 1945-2000, in: Vierteljahrshefte für Zeitgeschichte 49 (2001), S.167-214.

Peter HOFFMANN: Widerstand, Staatstreich, Attentat: Der Kampf der Oppostiion gegen Hitler, München 1969, hier 1985[4].

Peter HOFFMANN: Widerstand gegen Hitler: Probleme des Umsturzes, München 1979.

Ruth HOFFMANN: Das Deutsche Alibi. Mythos »Stauffenberg-Attentat«. Wie der 20. Juli 1944 verklärt und politisch instrumentalisiert wird, München 2024.

Wolfgang HUBER: Dietrich Bonhoeffer. Auf dem Weg zur Freiheit, München 2019.

Martin HÜNEKE, Heinrich BEDFORD-STROHM (Hrsg.): Eberhard Bethge: Weggenosse, Gesprächspartner und Interpret Dietrich Bonhoeffers, Gütersloh 2011.

Frauke JANZEN: Flucht und Vertreibung im literarischen Diskurs der BRD. Rhetoriken der Opferkonstruktion, Göttingen 2021.

Ian KERSHAW: Hitlers Freunde in England. Lord Londonderry und der Weg in den Krieg, München 2004.

Lothar KETTENACKER (Hrsg.): Das »Andere Deutschland« im Zweiten Weltkrieg. Emigration und Widerstand in internationaler Perspektive, Stuttgart 1977.

Lothar KETTENACKER: Der nationalkonservative Widerstand aus angelsächsischer Sicht, in: Jürgen SCHMÄDEKE, Peter STEINBACH (Hrsg.): Der Widerstand gegen den Nationalsozialismus. Die deutsche Gesellschaft und der Widerstand gegen Hitler, München 1986, S. 712-731.

Linda von KEYSERLINGK-REHBEIN: Nur eine »ganz kleine Clique«? Die NS-Ermittlungen über das Netzwerk vom 20. Juli Juli 1944, Berlin 2018.

Hans H. KLEIN: Gerhard Leibholz (1901-1982). Theoretiker der Parteiendemokratie und politischer Denker – ein Leben zwischen den Zeiten, in: Fritz LOOS (Hrsg.): Rechtswissenschaft in Göttingen, Göttingen 1987, S. 528-547.

Klemens von KLEMPERER: Nationale oder internationale Außenpolitik des Widerstands, in: Jürgen SCHMÄDEKE, Peter STEINBACH (Hrsg.): Der Widerstand gegen den Nationalsozialismus. Die deutsche Gesellschaft und der Widerstand gegen Hitler, München 1986, S. 639-651.

Klemens von KLEMPERER: Die »Verbindung zur großen Welt«: Außenbeziehungen des deutschen Widerstandes 1938-1945, Berlin 1990.

Christine F. KOENIGS: Unterstützung des deutschen Widerstands: Franz Koenigs und Hans Leibholz, Manuskript 2005.

Christine F. KOENIGS: Unterstützung des deutschen Widerstands: Franz Koenigs und Hans Leibholz, in: Detlef J. BLESGEN: Financiers, Finanzen und Finanzierungsformen des Widerstands, Berlin 2006, S. 137-164.

A.KÖPPEN: Sommerfeld in der Niederlausitz mit Gassen und Umgegend: nebst Industrie, Handel und Gewerbe in Wort und Bild, Chemnitz-Kappel 1908.

Claudia KOONZ: Mütter im Vaterland. Frauen im Dritten Reich, Freiburg i.B. 1991.

Jutta KOSLOWSKI: Wer war Klaus Bonhoeffer? Annäherungen an einen unbekannten Widerstandskämpfer, Gütersloh 2023. Mit einem ausführlichen Dokumentenanhang.

Katja KOSUBEK: »genauso konsequent sozialistisch wie national.« Alte Kämpferinnen der NSDAP vor 1933. Eine Quellenedition 36 autobiographischer Essays, Göttingen 2017.

Marita KRAUSS (Hrsg.): Sie waren dabei. Mitläuferinnen, Nutznießerinnen, Täterinnen im Nationalsozialismus, Göttingen 2009.

Peter KRIEDTE: Vom verborgenen zum offenen Zwang – »Judenhäuser« in Göttingen (1939-1942), in: Göttinger Jahrbuch 64, (2016), S. 141-164.

Peter KRIEDTE: Ein Judenstern im Herbst 1941 im Staatlichen Gymnasium am Adolf-Hitler-Platz. Eine Spurensuche, in: Göttinger Jahrbuch 66 (2018), S. 215-232.

Peter KRIEDTE: Nach Reinhausen und nicht nach Buchenwald. Der Novemberpogrom in Göttingen, in: Göttinger Jahrbuch 68 (2020), S. 127-174.

Wolf-Arno KROPAT: Kristallnacht in Hessen. Der Judenpogrom vom November 1938; eine Dokumentation, Wiesbaden 1988.

Benigna von KRUSENSTJERN: »daß es Sinn hat zu sterben – gelebt zu haben«. Adam von Trott zu Solz 1909-1944. Biographie, Göttingen 2009.

Benigna von KRUSENSTJERN: Ein Göttinger Student: Adam von Trott zu Solz: zur politischen Entwicklung des Widerstandskämpfers, in: Göttinger Jahrbuch 62 (2014), S. 209-219.

Benigna von KRUSENSTJERN: Widerstand und Missverständnis: Über den schwierigen Umgang mit dem deutschen Widerstand gegen das NS-Regime, Göttingen 2023.

Benigna von KRUSENSTJERN (Hrsg.): Adam von Trott zu Solz: Ein böser Traum. Mit einer Nachbemerkung von Benigna von KRUSENSTJERN, in: Sinn und Form 76 (2024), S. 5-9.

Otto Dov KULKA, Eberhard JÄCKEL (Hrsg.): Die Juden in den geheimen Stimmungsberichten 1933-1945, Düsseldorf 2004.

Katharina KUNTER: Vom »Concentration Camp Hero« zum »Neuen Kreisau«. Erinnerungskultur und Widerstandsrezeption in internationaler Perspektive, in: Siegfried HERMLE, Dagmar PÖPPING (Hrsg.): Zwischen Verklärung und Verurteilung. Phasen der Rezeption des evangelischen Widerstandes gegen den Nationalsozialismus nach 1945, Göttingen 2017, S. 53-74.

KZ-GEDENKSTÄTTE FLOSSENBÜRG/STIFTUNG BAYERISCHE GEDENKSTÄTTEN (Hrsg.): Was bleibt? Nachwirkungen des Konzentrationslagers Flossenbürg. Katalog zur Dauerausstellung, Göttingen 2011.

Gaetano LATMIRAL: Brief an die BBC und Gerhard Leibholz. Erinnerung an Tegel: Mitteilungen für Eberhard Bethge; in: Dietrich Bonhoeffer Jahrbuch 2003, hrsg. von Victoria BARNETT, Sabine BOBER u.a., Gütersloh 2003, S. 23-42.

Klaus LATZEL, Elissa MAILÄNDER, Franka MAUBACH (Hrsg.): Geschlechterbeziehungen und »Volksgemeinschaft«, Göttingen 2018.

Hagit LAVSKY: The Impact of 1938 on German-Jewish Emigration and Adaption in Palestine, Britain and the USA, in: Susanne HEIM, Beate

Meyer, Francis R. Nicosia (Hrsg.): »Wer bleibt, opfert seine Jahre, vielleicht sein Leben«. Deutsche Juden 1938-1941, Göttingen 2010, S. 207-225.

Jana Leichsenring (Hrsg.): Frauen im Widerstand, Münster 2003.

Hanne Lessau: Entnazifizierungsgeschichten. Die Auseinandersetzung mit der eigenen NS-Vergangenheit in der frühen Nachkriegszeit, Göttingen 2020.

Peter Longerich: »Davon haben wir nichts gewußt!«: Die Deutschen und die Judenverfolgung 1933-1945, München 2006.

Tim Lorentzen: Bonhoeffers Widerstand im Gedächtnis der Nachwelt, Paderborn 2023.

Tim Lorentzen: Phasen und Funktionen des Bonhoeffer-Gedenkens in Deutschland, in: Siegfried Hermle, Dagmar Pöpping (Hrsg.): Zwischen Verklärung und Verurteilung. Phasen der Rezeption des evangelischen Widerstandes gegen den Nationalsozialismus nach 1945, Göttingen 2017, S. 155-182.

Irmela von der Lühe, Axel Schildt, Stefanie Schüler-Springorum (Hrsg.): »Auch in Deutschland waren wir nicht wirklich zu Hause«. Jüdische Remigration nach 1945, Göttingen 2008.

Bernd Martin: Das außenpolitische Versagen des Widerstands 1943/44, in: Jürgen Schmädeke, Peter Steinbach (Hrsg.): Der Widerstand gegen den Nationalsozialismus. Die deutsche Gesellschaft und der Widerstand gegen Hitler, München 1986, S. 1037-1060.

Stefan Matysiak (Hrsg.): Von braunen Wurzeln und großer Einfalt. Südniedersächsische Medien in Geschichte und Gegenwart, Norderstedt 2014.

Michael Mawson, Philip G. Ziegler (Hrsg.): The Oxford Handbook of Dietrich Bonhoeffer, Oxford 2019.

Birte Meinschien: Geschichtsschreibung in der Emigration. Deutschsprachige Historikerinnen in Großbritannien, München 2020.

Dietrich Meyer (Bearbeiter in Zusammenarbeit mit Eberhard Bethge): Nachlaß Dietrich Bonhoeffer. Ein Verzeichnis. Archiv-Sammlung-Bibliothek, München 1987.

Berthold Michael: Die Geschichte des Göttinger Schulwesens 1866-1989, in: Ernst Böhme, Dietrich Denecke, Helga-Maria Kühn, Rudolf von Thadden, Günter J. Trittel, Rudolf Vierhaus (Hrsg.): Göttingen. Geschichte einer Universitätsstadt, Bd. 3: Von der preußischen Mittelstadt zur südniedersächsischen Großstadt 1866–1989, hrsg. von Rudolf von Thadden, Günter J. Trittel, Marc-Dietrich Ohse, Göttingen 1999, S. 457-533.

Eckard Michels: »If war comes I presume there will be few pro-Germans in the British Isles, but there will be vast numbers of pro-British Germans.« Die Berichterstattung britischer Konsulate aus dem »Dritten Reich« 1933-1939, in: Frank Bajohr, Christoph Strupp (Hrsg.): Fremde Blicke auf das »Dritte Reich«. Berichte ausländischer Diplomaten über Herrschaft und Gesellschaft in Deutschland 1933-1945, Göttingen 2012[2], S. 38-69.

Wolfgang Mommsen: Die ungleichen Partner. Deutsch-britische Beziehungen im 19. und 20. Jahrhundert, Stuttgart 1999.

Ekkehard Mühlenberg: Dietrich Bonhoeffer. Theologe, in: Göttinger Jahrbuch 55 (2007), S. 235-237.

Ingo Müller: Furchtbare Juristen. Die unbewältigte Vergangenheit unserer Justiz, München 1987.

Klaus-Jürgen Müller, David N. Dilks: Großbritannien und der deutsche Widerstand. 1933-1945, Paderborn 1994.

Christine Müller-Botsch: »Den richtigen Mann an die richtige Stelle«. Biographien und politisches Handeln von unteren NSDAP-Funktionären, Frankfurt a. M. 2009.

Sönke Neitzel, Harald Welzer: Soldaten. Protokolle vom Kämpfen, Töten und Sterben, Frankfurt a. M. 2011.

Armin Nolzen: Inklusion und Exklusion im Dritten Reich. Das Beispiel NSDAP, in: Frank Bajohr, Michael Wildt (Hrsg.): Volksgemeinschaft. Neue Forschungen zur Gesellschaft des Nationalsozialismus. Frankfurt a. M. 2009, hier 2012[2], S. 60-77.

Martin Otto: »Ich hab' die Stadt Berlin regiert …« Ulrich Biel – ein stiller Stratege auf der Weltbühne, Beli 2022.

Panikos Panayi (Hrsg.): Germans in Britain since 1500, London 1996.

Simon Parkin: The island of Extraordinary Captives, London 2022.

Simon Parkin, Die Insel der außergewöhnlichen Gefangenen. Deutsche Künstler in Churchills Lagern, Berlin 2023.

Detlev Peukert: Alltag unterm Nationalsozialismus, Berlin 1981.

Detlev Peukert: Volksgenossen und Gemeinschaftsfremde: Anpassung, Ausmerze und Aufbegehren unter dem Nationalsozialismus, Köln 1982.

David Phillips: Investigating Education in Germany: Historical Studies from a British Perspective, London 2016.

Max Platzke: Geschichte einer ostdeutschen Kleinstadt kommunalpolitisch betrachtet, Berlin 1956.

Anna Plodeck: The Making of Fred Uhlmann. Life and Work of the Painter and Writer in Exile, Diss. unveröffentlicht, einsehbar im Courtauld Institute of Art, London 2004.

Ulrich Popplow: Der Novemberpogrom 1938 in Münden und Göttingen, in: Göttinger Jahrbuch 28 (1980), S. 177-192.

Steffen Pross: »In London treffen wir uns wieder«. Vier Spaziergänge durch ein vergessenes Kapitel deutscher Kulturgeschichte nach 1933, Berlin 2000.

Alexandra PRZYREMBEL: ›Rassenschande‹. Reinheitsmythos und Vernichtungslegitimation im Nationalsozialismus, Göttingen 2003.

Dagmar REESE (Hrsg.): Die BDM-Generation. Weibliche Jugend in Deutschland und Österreich im Nationalsozialismus, Berlin 2007.

Raimond REITER: Denunziationen im »Dritten Reich« im Kreis Göttingen, in: Göttinger Jahrbuch 1998 (46), S. 127-137.

Herbert RENZ-POLSTER: Erziehung prägt Gesinnung. Wie der weltweite Rechtsruck entstehen konnte – und wie wir ihn aufhalten können, München 2019.

Monika RICHARZ: Der Eintritt der Juden in die akademischen Berufe: jüdische Studenten und Akademiker in Deutschland 1678-1848, Tübingen 1974.

Ellen und Gerhard RINGSHAUSEN, Rüdiger von Voss (Hrsg.): Widerstand und Verteidigung des Rechts, Bonn 1997.

Gerhard RINGSHAUSEN: Die lutherische »Zweireichelehre« und der Widerstand im Dritten Reich: zu D. Bonhoeffers Aufsatz »Die Kirche vor der Judenfrage«, 15. April 1933, in: Kirchliche Zeitgeschichte 1 (1988), S. 215-244.

Gerhard RINGSHAUSEN: Gerhard Leibholz: Bonhoeffers Schwager als Vertreter des Widerstands in England, in: Andrew CHANDLER (Hrsg.): Exile and Patronage: cross-cultural negotiations beyond the Third Reich, Münster 2006.

Gerhard RINGSHAUSEN: »Von guten Mächten wunderbar geborgen … « – in der Ohnmacht der Kerkerhaft. Christlicher Glaube als Quelle der Kraft und Zuversicht der Widerstandskämpfer in der Haft, in: Daniel E. D. MÜLLER, Christoph STUDT (Hrsg.): … und dadurch steht er vor Freisler als Christ und als gar nichts anderes: Christlicher Glaube als Fundament und Handlungsorientierung des Widerstands gegen das Dritte Reich (Schriftenreihe der Forschungsgemeinschaft 20. Juli 1944 e.V., Tagungsband der 30. Königswinterer Tagung), Augsburg 2019, S. 109-130.

Gerhard RITTER: Carl Goerdeler und die deutsche Widerstandsbewegung, Stuttgart 1954, hier 1986[4].

Holger ROGGELIN: Franz Hildebrandt. Ein lutherischer Dissenter und Kirchenkampf im Exil (Arbeiten zur kirchlichen Zeitgeschichte, Reihe B, 31), Göttingen 1999.

Ger van ROON: Widerstand im Dritten Reich: Ein Überblick, Berlin 1979.

Heidi ROSENBAUM: »Und trotzdem war's ne schöne Zeit«. Kinderalltag im Nationalsozialismus, Frankfurt a. M. 2014.

Heidi ROSENBAUM: Von der »Höheren Tochter« zur Parteigenossin. Eine Fallstudie, in: Göttinger Jahrbuch 70 (2022), S. 127-172.

Berndt SCHALLER: Juden und Judentum an der Georgia Augusta. Beitrag zur Göttinger Universitätsgeschichte, in: Göttinger Jahrbuch 68 (2020), S. 35-59.

Ernst-Albert SCHARFFENORTH: Die Aufgabe der Kirche in Kriegszeiten. Der Einsatz von George Bell und Gerhard Leibholz für eine konstruktive Deutschlandpolitik Großbritanniens 1941-1943, in: Kirchliche Zeitgeschichte 1 (1988), S. 94-115.

Ferdinand SCHLINGENSIEPEN: Dietrich Bonhoeffer. 1906-1945. Eine Biographie, München 2005.

Jürgen SCHMÄDEKE, Peter STEINBACH (Hrsg.): Der Widerstand gegen den Nationalsozialismus. Die deutsche Gesellschaft und der Widerstand gegen Hitler, München 1986.

Beate SCHMEICHEL-FALKENBERG: Frauen im Exil – Frauen in der Exilforschung. Zur kurzen Geschichte der Frauenexilforschung, in: Inge HANSEN-SCHABERG, Beate SCHMEICHEL-FALKENBERG (Hrsg.): Frauen erinnern: Widerstand – Verfolgung – Exil, 1933-1945, Berlin 2000, S. 155-160.

Christoph U. SCHMINCK-GUSTAVUS: Der ›Prozeß‹ gegen Dietrich Bonhoeffer und die Freilassung seiner Mörder, Bonn 1995.

Christine SCHOENMAKERS: ›Volksgemeinschaft‹ als gesellschaftliche Umwälzung? Zur Mobilisierung einer sozialen Idee 1933-1945, in: Niedersächsisches Jahrbuch für LandesGeschichte 91 (2019), S. 113-131.

Rolf SCHÖRKEN: Erinnerungen an die HJ-Erziehung, in: Geschichte für Heute. Zeitschrift für historisch-politische Bildung 7/4 (2014), S. 10-40.

Joachim SCHOLTYSECK: Das »Amt Ausland/Abwehr« – eine Position der unbegrenzten (Widerstands-)Möglichkeiten, in: Stephen SCHRÖDER, Christoph STUDT (Hrsg.): Der 20. Juli 1944 – Profile, Motive, Desiderate (Schriftenreihe der Forschungsgemeinschaft 20. Juli 1944 e.V., Tagungsband der 20. Königswinterer Tagung), Berlin, Münster 2008, S. 115-138.

Martin SCHRAMM: Das Deutschlandbild in der britischen Presse 1912-1919, Berlin 2007.

Dirk SCHUMANN, Petra TERHOEVEN (Hrsg.): http://www.ns-zeit.uni-goettingen.de/, Göttingen 2016 (zuletzt abgerufen am 13.2.2024).

Dirk SCHUMANN, Petra TERHOEVEN (Hrsg.): Strategien der Selbstbehauptung: vergangenheitspolitische Kommunikation an der Universität Göttingen (1945-1965), Göttingen 2021.

Eva SCHUMANN (Hrsg.): Kontinuitäten und Zäsuren. Rechtswissenschaft und Justiz im »Dritten Reich« und in der Nachkriegszeit, Göttingen 2008.

Eva SCHUMANN: Die Göttinger Rechts- und Staatswissenschaftliche Fakultät 1933-1955, in: Dies. (Hrsg.): Kontinuitäten und Zäsuren. Rechtswissenschaft und Justiz im »Dritten Reich« und in der Nachkriegszeit, Göttingen 2008, S. 65-122.

Eva SCHUMANN: Richard Martin Honig – Vertreibung, Wiedergutmachung und Rückkehr, in: Matthias DÖLLING, Philipp-Alexander HIRSCH, Jan RENNICKE (Hrsg.): Richard Martin Honig. Prägender Götttinger (Straf-)Rechtswissenschaftler des 20. Jahrhunderts?, Göttingen 2024, S. 169-219.

Angela SCHWARZ: Die Reise ins Dritte Reich. Britische Augenzeugen im nationalsozialistischen Deutschland (1933-39), Göttingen 1993.

Naomi SHEPHERD: Wilfrid Israel, Berlin 1985.

Marikje SMID: Hans von Dohnanyi – Christine Bonhoeffer. Eine Ehe im Widerstand gegen Hitler, Gütersloh 2002.

Michael SNAPE, Stuart BELL: British Christianity and the Second World War, Woodbridge 2023.

Daniel SNOWMAN: The Hitler émigrés: the cultural impact on Britain of refugees from Nazism, London [u.a.] 2002.

Jörg SPÄTER: Vansittart. Britische Debatten über Deutche und Nazis, 1902-1945, Göttingen 2003.

Sebastian SPRATTE: Die Schulfeier und ihre Rolle im Erziehungssystem des Dritten Reiches, in Gottfried NIEDHART, George (Hrsg.): Lieder in Politik und Alltag des Nationalsozialismus, Frankfurt a.M. 1999, S. 133-146.

STADT GÖTTINGEN (Hrsg.) Göttingen unterm Hakenkreuz. Nationalsozialistischer Alltag in einer deutschen Stadt. Texte und Materialien, Göttingen 1983.

Peter STEINBACH, Johannes TUCHEL (Hrsg.): Widerstand gegen den Nationalsozialismus, Berlin 1994.

Peter-Michael STEINSIEK: Die Forstliche Fakultät der Universität Göttingen im Nationalsozialismus, Göttingen 2015.

Peter-Michael STEINSIEK: Richard Falck, Mykologe, Göttingen 2019.

Peter-Michael STEINSIEK: Forstleute im Widerstand gegen den Nationalsozialismus, Göttingen 2020.

Alan E. STEINWEIS: Kristallnacht 1938. Ein deutscher Pogrom, Stuttgart 2011.

Ronald STENT, A bespattered page? The internment of His Majesty's ›most loyal aliens‹, London 1980.

Janosch STEUWER: »Ein Drittes Reich, wie ich es auffasse«. Politik, Gesellschaft und privates Leben in Tagebüchern 1933-1939, Göttingen 2017.

Maximilian STRNAD: Privileg Mischehe? Handlungsspielräume »jüdisch versippter« Familien 1933-1945, Göttingen 2021.

Christoph STROHM: Theologische Ethik im Kampf gegen den Nationalsozialismus. Der Weg Dietrich Bonhoeffers mit den Juristen Hans von Dohnanyi und Gerhard Leibholz in den Widerstand, München 1989.

Christoph STROHM: Von »Barmen« nach »Stuttgart«. Die evangelische Kirche und ihr Umgang mit dem »Dritten Reich«, in: Manuel BECKER,

Christoph Studt (Hrsg.): Die Ämter und ihre Vergangenheit im »Dritten Reich«: »Horte des Widerstandes« oder »verbrecherische Organisationen«? (Schriftenreihe der Forschungsgemeinschaft 20. Juli 1944 e.V., Tagungsband der 25. Königswinterer Tagung), Augsburg 2013, S. 191-214.

Christoph Studt: Das »Andere Deutschland«. Vortrag auf der 36. Königswinterer Tagung der Forschungsgemeinschaft 20. Juli in Zusammenarbeit mit der Stiftug 20. Juli und der Jakob-Kaiser-Stiftung vom 16.-18-2-2024, erscheint im Tagungsband voraussichtlich 2025.

Anikó Szabó: Vertreibung. Rückkehr. Wiedergutmachung. Göttinger Hochschullehrer im Schatten des Nationalsozialismus, Göttingen 2000.

Petra Terhoeven: Strategien der Selbstbehauptung: vergangenheitspolitische Verwandlungen Göttinger Gelehrter, in: Dirk Schumann, Petra Terhoeven (Hrsg.): Strategien der Selbstbehauptung: vergangenheitspolitische Kommunikation an der Universität Göttingen (1945-1965), Göttingen 2021, S. 9-37.

Rudolf von Thadden: Dietrich Bonhoeffer und der deutsche Nachkriegsprotestantismus, in: Ernst Feil (Hrsg.): Verspieltes Erbe? Dietich Bonhoeffer und der deutsche Nachkriegsprotestantismus, München 1979, S. 12-27.

Hans-Ulrich Thamer: Die NSDAP: von der Gründung bis zum Ende des Dritten Reichs, München 2020.

Peter Theiner: Carl Goerdeler: Ein deutscher Bürger gegen Hitler, München 2024.

Kerstin Thieler: ›Volksgemeinschaft‹ unter Vorbehalt. Gesinnungskontrolle und politische Mobilisierung in der Herrschaftspraxis der NSDAP-Kreisleitung Göttingen (Veröffentlichungen des Zeitgeschichtlichen Arbeitskreises Niedersachsen 29), Göttingen 2014.

Gina Thomas: Das andere Deutschland und das andere England. Ungewöhnliche Gedenkfeier zum 20. Juli: Ein englischer Bischof würdigt den deutschen Widerstand und zugleich George Bell, in: Frankfurter Allgemeine Zeitung vom 22.7.2014.

Cordula Tollmien: Nationalsozialismus in Göttingen (1933-1945), Göttingen 1999.

Cordula Tollmien: Juden in Göttingen. 1933-1945: Entrechtung, Vertreibung und Ermordung, in: Rudolf von Thadden, Günther Trittel, Marc-Dietrich Ohse (Hrsg.): Von der preußischen Mittelstadt zur südniedersächsischen Großstadt 1866-1989 (Göttingen. Geschichte einer Universitätsstadt 3), Göttingen 1999, S. 704-760.

Cordula Tollmien, Lisette Ferera: Das Vermächtnis des Max Raphael Hahn. Unter Mitarbeit von Michael Hayden und Sharon Meen, Göttingen 2014.

Johannes TUCHEL (Hrsg.): Der vergessene Widerstand: Zu Realgeschichte und Wahrnehmung des Kampfes gegen die NS-Diktatur (Dachauer Symposien zur Zeitgeschichte 5), Göttingen 2005.

Johannes TUCHEL: »... und ihrer alle wartete der Strick.« Das Zellengefängnis Lehrter Straße 3 nach dem 20. Juli 1944, Berlin 2014.

Gerd R. UEBERSCHÄR: Der Nationalsozialismus vor Gericht. Die alliierten Prozesse gegen Kriegsverbrecher und Soldaten 1943-1952, Frankfurt a.M. 1999, hier 2000.

Peter UNRUH: Erinnerung an Gerhard Leibholz (1901-1982) – Staatsrechtler zwischen den Zeiten, in: Archiv des öffentlichen Rechts 126 (2001), S. 60-92.

Karina URBACH: Go-Betweens for Hitler, Oxford 2015.

David M. VALLADARES: England's response to Hitler in the 1930s: Empire, Appeasement, and the Clived Set, Newcastle upon Tyne 2023.

Melanie WAGER: »Der Stürmer« und seine Leser. Ein analoges antisemitisches Netzwerk und Propagandawirkung eines nationalsozialistischen Massenmediums, Berlin 2024.

Leonie WAGNER: Nationalsozialistische Frauenansichten. Vorstellungen von Weiblichkeit und Politik führender Frauen im Nationalsozialismus, Frankfurt a. M. 1996.

Cornelia WEGELER: »... wir sagen ab der internationalen Gelehrtenrepublik«. Altertumswissenschaft und Nationalsozialismus. Das Göttinger Institut für Altertumskunde 1921-1962, Wien, Köln, Weimar 1996.

Bernd WEISBROD: Akademische Schuld und biographische Illusion. Zum universitären Neuanfang nach 1945, in: Dirk SCHUMANN, Petra TERHOEVEN (Hrsg.): Strategien der Selbstbehauptung: vergangenheitspolitische Kommunikation an der Universität Göttingen (1945-1965), Göttingen 2021, S. 38-54.

Harald WELZER unter Mitarbeit von Michaela CHRIST: Täter. Wie aus ganz normalen Menschen Massenmörder werden, Frankfurt a. M. 2005[3].

Harald WELZER: Die Deutschen und ihr »Drittes Reich«, in: APuZ 14-15/2007, hrsg. von der BUNDESZENTRALE FÜR POLITISCHE BILDUNG, S. 21-28.

Bernd-Jürgen WENDT: München 1938. England zwischen Hitler und Preußen, Frankfurt a.M. 1965.

Bernd-Jürgen WENDT: Economic appeasement: Handel und Finanz in der britischen Deutschland-Politik 1933-1939, Düsseldorf 1971.

Bernd-Jürgen WENDT (Hrsg.): Das britische Deutschlandbild im Wandel des 19. und 20. Jahrhunderts, Bochum 1984.

Bernd-Jürgen WENDT: »Appeasement« – Eine Friedenspolitik ohne Echo, in: Wolfgang MOMMSEN (Hrsg.): Die ungleichen Partner. Deutsch-britische Beziehungen im 19. und 20. Jahrhundert, Stuttgart 1999, S. 155-293.

Michael WILDT: Angst, Hoffen, Warten, Verzweifeln. Victor Klemperer und die Verfolgung der deutschen Juden 1933-1941, in: Hannes HEER (Hrsg.): Im Herzen der Finsternis. Victor Klemperer als Chronist der NS-Zeit, Berlin 1997, S. 49-72.

Michael WILDT: Die Ambivalenz des Volkes. Der Nationalsozialismus als Gesellschaftsgeschichte, Berlin 2019[2].

Michael WILDT: Die politische Ordnung der Volksgemeinschaft. Ernst Fraenkels Doppelstaat neu betrachtet, in: Ders.: Die Ambivalenz des Volkes. Der Nationalsozialismus als Gesellschaftsgeschichte, Berlin 2019[2], S. 261-278.

Andreas WIRSCHING (Hrsg.): Das Jahr 1933. Die nationalsozialistische Machteroberung und die deutsche Gesellschaft, Göttingen 2009.

Miriam WOLF: Das Verfahren gegen Walter Huppenkothen und Otto Thorbeck, Augsburg 2021.

Eike WOLGAST: Die Wahrnehmung des Dritten Reiches in der unmittelbaren Nachkriegszeit (1945/46), Heidelberg 2001.

Dieter ZEHNPFUND: Die Familie Bonhoeffer und Friedrichsbrunn. Katalog zur Ausstellung, Selbstverlag 2006.

Benjamin ZIEMANN: Martin Niemöller. Ein Leben in Opposition, München 2019.

Reinhard ZIMMERMANN: England und Deutschland: Unterschiedliche Rechtskulturen? (Reihe »Widerstand – Demokratie – Internationalität« Heft 1), Göttingen 2019.

Wolf-Dieter ZIMMERMANN (Hrsg.): Begegnungen mit Dietrich Bonhoeffer, München 1964, hier 1969[4].

Quellen

Nachlass Gerhard Leibholz im Bundesarchiv Koblenz

Der Teil des Nachlasses von Gerhard Leibholz, der 2017 beim Tod seiner letzten Tochter im Haus in der Herzberger Landstraße 57 in Göttingen gefunden wurde, konnte von mir digitalisiert werden. Er wurde im Anschluss von den Nachlassverwaltern der Familie Leibholz, Alexandra und Christian Retkowski, dem Bundesarchiv übergeben und befindet sich heute am Standort Koblenz. Dort ist er inzwischen verzeichnet unter der Signatur BArch N 1334/…

Weitere Quellen im Nachlass Leibholz (jetzt Barch N 1334/…)

Aufzeichnungen von Christine VON DOHNANYI, 15 S. Typoskript, o.O., o.J. [1945], Bericht über ihre und die Widerstandstätigkeit ihres Mannes.

Eine leicht davon abweichende Version ist veröffentlicht bei BETHGE 1968, hier 2004[8], S.1047-1052. Bethge spricht von drei unterschiedlichen Versionen (S.1047).

Marianne LEIBHOLZ: Entwurf zu einer Autobiographie, 2 maschinenschriftliche Seiten o.O., o.J.

Staatsbibliothek zu Berlin

Der Nachlass von Sabine (NL 479) und Marianne Leibholz (NL 478) wurde der Staatsbibliothek zu Berlin übergeben – beide ungeordnet –, wo sich auch der Nachlass Dietrich Bonhoeffers (NL 299) befindet.

Landesarchiv Berlin

HR 65/1897 in P Rep. 500 Nr. 408.
Heiratseintrag William und Regina Leibholz

SU 22/1922 in P Rep. 567 Nr. 116
Sterbeeintrag Regine Leibholz

SU 35/1933 in P Rep. 567 Nr. 126
Sterbeeintrag William Leibholz

HR 11/1926 in P Rep. 567 Nr. 33
Heiratseintrag Gerhard und Sabine Leibholz

Universitätsarchiv Göttingen

UniAGö Kur 10759, Bde. 1; 7; 9
UniAGö Rek 70
UniAGö Rek 73
Vorlesungsverzeichnisse der Georgia Augusta 1945 ff.
Fakultätsarchiv der Juristischen Fakultät der Universität Göttingen
Personalakte Gerhard Leibholz

Niedersächsische Staats- und Universitätsbibliothek Göttingen

Bibliotheksarchiv C 2, 4

Sammlung historischer Kinder- und Jugendliteratur, Universität Göttingen

Der Giftpilz. Ein Stürmerbuch für Jung und Alt. Erzählungen von Ernst Hiemer. Bilder von Fips, Verlag Der Stürmer, Nürnberg 1938.

Der Pudelmopsdackelpinscher und andere besinnliche Erzählungen von Ernst Hiemer, Verlag Der Stürmer, Nürnberg 1940.

Stadtarchiv Göttingen

Tagebuch Ilse Neumann, Kl. Erwerbungen Nr. 114 I, 13: Unterlagen der Familie Neumann (1903-1982), Bd. 7, Mappe 9.

Amtsgericht Göttingen
Grundbuch Göttingen Bd. 50, Blatt 2463 und Band 438, Blatt 14877 für die Herzberger Landstraße 55.
Grundbuch Göttingen Bd. 191, Blatt 6640 für die Herzberger Landstraße 57.

Bundespräsidialamt

Vorschlagsliste Nr. 16 für die Verleihung des Verdienstordens der Bundesrepublik Deutschland vom 15. März 1968

Veröffentlichte Quellen

BAYERISCHER ANWALTSVERBAND (Hrsg.): Max Friedlaender. Lebenserinnerungen, bearbeitet von Tilmann KRACH und Reinhard WEBER, Stuttgart 2018.

George BELL: The Church and Humanity (1939-1946) [Reden], London 1946.

Norman BENTWICH: The rescue and achievement of refugee scholars: the story of displaced scholars and scientists 1933-1952, The Hague 1953.

Charlotte BERADT: Das Dritte Reich des Traums, München 1966, hier Frankfurt a.M. 1981.

Eberhard BETHGE, RONALD C. JASPER (Hrsg.): An der Schwelle zum gespaltenen Europa. Der Briefwechsel zwischen George Bell und Gerhard Leibholz (1939-1951), Stuttgart 1964.

Eberhard BETHGE (Hrsg.): Bonhoeffer Gedenkheft (Gedenkgottesdienst in London am 27. Juli 1945; Gedenkfeier in Berlin am 9. April 1946), Berlin 1947.

Eberhard BETHGE: Dietrich Bonhoeffer. Eine Biographie, Gütersloh 1968, hier 2004[8].

Eberhard BETHGE; Ronald C. D. JASPER (Hrsg.): Der Briefwechsel zwischen George Bell und Gerhard Leibholz 1939-1951, Stuttgart, Berlin 1974.

Renate BETHGE: Bonhoeffers Familie und ihre Bedetuung für seine Theologie (überarbeiteter Vortrag in der Gedenkstätte Deutscher Widerstand im November 1985), hrsg. von der GEDENKSTÄTTE DEUTSCHER WIDERSTAND, Berlin 1985.

William BEVERIDGE: A defence of free learning, London 1959.

Ruth-Alice VON BISMARCK und Ulrich KABITZ (Hrsg.): Brautbriefe Zelle 92 (Dietrich Bonhoeffer und Maria von Wedemeyer), München 1992, hier 1995.

Hans-Michael BOCK, Karl GRIEP (Hrsg.): Alles in Scherben!...? Film-

Produktion und Propaganda in Europa 1940-1950, Cine Graph/Bundesrachiv/absolut Medien 2008.

Emmi BONHOEFFER: Bewegende Zeugnisse eines mutigen Lebens, hrsg. von Sigrid GRABNER, Hendrik RÖDER, Berlin 2004, hier Reinbek bei Hamburg 2006.

Dietrich BONHOEFFER: Widerstand und Ergebung, hrsg. von Eberhard BETHGE, Gütersloh 1951, hier 1994.

Karl BONHOEFFER, Silvester-Tagebuch hrsg. von Jutta KOSLOWSKI, Gütersloh 2022.

Klaus BONHOEFFER: Die Verfassung des Hauses Bonhoeffer (um 1925), aus dem Archiv Cornelie Großmann, hrsg. von Jutta KOSLOWSKI, unter https://www.dietrich-bonhoeffer.net/forschung-aktuell/forschung-einzelmeldung/eine-verfassung-des-hauses-bonhoeffer/ (zuletzt abgerufen am 6.3.2024).

Andrew CHANDLER, Gerhard RINGSHAUSEN (Hrsg.): The George Bell-Gerhard Leibholz Correspondence. In the long shadow of the Third Reich, 1938-1958, London 2019.

Sefton DELMER: Die Deutschen und ich, Hamburg 1961f.

Margarete DÖRR: »Wer die Zeit nicht miterlebt hat…«. Frauenerfahrungen im Zweiten Weltkrieg und in den Jahren danach, Frankfurt a.M. 1998, S. 193-214.

Christine VON DOHNANYI: Memorandum an Genral Dwight D. Eisenhower, Berlin, den 20. August 1945, hrsg. von Jutta KOSLOWSKI unter https://zeitzeichen.net/node/8436, 2020, (zuletzt abgerufen am 6.3.2024).

Hans VON DOHNANYI: »Mir hat Gott keinen Panzer ums Herz gegeben«. Briefe aus dem Militärgefängnis und Gestapo-Haft 1943-1945, hrsg. von Winfried Meyer, München 2015.

Drei Gutachten zum Widerstandsrecht, in: Vollmacht des Gewissens, hrsg. von der europäischen Publikation e.V. Frankfurt a.M. 1960, S. 137-176.

Susanne DRESS: Aus dem Leben der Familie Bonhoeffer. Die Aufzeichnungen von Dietrich Bonhoeffers jüngster Schwester Susanne Dreß, hrsg. von Jutta KOSLOWSKI, Gütersloh 2018.

Gerhard ECKHARDT: In Göttingen an der Leine … Eine Jugend in den dreißiger und vierziger Jahren, o.O., o.J. [Selbstverlag um 1996.]

Martha FRIEDENTHAL-HAASE: Fritz Borinski und die Bildung zur Demokratie. Geschichte eines Lebens zwischen Pädagogik und Politik, Bad Heilbrunn 2023.

Mary GLAZENER: Der Kelch des Zorns, Gießen 2006.

Theodor HEUSS: Zur 10. Wiederkehr des 20. Juli, in: Vollmacht des Gewissens, hrsg. von der europäischen Publikation e.V. Frankfurt a.M. 1960, S. 535-545.

Paul Jacobsthal: The Long Vac 1940, in: Ray M. Cooper (Hrsg.), Refugee Scholars. Conversations with Tess Simpson, Leeds 1992, S. 198-228.

Victor Klemperer: LTI [lingua tertii imperii: Die Sprache des Dritten Reichs]. Notizbuch eines Philologen, Halle 1957, hier Leipzig 1975.

Victor Klemperer: Ich will Zeugnis ablegen bis zum letzten. Tagebücher 1933-1941; 1942-1945, Berlin 1995.

Tobias Korenke: Widerstand aus Loyalität. Zum Verständnis einer deutschen Freiheitsbewegung, Essen 2020.

Tobias Korenke: Eine Frau des 20. Juli. Die bewegende wie bedrückende Geschichte meiner Großmutter Ursula Schleicher, geb. Bonhoeffer, in: Braunschweiger Zeitung vom 16. Juli 2023, S. 3.

Ilse Lege: Herr Kramer, Gespenster. Erinnerungen 1933-1949, Göttingen 1995.

Marianne Leibholz: Welt, Krieg und Gott. Frühe Gedichte 1937-1954, Göttingen o. J.

Sabine Leibholz-Bonhoeffer: Weihnachten im Hause Bonhoeffer, Wuppertal 1971.

Sabine Leibholz-Bonhoeffer: Vergangen, erlebt, überwunden. Schicksale der Familie Bonhoeffer, (ursprünglich Wuppertal 1968), Gütersloh 1976, hier 1979[3].

Oliver Lepsius, Robert Chr. van Ooyen und Frank Schale (Hrsg.): Des Lebens Überfluß. Erinnerungen eines ausgewanderten Juristen, Karl Loewenstein, Tübingen 2023.

The Marquess of Londonderry: England blickt auf Deutschland, Essen 1938. Titel der englischen Originalausgabe: Ourselves and Germany, London 1938.

Erika Mann: Blitze überm Ozean. Aufsätze, Reden, Reportagen, hrsg. von Irmela von der Lühe und Uwe Naumann, Reinbek bei Hamburg 2000.

Klaus Mann: Auf verlorenem Posten. Aufsätze, Reden, Kritiken 1942-1949, Reinbek bei Hamburg 1994.

Katherine Mansfield: In a German Pension, London 1911, hier 1964.

Franz Neumann, Herbert Marcuse, Otto Kirchheimer: Im Kampf gegen Nazideutschland. Die Berichte der Frankfurter Schule für den amerikanischen Geheimdienst 1943-1949, hrsg. von Raffaele Laudani, Frankfurt a. M. 2016.

Grete Paquin: Göttinger Tagebuch. 1938-1947, Göttingen 1985.

Peter Raina: Bishop George Bell: House of Lords Speeches and Correspondence with Rudolf Hess, Frankfurt a. M. 2009.

Kurt F. Rosenberg: »Einer, der nicht mehr dazugehört«. Tagebücher 1933-1937, hrsg. von Beate Meyer und Björn Siegel, Göttingen 2012.

Dorothee Röhrig: »Du wirst noch an mich denken«. Liebeserklärung an eine schwierige Mutter, München 2023.

Hans SARKOWICZ (Hrsg.): Geheime Sender. Der Rundfunk im Widerstand gegen Hitler, 8 CDs, produziert von Hessischen Rundfunk und vom Deutschen Rundfunkarchiv, München 2016.

Sybil GRÄFIN SCHÖNFELDT: Er und ich. Erinnerungen, Göttingen 2023.

Howard K. SMITH: Last train to Berlin. An Eye-Witness Account of Germany at war, London 1942, hier London 2000.

Willem A. VISSER 'T HOOFT: Die Welt war meine Gemeinde, München 1972.

Joseph WALK (Hrsg.), Das Sonderrecht für die Juden. Eine Sammlung der gesetzlichen Maßnahmen und Richtlinien – Inhalt und Bedeutung, Heidelberg 1996².

Wirtschaft und Statistik, hrsg. vom STATISTISCHEN REICHSAMT, Berlin 1933, 13. Jahrgang, Nr. 23, 1. Dezember-Heft.

Your Job in Germany, Lehrfilm, USA 1945, hrsg. von Michael BOCK, Karl GRIEP, als Begleit-DVD zum cinefest 2008 in Zusammenarbeit mit CineGraph und dem Bundesarchiv-Filmarchiv, absolut Medien 2008.

Carl ZUCKMAYER: Geheimreport, hrsg. von Gunther NICKEL und Johanna SCHRÖN, Göttingen 2002.

Hilfsmittel

Übersichtsplan der Stadt Sommerfeld: Unter Benutzung eigener Aufnahmen, aufgezeichnet nach einer im Besitz des Magistrats befindlichen Vermessung [von ca. 1890], in: Die Kunstdenkmäler der Provinz Brandenburg; Band 6, Teil 6: Crossen, S. 158, Tafel 12: 63x50 cm.

Biographisches Handbuch der deutschsprachigen Emigration nach 1933, hrsg. vom Institut für Zeitgeschichte München und von der Research Foundation for Jewish Immigration, New York von Sybille CLAUS, Werner RÖDER, Herbert A. STRAUSS, 3 Bde., München 1980.

Michael GRÜTTNER: Biografisches Lexikon zur nationalsozialistischen Wissenschaftspolitik, Heidelberg 2004.

Cornelia SCHMITZ-BERNING: Vokabular des Nationalsozialismus, Berlin u.a. 2007².

Stammbaum der Familie Bonhoeffer

Die Familie Bonhoeffer (bzw. *Bonhöffer*) stammte aus Nimwegen und trug ursprünglich den Namen *van den Boenhoff* (dt.: *vom Bohnenhof*). Seit 1513 lebte sie in Schwäbisch Hall.

Die Großeltern mütterlicherseits

- Karl Alfred von Hase (1842 – 1914), Theologe und Professor der Theologie an der Universität Breslau
- Gräfin Klara von Kalckreuth (*1851-1903) (Ihre Nichte Anna von Kalckreuth heiratete den niederländischen Bankier Franz Koenigs. Das Ehepaar Koenigs lebte in Haarlem.)

insgesamt sechs Kinder, darunter

- Elisabeth Anna Pauline Magdalene (*1872-1945), »Tante Elisabeth«
- Hannah Karoline Helene Marie (*19. Juli 1873 in Hannover; †21. März 1941 in Berlin), heiratete 1893 in Potsdam den Juristen Gustav Adolf Karl Joachim Rüdiger Graf von der Goltz, »Onkel Rudi«
- **Paula Marie Klara Anna** (*in Königsberg/Preußen; †1951 in Berlin), heiratete 1898 in Breslau den Mediziner Karl Bonhoeffer

Die Großeltern väterlicherseits

- Friedrich von Bonhoeffer (1828–1907), zuletzt königlich-württembergischer Landgerichtspräsident in Ulm
- Julie Bonhoeffer, geborene Tafel (1842–1936)

zwei Kinder

- **Karl** (1868-1941), Psychiater, Neurologe, medizinischer Gutachter
- Gustav-Otto (1864–1932)

Die Eltern

Karl Bonhoeffer und Paula von Hase hatten acht Kinder:

- Karl Friedrich Bonhoeffer (1899–1957), verheiratet mit
- Margarete (Grete) von Dohnanyi (1903–1992), Schwester von Hans von Dohnanyi
    - Karl (1931–2019)
    - Friedrich (1932–2021)
    - Martin (1935–1989)
    - Katharina (1937–2016)

- Walter Bonhoeffer (1899–1918), im Ersten Weltkrieg gefallen

- Klaus Bonhoeffer (1901–1945), verheiratet mit
- Emilie Delbrück (1905–1991), »Emmi«, (Tochter von Hans Delbrück, Schwester von Max Delbrück und Justus Delbrück)
    - Thomas (1931–2022)
    - Cornelie (*1934)
    - Walter (*1938)

- Ursula Bonhoeffer (1902–1983), verheiratet mit
- Rüdiger Schleicher (1895–1945)
    - Hans-Walter (1924–2012)
    - Renate (1925–2019), verheiratet mit Eberhard Bethge
    - Dorothee (*1928), verheiratet mit Karl Dietrich Bracher
    - Christine (1930–2017)

- Christine Bonhoeffer (1903–1965), verheiratet mit
- Hans von Dohnanyi (1902–1945)
    - Barbara (1926–2016)
    - Klaus (*1928)
    - Christoph (*1929)

- Dietrich Bonhoeffer (1906–1945), verlobt mit
- Maria von Wedemeyer (1924–1977)

- **Sabine Bonhoeffer** (1906–1999), verheiratet mit
- **Gerhard Leibholz** (1901–1982)
    - Marianne (1927–2017)
    - Christiane (1930–2008)

- Susanne Bonhoeffer (1909–1991), verheiratet mit
- Walter Dreß (1904–1979)
    - Michael (auch: Michel) (1935–1975)
    - Andreas (1938–2024)

Personenregister

Anna, Emma, Lotte 23
Anschütz, Gerhard 41
Apel, Gisela 90 f.
Arendt, Hannah 67, 151

Bauer, Walter 62, 78
Baum, Robert siehe Jungk
Beck, Ludwig 39, 163 f.
Beckenbauer, Franz 150
Beethoven, Ludwig van 156 f., 169
Bell, George, Lordbischof of Chichester 12, 124 f., 127, 130, 134, 146, 148, 165 f., 170, 189, 201 ff., 207, 220, 226, 231, 233-237, 246, 258
Bethge, Eberhard 26, 77 f., 100 f., 106, 182 ff., 203, 217 f., 231 ff., 236, 242, 245, 258
Bethge, Renate 77, 202
Beveridge, Baron William Henry 123
Blankenhorn, Adalbert Friedrich Wilhelm 113
Boeckheler, Martin 110 f.
Bojunga, Helmut 118, 219
Bonhoeffer, Christine, s. von Dohnanyi
Bonhoeffer, Cornelie 39, 242
Bonhoeffer, Dietrich 11 f., 16-29, 38 ff., 72, 77 f., 85, 100 f., 105, 110 f., 113, 124 f., 127 ff., 162 f., 165 f., 170, 177 f., 184, 186 f., 199, 201, 218, 225, 230-238, 244-247, 255, 262
Bonhoeffer, Emilie, genannt Emmi 13, 19, 22, 28, 34, 39, 200, 210, 235, 240-243
Bonhoeffer, Grete 13, 19, 36, 40, 210
Bonhoeffer, Julie 16
Bonhoeffer, Karl 13, 16, 19-29, 32, 35, 45 f., 56, 66, 68, 78, 85, 98, 102 f.,108, 113, 115 ff., 155, 178 ff., 198 ff., 202, 210, 224 f., 230 f., 236-239, 242, 245, 249
Bonhoeffer, Karl Friedrich 13, 15 f., 18, 29, 36, 40, 103, 108, 110, 113, 117, 126, 178-185, 210, 240, 251
Bonhoeffer, Klaus 13, 15 ff., 29, 39 f., 113, 117, 136, 177, 197, 200, 225, 230 ff., 241 f., 245, 247, 262
Bonhoeffer, Paula 13, 16, 19-29, 32, 45 f., 56, 66, 68, 78, 85, 98, 102 f., 106-109, 115 f., 118, 136, 178-185, 188 f., 198 f., 210, 224 f., 230 f., 236 f., 245, 249
Bonhoeffer, Sabine, s. Leibholz
Bonhoeffer, Susanne, s. Dress
Bonhoeffer, Thomas 39, 242
Bonhoeffer, Ursula, s. Schleicher
Bonhoeffer, Walter (* 1899) 15, 237
Bonhoeffer, Walter (* 1938) 39, 200, 242
de Boor, Hans Otto 60
Bracher, Karl-Dietrich 258
Brumlik, Micha 204
Bruns, Viktor 66
Butler, Harold 157

Camina, Cäcilie, s. Leibholz
Chamberlain, Neville 159, 161
Chandler, Andrew 165 f.
Childers, Erskine 138
Churchill, Winston 140, 162, 167, 227
Ciano, Galeazzo 116

Delbrück, Emmi, s. Bonhoeffer
Delbrück, Hans 34 f.
Delbrück, Justus 34, 37, 39, 197, 242
Delbrück, Lina 35

Dr. Demuth 172
Frau Döring 97
Dohnanyi, Barbara von 13, 18, 26, 190, 233, 251
Dohnanyi, Christine von 13, 15-29, 36-41, 46, 109, 178 f., 185, 192, 201 ff., 210, 221-225, 232 f., 238 ff., 245, 251
Dohnanyi, Christoph von 13, 18, 185, 202, 233, 251
Dohnanyi, Elisabeth von 40
Dohnányi, Ernö von 40
Dohnanyi, Grete von, s. Bonhoeffer
Dohnanyi, Hans von 13, 16 ff., 34-41, 45, 71 f., 99, 109, 113, 177 f., 182, 185, 225, 230 ff., 238 f., 247, 262
Dohnanyi, Klaus von 13, 18, 185, 202, 233, 251
Drescher, Willi 99, 218 ff.
Dress, Andreas 181
Dress, Susanne 15-29, 37, 46, 67, 79, 85, 105, 177, 180 ff., 186, 192 f., 210, 240-245, 249
Dress, Walter 18, 37 f., 105, 113, 184, 240
Düker, Heinrich 204
Dun, Angus 127 ff.
Dusen, Henry Pitney van 127 ff.

Ebel, Wilhelm 213
Eden, Anthony 166
Ehrenberg, Hans 201
Eikemeyer, Otto 115
Einstein, Albert 104
Elmhirst, Leonard K. 174
Engelmann, Elke 77
Erler, Georg 208
Evers 115

Falk, Richard 57
Feuchtwanger, Lion 32
Föge, Hermann 112 f., 115, 117, 149
Franck, James 56, 127
Freisler, Marion 241
Freudenberg, Adolf 230
Friedrich II. von Preußen 155
Friedrich Wilhelm I. von Preußen 155
Frl. Emilie 47

Gál, Hans 145
Gercke, Achim 58 f., 63
George, Stefan 37
Gerstenmaier, Eugen 166, 252, 258
Gierke, Julius von 63, 204, 211 ff.
Gisevius, Hans-Bernd 231
Goebbels, Joseph 51, 177
Goebbels, Magda 177
Goerdeler, Carl Friedrich 39, 163 f.
Göring, Hermann 170, 177
Goethe, Johann Wolfgang von 156 f., 169
Goltz, Rüdiger von der (*1865) 116
Goltz, Rüdiger von der (*1894) 116, 225
Griffith 141
Grimm, Hans 86
Grimme, Adolf 63, 208 f., 219
Gross, Fritz 133
Grote, Wolfgang 114 ff., 189, 200
Guardini, Romano 47
Gürtner, Franz 117
Gutmann, Franz 64, 205 f.

Hahn, Kurt 171, 174, 247
Halfmann, Frank 67
Hammerschlag, Reinhart 99
Harnack, Adolf von 34 f., 234
Harnack, Amalie von 35
Hartmann, Karl Julius 69 f.
Hase, Elisabeth von 100, 106 f., 113, 188
Hase, Karl von 116
Hase, Karl Alfred von 22
Hase, Paul von 21, 107
Hase, Paula von, s. Bonhoeffer
Heartfield, John 141
Hedler, Wolfgang 261
Heidegger, Martin 37

Heine, Heinrich 86
Herbold, Heinrich 219
Hessel, Alfred 57
Heygate, John 150
Hiemer, Ernst 55, 87
Hilberg, Raul 61
Hildebrandt, Franz 133 ff., 201, 234 f., 258
Hill, Werner 14, 33 ff.
Himmler, Heinrich 119, 170, 177
Hindenburg, Paul von 68
Hippel, Robert von 64
Hitler, Adolf 49, 66, 68, 85, 104, 128, 138, 141, 158 ff., 166 ff., 170, 177, 222, 227, 233 f.
Hodgson, Leonard 134
Hoffmann, Ernst Theodor Amadeus 156
Horn, Maria, Fräulein Horn, Hörnchen 23 f.
Honig, Richard Martin 64 f., 205
Huber, Wolfgang 237
Huch, Ricarda 26
Huppenkothen, Walter 239

Jacobsthal, Jacob 143 ff.
Johnson, Alwin 127
Jungk, Robert; Baumjungk; Baum, Robert 176
Just, August 115

Kalckreuth, Familie von 21
Kalckreuth, Anna von 107
Kalckreuth, Leo von 117
Kamp, Norbert 260
Kant, Immanuel 157
Kershaw, Ian 62
Kessler, Friedrich 127
Kleist-Schmenzin, Ewald von 163, 167,
Klemperer, Eva 73
Klemperer, Victor 11 f., 49, 53 ff., 62, 67, 71, 73, 79, 86, 100,
Klinkerfuß, Margarete 66
Koch-Weser, Erich 45
Köhler, Elise 190
Köhler, Margarete, s. Leibholz
Köhler, Peter 77
Koenigs, Franz 107, 136,
Korenke, Tobias 25, 256
Kraus, Herbert 58, 63 ff., 204, 206, 208, 212
Kunkel, Wolfgang 62-65
Herr Kunstler 194
Kunwald, Elisabeth, s. von Dohnanyi

Laski, Harold 126
Lawrence, David Herbert 164
Leber, Annedore 238 f., 261
Ledermann 170
Lehmann, Paul 234
Leibholz, Adolf 29
Leibholz, Cäcilie 29
Leibholz, Christiane 46, 88, 101, 104 f., 107 f., 110, 141, 153 f., 175, 188, 199, 244, 253 ff.
Leibholz, Gerhard passim
Leibholz, Hans 32 f., 107, 121, 126, 135 ff., 190, 198 ff., 261
Leibholz, Jane 197, 200
Leibholz, Marianne 12 f., 46, 48, 68, 85, 88, 92, 98, 100 ff., 107 f., 110, 119 f., 133 f., 141, 154, 175, 187 f., 199, 206, 234, 243 f., 252-257
Leibholz, Nannette Regina 30 ff., 36,
Leibholz, Peter 31 ff., 48, 62, 96 f., 103, 121, 137, 170, 189 ff., 194-200, 247 ff.
Leibholz, Tilde, genannt Tilly 194-200, 247 ff.
Leibholz, Margarete, genannt Totta 97, 135 ff., 261
Leibholz, Sabine; nach 1945 Leibholz-Bonhoeffer passim
Leibholz, William 30-34, 36, 41, 48, 72, 194, 228
Leßau, Hanne 229

Link, Christoph 260
Linke, Rudolf 88
Lissauer, Hans 198 f.
Livingstone, L. M. 184
Löns, Hermann 86

Marquess of Londonderry, Charles Stewart Henry Vane-Tempest-Stewart 158
Lotze 219
Ludendorff, Erich 158
Ludolph, der Gärtner 116
Lüert, Lina 57, 89, 114, 116
Mann, Klaus 151
Mansfield, Katherine 155, 157
Marlowe, Christopher 156
Mattiat, Eugen 61
Mendelssohn-Bartholdy, Felix 86
Misch, Georg 206
Mitscherlich, Alexander und Margarete 228
Moltke, Freya von 167, 238 f.
Moltke, Helmuth von (* 1800) 164
Moltke, Helmuth von (* 1848) 164
Moltke, Helmuth James von 164
Mommsen, Adelheid 40
Mozart, Wolfgang Amadeus 169
Müller, Eberhard 200
Müller, Gebhard 256
Müller, Joseph 230
Mussolini, Benito 66, 116, 158

Neubert, Waltraud 77, 90
Neumann, Friedrich 58, 60, 66, 69, 84, 119
Neumann, Ilse 84, 97
Neunobel, Elfriede 219
Neustadt, Ernst 40, 141, 170-175, 200
Neustadt, Trude 141, 172-175
Netter, Industriellenfamillie 31
Netter, Nannette Regina, s. Leibholz
Niebuhr, Reinhold 126, 128, 209, 231
Noether, Emmy 57

Oertmann, Paul 62, 64, 78
Oldham, Joseph 132
Oppenheimer 170

Passow, Helene 82 f.
Passow, Richard 63, 65, 203 f., 219
Paton, William 129 f.
Peltason, Hede und Paul 120-122
Peppmüller 106
Pevsner, Nikolaus 204
Pieper, Rolf 77, 86
Planck, Max 37
Plessner, Helmut 204 f., 258
Plessner, Monika 205
Preiss, Hans 133

Rath, Klaus-Wilhelm 214
Rathenau, Walther 31
Rheinstein, Max 127
Rieger, Julius 133 ff., 187, 230 f., 235, 258
Roberts, Helen 127
Röhrig, Dorothee 26
Roosevelt, Franklin D., 102, 227
Rosenberg, Alfred 86
Rousseau, Jean Jacques 155
Rühl, Helmut 60
Frau Ruprecht 106
Herr Ruprecht 106
Rust, Bernhard 66, 117, 120

Schacht, Hjalmar 206
Schaffenstein, Friedrich 49
Schelling, Friedrich 156
Schiller, Friedrich von 169, 172
Schlegel, August Wilhelm von 156
Schlegel-Schelling, Caroline 156
Schleicher, Christine 202
Schleicher, Dorothee 202
Schleicher, Hans Walter 16, 188, 202
Schleicher, Renate, s. Bethge
Schleicher, Rüdiger 13, 16 f., 37-40,

77, 99, 104, 113, 177, 225, 231 ff., 241, 247, 262
Schleicher, Ursula 13, 15 ff., 37, 77, 104, 108, 192, 202, 210, 226, 233, 240 f., 256
Herr Schloendorn 219
Schmidt, Helmut 191
Schmidt, Robert 106, 113
Schniedewind, Paul 185
Schoen, Paul 64, 104, 116
Schönfeld, Hans 234
Schönfeldt, Sybil Gräfin von 89 f.
Scholl, Hans und Sophie 237
Scholl, Inge 237
Schwitters, Kurt 141
Miss Sharp 110
Shelley, Mary 156
Siebert, Wolfgang 211 f.
Siegert, Karl 65 f., 69, 118 f., 214
Simpson, Esther 124 f., 139
Smend, Rudolf 44, 203, 206 ff., 215 f., 224, 233, 251 f.
Sontheimer, Kurt 258
Spannaus, Günther 212
de Staël, Germaine 157
Stalin, Josef W. 167, 227
Stechow, Wolfgang 204
Stein, Leonhard 125, 174
Steltzer, Theodor 242
Stern, Carola 91
Frau Straube 97
Tacitus 155, 157
Thal, Karl, später Charles 198 f., 202
Thiersch, Amalie, s. von Harnack
Thiersch, Lina, s. Delbrück
Thieme, Hans 211 ff.
Thoma, Richard 41
Tirpitz, Alfred von 174
Tirpitz, Wolfgang von 173
Triepel, Heinrich 42 f., 66
Trott zu Solz, Adam von 126, 150
Trott zu Solz, Clarita von 261
Tucholsky, Kurt 29

Unruh, Peter 43

Vansittart, Robert 12, 158, 161, 163 f., 167
Visser ,t Hooft, Willem 131 f., 246

Wagner, Richard 169
Wartenburg, Peter Yorck von 164
Wedemeyer, Maria von 184, 230, 245
Wegeler, Cornelia 61
Wergin, Kurt 114
Wiegandt, Manfred H. 44, 66, 69
Wilhelm II. 150, 164
Wolff, Martin 211, 226
Frau Zander 105
Zimmermann, Ursula 89, 91

Bildnachweis

Die Abbildungen aus den nationalsozialistischen Kinderbüchern »Der Pudelmopsdackelpinscher« (S. 55) und »Der Giftpilz« (S. 87) wurden dankenswerterweise bereitgestellt von der Sammlung historischer Kinder- und Jugendliteratur, Universität Göttingen. Dank an Hartmut Hombrecher.

Kerzenständer (S. 119) aus dem Besitz von Marianne Leibholz. Foto privat.

Die Bastelarbeit »Bomben über London« (S. 137) wurde dankenswerterweise von Herrn Albrecht Witte zur Verfügung gestellt.

Herzlichen Dank an Ken Pye aus Liverpool für die kostenlose Bereitstellung des Fotos vom Internierungscamp Huyton (S. 143).

Marianne Leibholz in London (S. 252), Nachlass Sabine und Marianne Leibholz, Staatsbibliothek zu Berlin.

Alle sonstigen Abbildungen aus dem Nachlass Leibholz.

Bibliografische Information der Deutschen Nationalbibliothek
Die Deutsche Nationalbibliothek verzeichnet diese Publikation in der Deutschen Nationalbibliografie; detaillierte bibliografische Daten sind im Internet über http://dnb.d-nb.de abrufbar.

www.wallstein-verlag.de
Vom Verlag gesetzt aus der Aldus
Umschlag: Eva Mutter
Umschlagfoto: Sabine und Gerhard Leibholz in den 1950er Jahren, Nachlass Gerhard und Sabine Leibolz im Bundesarchiv.
Druck und Verarbeitung: bookSolutions Vertriebs GmbH, Göttingen
ISBN 978-3-8353-5711-2